地域と学史の考古学

杉山博久先生古稀記念論集刊行会 編

六一書房

杉山博久先生の古稀を祝して

　杉山博久（幾一）先生は本年72歳になられる。お祝いの企画としての本書は発刊までに少し時間がかかってしまったが，ここに古稀のお祝いとして本論集を献呈する運びとなり，発起人，執筆者，友人，知人をあげてお慶び申しあげたい。

　杉山博久先生は昭和12年小田原町万年（現小田原市浜町）にお生まれになり，小田原市立第1中学校，県立小田原高校をへて早稲田大学文学部史学科，同大学院に学ばれた。第Ⅳ章において先生自らの研究・交友歴をまとめていただいたが，大学院修了後，故郷である小田原において教職に就かれ，県立小田原城内高校を定年後，今日まで当地を離れることはなかった。

　当然のように小田原を中心とする西湘地域が先生の研究活動領域となり，その地域考古学研究の発露ともいえる『小田原考古学研究会会誌』1〜11号が刊行されたのであった。本書の標題である「地域の考古学」はこれに因んでのことである。また小田原を中心としたいくつもの遺跡調査の団長として，遺跡の保存に献身され，さらに小田原市，平塚市，二宮町において文化財保護委員として大きな役割をはたされてきたことは，県内外の多くの研究者が知るところである。

　さらに直良信夫先生との邂逅から，やがて人物考古学史の分野に研究を進められ，本書への寄稿も加えてとどまることを知らない先生の研究の勢いは，後輩の私達にとって嬉しくもあり，またなお恐ろしい学問の先輩ともいえる。本書の標題である「学史の考古学」はこれに因んでのことである。

　話は前後するが，10年少し前に先生の退任記念に合わせ論集を作る計画があった。小田原考古学会誌の特別号という先生の御意向もあり幹事役を仰せつかったのであるが，具体的な構想をとりまとめる時間をもつことができず機を逸してしまった。今回改めて古稀を祝う企画に際して，会誌の復刊という先生のお気持ちを知りつつも出版社刊行に依る全国区への展開という形とさせていただいたことを，あわせて御寛恕願いたい。

　そのうえで小田原考古学会会誌は改めて起案し，その企画を語りつつ先生とお酒を酌み交したいと考えるのは私だけであろうか。

　とまれ杉山博久（幾一）先生のますますの御活躍と先生御夫妻の御健康を心よりお祈り申しあげて本書発刊のごあいさつとしたい。

　平成21年6月吉日

発起人代表　戸　田　哲　也

…目 次…

杉山博久先生の古稀を祝して

Ⅰ部　地域の考古学

武相地域における隆起線文土器の編年	戸田哲也	3
神之木台Ⅰ式土器の研究	澁谷昌彦	21
蛍光X線分析法による縄文土器のフォッサマグナ東西の判別 ―東海地方および南関東地方の事例から―	池谷信之 増島　淳	41
恩名沖原遺跡出土の浅鉢形土器について	土肥　孝	65
縄文時代後期の配石集落址―秦野市曽屋吹上遺跡の再検討を通じて―	山本暉久	71
縄文時代後晩期の降下火山灰と伊豆・相模の社会	杉山浩平	91
杉山博久先生の西相模古式弥生土器研究	谷口　肇	111
卜占に係る刻み目痕を持つ骨角製文物考 ―神奈川県豊田本郷遺跡の事例を中心に―	大竹憲治	131
カツオ釣り用の角釣針について	渡辺　誠	143
所謂肋状仕上げの横穴墓について―類例の追加と課題―	鈴木一男	149
相模国高座郡衙（西方A遺跡）の諸問題について	明石　新	157
史跡　旧相模川橋脚にみる文化財保護の歩み	大村浩司	177

Ⅱ部　学史の考古学

混乱の大正後半からミネルヴァの論争まで	中村五郎	199
箱根のN.G.マンロー	岡本孝之	229
石野瑛の原風景―岐阜県における足跡―	大倉　潤	237
僻遠の地に独りで―真﨑勇助小伝―	杉山博久	255

Ⅲ部　民俗と考古学

西湘地方の成木責め・月見団子の盗み習俗， 　　　　そして一つ目小僧伝承の起源	高山　純	275
考古学研究者が体験したシカ猟―静岡県静岡市梅ケ島における事例―	長谷川豊	295

Ⅳ部　思い出

小田原と八王子 …………………………………………………	椚　國男	317
杉山博久先生と学んだ地域の歴史 ………………………………	栁川清彦	320
杉山博久先生と平沢同明遺跡の調査 ……………………………	設楽博己	322
杉山博久先生と日本考古学史研究 ………………………………	望月幹夫	324
杉山博久先生の思い出 ……………………………………………	小安和順	327
杉山博久先生との思い出 …………………………………………	樋口誠司	330
『小田原考古学研究会会報』刊行の頃―多くの学友に支えられて― …………	杉山博久	332

杉山博久先生略年譜

執筆者一覧

Ⅰ部

地域の考古学

武相地域における隆起線文土器の編年

戸 田 哲 也

1. 研究史

　隆起線文土器編年研究の学史をふり返る中で，1982年に発表された大塚達朗の論文が一つの画期となるものといえるであろう（大塚1982）。大塚は関東地方における隆起線文土器資料の増加にもとづき，型式を詳細に論じ，関東編年から全国編年へと展開された。その分類と編年の方法として，従来の研究において分類基準とされてきた隆起線の太細や，平行線や波状文の変化そして多条化の傾向等々をもとに，新たな視点として文様帯からの比較を主張され，1帯型，多帯型，多条型の消長を編年軸に求めようとされたのである。その結果，関東の隆起線文土器をⅠa古・新期〜Ⅳ期に編年され，各期に対応する全国資料の分析を行ったのである。

　大塚の研究時期と交錯するが，筆者は1974・75年に佐々木洋治を主任とする山形県高畠町大立洞穴の発掘に参加する中で高畠地域の草創期資料を学習することができ，1978年には浅川利一によるナスナ原隆起線文土器の復元に参与する機会にも恵まれる中で，1981年8月に大和市月見野上野遺跡第2地点の調査を担当した（戸田・曾根1982）。その月見野上野第2地点の整理作業を行っている時期に大塚論文が発表されたのであった。当方の研究の上で参考となるところも大きかったが，小破片資料による文様構成の推定に関していくつか疑問を感じる判定が含まれ，また出土量の少ない橋立洞穴の破片資料を大塚Ⅱ期とⅣ期に分離する点，あるいは発掘現場を見学させていただき，一括性を感じていた花見山資料を，Ⅰ古・新，Ⅲ，Ⅳ期と長期間に位置づけられる点など，草創期初頭の遺跡と，人間活動のあり方を想定するうえにおいて，いくつか首肯し難いところが含まれていた。そのような中，1981年12月に法政大学月例研究会において新たな大塚編年案が紹介され，整理途上にある月見野上野第2地点資料が，大塚Ⅱ期とⅢ期に分離して位置づけられたのである（大塚1989）。開地遺跡の水平堆積層中において残存度の高い複数の土器を石器群とともにインサイトの状態で検出した状況から，月見野上野第2地点の一括性を確信していた筆者としては大塚の時期分離案は受け入れ難いものであった。そして同様な時間的分割を行っている花見山資料への取り扱いについても筆者との方法論の違いをより強く感じたのである。

　筆者は月見野上野第2地点報告書の考察において上記の疑問点を述べたうえで，月見野上野第2地点資料の型式学的特徴をまとめ，さらにそれまでに知られていた武相地域の単独に近い

資料との比較対比を行い，多摩№426→上野第２地点→ナスナ原→花見山という編年試案を提示した（戸田ほか1984）。

　月見野上野第２地点報告以後，南関東地方では当該期の遺跡発見が続く。この時期における研究史は次節において具体的に述べるが，本節においては大塚論文から20数年の時をへて全国編年を手がけた村上昇の研究を取りあげることとする。村上は2007年に日本列島東部（村上2007ａ），そして日本列島西部（村上2007ｂ）における隆起線文土器編年論を発表され，多くの資料を扱った論考としてはかつての大塚論文を髣髴とさせるものがある。村上自身も大塚編年を踏襲している立場を表明してはいるが，大塚の主張した文様帯論の展開は見られず，むしろ「隆起線の形状変化（施文手法も含めて）」というオーソドックスな分析手法をとり，ＳＦＣ編年，多摩ニュータウン編年に準拠した骨格を構築している。

　村上の編年観は，隆起線に加圧・刻み→隆起線につまみ・ひねり小波状→１条ずつのなでつけ加飾なし→なでつけ多条平行横走し間隔の狭い隆起線という４段階の変化とされ，そのうえで全国の資料を広域編年表に配列された。村上の基準とするＳＦＣ，多摩ニュータウンの資料の取り扱いは，本論における筆者の地域内編年基準資料単位と同一であり，その時間的序列もそれぞれの地域研究成果において指摘されていた順序を踏襲するものであるが，同一地域内の遺跡資料を対比し編年するうえで，論拠が十分に示されずに配列されているところが問題となる。例えば村上のⅢ期ではＳＦＣⅠ区Ａ，月見野上野第１，第２，ナスナ原，遠藤山崎，万福寺，花見山の一部というこれらすべてが属すとされている。本論においては後述するように地域研究に立脚して遺跡間の異同を比較してみた結果，これらの遺跡資料は３段階に分け得る仮説を提示した。村上のいう「遺跡の引き算」と同様な検討を行ったものであり，したがって上記各遺跡資料を同一時期にくくることには地域資料操作の方法論上，そして型式学的にも反対せざるを得ないのである。

　その一方，筆者が方法論的に同一段階として取り扱っている花見山資料を，Ⅰ新期〜Ⅳ期と実に４段階に分離されている。^{14}Ｃ年代をもてば1,000年間は優に超える時間幅となる。定住集落の確立よりはるか以前の人口数と時代背景を考えたときに，極めて狭い限られたあの地点に，超長期的かつ連続的回帰が行われたとは考え難いのである。そしてなによりも花見山と同様な限定的地点遺跡で，隆起線文土器編年のほぼ全期間に亘る土器型式変遷をもった超長期的回帰を示す遺跡例を他に見ることができないのである。

　村上は花見山遺跡の遺物分布図を示されるが４段階の時期区分と分布図は相関していないことを自身でも認めつつ，それでもいささか強引な論調で「花見山遺跡資料においても施文手法の違いを編年の時間軸とする前節の結論を支持する見通しが得られた」とされるが，層位学的に見て，この10ｍ×20ｍの範囲内から出土した123個体の土器群は同時期共伴関係にある出土状態としてとらえるべきものであろう。

　花見山遺跡資料に関する筆者の分類は後段において述べるが，ハの字爪形文と隆起線文の併

用する花見山型土器を主体としていくつかの文様系統が影響しあって存在する，という様相を示しているものと考えられるのである（第9図）。同様に月見野上野遺跡第2地点，遠藤山崎遺跡，万福寺遺跡などの，明らかに短期間において形成されたと把握される一括資料においても，文様構成の異なるいくつかの土器類（あるいは土器系統）によって土器群が構成されていることが指摘できるのである。したがってこのようなあり方が隆起線文土器期の一つの実体としてとらえることにより花見山資料の理解にフィードバックすることができるのである。

2．県内の草創期前葉の遺跡と調査

　神奈川県内での隆起線文土器発見の歴史は1977年から1978年に発掘された横浜市花見山遺跡の調査に代表される。前節でも述べたように小さな遺跡ではあるが123個体以上という全国で最も土器出土量の多い遺跡として著名であり，研究上の多くの成果を我々に与えてくれた（坂本ほか1995）。続いて1981年には前述した大和市月見野上野遺跡第2地点が発掘され，15ｍ×4ｍの範囲から集中して完形品を含む6個体分の隆起線文土器と石器群が出土し，一つの時期を示す土器・石器群のコンパクトな出土例として重要な資料となっている。

　藤沢市内では1982～84年に発掘された代官山遺跡が最初の隆起線文土器発見遺跡であるが，1988～90年の調査で5つの地点から隆起線文・ハの字爪形文が発見された慶応大学湘南キャンパス遺跡（慶応ＳＦＣ遺跡）が，草創期の遺跡としては最も広い調査面積を誇り，出土遺物とセトルメントパターンを考えるうえで注目された（小林ほか1993）。

　同時期の1990年には柄沢遺跡Ｅ地点の発掘が行われ，完形土器と多種類にわたる文様バラエティをもつ隆起線文土器群が発掘された（戸田ほか1991，戸田1992ａ）。

　さらに1984～92年には南鍛冶山遺跡の調査において3地点から古い段階と考えられる隆起線文・ハの字爪形文土器の破片が発見された（小林ほか1994）。1989～90年には今田遺跡の調査において少量ではあるが各種のハの字爪形文土器が出土し（戸田1992ｂ），1991年には藤沢市№252遺跡から隆起線文とハの字爪形文が併用された破片が出土した（戸田1992ｃ）。1992～93年に調査された南葛野遺跡では爪形文とハの字爪形文土器が発見され，そのうち1点は今田遺跡出土のものと近似する文様を認めることができる（須田ほか1995）。1993年には慶応ＳＦＣ遺跡群の向かい側の小丘陵上に位置する遠藤山崎遺跡において完形を含む隆起線文土器5個体が石器群とともに集中して出土した。生活跡という状況を示す大変良好な一括資料として特記される（戸田ほか2003）。このように藤沢市域では1988年から1993年までのわずか5年間に隆起線文・爪形文土器期の遺跡調査ラッシュとなり，一気に資料が増加したのである。

　近年においても1999～2002年には菖蒲沢大谷遺跡が調査され，4地点から隆起線文土器が出土し，この内一ヶ所からはハの字爪形文土器破片が出土している（戸田ほか2006）。

　このような藤沢市内を中心として発見された多くの草創期遺跡を周知させることを目的として1992年には藤沢市文化財調査報告第28集〈縄文時代草創期の藤沢〉が発行され，それまで

I部　地域の考古学

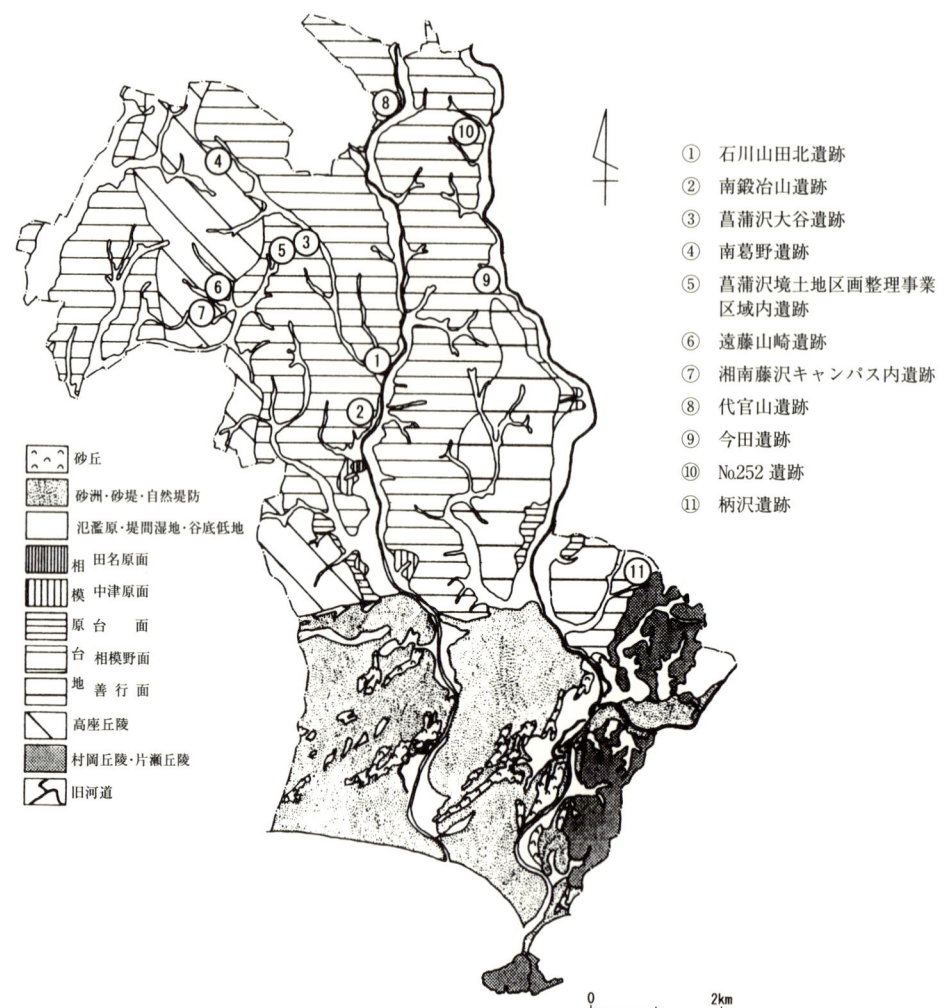

第1図　藤沢市域の隆起線文・爪形文土器出土遺跡分布図（今泉2008文献より転載）

の発見遺跡の紹介と，県内での草創期遺跡の概要を報告した（戸田1992d）。またこのような研究の情勢に鑑み，1993年12月には慶応SFC遺跡調査担当者と筆者そして花見山遺跡調査担当者の坂本彰氏を中心とする研究集会「藤沢の縄文時代草創期を考える会」が開催されたのである。

神奈川県内においても，横浜，伊勢原，平塚市域から遺跡の発見が続く中で神奈川県考古学会の主催で「神奈川の縄文文化の起源を探る」と題するシンポジウムが1996年に2回開催された。同シンポジウムにおいて小林謙一はSFC編年の細分化を試みており，Ⅰa期（古，新），Ⅰb期，Ⅱa期（古，新），Ⅱb期，Ⅲ期という7段階以上の編年を提案している（神奈川県考古学会1996）。

2002年に発見された川崎市万福寺遺跡は特筆され，2ヶ所の地点から完形を含む47個体の

土器群と石器群が出土した。現在のところ万福寺遺跡は全国的に見て横浜市花見山遺跡に次ぐ土器量の多い遺跡となっている（今泉ほか 2005）。

さて第1図に示したように藤沢市域内の台地・丘陵部わずか南北 10 km，東西 6 km という範囲に集中的に分布する11遺跡（20地点）の隆起線文・爪形文土器を型式学的に分析すると，遺跡間で類似する土器文様を共有する場合と，接近した遺跡間あるいは地点間であっても文様の大きく異なる場合とが認められる。また同時期と考えられる一括出土状態の土器群においても，個々の文様を見るといくつものバラエティを認めることができるのである。しかし現在までのところ，これらの遺跡では層位学的に土器群の文様差を年代差として証明することはできずにいる。必然的に型式学的・空間的分類研究に依拠することとなり，基本的なセオリーとしては，「同一地域内（郡市レベルととらえる）あるいは，無遺物空間を介在する近接した遺跡（地点）間の土器様相の差は時間差と見なし，集中出土状態の土器群中に見る文様差異は異系統（他地域系）の共伴と見なす」という考え方を用いて仮説を立てていくこととなる。その結果市内11遺跡（20地点）の土器資料から大きく4つの土器文様グループ（時間差）が推定され，一方，北関東を経由して南東北または北陸方面からの土器文様の影響と，石器の伝播や，太平洋岸を経由して東海方面からの影響を推定させるような各方面の土器文様伝統が入り混じる状況を推定することができるのである。

本論では上記のような前提に立って論を進めるが，全ての個体の文様属性を取りあげるには，報告書の個体観察記述に立ちもどらねばならなくなるため，特徴的な文様を型式学的にとらえ，藤沢地域を基準に大和市域，横浜市域の資料を加えた神奈川県域編年を骨格として樹立し，そこに東京都多摩丘陵地域資料を加えた考察を行いたい。

3．編年案の整理と遺跡名称編年へ

市内出土の隆起線文・爪形文土器を比較検討する手順として，慶応ＳＦＣ遺跡，南鍛冶山遺跡，菖蒲沢大谷遺跡，南葛野遺跡に見る地点別の土器群をそれぞれ一つの時間単位としてとらえ，地点間に見る文様の異同を考え，さらに市内・県内遺跡出土資料の中から，地点集中部を完掘（ほぼ完掘を含む）した一級資料をもとに分析を行う。

まず慶応ＳＦＣ遺跡では以下のような地点別土器群の編年が提案されている。

　　　　　　Ⅰa期－ＳＦＣⅡ区住居状遺構出土土器
　　　　　　Ⅰb期－ＳＦＣⅤ区ピット出土土器
　　　　　　Ⅱ　期－ＳＦＣⅠ区Ａ集中・Ⅲ区Ｄ集中土器群
　　　　　　Ⅲ　期－ＳＦＣⅢ区Ａ集中土器群

慶応ＳＦＣ遺跡各地点からの出土土器群は報告者のⅠa～Ⅲ期とした型式配列にあるとおり，地点間における隆起線の形状と隆起線上の刻目，押捺等の差異を基本とするものであり，

I部　地域の考古学

　筆者も慶応ＳＦＣ報告および，1993年藤沢シンポにおける小林(謙)氏等の発表に関しては，月見野上野遺跡第２地点以来進めていた筆者なりの編年案とも合致するところから，シンポジウムの場においていち早く同意したのであった。そしてなによりも同一地域内における土器様相の差異を編年研究へと止揚するための数少ない広い面積の発掘資料という条件を備えている遺跡であることに注目したのである。
　そのうえで筆者としては慎重な立場をとっているのが，時期区分の表現方法にある。ＳＦＣ Ⅰa～Ⅲ期という期の区分は隆帯の太さを根拠としているのであるが，その場合太さの基準も必要となり，また個体差も地域差も考えねばならないであろう。大塚編年のⅠ～Ⅳ期区分との対比も問題となる。そして，花見山遺跡の報告では花見山１～３式が提唱される事態に至った。これら時期区分名称の用い方はいずれも仮説にもとづく研究途上の便宜的表現とされるべきものであり，編年研究を積み重ねていくうえで呼称は変更されていくことも念頭におかなければならない。その意味においてあまり早く数字による時期区分あるいは編年上の「型式」名をコンクリートしてしまうことは避けなければならないと考えるのである。実際のところ，このあと述べるように，いくつかの時期区分を加えざるを得ない新たな発掘資料が追加されており，大塚編年，小林(謙)編年，花見山編年のそれぞれにおいて，すでに配分してしまった数字区分をこのあとどのように解決させるかが大きな問題となるのである。
　そのような中で最新の論考である村上編年では，近年の増加資料をも自身のⅠ～Ⅳ期の中に吸収し，配列している。型式学的に差異があると認識できる土器群も，区分されることなく大きいまとまりの中に収納しているのである。これでは編年学的「型式」研究の方法論的後退であり，研究の停滞ともなりかねないであろう。山内清男は説く，「細別を進行せしめ，それを知悉して後大きな区分に想到し得れば最も良い」と（山内1937）。
　今後も新資料が増加し続けるであろう隆起線文・爪形文土器については，改めて細分研究へと進行させるために数字による段階分け編年から「遺跡名称段階」編年へと転換を図る時点が到来したといえる。そのうえで「細分型式」の認定には型式学的分離，時間的証明，分布圏の存在という土器型式設定のための３つの基準を満たさなければならないのである。研究の到達点まではまだ遠い道のりがあり，その意味において花見山式，万福寺式の型式名については時期尚早と言わざるを得ず，再検討を必要としよう。
　本論においては遺跡と地点単位にもとづき土器内容をイメージできる名称を用いて段階分けを行ってみた。その結果第２図に示すようにＳＦＣ変遷の骨格に加えて，月見野上野第２地点段階と柄沢Ｅ・万福寺段階，花見山段階を区分に追加する結論に至ったのである。
　なお佐藤雅一は新潟県魚沼地方における草創期土器編年について，すでに遺跡名による段階区分を進めている。資料の充実している神奈川編年も，これに呼応して遺跡名称を用い，さらには編年対比へと研究を拡大すべきと考えるが，現在のところ佐藤(雅)編年との類似度の高い「段階」対比資料を見い出せないでいる。

武相地域における隆起線文土器の編年

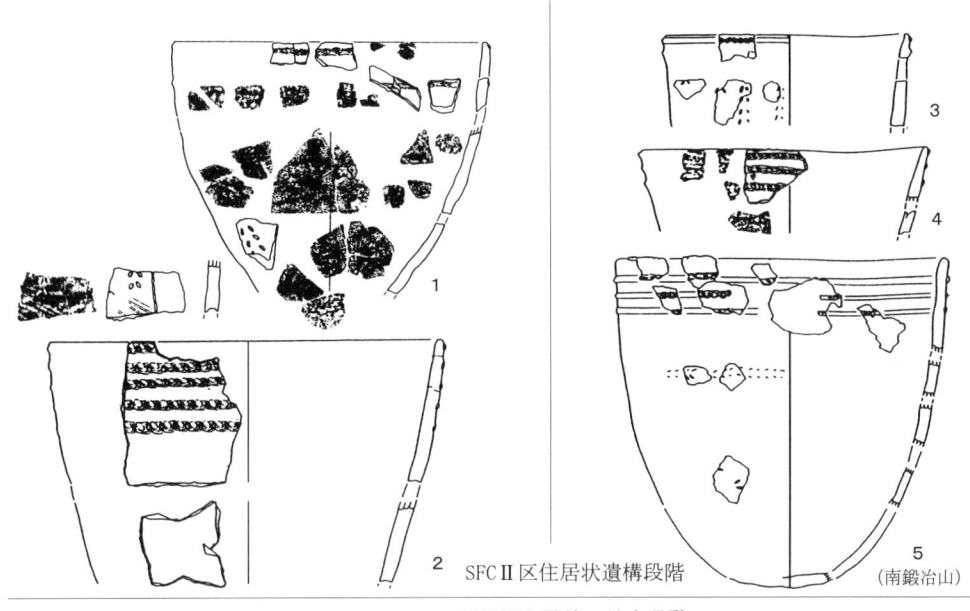

月見野上野第2地点段階

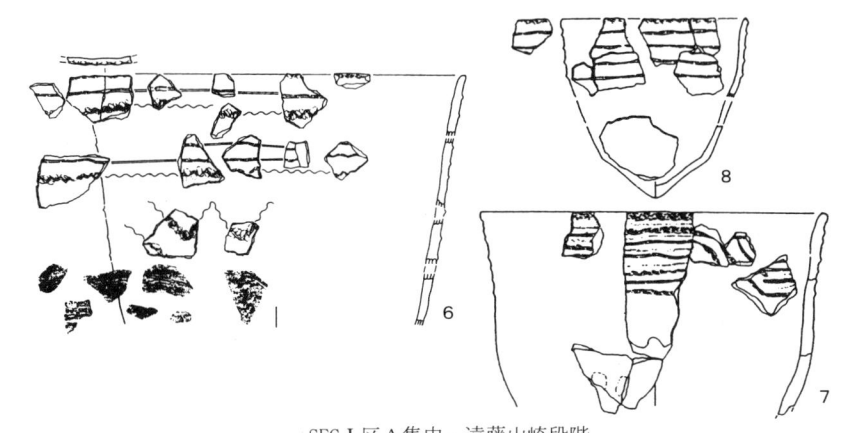

柄沢E地点・万福寺段階

花見山段階

第2図　慶応SFC編年と神奈川編年

4．慶応ＳＦＣ編年の整理（第12図参照）

　ＳＦＣ編年で古い段階に位置づけられているのが第２図１，２のＳＦＣⅡ区住居状遺構出土土器でありハの字爪形文が併用あるいは共存している。小林（謙）は隆起線上に刻目を施す土器で隆線の条数が増えるＳＦＣⅤ区を新出の要素と推定し，Ⅰｂ期を仮定しているが，古い段階での条線の増加が時間差につながるかは，その後の増加資料の中では明確ではなく，本稿においてはＳＦＣⅤ区の位置づけに小区分は設けず，ＳＦＣⅡ区住居状遺構段階の中に包括しておくこととする。

　次段階とされる第２図６〜８のⅠ区Ａ集中では，平行線文と斜めあるいは交互押捺による波状文，そして斜め刻み隆線による曲線文という同時期内バラエティを認めることができる。

　そして新しい段階とする第２図９のⅢ区Ａ集中では細い隆起線を多条かつ小波状風に貼付することを特徴とする。なお第２図10に菖蒲沢大谷遺跡１号集中より出土した小形完形土器を示した。詳しくは後段で述べるがＳＦＣⅢ区Ａ集中出土土器と同様に小波状の細（微）隆起線文が貼付されることを特徴としており，多条施文のあり方も含め同時期，同型式とすることができる。なお同じ菖蒲沢大谷遺跡では別地点（２〜４号集中）からやや太めの隆起線文を特徴とする土器群が出土しており，明らかに型式を異にする。詳しくは後述するが，古式のＳＦＣⅡ区住居状遺構段階に対比されるものと考えられる。

　以上慶応ＳＦＣ遺跡各地点を通観した隆起線文様の変遷を見ると，大きくは隆線上刻目→隆線交互押捺波状文→小波状・細（微）隆起線貼付，という変化を推定することができる。慶応ＳＦＣ遺跡での近接する地点間に見られるこのような文様差は，時間差と捉えることが可能であり，型式学的にもこの変遷案は隆起線文土器編年の大きな基準とすることができるのである。

5．武相地域の資料対比と神奈川編年の提唱

「ＳＦＣⅡ区住居状遺構段階」（第２図参照）

　上記したようにＳＦＣⅠａ，Ⅰｂ期とされたものを含む段階であり，南鍛冶山遺跡では３個体の土器が出土している（第２図３〜５）。1993年の研究発表では刻目を施す隆起線１条のものを古く考え，ＳＦＣⅡ区住居状遺構資料に対比し，刻目隆帯が３条にわたるものをＳＦＣⅤ区資料に対比している。このように隆起線文土器の古い段階には隆線に刻目（押捺）をもつものをあてる考え方は，新潟県田沢資料をもとに古くから定着していた観があるが，南鍛冶山遺跡のように広い面積を掘り，他の隆起線文様土器を混じえないで出土している状況はこの段階の存在を証明する大きな手がかりとなるものである。ただし１〜３条の条数の変化による型式差（時間差）の考えについては，ＳＦＣⅤ区の区分と同様に本稿においては保留し，同一段階に含めておく。また南鍛冶山遺跡ではハの字爪形文の破片が出土しており，報告者は隆起線文と同一個体として推定図示されているが接合点はなく，共伴関係から同時期に出現してるこ

とは確実であるが同一個体となるかは不確定とすべきであろう。

　なお隆起線に直截的な刻目を施しその直下にハの字爪形文を施す良好な資料は，藤沢市№252遺跡から単独出土している（第3図）。この№252例のハの字爪形文は表面の粘土を「つまみ出す」ような手法となっており，東京都多摩№426遺跡資料中に類似するハの字爪形つまみ出し手法が認められる（原川ほか1981）。なお多摩№426資料には隆線上の押捺のバラエティの中に波状文風となるものを含むが，大きくは本段階と考えることができよう。

　菖蒲沢大谷遺跡では4地点（大きく見れば2地点）の遺物集中があり，前述したように1号集中の小形完形土器は新しい時期と判定したが，略完形土器を出土した2号集中および3号，4号集中からは古い段階と思われる横位隆帯文と隆帯上の押捺による直截的な刻目が施される

第3図　藤沢市№252遺跡土器

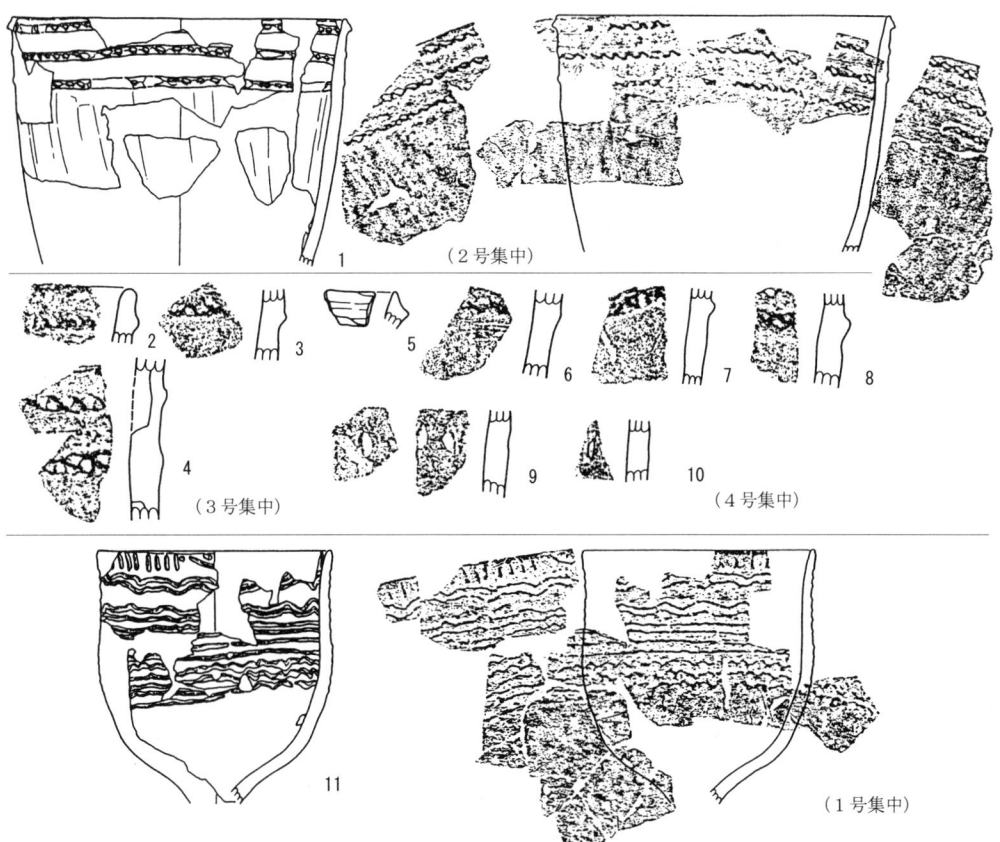

第4図　藤沢市菖蒲沢大谷遺跡出土土器（1・11－1/4，2〜10－1/2）

Ⅰ部　地域の考古学

土器が出土している（第4図1～10）。特に2号集中の完形土器（第4図1）には3条の隆起線文が施され，ＳＦＣⅤ区例あるいは南鍛冶山での3条隆起線例などと同型式になる可能性が強い。このように菖蒲沢大谷遺跡の1号集中と，2～4号集中出土土器群はＳＦＣ遺跡と南鍛冶山遺跡の各地点と共通することが明らかであり，ＳＦＣ遺跡の地点別編年を補強するものとなる。

以上，隆起線文土器の古い段階と考えられている太めあるいはやや太めの隆起線文土器には，隆線上に加えられる押捺（刻目）が，直截的なものから斜めに加えるものまでの，おそらく時間差と考えられるバラエティが見られるが，いずれも明確な交互押捺（波状文）手法以前の特徴ととらえることができるであろう。

なお花見山遺跡№1（第9図1）の土器を坂本は花見山1式，大塚はⅠ期として最古段階の隆起線文土器に位置づけ，小林(謙)は自身のⅠb期，村上はⅠ期（新）とする。しかし花見山№1の口縁下に見られる波状隆起線はＳＦＣⅡ区住居状遺構段階に比定した他の土器群の隆起線上の押捺手法とは明らかに異っており，筆者としてはこの後の，交互押捺波状文手法よりもさらに新しい隆起線文末期段階に属す小波状文に通ずる特徴をもつものと考えるのである。

「月見野上野第2地点段階」（第2図，第5図参照）

これまで見てきた慶応ＳＦＣ隆起線文土器編年基準資料とは異なる文様手法あるいは文様構成をもつ土器群として大和市月見野上野遺跡第2地点の土器群が存在する（第5図）。報告書個体ナンバーA～D，F，Gを示した。個体Dを除くA～C，Fの横位平行隆起線文上には浅い直截あるいは斜めの刻目文が施され，また口縁部には浅い縦の刻目が施される簡素な文様の土器群である。類似する土器群は県内全体を見ても指摘しえないが，隆線上の斜めの刻目手法

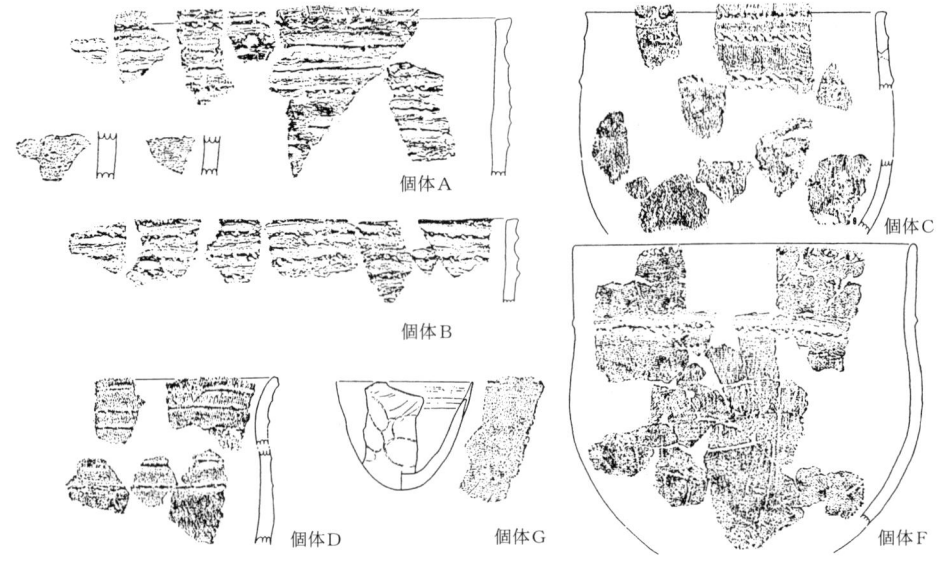

第5図　大和市月見野上野遺跡第2地点出土土器（1/4）

がＳＦＣⅤ区土器資料あるいは多摩№. 426 資料に見られる隆線上刻目の系統にあるものと考えることにより，「ＳＦＣⅡ区住居状遺構段階」と交互押捺波状文の盛行する「ＳＦＣⅠ区Ａ集中段階」との中間に位置づけることができる。なお破片資料であるが多摩№. 125 資料が近い文様と見ることができるかもしれない（鈴木 1982）。

「ＳＦＣⅠ区Ａ集中段階」（第２図，第６図参照）

第２図に示したⅠ区Ａ集中では，6，7に見るように平行線文と斜めあるいは交互押捺による波状文，そして斜め刻み隆線による曲線文が同一個体の中で併用されることを特徴とし，それに加えて別系統と考えられる8の平行直線文のみの土器が組成される様相をもっている。

ＳＦＣ遺跡群に隣接する遠藤山崎遺跡出土土器群（第６図）には第２図6，7に類似する個体B，Cの交互押捺波状と平行直線隆起線文の交互施文文様があり，これに個体Aの平行直線隆起線文のみの完形土器が共伴していることからＳＦＣⅠ区Ａ集中の文様組成と共通する様相を示す。このように遠藤山崎個体A～Eは同時期に属す良好な類例であると同時にＳＦＣⅠ区Ａ集中段階の存在を追証する事例ともなるのである。なお個体Bの口縁裏端には左下りの爪形文が一列一巡する。爪形文の併用としては特異な例であるが東北系の口縁裏端施文との影響下にあるものと思われ，地域的系統関係の交差に注目しなければならない。

図示しなかったが，代官山遺跡出土の完形土器も横位直線隆起線文と交互押捺の波状隆起線

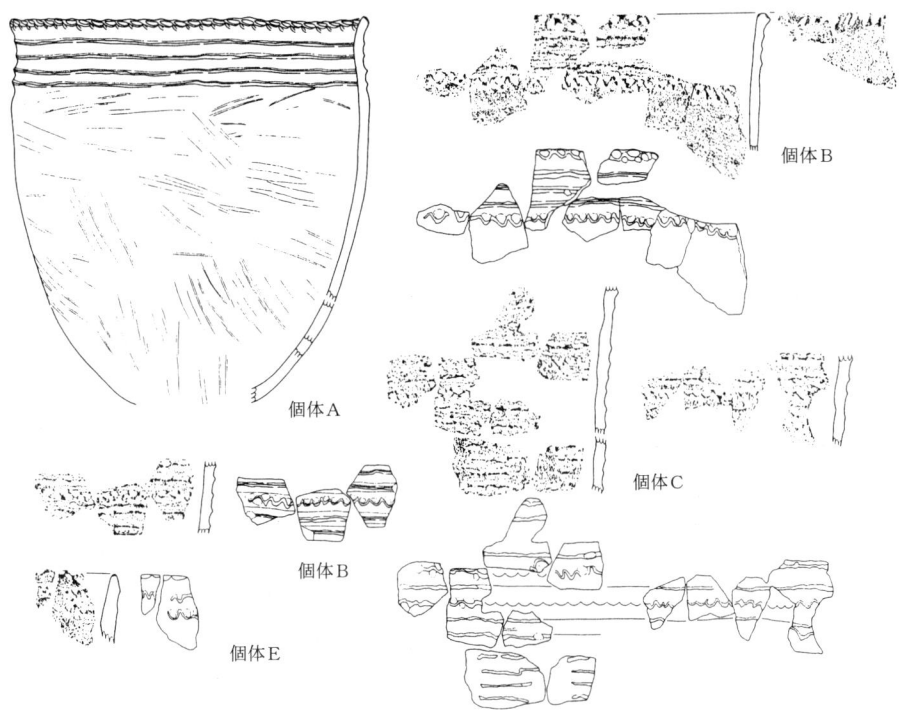

第６図　藤沢市遠藤山崎遺跡出土土器群（1/4）

I部　地域の考古学

文が波状－直線－波状－直線－波状と5条にわたり交互施文されており，同時期の特徴を良く示している。また同様な文様をもつ町田市ナスナ原遺跡の完形土器（江坂ほか1978），横浜市月出松遺跡資料（坂上ほか2005）も本段階に属すものと考えられる。

「柄沢E地点・万福寺段階」（第2図，第7図，第8図参照）

　藤沢市柄沢遺跡E地点出土土器群もここまでの分類基準資料の中には見られない特徴ある土器群といえる（第7図）。横位平行の多条隆起線文土器と，口縁部の異種文様帯として大ぶりな山形文（鋸歯状文）を描く略完形土器，そして2～4条の平行隆起線による縦位・斜位・曲線を描く特徴的な隆起線文が認められる。この特徴的な縦位・斜位・曲線の文様構成は関東地方には例が少なく，福井洞穴，上黒岩洞穴など西日本，あるいは南東北の日向洞穴等に類例が見られる。

　そのような中で僅かではあるが第2図7のSFCI区A集中資料には曲線文様を見ることができ，さらに第2図6には波状文が山形状を描く類例が見られる。柄沢E地点資料に近い特徴と考えられるが，柄沢E地点資料では明瞭な縦位＋（横位・斜位）施文が特徴的であり，加えて貼付による小波状の存在，口唇端および隆線上の加飾がほとんど見られない等々SFCI区A集中とのいくつかの差異が指摘される。その場合，柄沢Eの中に底部近くまで文様の施されるものが存在していること，小波状文の存在，さらに多条化する平行隆起線文土器が共伴しているあり方等から「SFCI区A集中」に続く土器群と位置づけ，「SFCⅢ区A集中」との間に編年されると考えることができよう。

第7図　藤沢市柄沢遺跡E地点出土土器

柄沢E地点と同様に横位＋（縦位・斜位）の文様構成が顕著な土器群として川崎市万福寺遺跡がある（第8図）。No.1，No.2遺跡の2地点からは口縁部文様帯に縦位文様を充填する土器群の存在が明らかとなった。2～6のように縦位文様帯が胴下部まで拡大するものもあり，縦位全面施文風となっているが，文様の原型は柄沢遺跡E地点の完形土器に見られる大きな山形文を描く口縁部文様帯にあると考えられ，万福寺ではその部分が2の縦位弧線文→3，5，6の縦位直線・波状文へと変化したものと見ることができる。1には口縁下に横位短隆起線文が施され，胴部

武相地域における隆起線文土器の編年

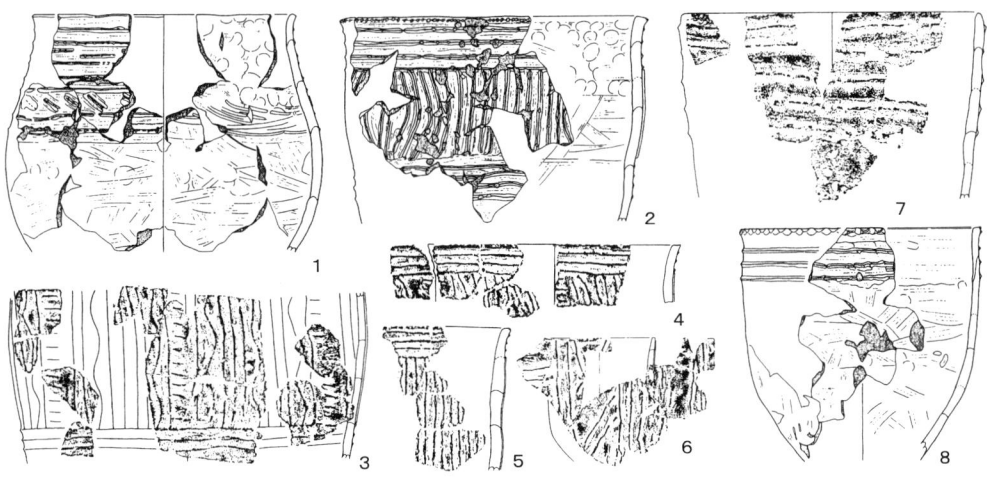

第8図　川崎市万福寺遺跡出土土器（1/5）

には斜位短隆起線文を施文する。隆起線文古式とされる第9図の花見山№1の土器は，このような文様とも関係を有することを考えねばならないであろう。また万福寺土器群には7，8の横位平行直線文様も安定的に存在しており柄沢遺跡E地点の組成との共通性を示している。そのうえで全面施文に近い文様をもつ万福寺の方が新しい要素と考えることも可能であるが，現状では両者を同時期の幅の中でとらえ遺跡名段階区分としておくこととする。

近接する地域の類例としては東京都多摩№116遺跡（千葉1987）には縦位施文のややまとまった資料があり，柄沢E地点・万福寺段階の存在証明と分布域の広がりを例示している。

「ＳＦＣⅢＡ集中段階」（第2図，第4図参照）

ＳＦＣ遺跡群の中では第2図9に示した1個体の単体出土例により時期区分が設けられた。特徴としては，前述のように隆起線が貼付小波状文風となり，また螺旋状を呈している感がある。同じく第2図10，第4図11に示した菖蒲沢大谷遺跡1号集中出土土器も単体出土例であるが，螺旋状となる多条細隆起線文土器であり，ほそい粘土紐貼付による複列平行文と複列小波状文が特徴的である。貼付小波状の手法，大きさと器形，文様帯の幅（胴中～下部までの施文）などの特徴が共通しており，ＳＦＣⅢ区Ａ集中の土器と同型式と考えて間違いないものである。本段階を構築するこの2つの例はいずれも単独資料であるため同時期の組成を掌握するのが困難であるが，文様の類似を追えば螺旋状小波状文は群馬県徳丸仲田例が知られており（大木2001），また直線文と波状文が接続する文様は青森県表館（1）例が知られている（青森県教育委員会1989）。これらの類例のあり方から見れば北関東から東北方面との土器系統関係が求められることとなり，また時期的には多条隆起線文による全面施文の傾向から隆起線文土器の終末期に位置づけられているものである。なおこの2個体に見られる多条小波状貼付文様は武相地域に類例は見られず異系統文様の貫入ととらえることもできるが，さらなる類例と，組成が判明するまでは本地域の編年段階の区分としておきたい。但しその場合，次段階とする花

15

I部　地域の考古学

見山段階との前後関係が問題となるところであり，隆起線文の終末的文様をとらえ花見山以後とする考えもあるが，本論では花見山の前段階に位置づけておく。

「花見山段階」（第2図，第9図参照）

　さて日本で最も多くの隆起線文土器が出土した横浜市花見山遺跡の土器群は，これまで論じてきた藤沢編年と対比してどのように位置づけられるであろうか。第9図に見るように花見山の土器群はいくつかの類型に分けることができるが，報告書では3段階の時間差をもつ土器群と考えている。しかし筆者は出土状態に見る集中性から，まずその全てを同時期の組成ととらえて考えるべきことを以前より主張しており，ここでは型式学的に考えてみたいと思う。

　花見山報告書では坂本彰による土器分類がなされ，その結果が1～3式の細分となっているわけであるが，その10年前に筆者が月見野上野遺跡第2地点報告書において初めて武相地域の隆起線文土器編年を論じる中で，花見山資料をA～C類と独自に分類した。同時性を考えるうえでその分類は今も有効なものと考えており，本論において再説する。なおその考察では広く東日本域の資料との対比も行っており，詳しくは報告書考察編を参照されたい。

　花見山出土土器群は第9図に示すようにA～Eの類に分類される。

　A類は口縁下隆起線の条数が1～2条と少ないものとし，波状隆起線を施すものと，2～3条の平行隆起線を施すA'類とに分けられる。

　B類は隆起線文（波状，平行）にハの字爪形文が併用して施文されるものとし，「花見山型土器」と呼びえるものである。なおハの字爪形文は口縁部文様として隆起線文（波状，平行）と交互施文あるいは部分的に併用されるもの（36～39，41，115～117）と，口縁部文様の下部にハの字爪形のみ縦位施文され底部近くまで及ぶもの（40，42）などがあり，小分類が可能である。

　B'類とするものはハの字爪形文のみ施文されるものであるが，B類と同様な文様意匠が見られ，口縁部文様幅に横位平行施文するものと胴部から底部まで縦位施文の及ぶものの二種が存在し，小分類が可能である。

　C類は多条平行隆起線文を施すものである。胴下部まで文様の及ぶものは見られない。

　D類は少量の小型格子目沈線文土器である。

　E類は無文土器群であり，本遺跡において出土量が多い。無文土器は他の遺跡には存在しないか，あるいは少量認められる程度のものであり，花見山土器群の一つの特徴といえる。

　さてこのA～E類のうち，A類の波状文はB類にも認められる共通文様であり，またA，A'類に見る条数の少ない特徴は文様こそ異なるがB，B'類の一部に共通するところである。B類には多段，多条化傾向をもつ115～117がありC類と共通する文様となる。またB類とB'類は隆起線の併用を除けばハの字爪形文の文様構成は共通するものである。

　以上のようにA～C類としたものは文様意匠においてそれぞれに相関関係を持っていることが指摘され，このような現象は同時期における「異種文様間の相互作用」といった考え方が可能となる。そのうえでB類の多条平行隆起線文の存在（多条の概念は未定であるが，4～5条

武相地域における隆起線文土器の編年

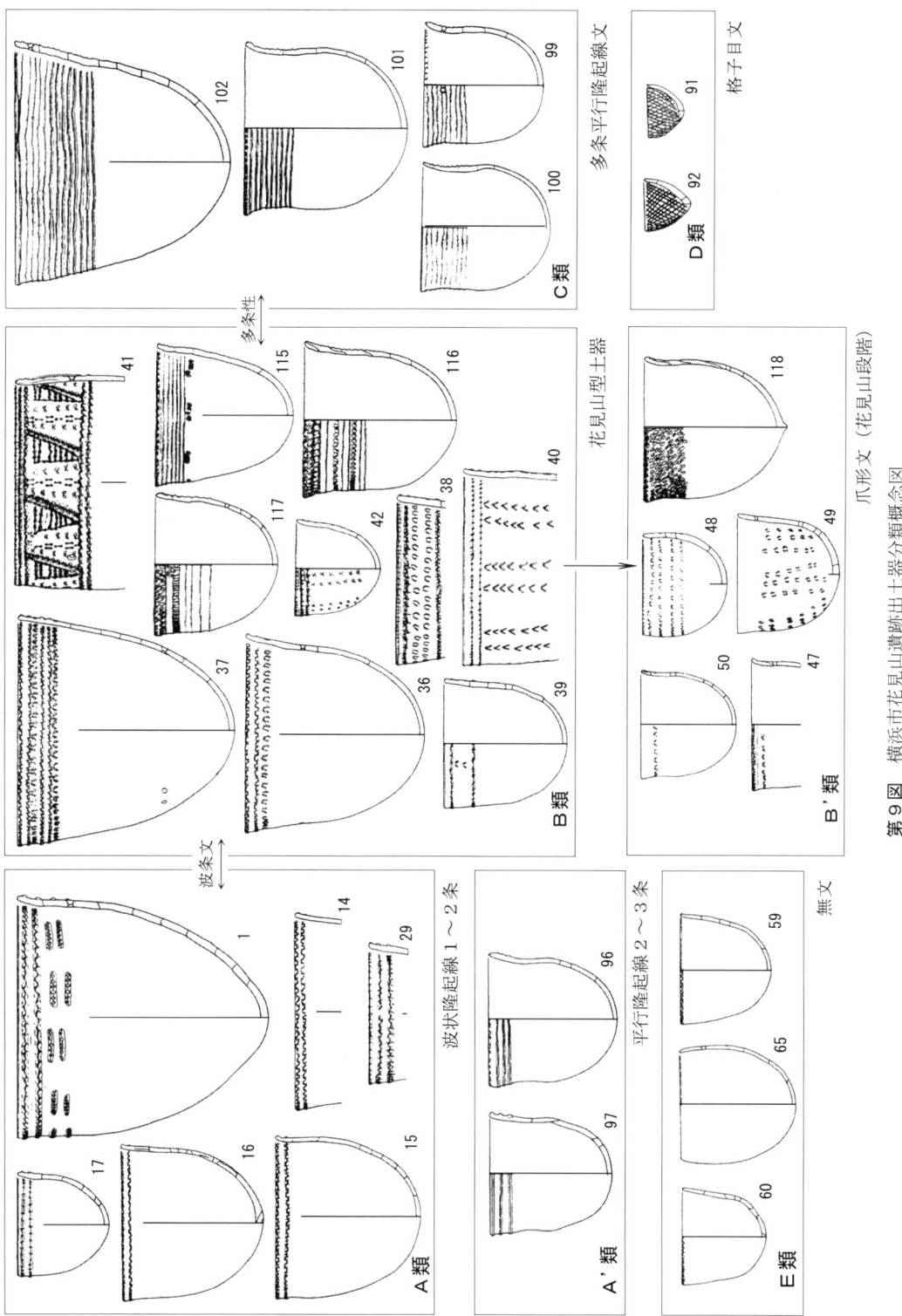

第9図 横浜市花見山遺跡出土器分類概念図

17

I部　地域の考古学

以上としておく）は月見野上野第2地点段階の資料中から認められ，ＳＦＣⅠ区Ａ・遠藤山崎遺跡の組成にも存在し，柄沢遺跡Ｅ地点，万福寺遺跡にも見られるように多条あるいは多条に近い隆起線文土器は常に組成として存在するといえるのである。そのうえで隆起線文土器の新しい段階では密接平行多条文が関東北～東北，北陸に盛行しており，そのような傾向の一端として花見山Ｃ類とした異系統文様土器が出現したことが考えられるのである。一方，花見山型と呼ぶ特徴的な文様をもつＢ類土器と類似する資料は，東北，北陸に断片的に発見されているが，神奈川県内には例を見ない。したがってこのような組成をもつ花見山遺跡土器群は，これまで述べてきた武相隆起線文土器編年の枠内に対比することは難しく，より新期に位置づけられることとなろう。その場合花見山の組成を形成するＣ類の多条細隆起線文土器が，「ＳＦＣⅢ区Ａ集中段階」に見られる多条化文様に最も接近していると位置づけることにより，それに続く時期ととらえることができる。多段，多条の施文手法もこの推定を裏付けるものといえ，このような多段化する第9図48，49，118の爪形文あるいはハの字爪形文土器を併用する同図38，116，117などの伝統のもとに多縄文土器が出現すると考えることができるのである。

謝辞

杉山博久先生とのお付き合いは，1971年に小田原考古学研究会会報への寄稿のお誘いを受けたのが始まりであった。当時大学院2年目ではあったが，現在と比べて研究発表の場が限られ，またそう簡単には発表が許されなかった時代でもあり，とてもうれしいお声がけであった。

それとは別に私の祖先が小田原藩とのかかわりをもっており，愛着のある小田原の雑誌ということに因縁も感じたのであった。

寄稿した論考は小文ではあったが，勝坂式土器を関東の遺跡それも遺構一括資料をもとに細分編年を試みたものであった。今，改めて読み返してみると，今回の論考においても同じ分析手法を用いて隆起線文土器の細分編年を行っていることに気付いたのである。38年間変わらぬ土器編年と分析手法を続けていること，その研究の原点となる小論であったことを自分史の中にしっかりと位置づけておきたいと思うのである。そしてこのことは同時に杉山先生とは，私の縄文土器編年研究の長さと同じだけお付き合いさせていただいているのだ，ということを有難くもよろこばしくも実感するのである。向後，先生のますますの御活躍と御健康をお祈り申しあげ，38年来の御指導に対して厚く感謝申しあげます。

引用文献　（出典順）

大塚達朗　1982「隆起線文土器瞥見」『東京大学文学部考古学研究室研究紀要』第1号

戸田哲也・曾根博明　1982「大和市内における縄文草創期遺跡の調査」第6回神奈川県遺跡調査・研究発表会発表要旨

大塚達朗　1989「草創期の土器」『縄文土器大観』1　小学館

戸田哲也ほか　1984『神奈川県大和市月見野上野遺跡第2地点発掘調査報告書』玉川文化財研究所

村上　昇　2007a「日本列島東部における縄文時代草創期隆起線文土器の編年」古代第120号

村上　昇　2007b「日本列島西部における縄文時代草創期土器編年」日本考古学第24号

坂本　彰ほか　1995『花見山遺跡』横浜市ふるさと歴史財団

小林謙一ほか　1993『湘南藤沢キャンパス内遺跡　第1巻　総論』慶応義塾湘南藤沢校地埋蔵文化財調査室編

戸田哲也ほか　1991「柄沢遺跡群第1地区E地点（縄文時代草創期）遺跡の調査概要」『湘南考古学同好会会報』41

戸田哲也　1992a「柄沢遺跡」藤沢市文化財調査報告書第28集＜縄文時代草創期の藤沢＞

小林謙一ほか　1994「南鍛冶山遺跡発掘調査報告書」第1巻　藤沢市教育委員会

戸田哲也　1992b「今田遺跡発掘調査報告書」藤沢市

戸田哲也　1992c「No.252遺跡」藤沢市文化財調査報告書第28集＜縄文時代草創期の藤沢＞

須田英一ほか　1995「南葛野遺跡」南葛野遺跡発掘調査団

戸田哲也ほか　2003『遠藤山崎・遠藤広谷遺跡発掘調査報告書』玉川文化財研究所

戸田哲也ほか　2006「菖蒲沢大谷遺跡発掘調査報告書」北部第二（三地区）土地区画整理事業区域内埋蔵文化財発掘調査団

戸田哲也　1992d「神奈川県における縄文時代草創期研究動向」藤沢市文化財調査報告書第28集＜縄文時代草創期の藤沢＞

神奈川県考古学会　1996.3, 1996.10「かながわの縄文文化の起源を探る，同パート2」

今泉克巳ほか　2005「万福寺遺跡群」有明文化研究所

山内清男　1937「縄紋土器型式の細別と大別」先史考古学1－1

原川雄二ほか　1981「No.426遺跡」多摩ニュータウン遺跡－昭和55年度－（第3分冊）

鈴木俊成　1982「No.125遺跡」多摩ニュータウン遺跡－昭和56年度－（第1分冊）

江坂輝彌ほか　1978「なすな原遺跡出土の細隆起線文土器」考古学ジャーナルNo.147

坂上克弘ほか　2005「月出松遺跡」横浜市ふるさと歴史財団

千葉基次　1987「多摩ニュータウンNo.116遺跡」『多摩ニュータウン遺跡　昭和60年度（第3分冊）

大木紳一郎　2001「徳丸仲田遺跡（1）」（財）群馬県埋蔵文化財調査事業団

青森県教育委員会　1989『表館（1）遺跡発掘調査報告書Ⅲ』

参考文献

今泉克巳ほか　2008「石川山田北遺跡」有明文化研究所

北原実徳ほか　2005「万福寺式土器について」日本考古学協会第71回総会研究発表要旨

小島正裕　1992「No.496遺跡」多摩ニュータウン遺跡－平成2年度－（第3分冊）

神之木台Ⅰ式土器の研究

澁 谷 昌 彦

はじめに

　神之木台式土器は高橋雄三・吉田哲夫により型式設定（高橋・吉田 1977）された。この型式は岡本勇が下吉井式土器の型式設定（岡本 1970）をした後，下吉井式土器から分離させるかたちでの型式設定であった。筆者は以前に木島式土器の型式細分（澁谷 1981・1982），神之木台式土器と下吉井式土器の研究史と型式細分（澁谷 1983）について考えたことがある。この中で神之木台式土器を神之木台Ⅰ式土器と神之木台Ⅱ式土器に細分（第 1 図）した。また，この年 12 月に神奈川考古同人会のシンポジウム，縄文時代早期末・前期初頭の諸問題（1983）も開かれた。その後の神之木台式土器などの研究は，恩田勇による古屋敷遺跡での検討（恩田 1990），縄文セミナーでの早川広人の打越式土器式からの検討（早川 2000）が発表された。さらに，中西充ほかによる武蔵国分寺遺跡北方地区の出土土器の検討（中西ほか 2003）から，仮称恋ヶ窪南式を設定する動きもある。しかし，この型式設定は筆者の神之木台式土器の細分などの研究に一切にふれず，研究史などを無視している点にも問題がある。このことについて筆者は「縄文時代研究の動向」（澁谷 2003）の中でもふれた。前述した早川広人の発表も筆者の研究を無視しており問題がある。1983 年以降の神之木台式土器に関係する研究はどちらかといえば，打越式土器からみた研究に中心があったと思われる。

　さて，この論文の目的は筆者の型式細分した神之木台Ⅰ式土器，神之木台Ⅱ式土器の検討にある。小田原考古や神奈川考古シンポ以降に発表された資料を加えて考えてみたい。

1．神之木台Ⅰ式土器と神之木台Ⅱ式土器について

　ここでは筆者の『小田原考古学研究会会報』11 号「神之木台・下吉井式土器の研究」（澁谷 1982）について検討をしたい。筆者は論文中で研究史をまとめた後，神之木台式土器とその型式細分について述べた。その内容を要点的にまとめておきたい。

　a．神之木台式土器は茅山下層式土器，茅山上層式土器から続く貝殻条痕文系土器群の終末的位置にあたる土器型式である。

　b．神之木台式土器の隆帯の断面形は三角形に近い類と半円形に近い類がある。隆帯上部に施文する場合はヘラ状工具，貝殻背圧痕，貝殻腹縁などを施す。神之木台式土器の貝殻

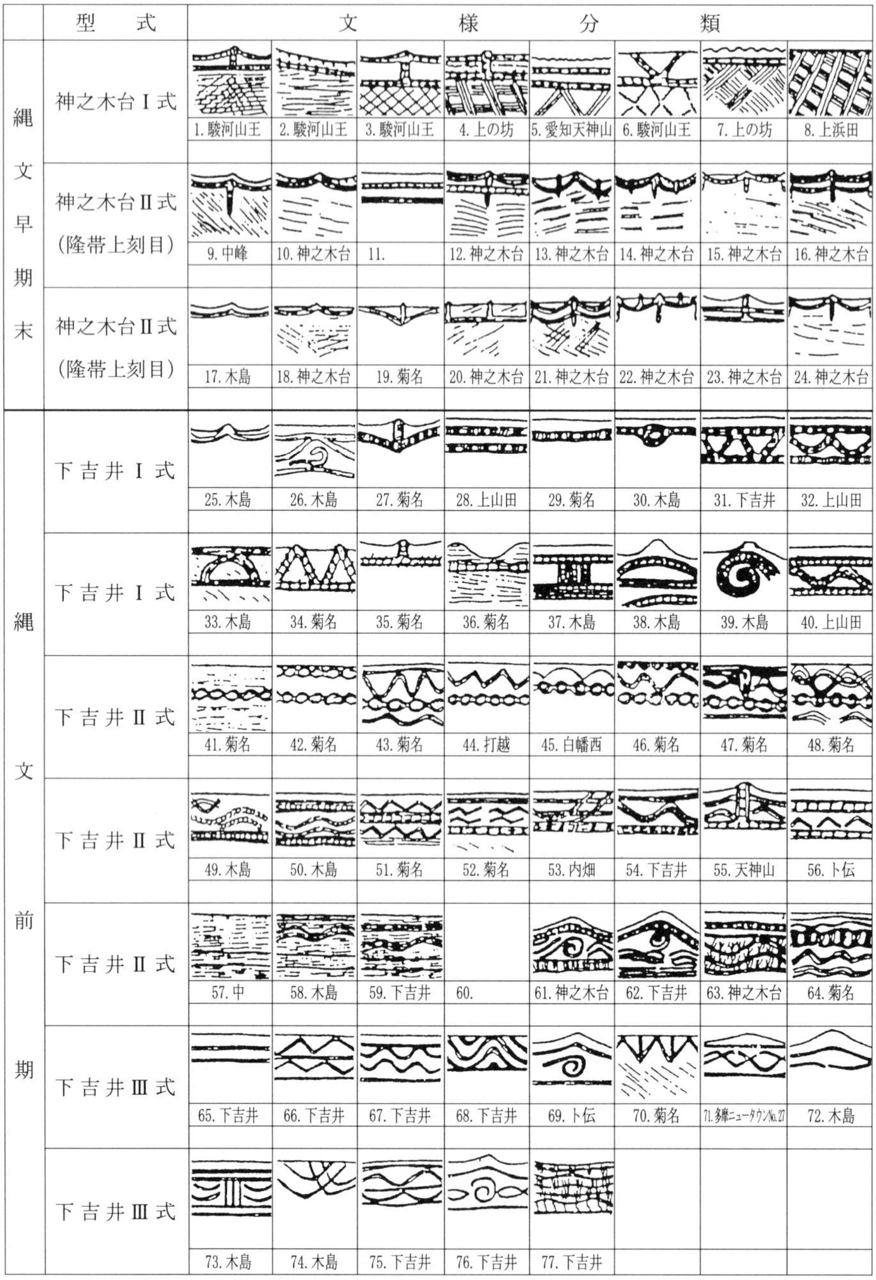

Ⅰ部　地域の考古学

澁谷昌彦「神之木台・下吉井式土器の研究－その型式内容と編年的位置について－」
『小田原考古学研究会々報11』1983年より

第1図　神之木台式土器・下吉井式土器の型式細分

神之木台Ⅰ式土器の研究

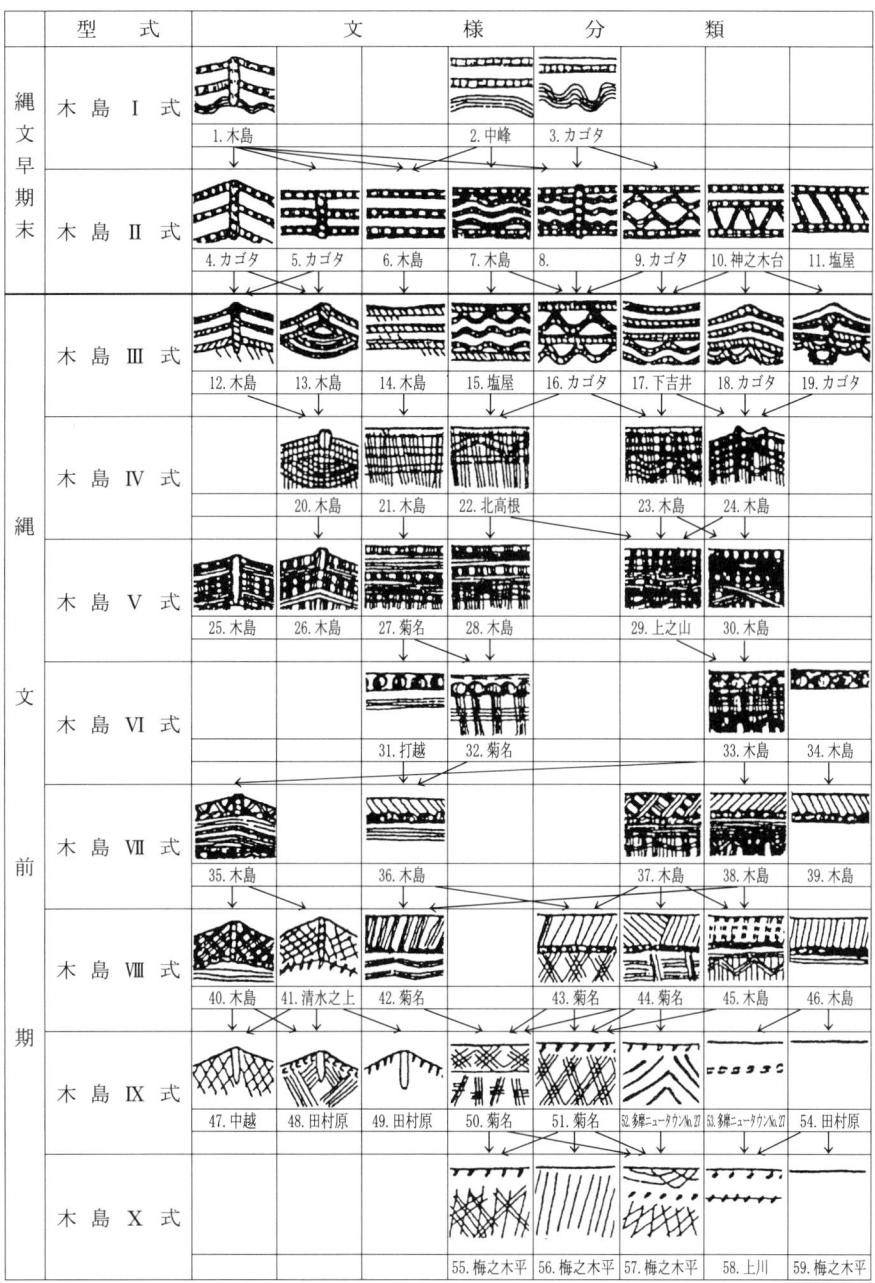

澁谷昌彦「神之木台・下吉井式土器の研究－その型式内容と編年的位置について－」
『小田原考古学研究会々報11』1983年より

第2図　木島式土器の型式細分

I部　地域の考古学

　　　　腹縁文を施文する土器の中に，打越式土器の文様施文方法と共通する土器群がある。
　c．神之木台式土器は口縁部地文の貝殻条痕を観察すると，器面に横位や半弧状に意識的に施している例がある。この貝殻条痕を施した後，それを残したり，擦り消したりする行為は，単に土器製作者のその時の気分やくせで行われたのでは無い。筆者はこの地文の貝殻条痕を重要視すべきだと考えている。それは地文に施されている貝殻条痕が，茅山上層式土器から神之木台式土器をつなぐ文様施文の重要な伝統的要素と考えるからである。
　d．（第1図1〜8）は神之木台式土器の発生にかかわる土器である。その特徴は口縁に沿って断面三角形の隆帯を貼り付けする場合が多く，隆帯を比較的高く貼り付けする類と低く貼り付けする場合がある。隆帯上には貝殻腹縁やヘラ状工具などによる刻目が施される。
　e．現在型式設定されている神之木台式土器と異なる点は，口縁部地文に貝殻条痕を施す例（第1図1・2），貝殻条痕やヘラ状工具による沈線で格子目状に文様を施文する例（第1図4・7・8），貝殻腹縁を施す例（第1図6），貝殻条痕により波状を施す例，沈線による格子目を施す例（第1図3）などがあり，茅山上層式土器の一部，打越式土器，天神山式土器，木島Ⅰ式土器などと神之木台式土器が編年的に近いことを物語っている。神之木台式土器はこれらの諸型式がそれぞれ影響して成立したと考えられる。したがって，筆者はこれらの神之木台式土器の成立に直接かかわる土器（第1図1〜8）を仮称神之木台Ⅰ式土器と命名する。
として，神之木台式土器を神之木台Ⅰ式土器と神之木台Ⅱ式土器に型式細分した。
　次にこの「神之木台・下吉井式土器の研究」（澁谷1982）論文の神之木台Ⅰ式土器について，「神之木台式土器・下吉井式土器型式細分図」（第1図）で説明する。（第1図1）は波状口縁に沿う低い隆帯と高い横位隆帯を付け，波頂部から高い隆帯を垂下し，隆帯部に刺突を施した土器で，口縁部から胴部に崩れた斜格子状の沈線を付けた駿河山王遺跡出土土器。（第1図2）は波状口縁に沿って弧状の低い隆帯を付け，口縁部に横位条痕を付けた駿河山王遺跡出土土器。（第1図3）は平口縁に沿って低い隆帯を付け，無文部の下に高い横位隆帯を施し，波頂部から高い隆帯を垂下し，隆帯上部に圧痕を付け，口縁部から胴部にかけて貝殻背圧痕で斜格子沈線を施した駿河山王遺跡出土土器。（第1図4）は平口縁に沿って低い隆帯を口唇部に付け，下に横位の高い隆帯を貼り付け，高い隆帯を垂下し，隆帯上に貝殻背圧痕を付ける。さらに，下部に斜格子を付ける上の坊遺跡出土土器。（第1図5）は口縁に沿って隆帯を横位に2本付け，下に沈線を鋸歯状に施した天神山遺跡出土土器。（第1図6）は口縁からV状に隆帯を貼り，下に高い横位隆帯を交差させ，隆帯上部を圧痕する。隆帯の下に貝殻腹縁でX状に交差させた駿河山王遺跡出土土器。（第1図7）は平口縁の口唇部を凸凹に圧痕して，すぐ下に上部を圧痕した隆帯を横位に付ける。隆帯の下に貝殻条痕で斜格子状の条痕を付けた上の坊遺

跡出土土器。(第1図8)は口縁から貝殻背圧痕などで斜格子を付けた上浜田遺跡出土土器で，類例は上の坊遺跡にもある。筆者はこうした類を1982年に神之木台Ⅰ式土器と型式設定した。

2．神之木台Ⅰ式土器などの出土状況

神之木台遺跡出土土器（第3図1～9・第4図10～14）

神奈川県横浜市神奈川区神之木台遺跡出土（高橋・吉田1977）の神之木台式土器（第3図1～9・第4図10～14）をもう一度検討してみる。(第3図1・2)は波状口縁の口唇部に刺突を付け，4単位の弧状の隆帯を1条施し，隆帯上に刻み目を入れる。口縁部地文に貝殻条痕を斜位や横位に残した土器。(第3図3)は4単位の大波状口縁に弧状の隆帯を1条付けて，その波頂部から隆帯を垂下している。口縁部から胴部にかけて地文に斜位と横位条痕を明瞭に付け，内面にも条痕を残した土器。(第3図4)は平口縁に4単位の弧状の隆帯を1条付けて，その頂点から隆帯を垂下し，隆帯上部に刺突を付ける。口縁部から胴部にかけて貝殻条痕を斜位や横位に残した土器。(第3図5)は波状口縁に4単位の弧状の隆帯を1条付けて，その頂点から隆帯を垂下している。口縁部から胴部にかけて，貝殻条痕を横位にわずかに残した土器。(第3図6)は平口縁に4単位の弧状隆帯を2条付けて，その頂点から刺突を付けた高い隆帯を垂下している。口縁部地文に貝殻条痕を残さない土器。(第3図7)は波状口縁の口唇部に刺突を付け，4単位の弧状隆帯を1条施して，その頂点と波底部に高い隆帯を垂下している。隆帯上部に刺突を付ける。口縁部に貝殻条痕を横位に残した土器。(第3図8)は波状口縁の口唇部に刺突を付け，4単位の弧状の隆帯を1条施し，その波低部に隆帯を垂下し，隆帯上部に刺突を付ける。口縁部に貝殻条痕を横位に残し，内面にも貝殻条痕をわずかに残した土器。(第3図9)は平口縁に4単位の弧状の隆帯を1条付けて，その頂点と波低部に隆帯を垂下し，胴部に貝殻条痕を斜位や横位に残した土器。(第4図10)は4単位の小波状口縁に凸隆を横1条付け，その頂点から刺突を付けた高い隆帯を垂下している。口縁部から胴部にかけて貝殻条痕を斜位と横位に付け，内面にも貝殻条痕を一部横位に残した土器。(第4図11)は平口縁に近く口唇部に刺突を付け，口縁部に沿って隆帯を横2条施している。4単位の隆帯を垂下して隆帯上部に刺突を付け，口縁部から胴部にかけて貝殻条痕を斜位と横位に施す。内面にも貝殻条痕を横位と斜位に付けた土器。(第4図12)は波状口縁の口縁部に横位隆帯を付け，波頂部から4単位の隆帯を垂下している。口縁部から胴部にかけて貝殻条痕を斜位と横位に付け，内面にも貝殻条痕を斜位と横位に施した土器。(第4図13)は平口縁に隆帯を横1条付け，4単位の隆帯を垂下している。口縁部から胴部にかけて一部に貝殻条痕を斜位に残す，内面にも貝殻条痕を横位に残した土器。(第4図14)は平口縁に粘土紐を横2条付け，その間に波状の隆帯を貼り，ヘラ状工具で沈線を付けた木島Ⅰ式土器である。

この神之木台遺跡出土の神之木台式土器の特徴は，口縁部上部にヘラ状工具などによる斜格子状沈線を付けた神之木台Ⅰ式古段階の土器（神之木台Ⅰa式土器）が出土していない点であ

Ⅰ部　地域の考古学

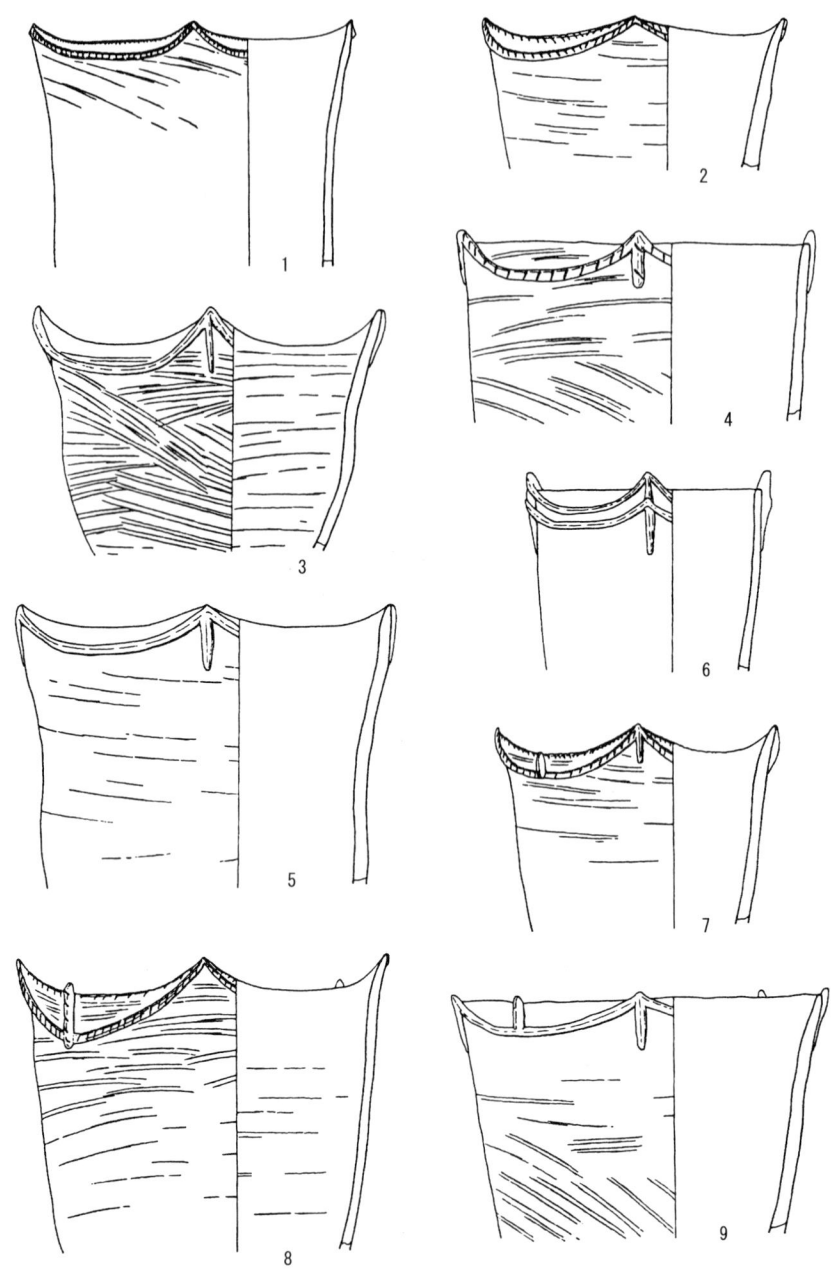

第3図　神奈川県横浜市神奈川区神之木台遺跡出土土器№.1（1～9）

神之木台Ⅰ式土器の研究

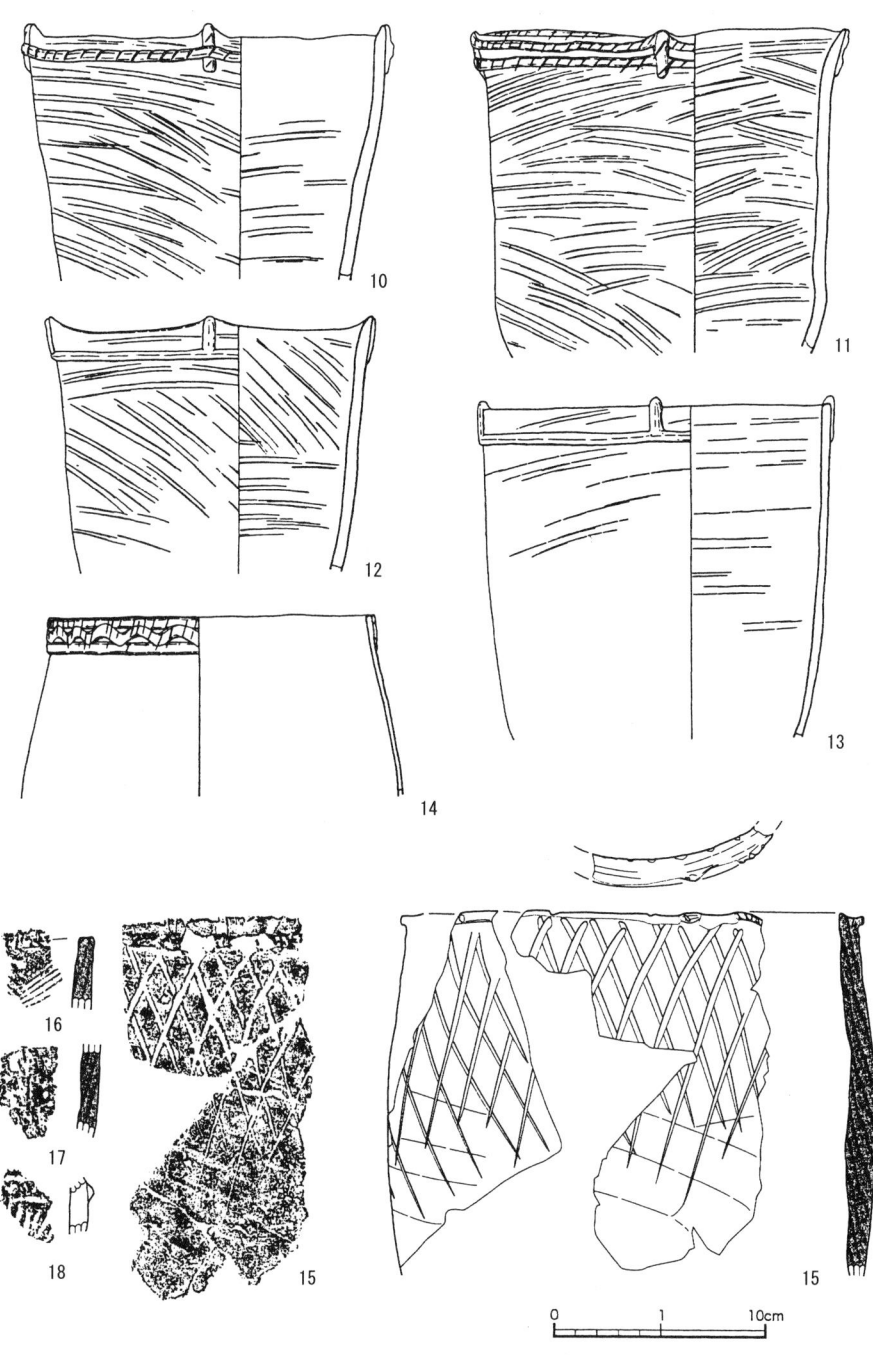

第4図　神奈川県横浜市神奈川区神之木台遺跡出土土器No.2（10〜14）
　　　　東京都日野市神明上遺跡第40号住居跡出土土器（15〜18）

27

Ⅰ部　地域の考古学

る。神之木台遺跡からは打越式土器の破片が1点報告されている。神之木台Ⅰ式新段階土器（神之木台Ⅰb式土器）と神之木台Ⅱ式土器の区別は，神之木台Ⅰb式土器が口唇部から隆帯を垂下し，口縁部に貝殻背圧痕を残す土器という条件が考えられる。こうした点を考慮すると現在のところ神之木台Ⅰb式土器は（第3図3・4・7～9，第4図10～12）などである。また，釈迦堂遺跡第25号住居跡出土土器（第5図30）の文様は神之木台遺跡（第3図1・2）と近似しており，乾草峠遺跡第13号住居出土土器（第5図20）の文様は神之木台遺跡（第4図11）と似ている。また，打越遺跡第6号住居跡出土土器（第8図48）の文様は神之木台遺跡（第3図7・9）と近似している。これらの神之木台Ⅰb式土器に木島Ⅰ式土器（第4図14）が編年的に併行する。さらに神之木台Ⅱ式土器は木島Ⅱ式土器（第2図）が伴う。

神明上遺跡第40号住居跡出土土器（第4図15～18）

東京都日野市神明上遺跡（佐々木2005）第40号住居跡出土土器（第4図15～18）の（第4図15）は，角頭形の口唇部に沿って隆帯を横位に1条付け，凹んだ口唇部の外側と内側に刺突を施し，口唇部の隆帯の下からヘラ状工具で斜格子状沈線を付けた土器。（第4図16）は，角頭形の口唇部の外側と内側に刺突を付け，口縁部に斜位の沈線を付けた土器。（第4図18）は上部に1条の隆帯を付け，撚糸を縦位に付けた土器である。

神明上遺跡第40号住居跡出土土器の特徴は，（第4図15・16）の口唇部に沿って1条の横位隆帯を付け，口唇部が少し窪んで溝状になり，ヘラ状工具で斜格子状沈線を付けた神之木台Ⅰa式土器の出土にある。

乾草峠遺跡第13号住居跡出土土器（第5図19～29）

静岡県三島市乾草峠遺跡（鈴木2005）第13号住居跡出土土器（第5図19）は，波状口縁の口唇部を尖りぎみにし，波状口縁に高い弧状隆帯を1条付け，隆帯の上部に刺突を施している。その下にヘラ状工具で粗い斜格子沈線を付けた土器。（第5図20）は口縁部に弧状隆帯を2条付け，高い垂下隆帯を貼り付けて隆帯上部に刺突を施し，隆帯の下に斜位の条痕を付けている土器。（第5図22）は口唇部を尖りぎみにし，波状口縁に隆帯を1条付け，その下に条痕を薄く残す土器。（第5図23）は口唇部を尖りぎみにし，口縁に隆帯を1条付け，隆帯の上部に刺突を施して，その下に条痕を薄く残す土器。（第5図26・27）は口唇部を尖りぎみにし，口縁に隆帯を2条付け，隆帯の上部に刺突を施す土器。（第5図25）は口唇部を尖りぎみにし刺突を付け，3条の低い隆帯を施す土器。（第5図29）は東海系土器である。

乾草峠遺跡第13号住居跡出土土器の特徴は，（第5図19）の波状口縁に1条の高い弧状隆帯を付け，下にヘラ状工具で粗い斜格子沈線を付けた神之木台Ⅰb式土器が出土している。また，（第5図20）の口縁部に弧状隆帯を2条付け，高い垂下隆帯を貼り付け，隆帯下部に斜位の条痕を施した神之木台Ⅰb式土器が出土している点にある。

釈迦堂遺跡第25号住居跡出土土器（第5図30～34）

山梨県東八代郡一宮町釈迦堂遺跡（小野1986）第25号住居跡出土土器（第5図30）は，4

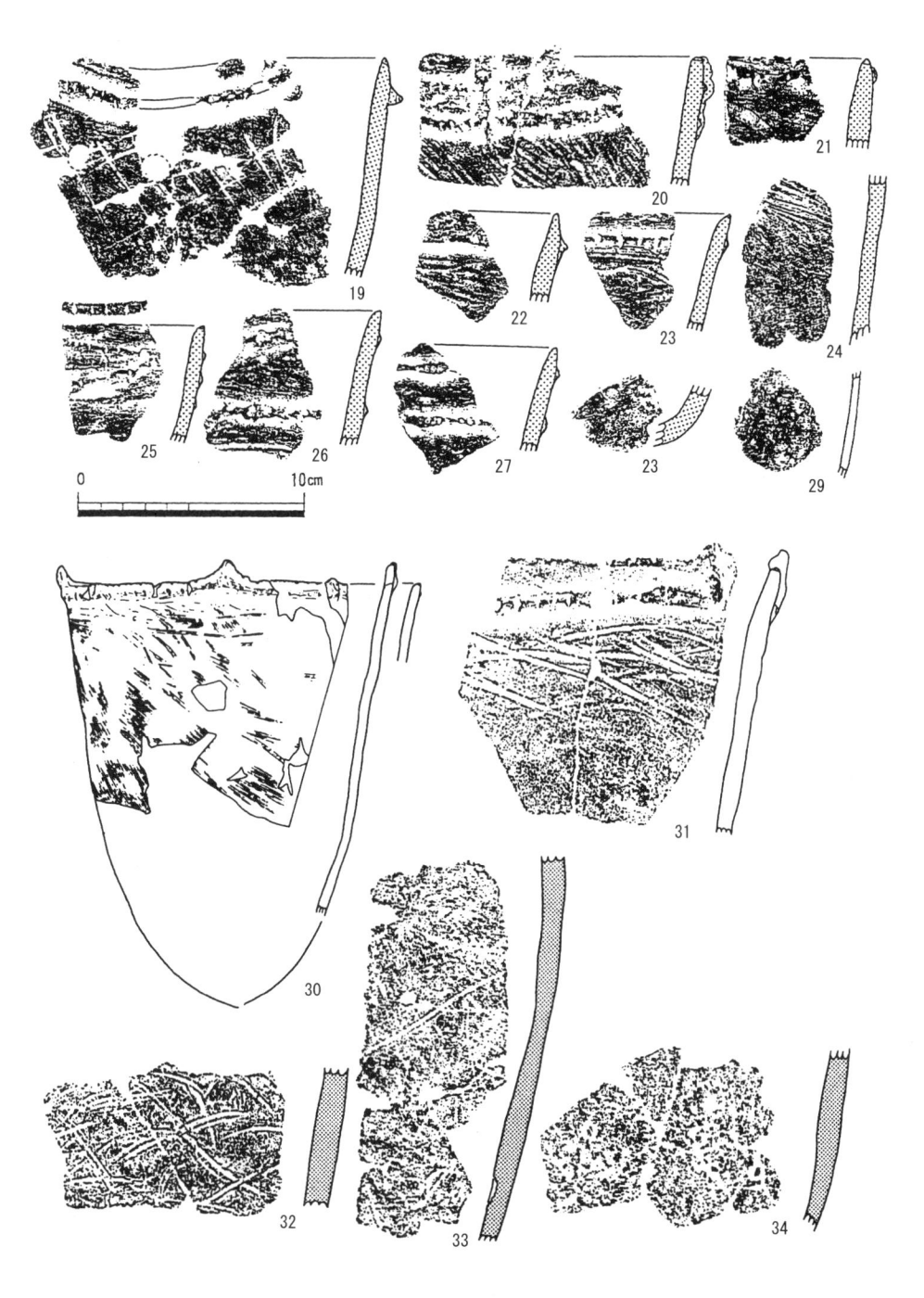

神之木台Ⅰ式土器の研究

第5図　静岡県三島市乾草峠遺跡第13号住居跡出土土器（19〜29）
　　　　山梨県東八代郡一宮町釈迦堂遺跡第25号住居跡出土土器（30〜34）

Ⅰ部　地域の考古学

単位の波状口縁で尖りぎみの口唇部に刻目を施し，口縁に沿って低い1条の水平隆帯と垂下隆帯を付ける。隆帯上部にはヘラ刻目を施し，口縁部から胴部にかけて斜位の条痕を残した土器。(第5図31)は小波状口縁に横位隆帯を付け，波頂部から隆帯を垂下する。口唇部を丸くしヘラ状工具で刻みを付け，横位隆帯にもヘラ刻みを施し，胴部上半にヘラ状工具で粗い斜格子状沈線を付けた土器。(第5図32)は粗い斜格子状沈線を付けた土器である。

釈迦堂遺跡第25号住居跡出土土器の特徴は，(第5図30)の神之木台Ⅰb式土器の出土や(第5図31)の胴部上半にヘラ状工具で粗い斜格子状沈線を付けた神之木台Ⅰb式土器が出土している。また，(第5図32)の粗い斜格子状沈線を付けた神之木台Ⅰb式土器の出土している点にある。

神明上遺跡第37号住居跡出土土器（第6図35・36・第7図37〜47）

神明上遺跡第37号住居跡出土土器（第6図35）は，平口縁の口唇部を丸くして刻目を付け，口縁に沿って1条の高め横位隆帯を貼り付け，隆帯上に刻目を付けている。隆帯から下に粗い斜格子崩れのハ状条痕を付け，胴部に条痕を薄く残し，内面に横位の条痕を付けた土器。(第6図36)は波状口縁の口唇部を丸くして刻目を付け，口縁横位に1条の高め隆帯を横位に貼り付け，隆帯上部に刻目を施している。口縁部に粗い斜格子崩れのハ状条痕を付け，胴部に斜位の条痕を施し，内面横位に条痕を付ける。(第7図37)は平口縁の角頭形の口唇部に沿って低い横位隆帯を貼り付け，口唇部をわずかに溝状にし，その内面と外面に刻目を施す。口唇部直下からヘラ状工具で斜格子沈線を施し，胴部に条痕を薄く残し，内面に横位の条痕を付けた土器。(第7図38)は口唇部に刻目を付けた土器。(第7図41・44)は口唇部を角頭形にして低い隆帯を貼り付け，口唇部直下より斜格子状条痕を施している。(第7図42)は口縁部に斜格子状条痕を施し，貝殻背圧痕を付けた土器。(第7図40・43・45)は表面に縄文を付けた土器。(40)は平口縁に縦羽状縄文を付けた土器で，内面にわずかな縄文と条痕を付けている。この縦羽状縄文は斜格子状条痕や斜格子状沈線と深い関係が有りそうである。(43)は縦走する縄文を付けた土器。(45)は胴部に縦羽状縄文を付け，内面に条痕を付けた土器。(47)は東海系の土器である。

神明上遺跡第37号住居跡出土土器の特徴は（第6図35）の平口縁の丸い口唇に1条の高め横位隆帯を貼り付け，胴部上半に粗いハ状条痕を施した神之木台Ⅰa式土器や，(第6図36)の波状口縁に沿って1条の高め横位隆帯を貼り付け，口縁部にハ状に条痕を施す神之木台Ⅰa式土器の出土した点。また，(第7図37)の平口縁に低い隆帯を貼り付け，隆帯直下からヘラ状工具で斜格子沈線を施した神之木台Ⅰa式土器の出土である。これらの神之木台Ⅰa式土器は平口縁（第6図35・37）と波状口縁の土器（第6図36）があり，高い隆帯（第6図35・36）と低い隆帯（第6図37）がある。口縁部の地文に斜格子状沈線を施した土器（第7図37）や斜格子状沈線の崩れを施した土器（第6図35・36）が出土した。

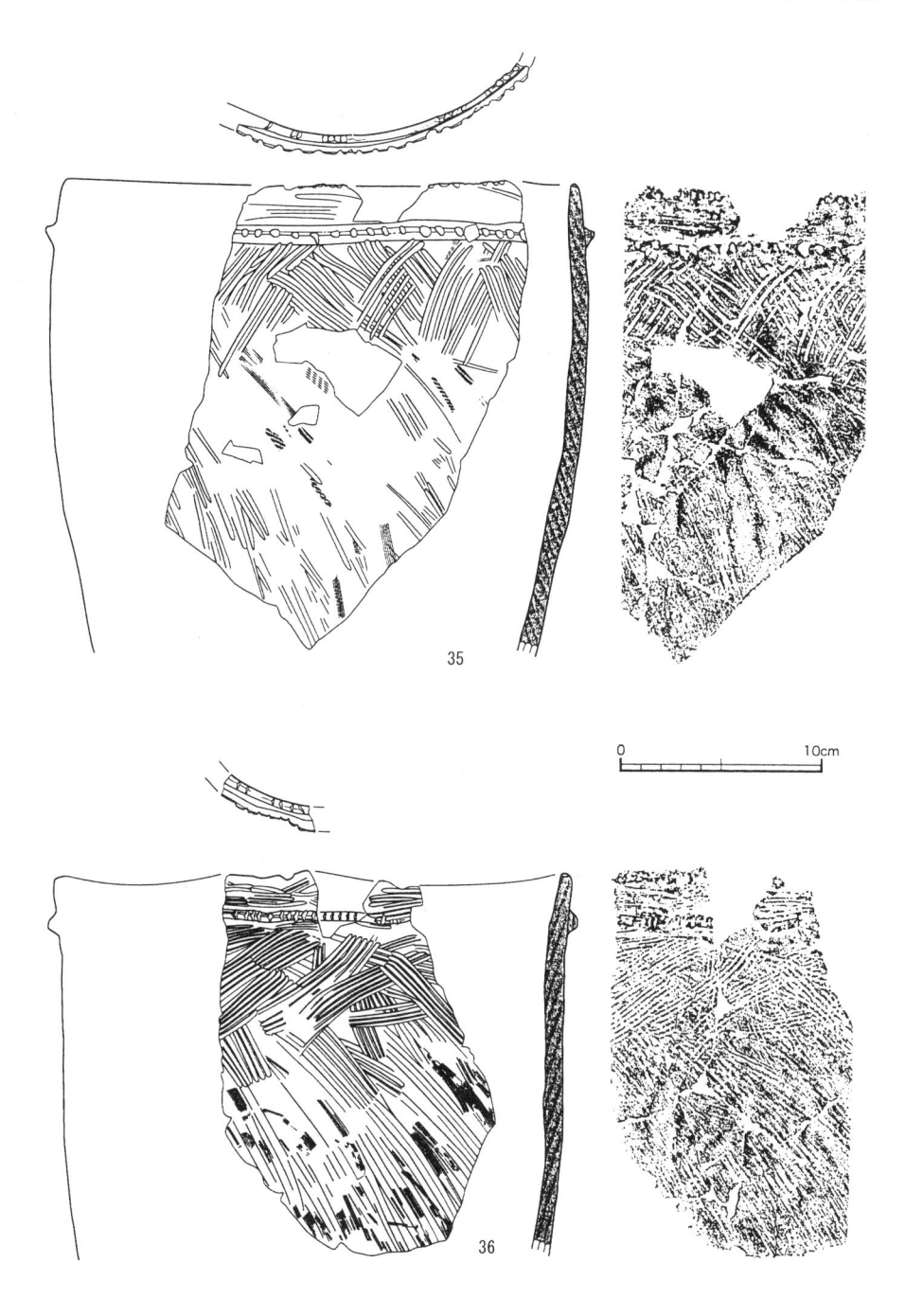

第6図　東京都日野市神明上遺跡第37号住居跡出土土器№1（35・36）

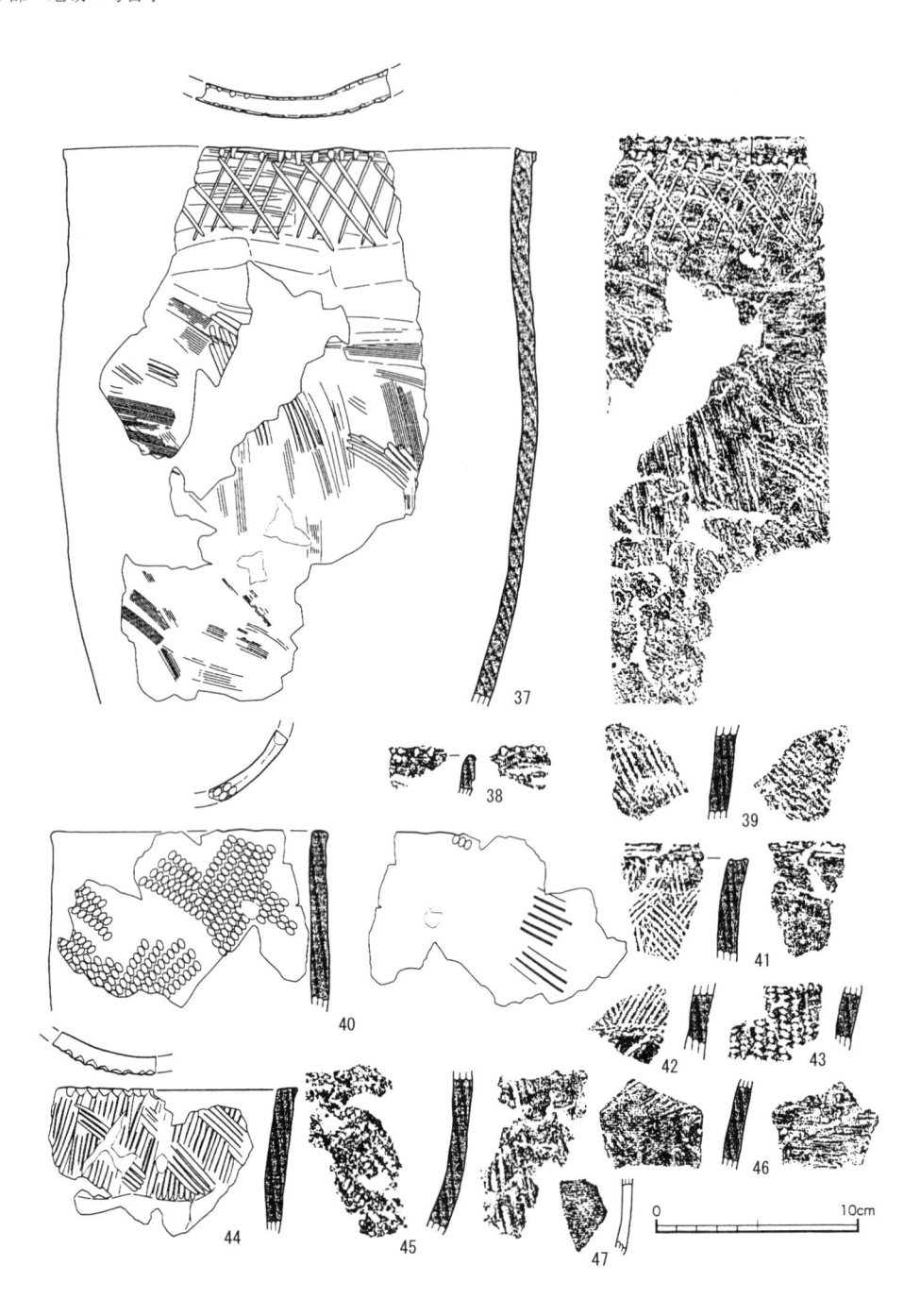

Ⅰ部　地域の考古学

第7図　東京都日野市神明上遺跡第37号住居跡出土土器№.2（37～47）

打越遺跡第6号住居跡出土土器 （第8図48～72）

埼玉県富士見市打越遺跡（荒井・佐々木・小出 1978，澁谷 1983）第6号住居跡出土土器（第8図48）は波状口縁に沿って隆帯を弧状に貼り付け，波頂部と弧底部に垂下隆帯を施す。また，隆帯上部に刻目を付ける。（第8図50）は口縁に沿って2本の高めの波状隆帯を付け，隆帯上部に刻目を施して下に条痕を残した土器。（第8図51）は波状口縁に沿って弧状の高め隆帯を付けた土器。（第8図52）は波状口縁に沿って隆帯を付け，波頂部から高めの隆帯を垂下した土器。（第8図53～55）は口縁に沿って横位に高め隆帯を貼り付けた土器。（第8図56）は口縁部に隆帯を付けて刻目を施した土器。（第8図57～63）は無文胴部の破片である。（第8図66・67）は胴部に縦走する縄文を付けた土器。（第8図64）は表裏の条痕文土器である。（第8図68）は刺突文を付けた石山式土器で，表裏の条痕文土器である。（第8図69）は貝殻腹縁を付けた打越式土器である。（第8図70～72）は無文胴部の破片で東海系土器あろう。

打越遺跡第6号住居跡出土土器の特徴は（第8図48）の波状口縁に弧状に隆帯を貼り付け，波頂部と弧底部に垂下隆帯を付けた神之木台Ⅰb式土器や，（第8図51・52）の波状口縁に高い隆帯を付けた神之木台Ⅰb式土器が出土している点にある。また，石山式土器（第8図68）と（第8図66・67）の胴部に縦走する縄文を付ける土器が出土している。

乾草峠遺跡第12号住居跡出土土器 （第9図73～91）

乾草峠遺跡第12号住居跡出土土器（第9図73）は角頭形の口唇部に沿って低い隆帯を付け，横位に刻目を施し，下部に口縁に沿って高い隆帯を一条横位に貼り付け，隆帯上部に刻目を施している。口縁部の内側から外側にかけて巻くように高い垂下隆帯を貼り付ける。（第9図74）は口縁部に隆帯を垂下させ，横位の隆帯を貼り付ける。隆帯の下には横位条痕を付けた土器。（第9図75）は口縁部を横位隆帯で区画し，その中に斜位の隆帯を貼り付け，隆帯上部に圧痕を施した土器。（第9図76）は波状口縁の波頂部より短く隆帯を垂下し，そこから逆V状に隆帯を付けて，上部に圧痕を付けた土器。（第9図77・79）は口縁部に沿って隆帯を横位に付け，隆帯上部に圧痕を施す。また，隆帯下部に横位の条痕を付けた土器。（第9図78）は波状口縁に沿って二条の低い隆帯を横位に貼り付け，隆帯上部に圧痕を施した土器。（第9図82）は口縁部に隆帯を2本貼り，上部に圧痕を付けた土器。（第9図80・81・83～85）は，横位に隆帯を貼り付けた土器。（第9図86）は無文の口縁部で東海系土器である。（第9図87～91）は胴部破片で無文の東海系土器である。

乾草峠遺跡第12号住居跡出土土器の特徴は（第9図73）の口唇の低い隆帯と口縁の高い横位隆帯に刻目を施して，下に口縁に沿って隆帯を一条横位に貼り付け，口縁内側から外側に巻くように高い垂下隆帯を貼り付けた神之木台Ⅰb式土器や，（第9図74）の隆帯を垂下させ，隆帯下部に横位条痕を付た神之木台Ⅰb式土器が出土した点にある。

乾草峠遺跡第9号住居跡出土土器 （第9図92～102・第10図103～113）

乾草峠遺跡第9号住居跡出土土器（第9図92）は，口縁部に逆T状に隆帯を貼り付け，隆

Ⅰ部　地域の考古学

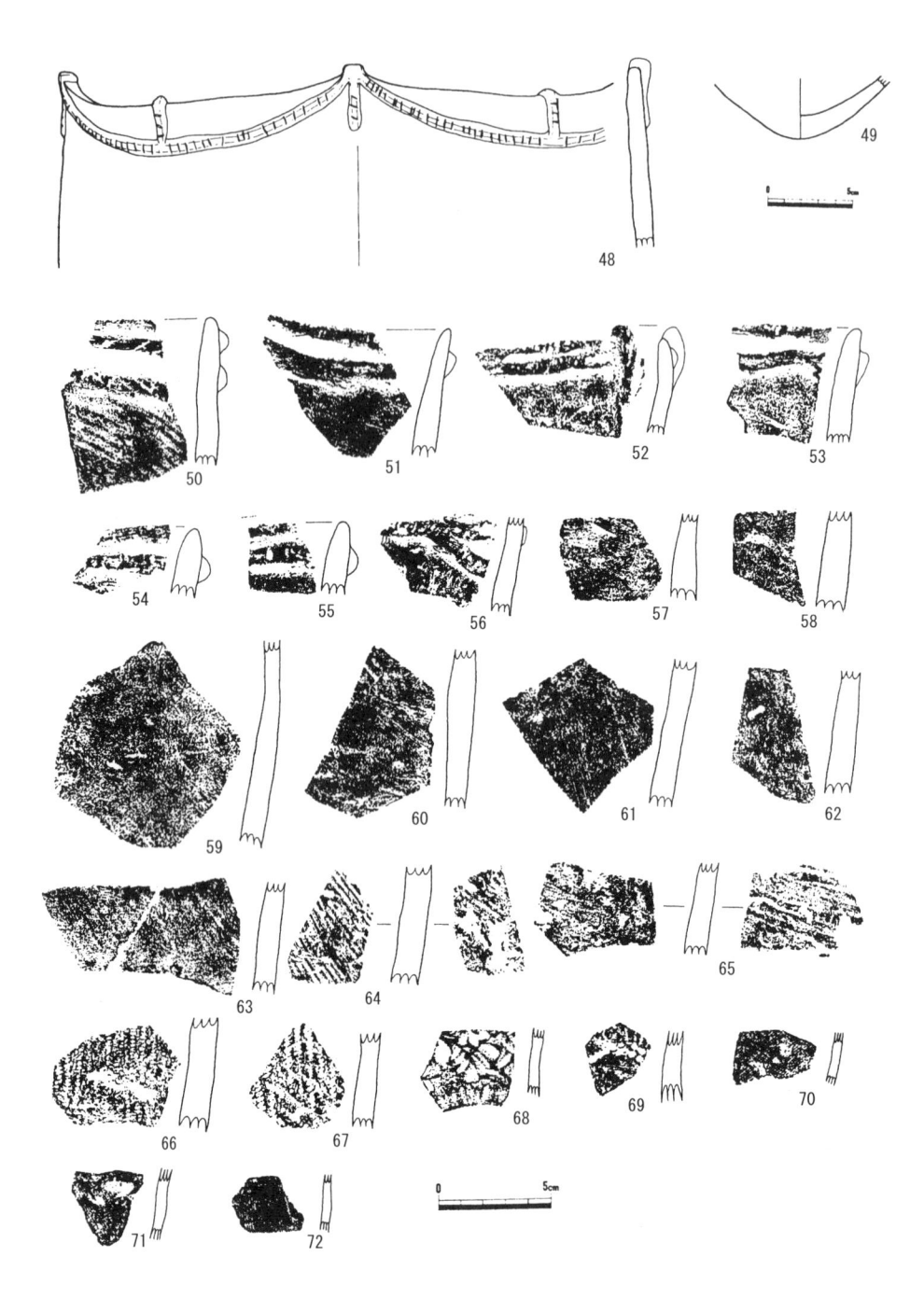

第8図　埼玉県富士見市打越遺跡第6号住居跡出土土器（48〜72）

34

帯上部に圧痕を施し，下に横位の貝殻条痕を付けた土器。(第9図93)は波状口縁に沿って隆
帯を弧状に貼り付け，隆帯上部に圧痕を付けた土器。(第9図94)は口縁上部に幅広の低い隆
帯を貼り付け，隆帯上部に浅い条痕を施した土器。(第9図95)は口縁横位に2条の隆帯を貼り，
高い縦隆帯を垂下した土器。また，隆帯上部に貝殻背圧痕を付けている。(第9図96・97)は
平口縁に横位隆帯を付けて，隆帯上部に貝殻背圧痕を施した土器。(第9図99・101)は，口
縁部に沿って2条の隆帯を貼り付け，隆帯上部に圧痕を施し，口唇部と隆帯上に貝殻背圧痕を
付けた土器。(第9図98)は胴部の破片で，横位に隆帯を1条付けた土器。(第9図100)は胴
部の破片で横位に貝殻背圧痕を施した隆帯を2条付けた土器。(第9図102)は乳房状尖底の
底部。(第10図103)は無文の口縁部の土器。(第10図104)は無文の胴部破片である。(第
10図105〜107)は木島Ⅱ式土器(第2図)の同一個体の破片で，口縁部と胴部の境を横位
隆帯で区画し，口縁から斜位の隆帯を付け，隆帯上部に貝殻背圧痕を施した土器。(第10図
108・112)は東海系土器の胴部の破片である。(第10図109〜113)は同一個体の胴部破片と
考えられる東海系土器破片である。器形は違うが石山式土器の可能性がある。

　乾草峠遺跡第9号住居跡出土土器の特徴は(第9図92)の逆T状に隆帯を貼り付け，下に
横位の貝殻条痕を付ける神之木台Ⅰb式土器や，(第9図95)の横位に2条の隆帯を貼り，高
い縦隆帯を垂下している神之木台Ⅰb式土器にある。また，これ等の神之木台1b式土器と，
(第10図105〜107)の木島Ⅱ式土器が併行関係になる。(第10図109・110・111・113)は器
形が違うが石山式の可能性がある土器である。

乾草峠遺跡第4号住居跡出土土器（第10図114〜128）

　乾草峠遺跡第4号住居跡出土土器(第10図114)は平口縁に沿って横位に2本の隆帯を付け，
口唇部と隆帯上部に貝殻背圧痕を施し，口縁部と胴部に斜位の貝殻条痕のナデ消しが一部に残
る土器。(第10図115・116・118)は平口縁と思われ，口縁に沿って隆帯を1条横位に付け，
隆帯上に貝殻背圧痕を施した土器。(第10図115)は低い隆帯である。(第10図117・119)は
平口縁か小波状口縁になり横位隆帯を貼り付け，隆帯上部に貝殻背圧痕が施した土器。(第10
図120)は口縁部に1条の横位隆帯を付けた土器。(第10図123)は口縁部に2条の横位隆帯
が付いており，下段の隆帯が剥落している。(第10図121・122)は底部の破片である。(第10
図124)は口縁部に沿って横位隆帯を2条付け，隆帯上部に貝殻背圧痕を施した木島Ⅱ式土
器(第2図)である。(第10図125〜128)は東海系土器の胴部破片で，(第10図125・127・
128)が無文である。(第10図126)は器面に条痕が残る土器である。

　この乾草峠遺跡第4号住居跡出土土器の特徴は(第10図114〜116・118・119)の平口縁
に低い横位隆帯が付いた神之木台Ⅱ式土器と，(第10図124)の口縁部に沿って横位隆帯を2
条付けた木島Ⅱ式土器が伴出して同時期であることがわかる点にある。

Ⅰ部　地域の考古学

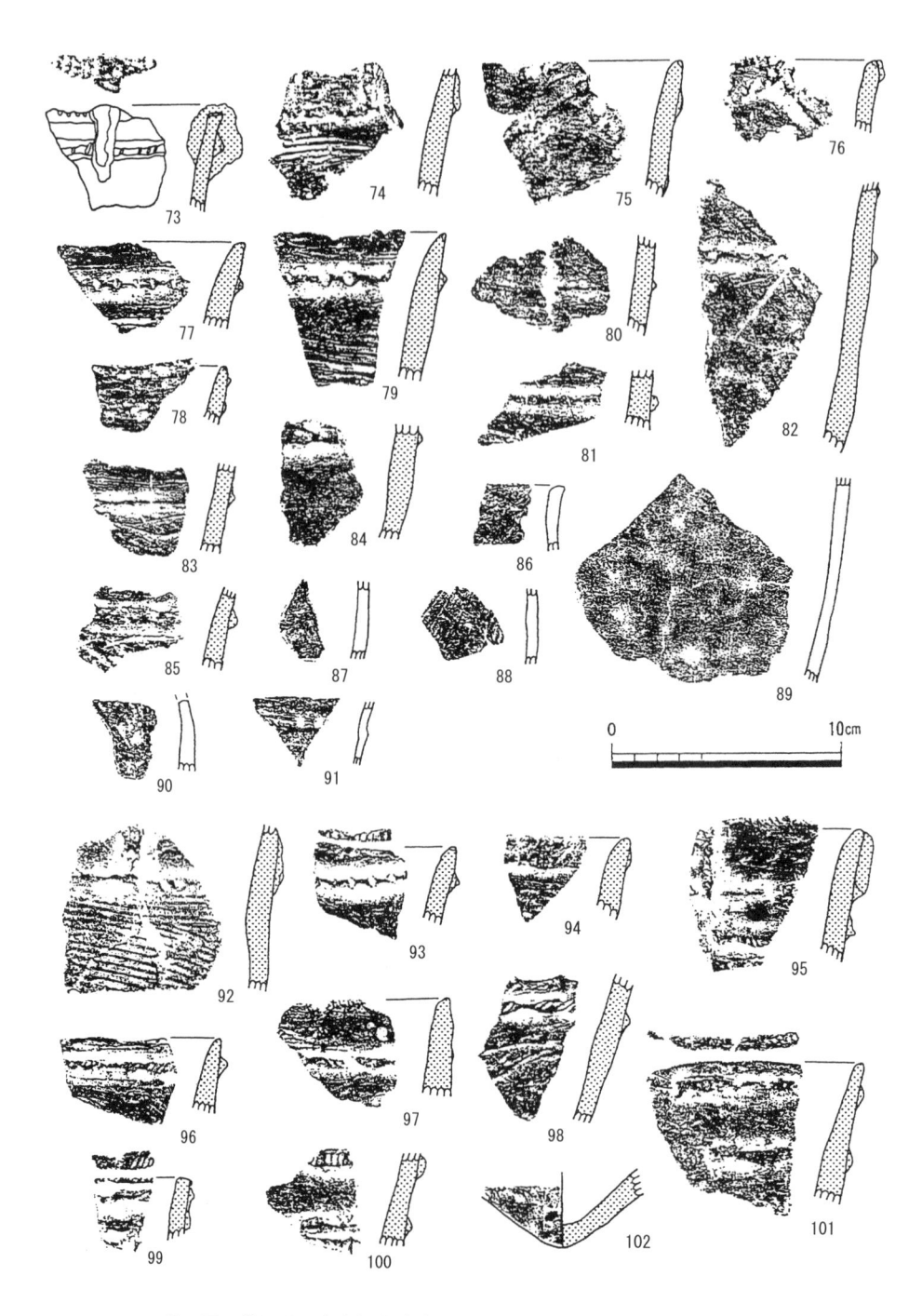

第9図　静岡県三島市乾草峠遺跡第12号住居跡出土土器（73〜91）
　　　　同遺跡第9号住居跡出土土器No.1（92〜102）

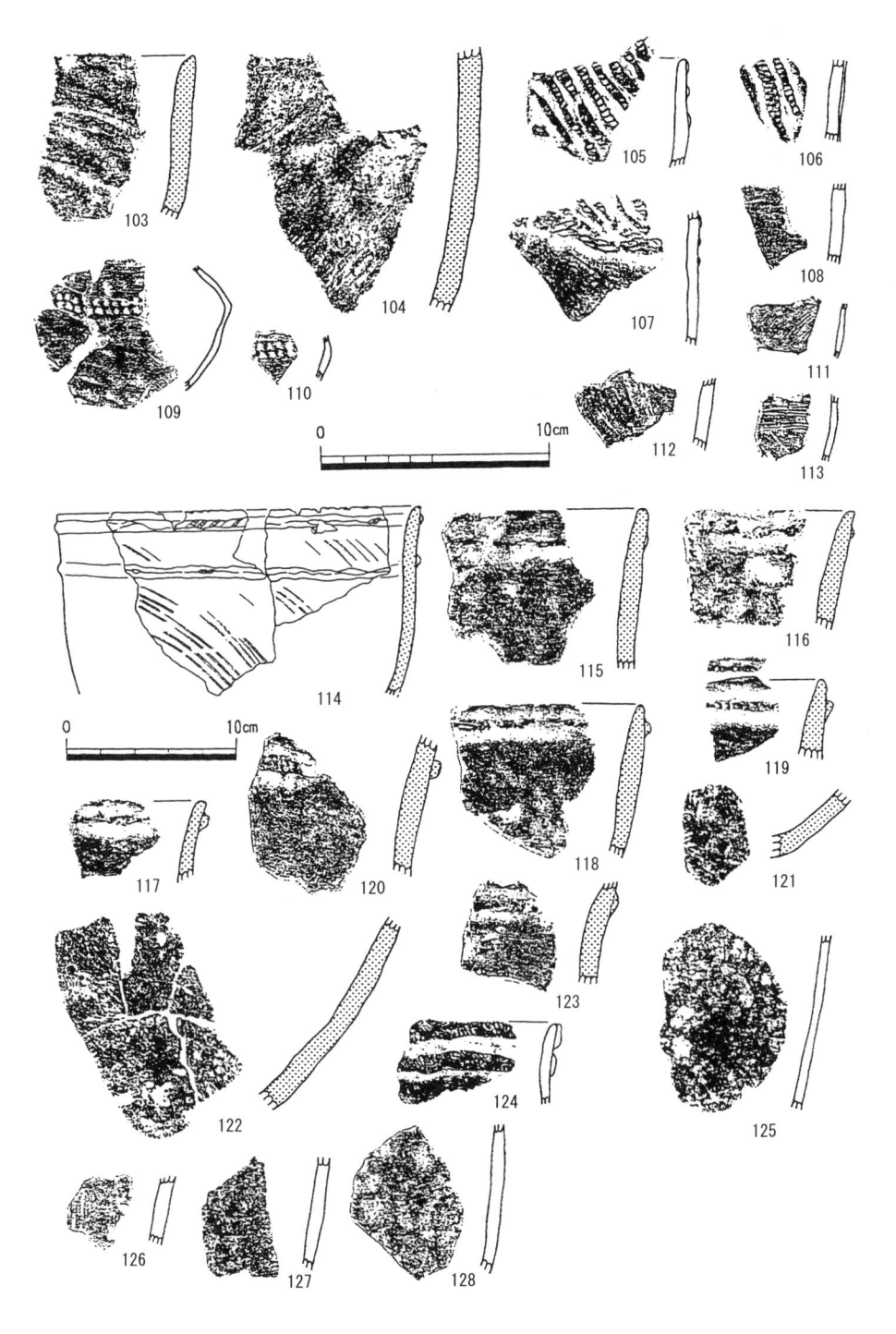

神之木台Ⅰ式土器の研究

第 10 図　静岡県三島市乾草峠遺跡第 9 号住居跡出土土器№. 2　(103 〜 113)
　　　　同遺跡第 4 号住居跡出土土器　(114 〜 128)

37

I部　地域の考古学

3．神之木台Ⅰ式土器の特徴（まとめ）

　神之木台Ⅰ式土器は打越式土器の特色である口縁部に貝殻腹縁文を使用しない点にある。その意味で「神之木台・下吉井式土器の研究」（澁谷1982）の中の,貝殻腹縁を施す例（第1図6）は神之木台Ⅰ式土器から除外しておきたい。次に神之木台Ⅰ式土器の特色について箇条書きで述べる。

　a．神之木台Ⅰa式土器には茅山上層式土器以降，打越式土器からの系統変化で，口縁部にヘラ状工具による斜格子沈線を付ける土器（第4図15・16，第7図37）や，斜格子崩れの粗い条痕をつけた土器（第6図35・36，第7図41・44）などがある。この土器群の類例は増加しており神之木台Ⅰa式土器として型式設定する。さらに，神之木台Ⅰa式土器は口縁部文様の退化が進み，崩れた斜格子沈線の文様を付ける神之木台Ⅰb式土器（第5図19・31）へ系統的に変化する。

　b．神之木台Ⅰ式土器には茅山上層式土器以降から系統的に残り，口縁部の地文に貝殻条痕を斜位や横位に施している土器（第5図20・22・23，第8図50・64，第9図74・77・79・85・92・96）が存在する。

　c．神之木台式Ⅰa式土器の口唇部形態は，打越式新段階からの系統が残り，口唇部に沿って細い横位三角隆帯を1条付け，凹んだ角頭形口唇部の外側と内側に刺突を施す例（第4図15，第7図37・41・44）が特徴である。これに対して神之木台Ⅰb式土器の場合は，稀に凹んだ口唇部の外側と内側に刺突を施す例（第9図73）が有る。

　d．口唇部隆帯の変遷は打越式土器の後半や神之木台式Ⅰa式土器の段階で，口唇部の隆帯が下がって口縁上部に付く。そして，口縁部に貼り付けた隆帯文様が定着する傾向にある。また，口唇部形態はそれにともなって，神之木台式Ⅰa式土器は角頭状で口唇が凹んで溝状になるが，神之木台Ⅰb式になると口縁部の先端を丸くした土器（第5図20・21・30・31）などが中心となり，尖りぎみにする土器（第5図19・第9図79）もある。

　e．神之木台Ⅰa式土器の口縁形態は平口縁土器（第4図15，第6図35，第7図37・41・44）と波状口縁土器（第6図36）があり平口縁が割合多い。これと比較して神之木台Ⅰb式土器の口縁形態は平口縁土器（第5図20・31，第9図73）と，波状口縁土器（第5図19・30，第9図76・93）があり波状口縁土器も多くなる。

　f．神之木台Ⅰa式土器の口縁部隆帯の高さは，高い土器（第6図35・36）と低い土器（第4図15，第7図37・41・44）などがあるが，隆帯の高い土器が目立つ。これと比較して神之木台Ⅰb式土器の口縁部隆帯は，高い隆帯貼り付けの土器（第5図19・20・31，第9図73・79・95）などと，低い隆帯の土器（第5図21〜23・26・27・30，第9図75・78，94・97・98）などがある。高い隆帯の土器も目立つが，傾向としては低い隆帯文様も多くなってくる。

　g．神之木台Ⅰa式と他型式土器との関係は神明上遺跡第40号住居跡で，上部に1条の隆

帯を付け，Lの撚糸文が縦位に付いた土器（第4図18）が出土している。また，神明上遺跡第37号住居跡は縦位の羽状縄文と内面条痕文土器（第7図40・45），縦位の縄文土器（第7図43），打越式土器（第7図42），東海系土器で胴部の無文破片（第7図47）がある。この神之木台Ⅰa式段階にV状に条痕を交差させ，貝殻腹縁を付けた打越式土器（第7図42）が出土している。この点は，神之木台Ⅰa式土器に打越式新段階の土器がオーバーラップする場合もある事を示している。さらに，神之木台Ⅰb式段階に伴う土器は乾草峠遺跡第13号住居跡で，東海系土器の胴部無文破片（第5図29）がある。また，打越遺跡第6号住居跡では縦走する縄文土器（第8図66・67）と石山式土器（第8図68），打越式土器（第8図69），東海系の無文土器が出土している。おそらく，この石山式土器（第8図68）は打越式土器（第8図69）に併行すると思われる。乾草峠遺跡第12号住居跡では口縁部無文の東海系土器（第9図86），無文の東海系土器の胴部破片（第9図87～91）が出土している。さらに，乾草峠遺跡第9号住居跡では木島Ⅱ式土器（第10図105～107）が出土し，石山式に近い土器（第10図109・110）も出土している。おそらく石山式のある段階が神之木台Ⅰa式土器に一部残存することもあると思われる。この他，神之木台遺跡から木島Ⅰ式土器（第4図14）が出土しており，神之木台Ⅰb式土器に併行するものと思われる。神之木台遺跡からはさらに木島Ⅱ式土器も出土しており，神之木台Ⅱ式土器に併行すると考えられる。

h．乾草峠遺跡遺跡第4号住居跡からは神之木台Ⅱ式土器（第10図114～118）が出土し，これに伴って木島Ⅱ式土器（第10図124）が出土している。したがって，神之木台Ⅱ式土器と木島Ⅱ式土器は編年的に併行関係となる。

今後さらに神之木台Ⅰa式土器，神之木台Ⅰb式土器，神之木台Ⅱ式土器について研究して行きたい。この論文をまとめるにあたり戸田哲也，谷藤保彦の両氏などにご教示を賜った。心から感謝したい。また，敬称を略させていただいた。

さて，筆者は過日杉山博久先生喜寿論文集の原稿依頼の話をいただいた。この時すぐ考えたのは1983年に杉山先生にお世話になり前述の論文を『小田原考古学研究会会報』11に執筆した。この論文は1982年に杉山先生に提出したが，事情があって翌年の発行となった思い出がある。論文発表から26年の歳月が流れた。あの頃をいろいろ思い出すと，この論集で筆者の扱うべきテーマは，その後の「神之木台Ⅰ式土器」を検討することにあると考えた。この拙い論文を先生に献呈し，お世話になった先生への感謝の気持ちを表わすとともに，先生のますますのご健勝とご活躍を祈念申し上げ擱筆することにする。

Ⅰ部　地域の考古学

引用・参考文献

荒井幹夫・佐々木保俊・小出輝雄　1978「第Ⅳ章　縄文時代の遺構と遺物」『打越遺跡』富士見市文化財報告第14集

岡本　勇　1970「下吉井遺跡」『埋蔵文化財発掘調査報告』

小野正文　1986「第3章　縄文時代早期」『釈迦堂Ⅰ』

恩田　勇　1990「古屋敷遺跡早期第Ⅴ群土器の型式学的検討－神之木台式土器の再検討－」『古屋敷遺跡発掘調査報告書』

神奈川考古同人会編　1983「縄文時代早期末・前期初頭の諸問題　土器資料集成図集」『神奈川考古』第17号

神奈川考古同人会編　1984「シンポジウム　縄文時代早期末・前期初頭の諸問題　記録・論考集」『神奈川考古』第18号

佐々木潤　2005「ｂ．住居跡」『東京都日野市神明上遺跡－扶桑レクセル株式会社のマンション建設に伴う埋蔵文化財発掘調査－』

澁谷昌彦　1981「第Ⅴ章，木島遺跡出土土器について（考察）」『木島，静岡県富士川町木島遺跡第4次調査報告書』

澁谷昌彦　1982「木島式土器の研究－木島式土器の型式細分について－」『静岡県考古学研究』11

澁谷昌彦　1983「神之木台式・下吉井式土器の研究－その型式内容と編年的位置について－」『小田原考古学研究会々報』11

澁谷昌彦　2005「5．縄文時代研究の動向」『日本考古学年報』56

鈴木敏中　2005「乾草峠遺跡遺跡」『静岡県三島市埋蔵文化財発掘調査報告Ⅹ』

高橋雄三・吉田哲夫　1977「横浜市神之木台遺跡出土の縄文時代遺物－とくに早期末～前期初頭の土器を中心として－」『調査研究集録』第2冊

中西　充他　2003「（2）Ⅳ群土器（早期末をめぐる諸問題）」『武蔵国分寺跡遺跡北方地区－西国分寺地区土地区画整理事業に伴う調査－』第3分冊

早川広人　2000「埼玉県における鵜ヶ島台式～打越式の様相」『第13回縄文セミナー　早期後半の再検討－記録集－』

蛍光X線分析法による縄文土器のフォッサマグナ東西の判別
―東海地方および南関東地方の事例から―

池 谷 信 之・増 島　　淳

はじめに

　土器の産地推定には，胎土に含まれる鉱物と周辺地域の地質とを照合する鉱物学的分析法と，窯出土試料と遺跡出土試料の化学組成を対比する化学的方法がある。さらに前者はスライスした土器を検鏡試料とする場合（ここでは「薄片法」とする）と，土器を粉砕したうえで一定範囲の粒径の砂粒を抽出し，検鏡試料とする場合（ここでは仮に「砂粒法」とする）がある。
　「切片法」は土器胎土の構造的な情報を得ることができるうえに，「砂粒法」では篩い分けによって除外されてしまう粒径の大きな砂粒や岩片を観察することもできる。いっぽう「砂粒法」は砂粒のみを抽出するため「切片法」よりも多くの鉱物を同定することができる。筆者の一人である増島は中部・関東地方の河川約160地点の砂粒を採取し，その鉱物組成と「切片法」によって得られた土器胎土の鉱物組成を照合することによって，縄文時代～古墳時代土器の産地推定を続けてきた（増島1990ほか）。
　鉱物学的方法は胎土中に多くの砂粒を含む縄文土器や弥生土器には有効であるが，1000℃以上の高温で焼成される須恵器や瓦の場合，多くの鉱物は化学変化しており，産地推定は化学的方法によらざるを得ない。
　三辻利一は蛍光X線分析装置を用いた産地推定のために，窯址出土須恵器の化学組成データを全国的に収集している。その結果，フォッサマグナ糸魚川－静岡構造線（以下これをフォッサマグナと略す）（註1）を境界とした東北日本と西南日本，これに九州と四国を加えた4つの地域で製作された須恵器のFe・Rb・Sr量に有意な差が認められることを明らかにしている（三辻1983 pp.30-37）。
　その後，増島が蛍光X線分析装置（沼津工業高等専門学校望月研究室所有のセイコー電子工業製SEA2001）を用いて行った東海～南関東地域における各種土製品の分析によっても，フォッサマグナを境界とするFe・Rb・Sr量の差は追認されたが，さらにSi・Zr量にも有意な差が存在することが明らかとなった。こうした成果をもとに増島は，Rb・Sr・Zrの蛍光X線強度比を用いて，三島市内の遺跡から出土した須恵器について，フォッサマグナの西側に産地があるものと推定した（増島2001）。
　三辻の須恵器産地の推定方法は，遺跡出土試料と窯址出土試料の化学組成を対比照合するも

のである。しかし縄文土器や弥生土器も須恵器と同様に，岩石の風化物である土（粘土）を用いている以上，その地域に分布する岩体に固有な化学組成の影響を同じように受けていると考えられる。したがって須恵器のように窯という限定された産地ではなく，フォッサマグナの東か西か，といった大まかな産地の判別であれば，縄文土器や弥生土器にも適用可能な筈である。

2006年，増島と池谷信之は静岡県東中部の縄文時代前期初頭遺跡から出土した木島式土器62点を分析し，Si/Fe・Zrを指標とした判別図によって，下吉井式の系譜をひく5点の含繊維無文土器を除く木島式土器のすべての産地が，フォッサマグナ以西にあることを示した（池谷・増島 2006）。

同時にこの分析結果を補強するために，愛知県清水ノ上貝塚出土の木島式（清水ノ上I式），岐阜県小御所遺跡出土の諸磯b式平行土器，神奈川県内出土の勝坂式土器の分析も行っている。清水ノ上貝塚出土土器は分析した11点すべてがフォッサマグナ西側にプロットされ，小御所遺跡出土土器5点のうち，「北白川下層系」の薄手硬質な土器2点はフォッサマグナ西側に，「関東系」の厚手な土器3点がフォッサマグナ東側にプロットされた。また神奈川県内出土の勝坂式土器102点は，境界領域に位置する土器をわずかに含むものの，ほぼすべてがフォッサマグナ東側の領域に入った（池谷・増島 2006 pp.92-94）。

さらに増島は富士川町大鹿窪遺跡から出土した縄文時代草創期の押圧縄文土器（葛原沢II式土器）45点について，同様な方法によってフォッサマグナの東側に産地があることを示した（増島 2006）。

2007年以降は，沼津市文化財センターに導入されたエネルギー分散型蛍光X線分析装置 SHIMAZU EDX900HS を用いて，現地性のより高い（粘土の採取地と遺物の廃棄場所が近い）東海地方〜南関東地方出土の土器や瓦を収集して対照試料とし，沼津市内出土土器およびその関連資料について産地推定を続けている。

本稿では Si/Fe・Zr を指標とした判別図によって，東海地方〜南関東地方から出土する土器や瓦などの土製品の産地を，フォッサマグナの東西に区分できることを示す。続いてこの判別図を用いて，神奈川・静岡・愛知の各遺跡から出土した縄文土器について，その産地（フォッサマグナの東西）を推定する。また長野県釈迦堂遺跡から出土した縄文中期土器について，型式変化に伴なう産地の推移を明らかにし，さらに山梨県から静岡県東部地域等に分布している曽利V式（連八紋）土器の産地を推定する。

1．分析方法

分析装置は，沼津市教育委員会文化振興課所有のエネルギー分散型蛍光X線分析装置 SHIMAZU EDX900HS を使用し，試料はルーターで表面を研磨し新鮮な面を作り，管電圧15KVと50KV，照射直径10mmでそれぞれ200秒ずつ一次X線を照射した。デッドタイム（2％，10％）と管電流（100μA）は自動調整される。計測した元素は，Al（アルミニウム）．Si（ケイ素）．P（燐）．S（硫

黄), Cl (塩素), K (カリウム), Ca (カルシウム), Ti (チタン), Mn (マンガン), Fe (鉄), Cu (銅), Zn (亜鉛), As (ヒ素), Br (臭素) (註2), Rb (ルビジウム), Sr (ストロンチウム), Y (イットリウム), Zr (ジルコニウム) の18元素である。

各試料の元素組成の特徴を識別するための数値は，蛍光X線強度の合計値で，個々の元素の強度を割り求めた「強度比」を用いている（註3）。

2．分析結果とその解釈

a．フォッサマグナ東西の判別図

判別図を作るための試料は，現地性の高い土製品がよい。具体的には窯址出土の須恵器・灰釉陶器，瓦などが適している。しかし，フォッサマグナ東側の地域では瓦窯址以外の試料に乏しいため，各地域の国分寺瓦（国分寺のある旧国内の，国分寺に比較的近い所で焼成されていると考えた）や，これに時代が近い私寺の瓦，および在地性の高い土師器等も試料に加えた。分析結果を見ると，瓦のごく一部にはやや離れた地域からの搬入品も含まれていると考えられる。補修時に搬入されたのかもしれない（いわゆる「補修瓦」「再建瓦」）が，データはそのまま使用している。判別図を構成する試料1221点の内容と位置等は表1，図1に示した。

図2の横軸はZrの強度比を100倍した値である。縦軸はSiの強度比を10倍し，Feの強度

表1 判別図作成用試料一覧

地域名	番号	市町名	遺跡名	種類	数	地域名	番号	市町名	遺跡名	種類	数
千葉県 18	①	市川市	下総国分寺	瓦	10	静岡県 246	①	静岡市	片山廃寺	瓦	5
			須和田	土師器	8		②	藤枝市	※助宗古窯跡群	須恵器	45
神奈川県 177	②	横須賀市	乗越瓦窯	瓦	20		③	島田市	竹林寺廃寺	瓦	23
	③	鎌倉市	千葉地東遺跡	瓦	36		④	袋井市	鶴松	土師器	5
	④	海老名市	相模国分寺	瓦	72		⑤	磐田市	遠江国分寺	瓦	25
			相模国分尼寺	瓦	5				遠江国分尼寺	瓦	6
	⑤	茅ヶ崎市	下寺尾廃寺	瓦	32		⑥	旧浜北市	篠場瓦窯	瓦	28
	⑥	厚木市	鐘ヶ嶽廃寺	瓦	12				田見合	土師器	35
山梨県 96	⑦	笛吹市	甲斐国分寺	瓦	10		⑦	浜松市	天王中野	土師器	9
			金山畑総	土師器	30				堤町東村	土師器	6
			金山畑総	土師器	25				三和町	土師器	14
			竜ノ木	土師器	20				国鉄浜松駅	土師器	17
	⑧	甲府市	大坪	土師器	11		⑧	湖西市	湖西古窯跡群	須恵器	28
静岡県 385	⑨	三島市	道下瓦窯	瓦	17	愛知県 243	⑨	豊橋市	百々池B古窯	灰釉陶器	20
			伊豆国分寺	瓦	87		⑩	豊川市	三河国分寺	瓦	20
			壱町田C	土師器	70				三河国府	瓦	23
			中島上舞台	土師器	30				三河国分尼寺	瓦	15
			安久	土師器	22				三河国府	須恵器	32
	⑩	函南町	鍛冶ヶ久保	瓦	7		⑪	渥美町	渥美半島古窯群	陶器	13
			平井向原1	土師器	12				猿投	灰釉陶器	25
	⑪	伊豆の国市	花坂古窯	瓦	10		⑫	三好町	小梯	土師器	35
	⑫	沼津市	日吉廃寺	瓦	44		⑬	南知多町	尾張国分寺	瓦	30
			藤井原	土師器	16		⑭	稲沢市	尾張東畑廃寺	瓦	30
			御幸町	土師器	26	京都府 40			※仁和寺	カワラケ	10
	⑬	富士市	三ヶ日市廃寺	瓦	12		⑮	京都市	※内裏	カワラケ	20
			東平	土師器	22				※左京八	カワラケ	10
			天間代山	土師器	10	大阪府 16	⑯	和泉市	須恵村古窯群	須恵器	16
			瓦367点・土師器309点		676				瓦205点・陶器179点・土師器161点		545

I部　地域の考古学

図1　判別図作成用試料出土遺跡の位置

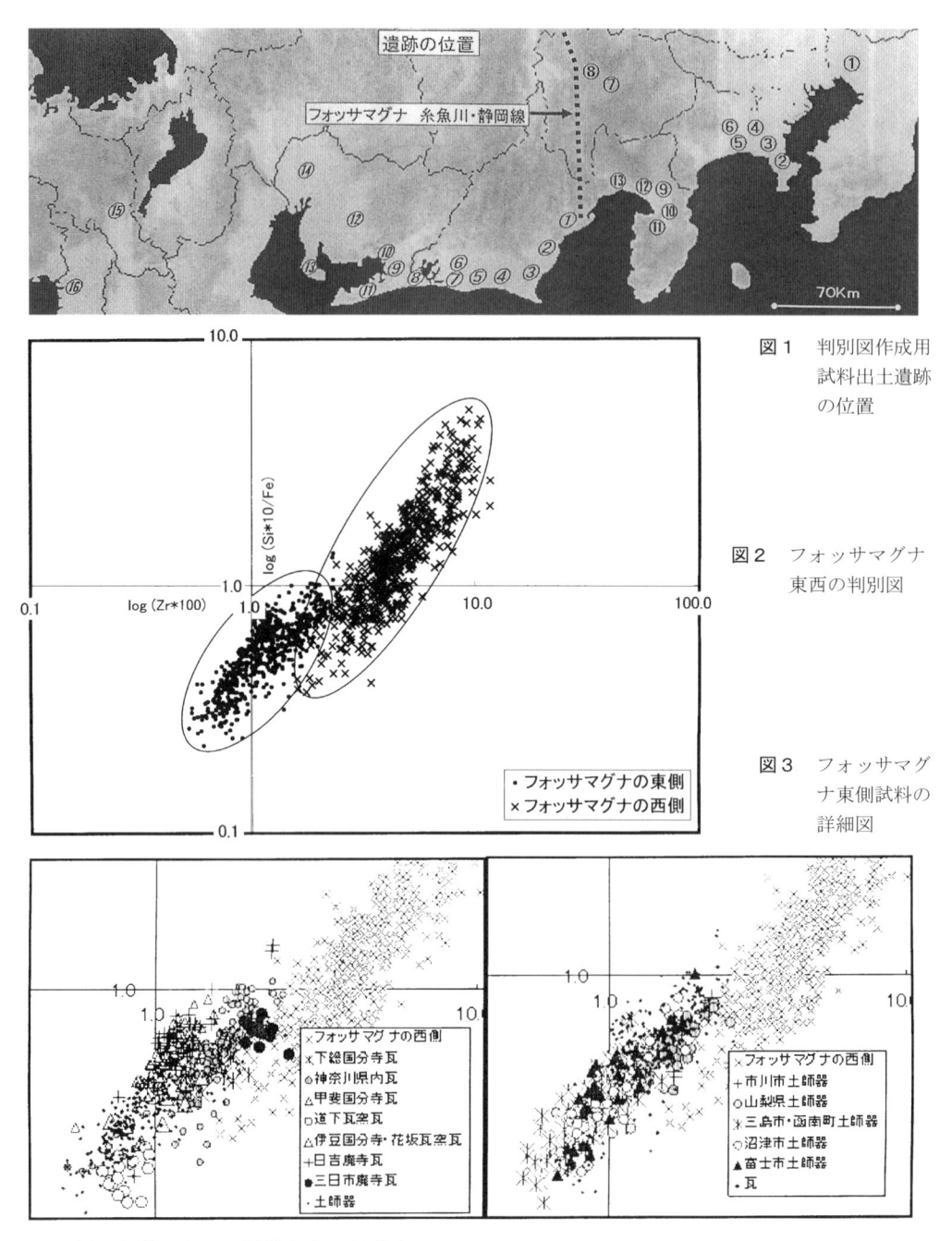

図2　フォッサマグナ東西の判別図

図3　フォッサマグナ東側試料の詳細図

比で割った値である。縦横ともに対数表示にした。

　フォッサマグナの東側の試料676点と，西側の試料545点はほぼ分離し，それぞれの領域を形成している。フォッサマグナ西側の試料が右上方に位置するのは，SiやZrの強度比が大きいためである（註4）。

　図3・4に遺跡別・器種別分布域を示した。フォッサマグナ東側の瓦を見ると，伊豆国分寺・

44

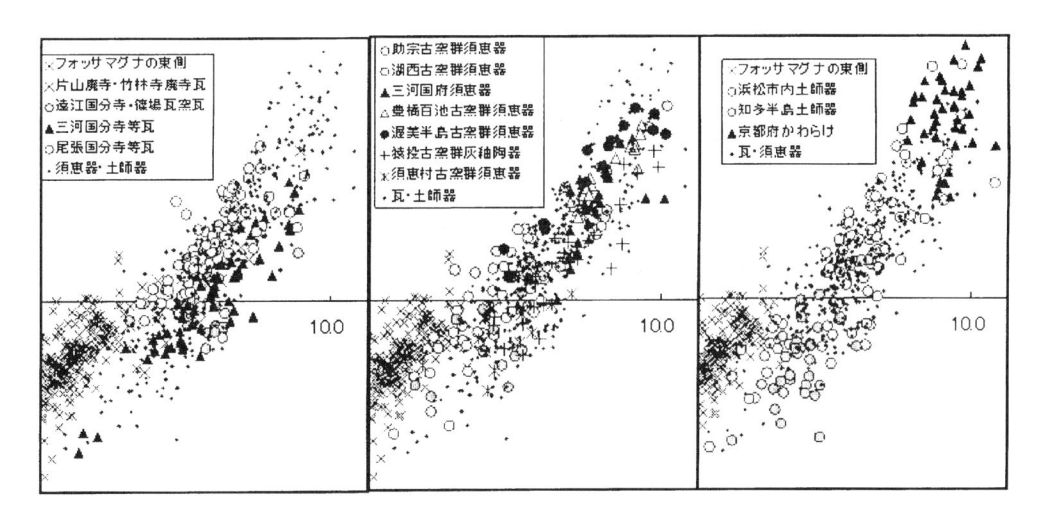

図4　フォッサマグナ西側試料の詳細図

花坂瓦窯・日吉廃寺瓦は一か所に集中し，これらが花坂古窯群で焼成されたことを示している。日吉廃寺瓦は数点が上下に分散している。補修時に他地域から搬入した可能性が高い。神奈川県内の瓦の多くは領域の右上に集中している。一部離れて集団を作るのは，瓦窯が異なることを示していよう。土師器も地域ごとに集団を作り，産地の違いを示している。

フォッサマグナの西側を見ると，三河国分寺瓦の一部が下方に飛んでおり，知多半島方面からの搬入品と考えられる。助宗古窯の須恵器は分布領域が広く，複数の胎土を使用しているようだ。浜松市内の土師器は，京都府のカワラケと異なり，広く分散している。産地が複数あることを示唆している。知多半島の土師器は他試料に比べSiやZrの量が少ない（註5）。

b．縄文土器の判別

前項で述べた判別図を用い，東海地方〜南関東地方の各地で出土した縄文土器がフォッサマグナ東西いずれの側で作られたのか，判別を行い産地を推定する。それぞれの位置は図5に示しておいた。各出土遺跡タイトルの末尾に，遺跡がフォッサマグナ東西のどちら側に属するのか（東側・西側）で表示した。説明の中で，静岡県東部地域の土器の産地がフォッサマグナの東側である場合，具体的な産地はこれまで行ってきた鉱物分析の結果から甲府盆地周辺等にあ

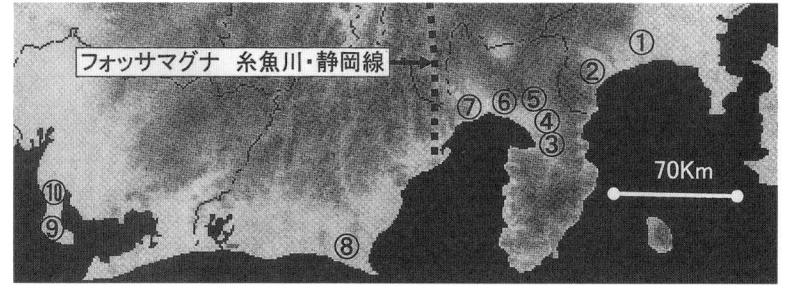

図5　分析試料出土遺跡の位置

I部　地域の考古学

表2　産地推定試料一覧

県	市・町	位置	遺跡	時期	型式	数	県	市・町	位置	遺跡	時期	型式	数
神奈川	伊勢原	①	粕上原	中期前半	勝坂Ⅰ～Ⅲ	9	静岡	沼津	⑥	木戸上	早期末	入海Ⅱ	6
			神成松	中期前半	勝坂Ⅱ～Ⅲ	29				二ツ洞	中期前半	井戸尻	36
			三ノ宮前畑	中期前半	勝坂Ⅰ～Ⅲ	30					中期前半	北屋敷式	20
	小田原	②	一本松	中期前半	勝坂Ⅰ	34		富士川	⑦	木島		木島	18
静岡	伊豆の国	③	公蔵免	中期前半	狢沢・新道	69		御前崎	⑧	星の糞	前期前半～	清水ノ上Ⅱ・Ⅲ以降	8
				中期前半	藤内	36					前期後半	諸磯A式平行	1
				中期前半	井戸尻	43					前期後半	諸磯B式平行	1
				中期後半	曽利Ⅰ・Ⅱ	32					早期末	神之木台	1
	三島	④	金沢	前期初頭	木島	10	愛知	南知多町	⑨	清水ノ上貝塚	前期初頭	諸磯B	2
			北山	中期前半	狢沢～井戸尻	13					早期末	粕畑Ⅰ	2
				中期後半	曽利Ⅰ～Ⅳ	9					前期初頭	清水ノ上Ⅰ	3
				中期後半	加曽利E3・4	14					前期前半	清水ノ上Ⅱ	4
			反畑	前期初頭	木島	4					前期初頭～前半	清水ノ上Ⅰ orⅡ	4
				中期前半	五領ヶ台Ⅰ	4				塩屋	早期末	入海Ⅱ式	1
				中期前半	藤内・井戸尻	7					早期末	塩屋中層A	1
				中期後半	曽利Ⅰ～Ⅳ	8					早期末	塩屋中層B	2
				中期後半	加曽利E3・4	14					早期末	塩屋中層C(天神山)	2
	長泉	⑤	梅の木平	前期初頭	木島	12					早期末	塩屋	3
			桜畑上	前期初頭	木島	30		知多市	⑩	楠廻間貝塚	早期末	粕畑Ⅰ	1
			上山地	中期前半	狢沢～井戸尻	77					早期末	粕畑Ⅱ	1
	沼津	⑥	尾壱	前期初頭	木島	200					早期末	塩屋中層B	2
			尾の上	前期初頭	木島	5					早期末	塩屋中層C(天神山)	4
			清水柳	前期初頭	木島	20					前期前半	楠廻間	4
			平沼吹上	前期初頭	木島	10					早期末	塩屋	3
			清水柳北	早期末	入海Ⅱ	10				二股貝塚	早期末	上ノ山	1
				早期末	石山	1					早期末	入海Ⅰ	1
			中見代Ⅰ	早期末	入海Ⅱ	1					早期末	入海Ⅱ	2
			中見代Ⅱ	早期末	入海Ⅱ	4					合計		869点

ると推定しているが，詳細は増島の文献で確認していただきたい。

神奈川県4遺跡（東側・図6）

伊勢原市（粕上原・神成松・三ノ宮前畑）と小田原市（一本松）の4遺跡から出土した102点の勝坂式土器を判別した。

ほぼ全点がフォッサマグナ東側の領域に入る。大部分の土器が遺跡近辺を含むフォッサマグナ東側で作られている。

三島市2遺跡（東側・図7）

箱根山西麓に位置する北山・反畑遺跡出土の五領ヶ台Ⅰ式4点，狢沢～井戸尻式13点，藤内・井戸尻式7点，曽利Ⅰ～Ⅳ式17点，加曽利E3・4式28点，合計69点を判別した。

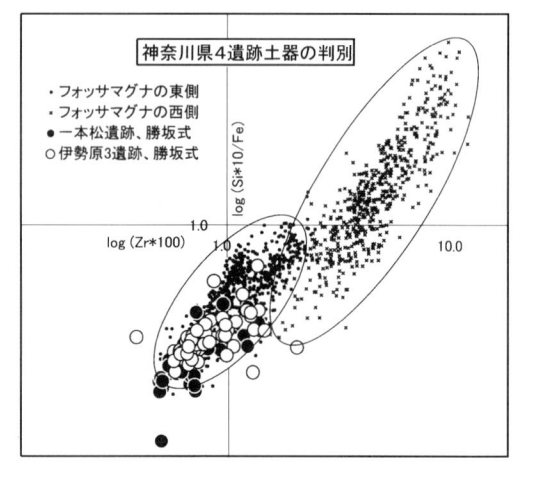

図6　神奈川県内4遺跡出土土器の判別

大部分がフォッサマグナ東側の領域に入る。産地はフォッサマグナ東側だが，遺跡近辺ではなく，甲府盆地周辺にある可能性が高い。

箱根山西麓・愛鷹山南麓・富士山南西麓地域から出土する縄文中期土器は，胎土に黒雲母を含むものや，普通角閃石に富むものがほとんどである。これらの鉱物や鉱物組成は本地域の岩石やローム層，河川砂には存在しない。こうした特徴を持つ土器は，鉱物組成の調査結果から，

甲府盆地を中心とした他地域からの搬入品と考えている。（増島 1978・1986・1990）

10点弱の試料が西側領域に入る。これらは八ヶ岳方面から搬入された可能性が高いが，その根拠については釈迦堂遺跡の項で記述する。

神奈川県の土器に比べ図中のばらつきが大きいが，これは胎土の産地が広範囲であることを示している。つまり，これらの土器に搬入品が多く含まれることを暗示している。

公蔵免遺跡（東側・図 8 ）

多賀火山西麓，深沢川扇状地上に位置する。狢沢式〜井戸尻式148点，曽利Ⅰ〜Ⅱ式32点，合計180点を判別した。

ほとんどすべての土器が，フォッサマグナの東側で作られたとしてよいだろう。これらの大部分の土器は，神奈川県あるいは甲府盆地周辺・八ヶ岳方面からの搬入品である可能性が高い。

上山地遺跡（東側・図 9 ）

愛鷹山南東麓に位置する。狢沢式〜井戸尻式77点 を判別した。

ほとんどすべての土器がフォッサマグナの東側で作られたとしてよいだろう。甲府盆地方面からの搬入品の可能性が高い。また判別図の境界付近に位置している 3 点は八ヶ岳方面で作られた可能性がある。

知多半島 4 遺跡（西側・図10）

清水之上貝塚から 3 型式13点，塩屋遺跡から 4 型式 9 点，楠廻間貝塚から 6 型式15点，二股貝塚から 3 型式 3 点，合計40点の縄文土器を判別した。

楠廻間貝塚土器 2 点には黒雲母が，他の土器には細粒の白雲母が肉眼で観察された。

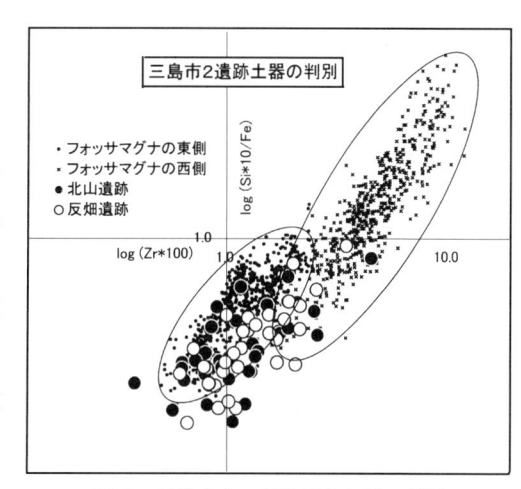

図 7 　三島市内 2 遺跡出土土器の判別

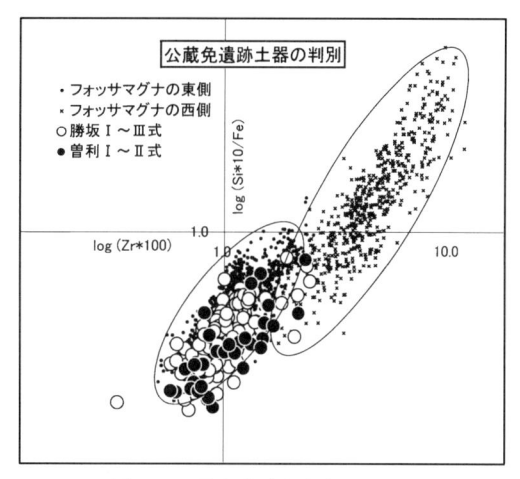

図 8 　公蔵免遺跡出土土器の判別

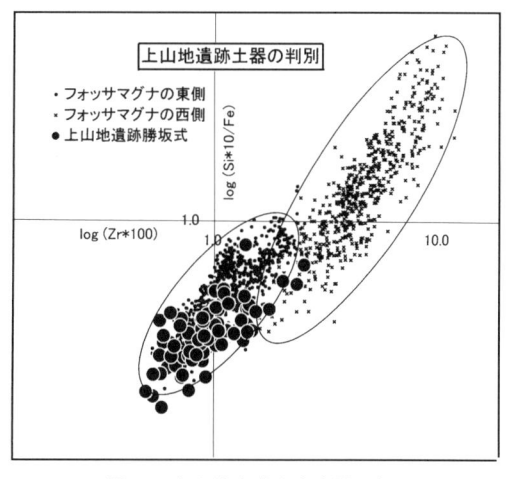

図 9 　上山地遺跡出土土器の判別

I部　地域の考古学

　黒雲母は花崗岩に普通に含まれ，剥離すると金色に輝き目立つ。東海地方〜南関東地域のほとんどの大河川本流域では肉眼観察できる場合が多い。白雲母が東海地方〜南関東地域で肉眼観察できるのは，主に矢作川流域とその沖積地である。

　38点はフォッサマグナ西側の領域に入る。大きく下に飛んでいる2点は，いずれも塩屋遺跡の土器である。この2点は判別に用いた元素以外にK. Ca. Rb. Yでも異常値を示した。

　同遺跡の土器は判別図中でもばらつきが大きい。遺跡の環境を確認する必要がある。右下に飛んでいる塩屋遺跡の1点は，Zrが多いのでフォッサマグナ西側の領域に入る可能性が高い。これを含めた39点はフォッサマグナの西側，三河湾周辺で作られたと考えられる。

星の糞遺跡（西側・図11）

　駿河湾に向かって西から東へ伸びる御前崎の先端近くに立地する。早期末から前期後半の東海系土器11点と関東系土器2点（No. 11・13）を判別した。

　本遺跡は茶畑となっていた関係で，P（燐）．S（硫黄）など肥料に由来する元素の強度比が大きい。他の元素量にも注意が必要である。

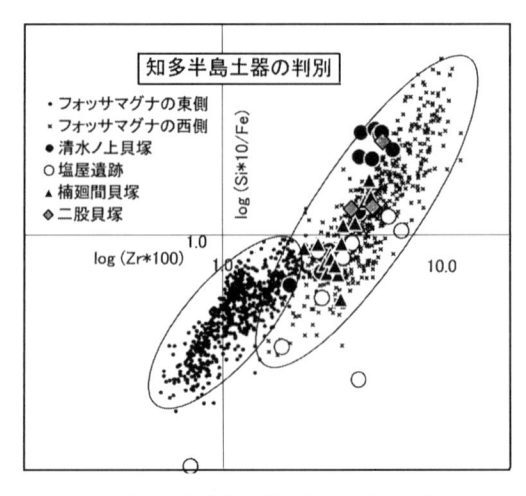

図10　知多半島4遺跡出土土器の判別

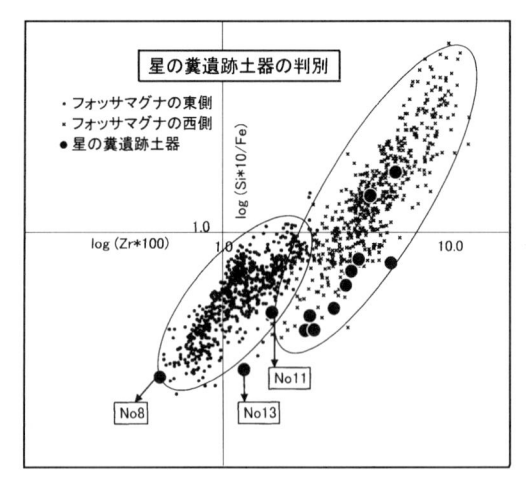

図11　星の糞遺跡出土土器の判別

　No.8・11・13の3点を除く10点は，フォッサマグナ西側の領域に入り，すべてが薄手の土器で，そのうち9点では白雲母が肉眼で観察できた。これら10点は三河湾周辺から搬入された可能性が高い。No.8土器（清水ノ上II・III式以降）は，薄手で白雲母を含み10点と似ている。しかし，判別に用いた元素以外にK. Ti. Rb. Yでも異常値を示し，データの信頼性に欠けている。

　No.11土器（神之木台式）は，厚手で胎土が赤く雲母類は入らない。フォッサマグナの東側から搬入された可能性が高い。No.13土器（諸磯b式）は，厚手で胎土が赤く，多量の黒雲母が肉眼で確認された。フォッサマグナ東側からの搬入品と考えられる。

静岡県東部地域出土の木島式土器（東側・図12）

　箱根山西麓の三島市，金沢（10点）・反畑（4点）遺跡，愛鷹山南東麓の長泉町，梅の木平（12

48

点)・桜畑上 (30 点) 遺跡, 愛鷹山南麓の沼津市, 尾壱 (200 点)・尾の上 (5 点)・清水柳 (20 点)・平沼吹上 (10 点) 遺跡, 富士川右岸の富士川町, 木島遺跡 (18 点)。静岡県東部地域 9 遺跡から出土した合計 309 点の木島式土器を判別した。

全個体ともに薄手で, 白雲母が肉眼で確認できるものが多い。309 点すべてがフォッサマグナ西側の領域に入る。

すでに述べたように, 白雲母は矢作川流域とその沖積地に存在することから, 静岡県東部地域で出土する木島式土器は, 矢作川流域から三河湾にかけての地域の土で作られ, 当地域に搬入されたと考えられる。

二ッ洞遺跡 (東側・図 13)

愛鷹山南麓に位置する。井戸尻式 36 点, 北屋敷式 20 点を判別した。

井戸尻式のうち 34 点は明らかにフォッサマグナ東側の領域に入る。甲府盆地方面からの搬入品だろう。2 点は境界付近に位置する。八ヶ岳方面からの搬入品の可能性が高い。

北屋敷式は, 約半数がフォッサマグナ西側からの搬入品であり, その産地は 2〜3 か所あるようだ。残り約半数の産地はフォッサマグナの東側にある。

愛鷹山南麓出土の入海式土器 (東側・図 14)

沼津市の清水柳北 (11 点)・中見代 I (1 点)・中見代 II (4 点)・木戸上 (6 点) 遺跡出土の 22 点の入海式土器を判別した (註 6)。

清水柳北遺跡の 5 点 (No.1〜5)・中見代 II 遺跡の 1 点 (No.16)・木戸上遺跡の 1 点 (No.17), 合計 7 点はフォッサマグナ東側の領域に入り, 他の 15 点は西側の領域に入る。

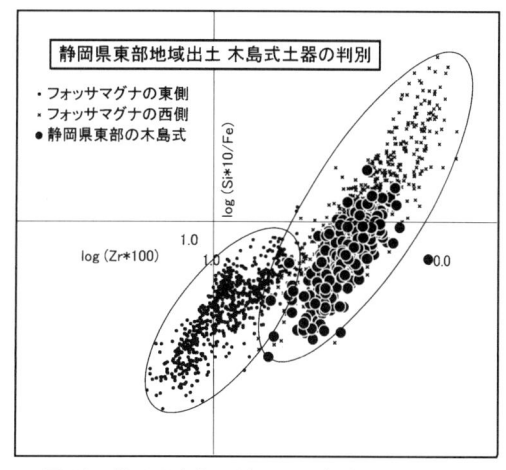

図 12 静岡県東部地域出土木島式土器の判別

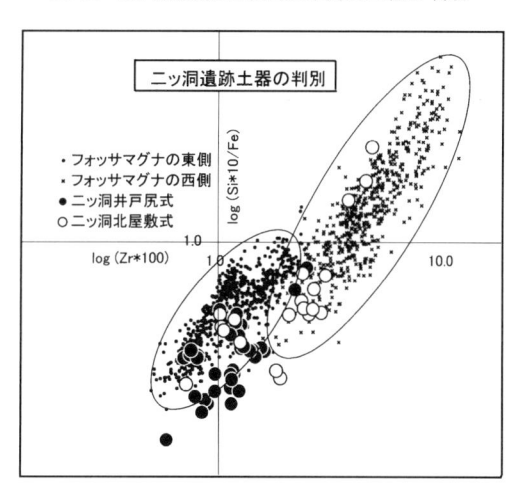

図 13 二ッ洞遺跡出土土器の判別

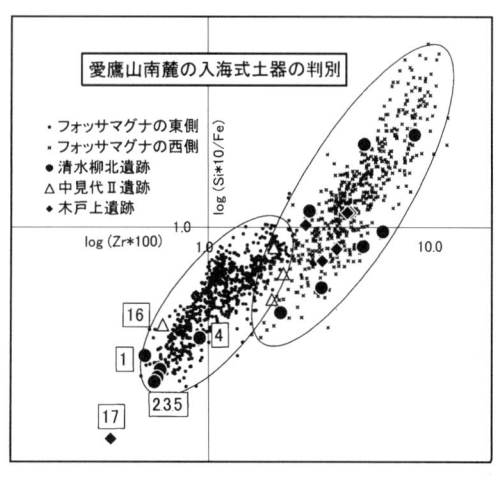

図 14 愛鷹山南麓出土入海式土器の判別

I部　地域の考古学

多くはフォッサマグナ西側からの搬入品だが，一部は東側に産地がある。

縄文土器判別結果のまとめ

869点の縄文土器の判別結果は，土器を外見上の特徴から分ける考古学的な型式分類と矛盾しない。Si, Fe, Zrの強度比を用いた判別方法は，南関東から東海地方地域にかけての調査範囲内では，土器がフォッサマグナ東西のどちら側に産地を持つのか判別するのに，非常に有効な手法であることが確認できた。特に静岡県のように東海西部系土器と関東系土器が，時期により移動や消長をくり返す地域においては，きわめて有効な方法といえよう。

c．釈迦堂遺跡土器の特徴

本節ではフォッサマグナ東西の判別法を用いて，遺跡内で使用された土器産地の変化を明らかにしたい。甲府盆地南縁の京戸川扇状地上にある釈迦堂遺跡の場合を例示する。本遺跡は縄文早期から後期初頭まで人々の生活が営まれてきた。そのピークは縄文中期とされている（釈迦堂遺跡博物館2000）。

本遺跡から出土した神之木台式から堀之内1式までの土器，13型式270点についてフォッサマグナ東西の判別を行った。比較試料は，山梨県5遺跡，長野県1遺跡の縄文中期土器を用いた（表3）。

釈迦堂遺跡全点の判別結果(図15)では，大部分がフォッサマグナ東側の領域に入り，縦軸0.1～1.0の中間付近に密集する。この部分を「釈迦堂領域」と呼ぶことにする。一部はフォッサマグナの西側領域に分散している。

西側領域に分散する土器の産地を検証するために，試料を早期末の神之木台式から中期初頭の五領ヶ台式，中期前半の狢沢式から井戸尻式，中期後半の曽利I式から後期初頭の堀之内1式の3時期に分けて判別し，重鉱物組成の分析結果も加えた図を作製した。

表3　釈迦堂遺跡出土土器と関連資料一覧

県	位置	遺跡	型式	数	県	位置	遺跡	型式	数
神奈川	厚木市	横林	曽利V連八	12	山梨	甲府盆地西縁	金の尾	曽利V連八	12
			加曽利E4	16		甲府盆地北東縁	大木戸	勝坂II・他	15
	大磯町	王子の台	曽利V連八	10			頭無	曽利V連八	13
山梨	甲府盆地南縁	釈迦堂	神之木台	15		八ヶ岳南麓	海道前C	勝坂III	10
			諸磯ab	15			原町農業高校前	加曽利E4	15
			五領ヶ台	30			柳坪A	曽利V連八	4
			狢沢	30			柳坪B	曽利V連八	13
			新道	30	長野		井戸尻	井戸尻	17
			藤内	30				曽利V連八	3
			井戸尻	30	静岡	箱根山西麓	千枚原	曽利V連八	5
			曽利I	15			反畑	曽利V連八	5
			曽利II	15			天台	曽利V連八	3
			曽利III	15			カシラガシ	曽利V連八	3
			曽利IV	15			押し出し	曽利V連八	3
			曽利V連八	15			奥山	曽利V連八	3
			堀之内1	15			北山	曽利V連八	4
		上の原	曽利V連八	13		愛鷹山南麓	大芝原	曽利V連八	24
		上の平	曽利V連八	14			丸尾	曽利V連八	42
			勝坂・他	15		富士山南西麓	天間沢	曽利V連八	11
		横畑	曽利II～IV	12		富士山西麓	千居	曽利V連八	8

重鉱物組成は三角ダイヤグラムで示した。図中のhoは普通角閃石，opxは斜方輝石，cpxは単斜輝石を意味する。

縄文土器の胎土には砂が混入されている。釈迦堂遺跡近辺で粒度の揃った砂が多量に堆積する場所は，遺跡北側を流れる笛吹川である。笛吹川の砂は石英閃緑岩の風化物からなり，白色で黒雲母を含み，重鉱物組成はhoに圧倒的に富んでいる。

神之木台式～五領ヶ台式（図16）

神之木台式から五領ヶ台式60点では，判別図中で数点が西側領域に入る（後述するが，八ヶ岳方面などから搬入された可能性が高い）。五領ヶ台式は，釈迦堂領域にまとまっている。

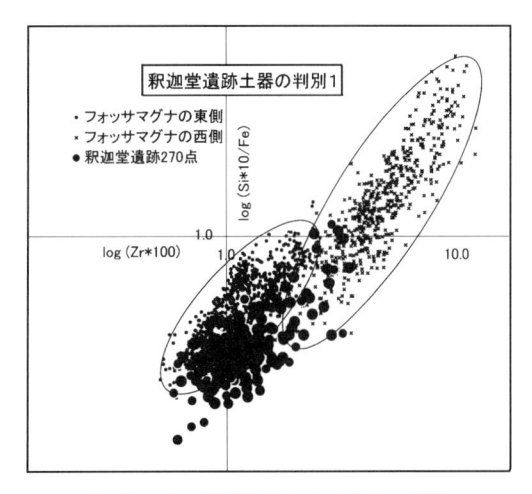

図15 釈迦堂遺跡出土土器全点の判別

重鉱物組成を観察した21点では，神之木台式の組成にばらつきが目立ち，産地が異なる土器が多いことを示している。諸磯式・五領ヶ台式では，胎土に混入された砂粒鉱物の特徴が，笛吹川の鉱物組成とよく似る個体が多い。

神之木台式は搬入土器が多い。しかし諸磯式から五領ヶ台式へと時間が経つにしたがい，遺跡近辺で作製される土器が増加していく。定住化の進行とともに生活環境が安定していく状況を示していよう。

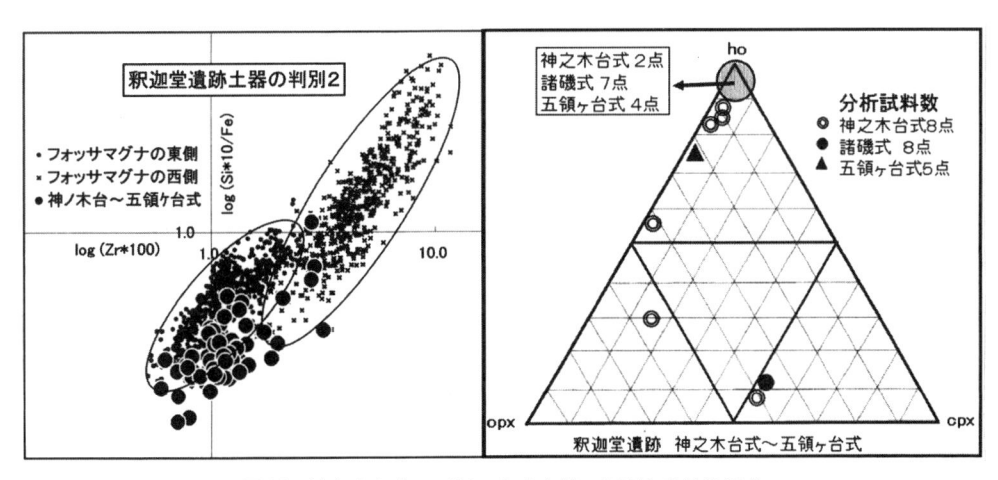

図16 神之木台式～五領ヶ台式土器の判別と重鉱物組成

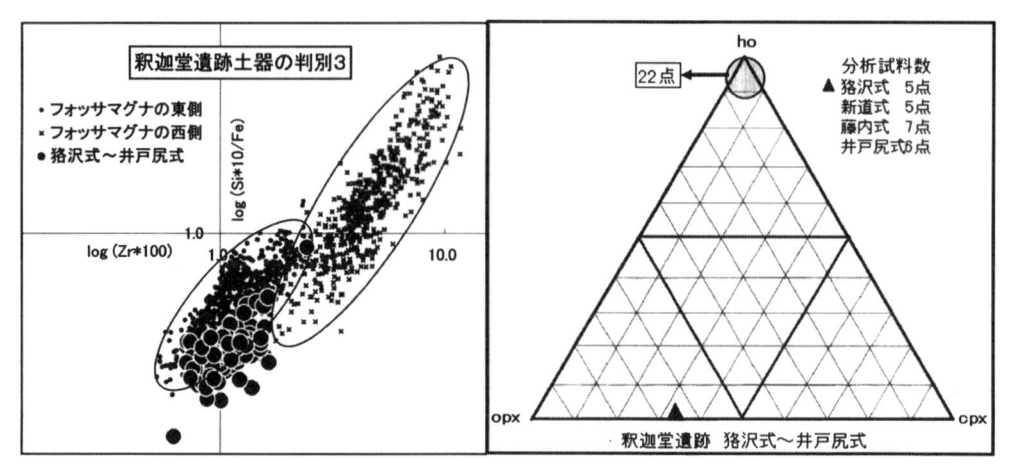

I部　地域の考古学

図17　狢沢式～井戸尻式土器の判別と重鉱物組成

狢沢式～井戸尻式（図17）

狢沢式～井戸尻式120点では，判別図で1点が西側領域に飛んでいるだけで，他は釈迦堂領域に集中している。重鉱物組成も23点中22点は笛吹川の組成とよく似ている。縄文中期前半の本遺跡は，きわめて安住度が高く，生活環境も安定していたものと考えられる。

曽利式～堀之内式（図18・図19）

曽利式～堀之内式90点では，判別図で分散傾向が目立つ。主な原因は曽利V式連八紋土器（以下，連八紋土器と略す）である。図18の三角ダイヤグラムは，連八紋土器を除いて示したが，連八紋土器以外の型式でも分散傾向が若干認められる。

連八紋土器15点だけを図19に示した。判別図では釈迦堂領域にはほとんど入らず，フォッサマグナ西側の領域に入る個体が多い。重鉱物組成では笛吹川の鉱物組成と同じhoに富む特徴を持つ個体が2点しかない。

連八紋土器は大部分が搬入品と考えられる。どこで作られたのだろうか。

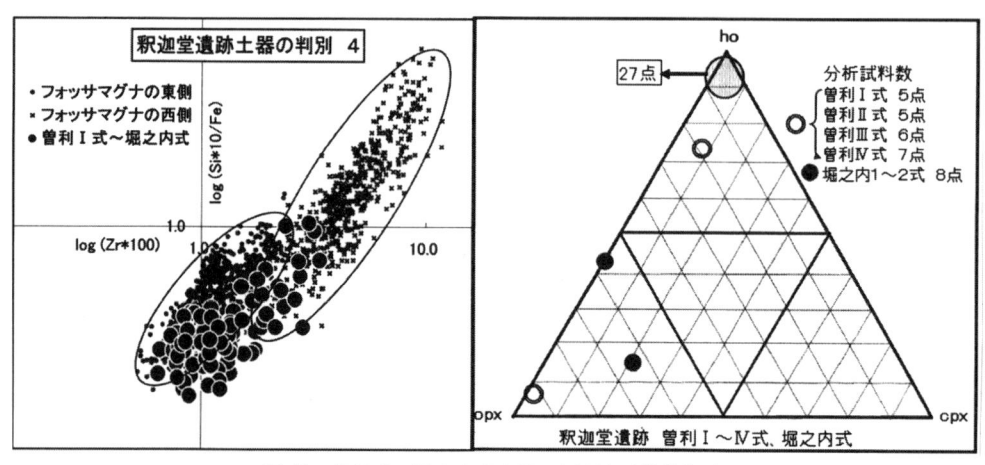

図18　曽利式～堀之内式土器の判別と重鉱物組成

52

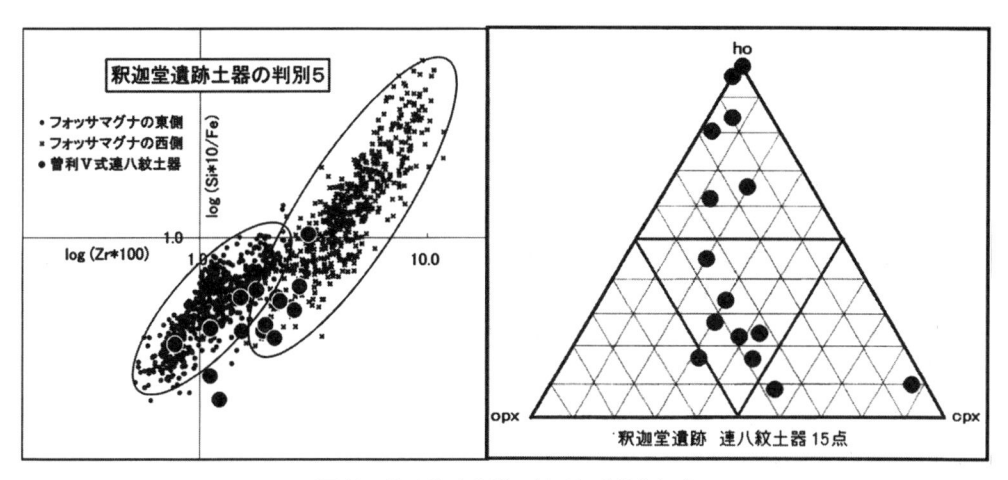

図19 連八紋式土器の判別と重鉱物組成

曽利V式連八文土器（図19〜図21）

比較試料として，甲府盆地南側から北東縁に位置する3遺跡42点（勝坂式）と，八ヶ岳南麓3遺跡42点（勝坂式・加曽利E4式・井戸尻式）の土器を判別した。各遺跡の土器の一部には搬入品があるかもしれない。

甲府盆地周辺3遺跡の土器は，大部分がフォッサマグナ東側の領域に入る。八ヶ岳南麓3遺跡の土器の多くはフォッサマグナ西側の領域に入る。

八ヶ岳は諏訪湖以南の富士・愛鷹山など南北に連なる火山列の中では，フォッサマグナ西縁に最も接近した火山である。八ヶ岳西麓を源流域の一つとする釜無川の堆積物には，フォッサマグナ西側の山体（四万十系）の供給物が多量に含まれている。これらの土や砂を胎土としたであろう八ヶ岳南麓3遺跡土器の元素組成には，フォッサマグナ西側の特徴が現れて当然である。

釈迦堂遺跡の連八紋土器（図19）と八ヶ岳南麓遺跡土器は，判別図中での位置がよく似ている。次項で表示する八ヶ岳南麓遺跡の連八紋土器の鉱物組成（図23）とも

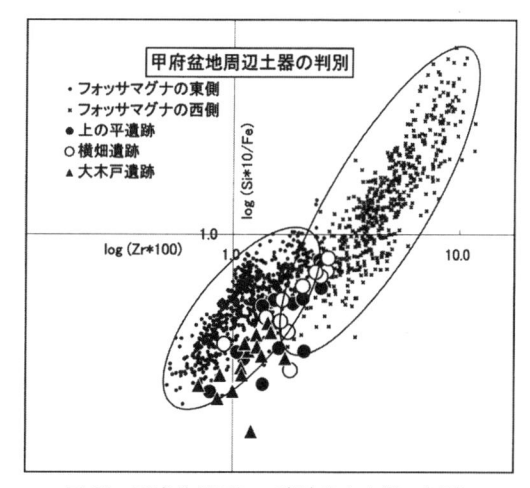

図20 甲府盆地周辺3遺跡出土土器の判別

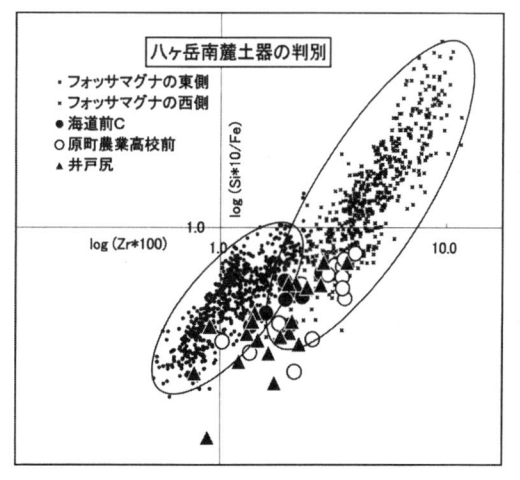

図21 八ヶ岳南麓3遺跡出土土器の判別

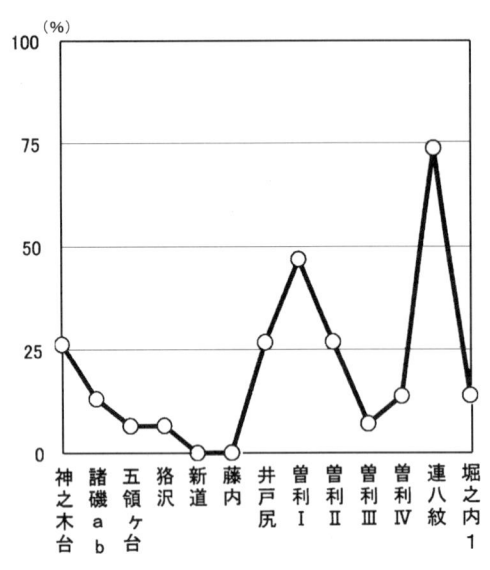

図22 Zr強度比1.5以上の土器数

よく似ている。

釈迦堂遺跡の連八紋土器は，釜無川に接する八ヶ岳南麓方面から搬入された可能性が非常に高い。連八紋土器を除く各型式にもフォッサマグナ西側の領域に入る個体が目立つ。曽利式土器は八ヶ岳南麓方面からの搬入品が多いようだ。

釈迦堂遺跡のまとめ（図22）

フォッサマグナ西側の領域に入る，あるいは接近する土器は，Zrの強度比が大きい個体である。横軸(Zrの強度比×100)の値が1.5以上の個体数を各型式ごとに％で図22に示した。これらの土器は主に八ヶ岳南麓方面からの搬入品とみられる。Zrの強度比が1.5以上の土器は，神之木台式では27%を占め多いが，型式が下るにしたがい減少し，新道・藤内式では0%になる。中期前半の本遺跡が非常に安定していたことを表している。

井戸尻式から曽利Ⅰ式にかけて，八ヶ岳南麓方面から搬入された土器が増加する。曽利Ⅲ・Ⅳ式では再び遺跡近辺で作られた土器が増加する。遺跡を取り巻く諸環境がしだいに安定していったと考えられる。曽利Ⅴ式連八紋土器は，73%が八ヶ岳南麓方面からの搬入品である。この時期に遺跡の構成員が入れ替わった可能性もあろう。堀之内式では，ふたたび遺跡近辺で作製した土器が増加する。

以上，本遺跡の中期前半の安定期と後半の不安定期が，土器の産地変化から推察できる。なお，神之木台式土器の一部に神奈川県方面からの搬入品らしき個体があるが，説明は省略する。

3．考察

a．曽利Ⅴ式連八紋土器について

釈迦堂遺跡では，連八紋土器の時期に土器の製作と供給に関わる大きな変化があったようだ。これは同遺跡だけの出来事だったのだろうか。釈迦堂遺跡を含む山梨県5遺跡，静岡県東部地域11遺跡，神奈川県2遺跡の連八紋土器の産地について考察する。試料を得た遺跡は表3に示しておいた。

八ヶ岳南麓と甲府盆地周辺の連八紋土器（図23）

八ヶ岳南麓4遺跡54点と甲府盆地周辺5遺跡48点を判別した。両者は，判別図ばかりでなく，三角ダイヤグラム（80点分析）上でも混在し，両図ともに一か所に集中せず分散している。

多くの土器がフォッサマグナ西側の領域に含まれることや，三角ダイヤグラム上での分布が，

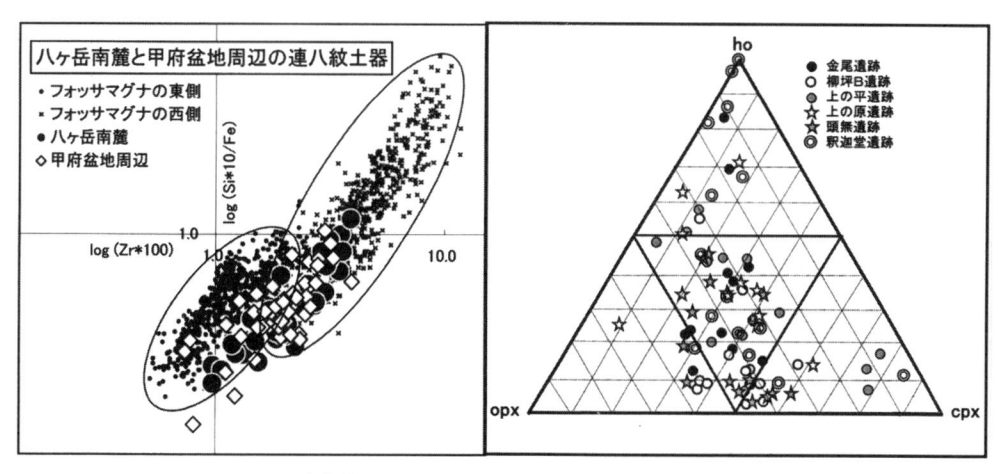

図23　八ヶ岳南麓と甲府盆地周辺の連八紋土器の判別と重鉱物組成

八ヶ岳西麓に沿って流れる釜無川流域の組成と近似することから（増島1990），両地区の連八紋土器の産地は，「八ヶ岳南麓方面」つまり，「八ヶ岳南麓から甲府盆地西縁にかけての釜無川流域」にあると考えられる。甲府盆地周辺遺跡出土の連八紋土器の多くは搬入品とみられる。

愛鷹山南麓と富士山南西麓の連八紋土器（図24）

愛鷹山南麓2遺跡66点と富士山南西麓2遺跡19点を判別した。判別図には八ヶ岳南麓と甲府盆地周辺の連八紋土器も載せた。全試料は混在し，フォッサマグナ西側の領域に入る個体も多い。三角ダイヤグラム上の分布も図23と酷似している。

愛鷹山南麓や富士山南西麓には，このような鉱物組成を示す地質は存在しない。山麓を流下する河川についても同様である。また富士川下流域の鉱物組成とも異なる。

筆者が調査した多摩川流域から天竜川・木曽川流域までの太平洋側に河口を持つ河川砂の重鉱物組成では，図23・24に似た鉱物組成の変化（hoに富む地域と両輝石に富む地域が同一河

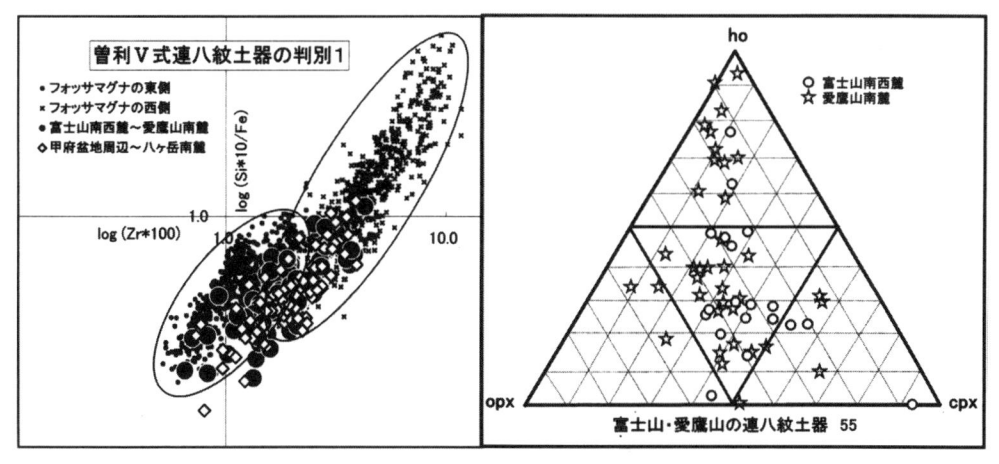

図24　愛鷹山南麓と富士山南西麓の連八紋土器の判別と重鉱物組成

I部　地域の考古学

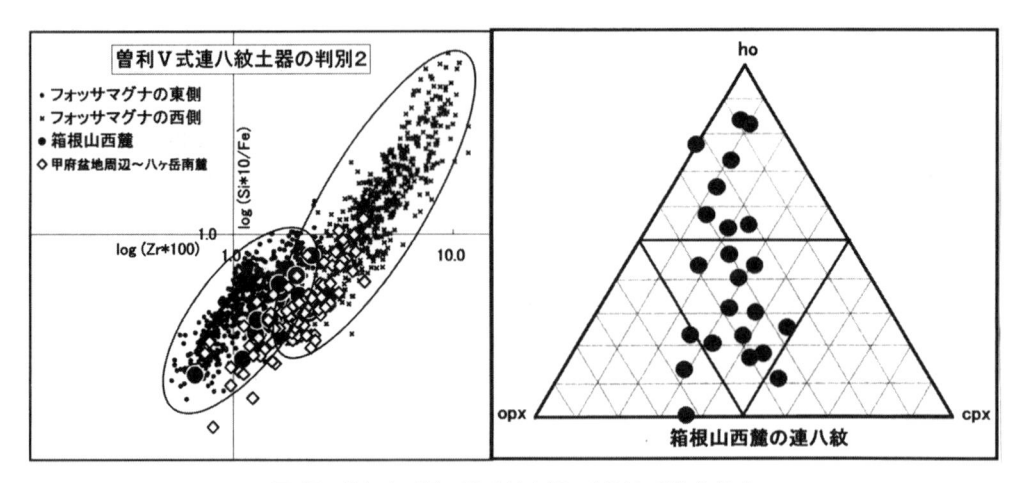

図25　箱根山西麓の連八紋土器の判別と重鉱物組成

川流域に存在する）を示す河川域は，相模川中流域や酒匂川中・下流域，および八ヶ岳南麓から甲府盆地西縁にかけての釜無川流域である。（増島1994）

後述する神奈川県の連八紋土器の判別図での特徴も合わせて考えると，本地域の連八紋土器は，ほとんどすべてが八ヶ岳南麓から甲府盆地西縁にかけての地域で作られた搬入品であると考えられる。

箱根山西麓の連八紋土器（図25）

箱根山西麓の三島市内7遺跡26点を分析した。判別図では八ヶ岳南麓と甲府盆地周辺の連八紋土器と混在し，フォッサマグナ西側の領域に入る個体もある。三角ダイヤグラム上の分布も図23に酷似している。箱根山西麓を含めた伊豆半島には，このような鉱物組成を示す河川は存在しない。

本地域の連八紋土器も，ほとんどが八ヶ岳南麓から甲府盆地西縁にかけての地域で作られた搬入品とみられる。しかし，フォッサマグナ西側の領域に大きく入り込む個体がないので，土器を供給した遺跡群の範囲は愛鷹山南麓や富士山南西麓よりも狭いことも考えられる。

神奈川県の連八紋土器（図26・27）

2遺跡（王子の台遺跡・横林遺跡）22点を分析した。王子の台遺跡土器は，判別図中で八ヶ岳南麓と甲府盆地周辺の連八紋土器の分布域に混在するものが多い。鉱物組成は，重鉱物3成分に富むものとhoに圧倒的に富むものに分かれる。およそ図23と似た傾向を示している。

王子の台遺跡の連八紋土器の大部分は，八ヶ岳南麓から甲府盆地西縁にかけての地域で製作された搬入品であると考えられる。

横林遺跡土器は判別図中で全体にやや上側にずれ，王子の台遺跡とは分布領域が異なる。横林遺跡出土の加曽利E4式土器16点を加え判別すると，両土器はよく混在する（図27）。横林遺跡の連八紋土器は，南関東系の加曽利E4式土器と同じ粘土を使用して作られた可能性が

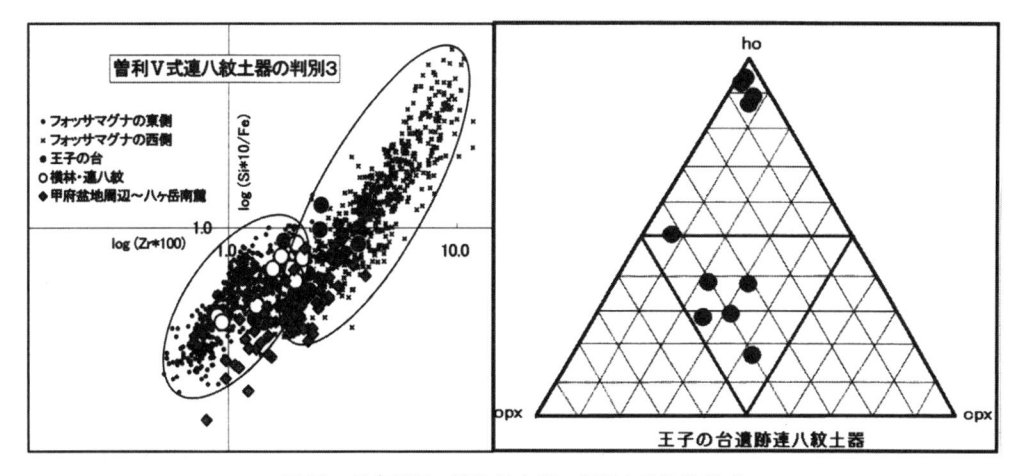

図 26　神奈川県の連八紋土器の判別と重鉱物組成

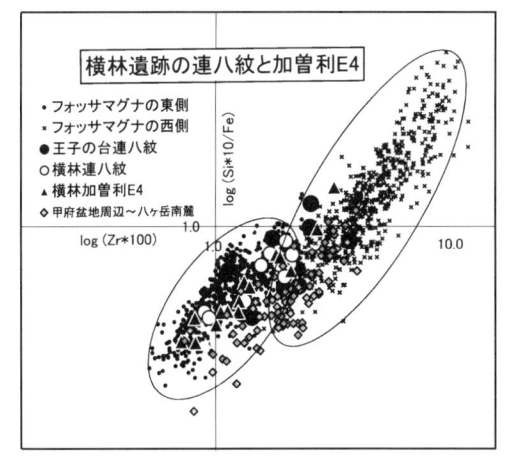

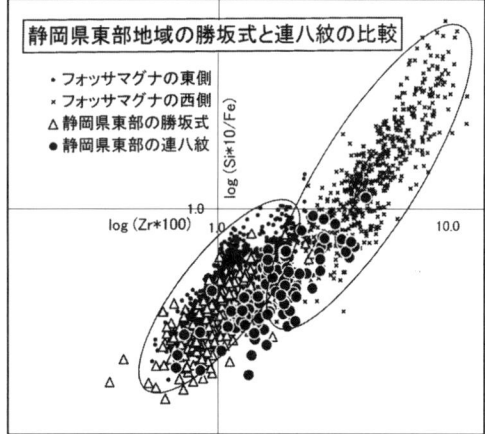

図 27　横林遺跡出土加曽利 E 4 式土器の判別　　図 28　静岡県東部地域の勝坂式と連八紋土器の判別

高い。

　神奈川県内の連八紋土器には，八ヶ岳南麓方面からの搬入品と，南関東で作られたものがあると考えられる。図 27 では加曽利 E 4 式土器 2 点がフォッサマグナ西側の領域に飛んでいる。分析試料数が増加すれば，新しい展開の中で正しい解釈が可能となるだろう。

連八紋土器のまとめ（図 28）

　表 2 に示した静岡県東部地域の土器のうち勝坂式だけを取り出し，同地域の連八紋土器を合わせ判別すると，両土器の分布領域は明らかに異り，産地の違いは明瞭である（図 28）。

　曽利 V 式の時期，八ヶ岳南麓から甲府盆地西縁で作られた連八紋土器が，山梨県内だけでなく，静岡県東部地域にも広く分布していたことが確認できた。さらに産地を同じくする土器は，神奈川県内にも分布している可能性が高い。しかし神奈川県内には，文様上は影響を受けてい

I部　地域の考古学

るが，胎土が異なる別の土器作製圏も存在しているようだ。

b．木島式土器と製作地

　かつて池谷と増島は「アカホヤ火山灰降下に伴う東海地方西部からの集団移動」という仮説を実証するために，東海地方東部から出土する木島式土器を今回と同様な方法で分析したことがある（池谷・増島 2006）。その後，沼津市教育委員会による尾壱遺跡の整理事業（池谷2008）の一環として，同遺跡を含む東海地方東部出土の木島式土器を分析した（註7）。

　前節ですでに述べたように，分析した計309点のすべてがフォッサマグナ西側の領域にプロットされた（図12）。つまり東海地方東部から出土する木島式は，すべて東海地方西部で製作されたか，東海地方西部に産出する粘土を用いていることになる。

　木島式土器については文様上の特徴のほか，薄手硬質・灰褐色という清水ノ上I式土器と共通する胎土の特徴があり，東海地方西部からの搬入品ではないかと考えられてきたが，それを裏付ける結果が改めて得られた。また木島式土器には，東海地方東部において清水ノ上I式とは異なる変遷をたどった別型式であるという山下勝年の型式観（山下 1996 pp.36-38）と，東海地方西部の清水ノ上I式とまったく同じ土器型式であるとする筆者の型式観（池谷 1985）の対立があるが，筆者の主張に協調的な結果が示されたことになる。

　なお東海地方東部から出土する木島式土器には，径1mm以下の微細な白雲母が比較的多く含まれる。白雲母じたいは本稿の対象地域内では西尾市に歴史的な産出地があり，また西尾市で三河湾に注ぐ矢作川の中上流域では，「岡崎みかげ」と通称される両雲母花崗岩中に白雲母が含まれる。したがって矢作川流域から三河湾にかけての範囲がその産地の候補として有力視されよう。

　いっぽう清水ノ上貝塚出土土器（図10）は粕畑式〜清水ノ上II式までを含み，分析数も13点と限られているが，全体としてみたとき，判別図上での位置が木島式土器（図12）と異なる部分がある。今後，清水ノ上貝塚出土の清水ノ上I式土器の分析例を増やし，鉱物分析の成果も加えることで，型式学的には分離不可能な両型式の粘土採取地の異動が明らかにできるものと考えられる。

c．入海式土器の製作地と搬入・模倣

東海地方東部における入海式の存在

　知多半島に標式遺跡が存在する入海式ではあるが，旧清水市冷川遺跡，沼津市木戸上遺跡（II次）・同清水柳北遺跡・同中見代II遺跡，函南町上黒岩遺跡・同五反田遺跡などから，標式遺跡とよく類似した入海式が出土している。それでは標式遺跡の入海式ときわめて「顔つき」のよく似たこれらの土器群は，知多方面で製作され，長い距離を運ばれたのであろうか。あるいは粘土は東海地方東部で調達され，入海式の規範に沿って製作されたいわゆる「模倣」的な土器なのであろうか。またその中には一見すると入海式に似ながらも，その規制から外れた「地方型式化」したものは存在しないのであろうか。

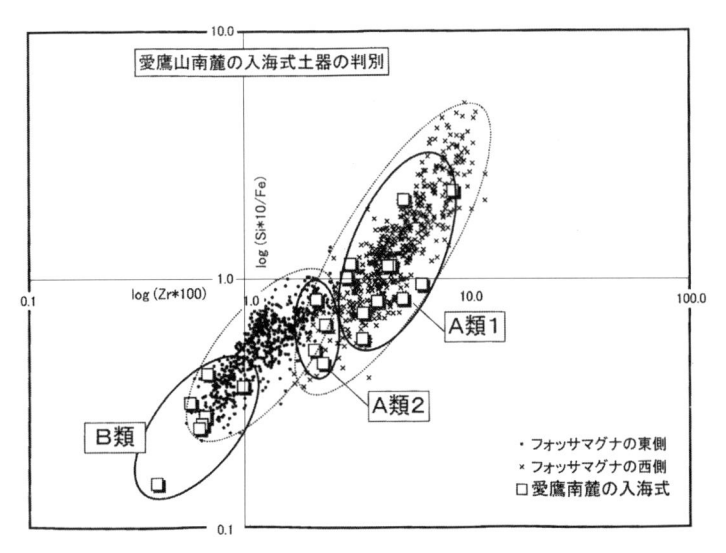

図29 入海式土器の分類と産地（図14をもとに作成）

入海式土器の分類と製作地

　こうした目的のもとに，沼津市木戸上遺跡（Ⅱ次）・同清水柳北遺跡・同中見代Ⅱ遺跡から出土した入海式土器を抽出して今回の分析を実施した。

　判別の結果を示す図14をもとに，フォッサマグナ以西の領域にプロットされたものをA類1，境界付近にプロットされたものをA類2，フォッサマグナ以東の領域にプロットされたものをB類としたが（図29），これらは胎土の外観にも以下に示した特徴が認められた。

　A類1－薄手硬質・灰褐色・肉視下で正長石様粒子が多く認められる。

　A類2－薄手やや硬質・淡赤褐色・砂粒をあまり多く含まない。

　B類－厚手・赤褐色・デイサイト様粒子を多く含む。

　A類1は隆帯上への加飾をはじめ，入海式と共通する施文の特徴が認められる。胎土の外観や蛍光X線分析結果を総合すると，知多半島など東海地方西部方面からの搬入品と考えてよい。A類2については点数が限られているため即断は避けたいところだが，4点を観察した限りではA類1と共通する施文が行われている。A類2の判別図上の位置と重複する試料としては，知多半島土師器などが挙げられるが（図4右），具体的な産地はA類1も含めて今後の課題としたい。

　B類の胎土は繊維がほとんど認められないことを除けば，愛鷹山麓の早期後半土器とよく類似し，遺跡周辺で製作されたものと考えられる。しかし，このB類には入海式と共通する隆帯上の加飾が行われるものと，入海式より太い隆帯が貼り付けられるものがある。ここでは仮に前者をB1類，後者をB2類と呼んでおく（図30）。

　B1類は遺跡周辺の粘土を用いて入海式土器を忠実に再現した「模倣品」であると考えられる。B2類の隆帯上の刺突には，やや斜め上から（口縁部側）から加えられるものがある。入

Ⅰ部　地域の考古学

入海式A類1

入海式A類2

入海式B1類（上）・同B2類（下）

図30　愛鷹山麓出土の入海式土器

海Ⅱ式は隆帯のやや下から（底部側から）の，あるいは隆帯から底部側器体にまたがった刺突を特徴とするが，Ｂ２類にはこうしたものは認められない。またＢ２類の刺突は細く深く入るものが多く，入海Ⅰ式の特徴である浅く広い刺突によって鎖状のシルエットを示す隆帯は認められない。

入海式の規範に忠実なＢ１類とは異なり，Ｂ２類は入海式を意識しながらもそこから逸脱した要素が加わっており，厳密には入海式と認定することはできない。

入海式土器の搬入・模倣と地方型式化

一見すると入海式によく似た東海地方東部の「入海式」の中に，①東海地方西部から搬入されたもの，②入海式の規範に忠実に東海地方東部で製作されたもの，③その規範から外れた地方型式化が認められるものが存在した。

こうした「入海式」の組み合わせは，西南関東においても認められる。かつて戸田哲也が入海式との関わりを意識して取り上げ注目された町田市山崎北遺跡出土土器の一部は，このＢ２類の延長線上に置かれることになろう（戸田1983）。また入海式の規範に忠実に製作されているＢ１類の中にも，器体の成形や調整技法上の細かな差が存在する可能性もある。

同様な方法によって，東海地方東部への石山式の流入と地方型式化，さらに打越式の成立過程を明らかにすることも可能となろう。

おわりに

本稿では窯址出土の須恵器・灰釉陶器・瓦や在地性の高い土師器甕などを，黒曜石原産地推定における「原産地試料」と同様に扱い，蛍光Ｘ線分析によって得られたSi/Fe・Zrを指標とした判別図によって，その産地がフォッサマグナの東西に区分できることを示した。さらにこの判別図を用いて，東海地方〜西南関東および甲信地方出土の縄文土器をフォッサマグナの東西に区分した。

特にこの方法は入海式や木島式（清水ノ上Ⅰ式）などフォッサマグナを越えて東方に搬入される土器と，在地的な土器の判別には極めて有効であり，入海式についてはその搬入と模倣，地方型式化の一端を明らかにすることができた。

また長期間継続した集落の典型例として釈迦堂遺跡を取り上げ，その土器製作地の変化を重鉱物分析の結果も総合して推定した。フォッサマグナ西側，具体的には八ヶ岳南麓方面からの搬入的な土器が増加するのは，曽利Ⅰ式期と曽利Ⅴ式期であった。これは釈迦堂遺跡において集落が縮小する時期とも重なり，背後に領域の流動化や集落構成員の変化などを想定しうる。

また八ヶ岳南麓から甲府盆地西縁かけての地域で製作された曽利Ⅴ式連八紋土器は，甲府盆地を越えて静岡東部，さらに神奈川西部へも搬入されていたことを確認した。曽利式後半段階以降，その文様構成は加曽利Ｅ式の影響を強く受けて変質していくが，土器そのものはむしろ逆の動きを示していることになる。平行する加曽利Ｅ４式の神奈川西部を中心とする動きを明

らかにすることが今後の課題となろう。また八ヶ岳南麓など釜無川流域に産地を持つ土器は、フォッサマグナ西側の土器群の中でも元素組成に特徴が認められ、分析試料数が増加すれば、この地域を基点とした曽利式土器の通時的な移動の実態を解明することができよう。

　土器型式の搬入と模倣の関係、その型式変化における機能的意義については、縄文土器型式論の中で常に意識され続けてきた。しかしこれを科学的・理論的に判別する方法はなく、肉眼による判断を頼りに「搬入的」、「模倣的」と、いう仮定を含んだ分類に基づいた型式論を展開せざるを得ない状況が長く続いてきた。今回提示した方法によれば、少なくともフォッサマグナを挟んだ移動に関しては、「的」という語を外した分類が可能となる。さらに鉱物学的方法を加えることによって、その製作地をより具体的に限定することができよう。これまでの胎土分析は、土器型式論にとって必ずしも有意な成果を提供してきたとはいえない。しかしこの方法は、土器産地推定に新たな展望をもたらすことになると我々は考えている。またその提示する結果は、集団の移動や領域の変化との有機的関係という、新たな社会構造論的議論を呼ぶことになろう。

　本稿は池谷が、「3．考察」のb・cを、増島が「1．分析方法」と「2．分析結果と解釈」、「3．考察」のaを担当した。「はじめに」と「おわりに」は両名が共同で執筆した。また本稿に関わる試料収集については、各地の研究者および教育委員会にご協力いただいた。あまりの多数にのぼるため、それぞれの名前、機関名は省略させていただいたが、深く御礼申しあげる。

　杉山博久先生と初めてお会いしたのは、筆者が大学3年の冬に参加していた秦野市東田原遺跡の発掘調査現場であった。先生からは初対面にもかかわらず、山之台遺跡採集の五領ヶ台式土器の存在をご教授いただいた。先生が主催されていた『小田原考古学会誌』への同資料の紹介文は筆者の学界デビュー作であり、中期初頭土器が卒業論文のテーマとなった。それから実に30年近くの歳月が流れ、今の私の研究上のパートナーは立派に成長されたご子息浩平氏である。不遜ながら考古学の奥深い面白さを若い彼と共有していくこと、先生の言葉を借りるなら「魔道」に彼を引き入れることが、これまでの学恩に少しでも報いることになると考えている。（池谷）

註

(1) フォッサマグナとは，第三紀中新世の日本海拡大時に生じた本州を東西に分断する大地溝帯である。その西縁を糸魚川－静岡構造線と呼ぶが，南部では十枚山構造線まで含める説もあり確定していない。東縁についても諸説がある。

(2) これまでの蛍光Ｘ線分析の結果では，臭素は海岸近くの遺跡から出土する縄文土器や弥生土器に限って検出されていることから，海水を煮沸することなどによって二次的に胎土中に混入したものと考えられる。

(3) 表１で※印を付けた試料は，国立沼津工業高等専門学校の望月研究室所有の「セイコー電子工業製卓上型蛍光Ｘ線分析装置 SEA2001」で測定したデータを補正して使用した（補正値は，両装置で測定した約1,000点の試料の分析結果から求めた）。

(4) 糸魚川－静岡構造線の西側，岐阜・長野県等には Si に富む花崗岩や流紋岩類が広範囲に分布している。その風化物は木曽川から天竜川にかけての流域や，東海地方西部の海岸部に堆積している。いっぽう静岡県東部地域から神奈川県にかけては，安山岩や玄武岩類が主に分布し，Si 量はそれほど多くない。つまり，糸魚川－静岡構造線を境にして堆積物中の Si 量が異なっている。

フォッサマグナ東西で Rb, Sr, Zr 量の異なる原因は解明されていないが，今回の調査範囲内では，糸魚川－静岡構造線の西側領域に分布している岩石の多くは中生代に起源を持ち，東側領域の岩石の起源は新生代後半以降である。生成時の環境に原因があるのかもしれない。

(5) 知多半島の土師器試料は，Si・Zr ともに少なくフォッサマグナ西側領域系列の末端に位置している。知多半島南半部は，日本海拡大時の堆積物からなり，堆積環境は現在と異なる。花崗岩類が地上に現れていたのかも不明である。この風化物を粘土としたのが原因だろう。

(6) 今回の分析資料には，上ノ山式・石山式段階のものを含んでいる。

(7) 東海地方東部の木島式土器には，下吉井式からの伝統を引き継ぐ厚手で繊維を含む隆帯文土器・無文土器が共伴する。今回の分析には含められていないが，いずれもフォッサマグナ東側の領域に入る（池谷・増島 2006 p. 93）。

引用・参考文献

池谷信之　1985　「木島式土器の分類と編年」『平沼吹上遺跡発掘調査報告書』136～148　沼津市文化財調査報告書 36

池谷信之・増島　淳　2006　「アカホヤ火山灰下の共生と相克」伊勢湾考古 20　77～104

池谷信之　2008『尾壱遺跡埋蔵文化財発掘調査報告書』沼津市文化財調査報告書 36

片田正人　1956　5万分の1地質図『甲府図幅』地質調査所

釈迦堂遺跡博物館　2000『展示案内』釈迦堂遺跡博物館

戸田哲也　1983「山崎北遺跡」シンポジウム『縄文時代早期末・前期の諸問題　発表要旨』9　神奈川考古同人会

Ⅰ部　地域の考古学

日本列島の地質編集委員会　1997『コンピュータグラフィックス日本列島の地質』　丸善株式会社
増島　淳　1978「富士・愛鷹山麓の火山灰層と先史時代遺跡の関係」静岡地学38　1～10
増島　淳　1986「富士市及びその周辺地域に堆積するローム層」富士市の自然 561～582　富士市
増島　淳　1990「静岡県東部地域における縄文土器の作製地について」沼津市博物館紀要14　21～48
増島　淳　1994「曽利Ⅴ式（連八紋）土器の胎土分析」沼津市博物館紀要18　21～46
増島　淳　2001「青木遺跡・三島大社所蔵品の須恵器の産地について」静岡地学84　11～19
増島　淳　2006「大鹿窪遺跡出土土器の産地について」『大鹿窪・窪B遺跡（遺物編）』278～294　芝川町教育委員会
三辻利一　1983『古代土器の産地推定法』考古学ライブラリー14　ニューサイエンス社
山下勝年　1996「清水ノ上Ⅰ式・同Ⅱ式土器について－清水ノ上貝塚第2次調査出土土器を中心として－」知多考古学研究10　9～52

恩名沖原遺跡出土の浅鉢形土器について

土 肥　孝

はじめに

恩名沖原遺跡は神奈川県厚木市に所在し，平成6年7月から平成7年9月までの1年2ヶ月間，マンション建設の事前調査として，恩名沖原遺跡発掘調査団によって10.092㎡を対象として発掘調査が行われた。

その調査結果は，『神奈川県厚木市恩名沖原遺跡発掘調査報告書』として平成12（2000）年2月に刊行されている（恩名沖原遺跡発掘調査団2000）。

遺構の概要については報告書に詳細に記載されているため，記述は省略する。本稿では22号住居址柱穴中より出土した浅鉢形土器について述べてみたい。本浅鉢形土器は現在厚木市立歴史資料館で展示公開されている。22号住居址は図1として示す。

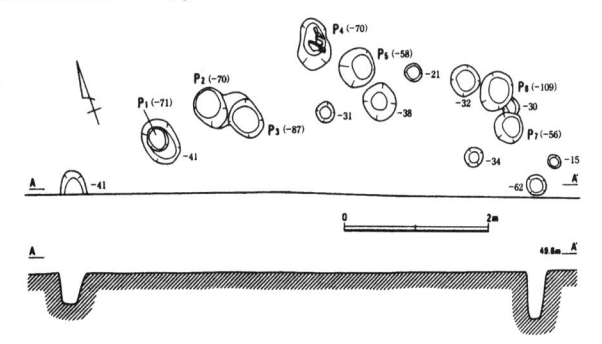

図1　恩名沖原遺跡 J－22号住居址 (1/100)

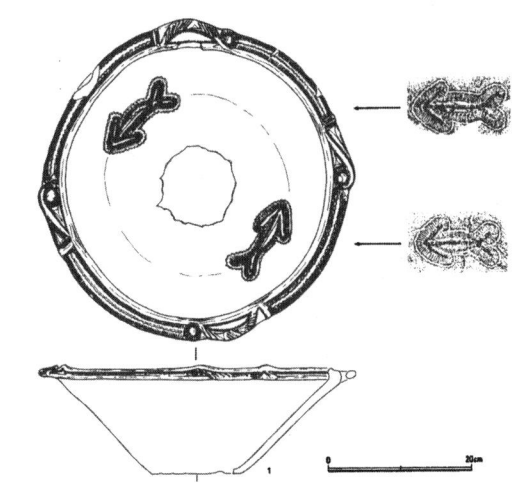

1．浅鉢形土器について（図2）

ここでは報告書記載報文を再録しておく。

「1はP4の柱穴内から出土し，深さ70cmを測る柱穴の中位，底面から30〜40cmほどの高さから検出された。1は浅鉢形土器であり，底部は欠損する。内面には抽象文が施され，口縁上部は爪形文を加えた円形文により4分割に区画され，円形文と連結する半月状の文様帯には三叉文が施される。区画内は爪形文小波状沈線，爪形文と半

図2　恩名沖原遺跡 J－22号住居址出土土器実測図 (1/10)

Ⅰ部　地域の考古学

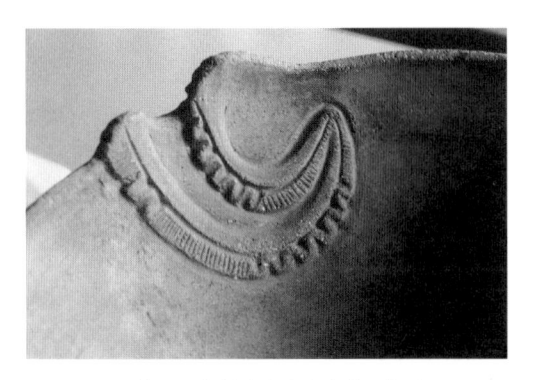

写真1　曽利遺跡出土浅鉢の内面

先後の分かるもの
（図下方の文様）

先後不明のもの
（図上方の文様）

①
②
③　←人字形
④　始点／施文具位置変え
⑤　数字は竹管施文順序
⑥　の充填

③　←人字形
④
⑤　古／新
⑥

図3・4　抽象文の描き順

截竹管が，それぞれ対向して施される。抽象文は先端部を表現する剣先状の文様から延びる二又状のモチーフが構成され，魚文風の文様に見える。表出技法は爪形文を施した低い隆帯に沿って半截竹管，爪形文，小波状沈線が組み合わされる。」

報文では以上のような記述となっているが，注目すべきは内面の抽象文を「魚文風の文様に見える」とした点である。筆者の知る限り該期の浅鉢形土器で内面に文様を有するものは，長野県曽利遺跡出土の浅鉢形土器1例のみで，極めて珍しい例といえる（写真1，註1）。

本浅鉢形土器の内面の文様配置，および口縁上部の文様展開は，明らかに土器を上部から眺めることを意識した装飾であり，該期では極めて珍しい事例といえよう。これらの「抽象文」・「口縁部上部の文様展開」について私見を述べることにする。

2．抽象文について

筆者はこの内面に施される2個の文様は「魚文風」…「魚文」という見解はとらない。以下にその理由を述べる。

本文様が該期の深鉢形土器外面に施される「抽象文」と異なる点は，「上下区画線内に嵌め込まれた抽象文ではない」という点である。

つまり比較的自由なスペース内を充填する文様として施されている。

この場合，本抽象文に接近する方法は「文様の筆（描き）順を追う」ことである。この2つの文様をA・Bとし，A・Bの筆（描き）順を図式化してみる（図3，図4）。

Aは剣先の先端の粘土貼り付け順が分るもの，Bは貼り付けの先後関係が不明なものである。これらの筆（描き）順復元の結果，この文様は「粘土紐で貼り付けた『剣先・二又』のモチー

写真2　長野県箕輪町上の林遺跡出土有孔鍔付土器の垂下端双円

フを沈線で縁取りし，主モチーフと縁取りによって生じる空間部に竹管文と半円の竹管内を2条沈線で充填するいわゆる「蓮華文」で充填していることが分る。

　主モチーフである粘土貼付の下部の『二又部』の貼付の順序はAが「入」字形であり，Bは「人」字形である。

　この「入」字形・「人」字形粘土貼付は該期にしばしば見られる。これは粘土貼付の際に偶然にそのような結果になったのではなく，製作者は明らかに「一対」としてこの『剣先・二又文』を理解し，それを描き方に反映している。近年発見された長野県箕輪町上の林遺跡の上げ底有孔鍔付土器に施される「垂下端双円」文様はその典型である (写真2，註2)。この「垂下端双円」文様も細かく見れば，入字形は円文周辺に竹管爪形を加え，粘土上の矢羽根竹管は上向き，人字形は円文周辺に爪形はなく，羽根竹管は下向き，という顕著な「一対 (対向)」装飾が施されている。一見，同一文様のように見えるが，筆 (描き) 順からは一対の文様として描かれていることが分る。したがって同一の「魚文」を描いたものとはいえない。

3．口縁上部の文様について

　本浅鉢形土器は，口縁上の文様配置および土器内面文様の配置より，上方から文様が効果的に見られることを意図して作られたものであることは明らかである。

本浅鉢形土器の口縁上部の文様を，上方より見られる小突起a，b，c，dとしてみていく (図5)。

I部　地域の考古学

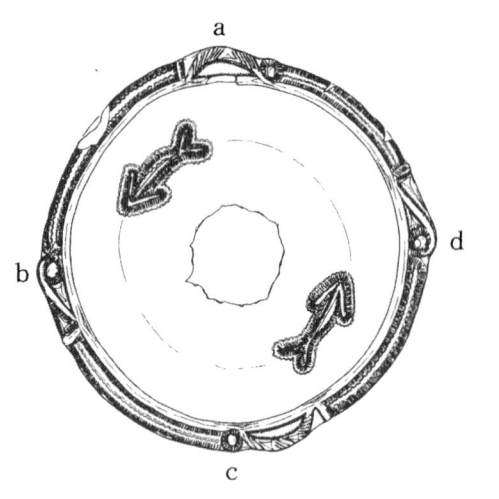

図5　恩名沖原遺跡 J－22号住居址
　　　出土土器周囲文様図（1/8）

　a, cは（半円）＋（円文）であり, b, dは（半円一体化渦巻）＋（円文）であることが分る。この半円一体化渦巻の中心は穿孔され, bは上方からの穿孔, dは口縁下部からの穿孔であり,「一対」という意識下での穿孔である。
　このa, b, c, dの小突起間を埋める周囲文様は器内面図像の周辺加飾に採用される文様である。
　この周囲文様は, 半截竹管と半截竹管＋2条沈線（蓮華文）が用いられ, この装飾手法は内面抽象文の空間部を充填する文様手法と同一であり, 周辺装飾文様として定着していたことを示している。

　これらの文様を上方から見ると, 半円＋円文, 半円＋渦巻の小突起は対向の位置に配されている。そして小突起間をつなぐ周囲文様も対向していることが分る。さらに図5中で解説したように, 小突起に付される渦巻部は穿孔され, 円文は穿孔されていない。穿孔される渦巻は, 一方が上部から, 他方が下部から穿孔されるという細部にまでこだわった一対加飾を施している。
　つまり, 本浅鉢形土器は上部から眺められることを意識して, 総ての文様を「一対（対向）」で施していることが明らかになる。
　この一対文様配置は該期にしばしば見られる施文法であり, さらに採用された「粘土貼付」「沈線」「竹管」「竹管＋2条沈線（蓮華文）」は, 内面抽象文様, 口縁部上部文様に共通して使われている。すなわち, 内面文様, 口縁上部文様は同一人により, 一連の施文過程中で躊躇することなく描かれたものであり, 既に充分に咀嚼され獲得された文様であることを示している。
　長野県箕輪町上の林遺跡出土の上げ底有孔鍔付土器に用いられる「人」字形・「入」字形の文様は,「魚文」を推察するように横向きに見るべきではないことを明確に示している。
　本浅鉢形土器の総ての文様を解析する限り, 本土器の施文原則は「一対（対向）」施文であることが理解できよう。
　この施文原則を採用する類例は, 口縁上部文様については長野県岡谷市目切遺跡94号住居址出土土器（長野県岡谷市教育委員会2006, 図6）, 内面文様と共通する「人」字形,「入」字形文様を有する例は長野県箕輪町上の林遺跡住居址出土土器であり, 上の林例の文様の配置法より横向きに「魚文」と見るのではなく, 縦方向として「一対（対向）文様」と見るべきであろう。
　本浅鉢形土器はその観察により, 中部高地に共通する勝坂2式土器とすることができ, その

広範な文様共通性と共通装飾法を指摘できる貴重な資料ということができるのである。

　では「魚文」と推定された文様は,本土器製作者はモデルの対象として,どのようなイメージをもっていたのであろうか。それを解く鍵は「人」字形と「入」字形の文様表現であろう。今まで解説してきた通り,この「魚文」と推察された2文様も1対（対向）を強く意識している。

　筆者は以前,群馬県道訓前遺跡JP216号土壙出土土器の解説中（土肥2001,図7）で「渦巻を保持する女性」「渦巻をもたない男性」を赤城山西南麓地域の土器変遷中で述べた ことがある（土肥2002）。JP216号土壙出土土器は「焼町式」土器であり,現在の土器編年大系では本浅鉢形土器より形式学的には若干古期であるが,この時期に「対」として男・女が象徴化して描かれる。関東他地域の文様施文の類例によって,筆者は魚文ではなく「男女一対文様」と私考している（図8）。

　本文様はさらに追究すれば多くの類例を指摘することができるだろう。そして「抽象文」と称される本文様の祖形に辿り着くことができると確信されるのである。

　なお,本浅鉢形土器には彩色が施されている。口縁上の文様部に黒色の痕跡が認められる。わずかな痕跡であるが,内外面に黒漆を塗布していたように伺える。抽象文上に赤漆が塗られていたかは不明であるが,この部分に黒漆が塗布されていなかった点は強調できる。

図7　道訓前遺跡JP-216号土壙出土土器展開図　S＝1：16（高さ比）

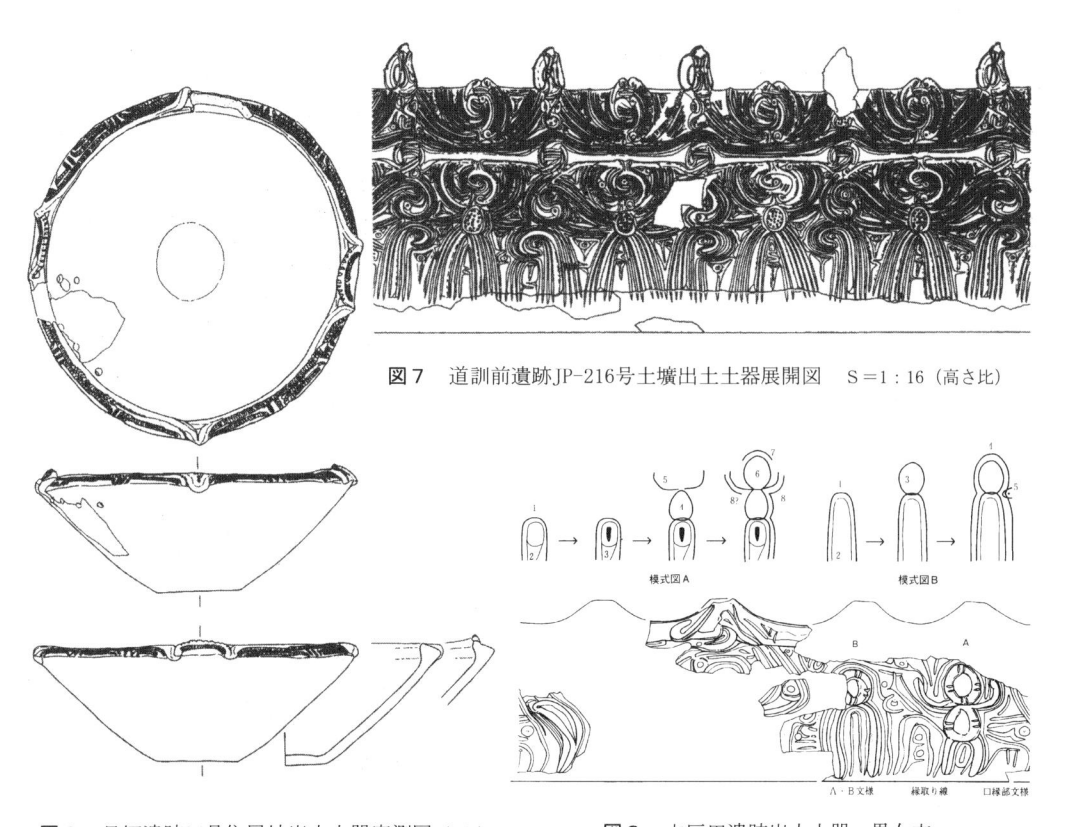

図6　目切遺跡94号住居址出土土器実測図 (1/8)

図8　六反田遺跡出土土器・男女文

I部　地域の考古学

収束に代えて

　杉山博久先生との出会いは，筆者が大学2年時に参加した神奈川県秦野市同明遺跡であった。当時，関東で「遠賀川式」土器が発見されたことで注目を浴びた遺跡である。

　大学の後輩であったので親切に接して頂いた記憶がある。その後，直良信夫先生が大学を退官され，出雲への転居の際の引越のお手伝い，神奈川県平台遺跡の遺物整理，神奈川県真鶴町釈迦堂遺跡の発掘調査にご一緒させて頂き，平台では土器文様帯の重畳，釈迦堂では富士山火山灰の観察法など多くの新しい知見を得る機会を与えて頂いた。『小田原考古学研究会会報第9号　直良信夫先生喜寿記念号』に執筆の機会を与えて頂き，身に余る光栄であった。

　また，本論集の編集者である戸田哲也氏との初見の機会を作って下さったのも杉山先生であった。あの頃の出来事がつい昨日のように思えてならない。その頃，小田原市浜町のご自宅に何度も遊びに伺ったのもなつかしい思い出である。

　その後，奈良国立文化財研究所に就職したが，ご夫妻共々奈良を訪ねて頂き，各所をご案内したこともなつかしく思い出される。その時連れて来られた浩平君は現在，青柳正規先生のイタリア発掘調査に参加されている。昨年（2008）9月訪英の際，彼と一緒に調査を行っている松田陽君に会い，浩平君への伝言を託した。その後松田君からメールが届いたが，幼児の浩平君は私を覚えてくれていたようである。また先生からも私のことは聞いているようだった。

　文化庁へ転任してからは，考古学協会の会場でお会いする度に「家に遊びに来い」と言われたが，とうとう今日まで行かずじまいであり，私の記憶の中には浜町のご自宅しかなく，本当に申し訳ない不義理を重ねてしまったと恥じ入る次第である。私の退職の年すなわち還暦の年に先生の記念論集に参加できるのは，この40年にわたるお付き合いを省みて，つくづく不思議な気分である。今後とも末長いお付き合いを願って擱筆する次第である。

註

(1) 本資料は未発表資料であるが，内面文様部分写真の掲載を許可して頂いた長野県富士見町立井戸尻考古館，小林公明氏に謝意を表するものである。

(2) 本資料も2007年8月に発見された未発表資料である。本論考の写真掲載に便宜を図って頂いた長野県箕輪町教育委員会　赤松　茂氏および会田　進氏に謝意を表するものである。

引用・参考文献

恩名沖原遺跡発掘調査団　2002『神奈川県厚木市　恩名沖原遺跡　発掘調査報告書』

長野県岡谷市教育委員会　2006『国道20号バイパス関連遺跡発掘調査報告書』

土肥　孝　2001「道訓前遺跡JP-216号土壙出土の縄文式土器の文様について」『道訓前遺跡―北橘村埋蔵文化財発掘調査報告書第30集』北橘村教育委員会

土肥　孝　2002「房谷戸遺跡Ⅳ・JP-61号土壙出土の縄文土器について」『六反田遺跡Ⅱ』（復刻版）北橘村教育委員会

縄文時代後期の配石集落址
―秦野市曽屋吹上遺跡の再検討を通じて―

山 本 暉 久

はじめに

　もう35年以上も前のこととなってしまったが，1973（昭和48）年4月，筆者が神奈川県職員として教育庁文化財保護課（当時の所属名）へ奉職して直ぐに，鈴木保彦さんが中心となって行っていた伊勢原市下北原遺跡（鈴木1977）調査の応援を命ぜられて参加した。県広域水道企業団が建設する伊勢原浄水場の事前調査であった。はじめてこの遺跡を訪れたとき，膨大な量の石で覆いつくされた下北原遺跡の配石遺構や敷石住居址群を目の当たりにしたときの驚きと，これを調査し，記録図面を作成する困難さも同時に抱いたことを思い出す。今，もしこのような遺跡が発見されたとしたら，間違いなく保存策が講じられて，国指定の史跡ともなったであろう。だが，遺跡は一部が埋め戻されただけで，その大半は調査後消滅してしまった。下北原遺跡は，筆者が配石遺構や敷石住居址に研究の目を向けるきっかけともなった遺跡の一つといえよう。

　ところで，ほぼ相前後して，下北原遺跡に近い秦野市曽屋吹上遺跡の調査が，高山　純らを中心としたメンバーによって，1974（昭和49）年4月～1975（昭和50）年1月までの約9ヶ月間行われた。この遺跡からも大規模な配石遺構と敷石住居址群が検出され，下北原遺跡とほぼ同様な性格をもつ集落址と考えられた。

　このほかにも，神奈川県西部，丹沢山地南縁の秦野盆地域や酒匂川流域には，縄文時代後期に属する大小の配石遺構や柄鏡形敷石住居址が一体となった遺跡が数多く検出されている。こうした遺跡を仮に「配石集落址」と呼んでみることとしよう。環状盛土遺構や中央窪地などをもつ下総台地，大宮台地の後・晩期集落址との違いは歴然たるものがあるが，その違いは何を意味するのだろうか。

　本稿では，とくに曽屋吹上遺跡の再検討を通して南西関東から中部地方を中心としてこれまで数多く検出されてきた，縄文時代後・晩期の「配石集落址」の特性について論じ，あわせて最近の環状列石・配石遺構をめぐる研究動向について触れてみたいと思う(註1)。

I部　地域の考古学

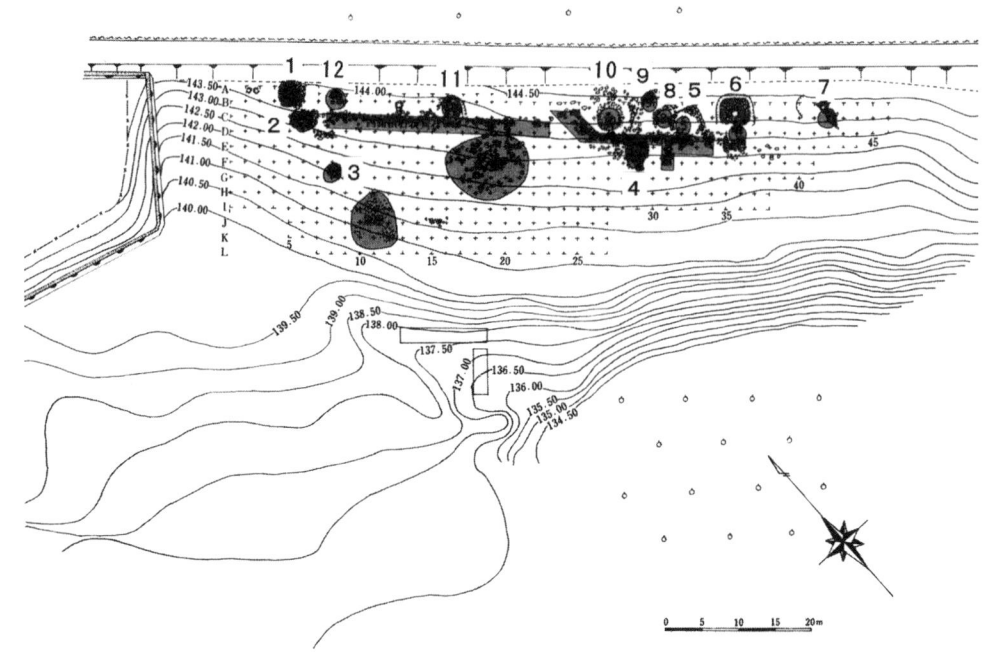

図1　7403地点の空撮全景及び検出遺構全体図（高山・佐々木編 1975 より転載）
　　　下段No.は敷石住居址番号を示す

1．秦野市曽屋吹上遺跡の再検討

　前述したように，曽屋吹上遺跡は，1974（昭和49）年4月〜1975（昭和50）年1月にかけて調査が行われたが，調査後まもない，1975（昭和50）年10月に記録写真と遺物写真を主体とした『図録篇』（高山・佐々木編1975）が刊行されただけで，今日まで長らく遺跡の詳細は検討ができないままとなってきた。今もそれに変わりはないが，その後，2001（平成13）年4月から5月にかけて西側に隣接する箇所が新たに調査，報告された（今泉他2002）。この新たな調査によって曽屋吹上遺跡の調査当初から注目されていた台地端部を南東から北西方向に走る列石遺構の延長部分が新たに発見されたことにより，この列石遺構の性格や，それとともに多数検出されていた柄鏡形敷石住居址との関係をとらえ直すうえで貴重な新たなデータが追加されたのである。

　そこで，まずはじめに，1974（昭和49）年4月〜1975（昭和50）年1月にかけての調査成果の概要を紹介し，次に2001（平成13）年の調査成果とそれにもとづいた列石遺構の特徴と柄鏡形敷石住居址との関係について再検討を加えてみたい。

（1）1974（昭和49）年4月〜1975（昭和50）年1月の調査成果の概要（高山・佐々木編1975）

　この調査箇所は，その後，7403地点と呼ばれている（今泉他2002）ので，以下その表記にしたがっていくこととする。

　調査された7403地点は水無川と葛葉川に挟まれた台地上の水無川に面する台地縁辺部に相当する。発見された遺構は，この台地縁辺部と水無川河床面へと落ちる傾斜面に検出されている（図1上段）。調査された範囲は，おおよそ東西の長さ約190m，南北幅約20mに相当する。

　発見遺構は，正確な種類別・員数の記載を欠くため，確定されないが，敷石住居址12軒，列石遺構，立石を伴う石組遺構6，石組遺構（石囲炉か？）などからなる。ほとんど事実記載のない『図録篇』から各遺構の時期を正確に確定することも困難であるが，掲載された出土土器写真からすると堀之内Ⅰ式から加曽利BⅠ式期に相当するものと判断される。

　まず敷石住居址の特徴をみてみよう。発見された住居址数は12軒で，3号と4号敷石住居址を除くと，いずれも，ほぼ東西に走る列石遺構の北側，すなわち，台地縁辺部に，ほぼ東西二群に分かれて検出されている（図1下段）。1号と2号敷石住居址（図2−1）は，調査区西端部で上下に重なって検出されており，下面の2号敷石住居址が古い。3号敷石住居址（図3−3）は，1・2号敷石住居址の南側にやや離れて検出されており，石囲炉を中心とした敷石をもち，プランははっきりしない。4号敷石住居址（図2−2）は，主体部が円形を呈する遺存状態の良好な柄鏡形敷石住居址である。形状からみて，一群の柄鏡形敷石住居址のなかでは古い時期のものと思われる。主体部北側上面に列石遺構が覆い被さるように重複している。5号敷石住居址（図2−3）は明瞭な方形プランをもち，南側は列石遺構と重なり，張出部の存在は明瞭でない。方形プランからすると時期的には新しいものと思われる。6号敷石住居址（図2−4）は竪穴構造をもち，主体部は隅円方形を呈し，張出部が凸字形を呈する後期，堀

I部　地域の考古学

図2　7403地点検出の柄鏡形敷石住居址（1）（高山・佐々木編1975より転載）1/90

縄文時代後期の配石集落址

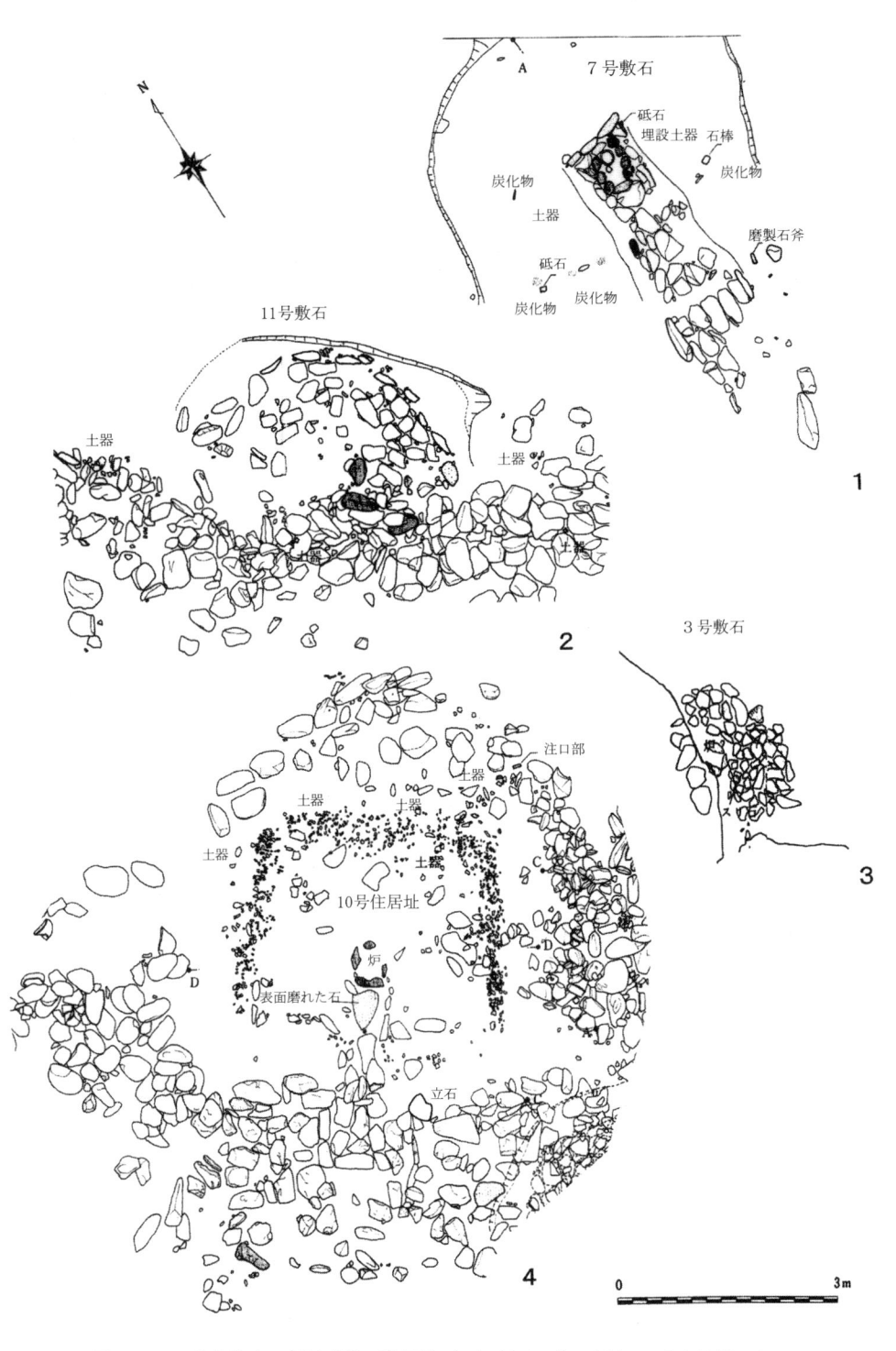

図3 7403地点検出の柄鏡形敷石住居址（2）（高山・佐々木編1975より転載）1/90

75

Ⅰ部　地域の考古学

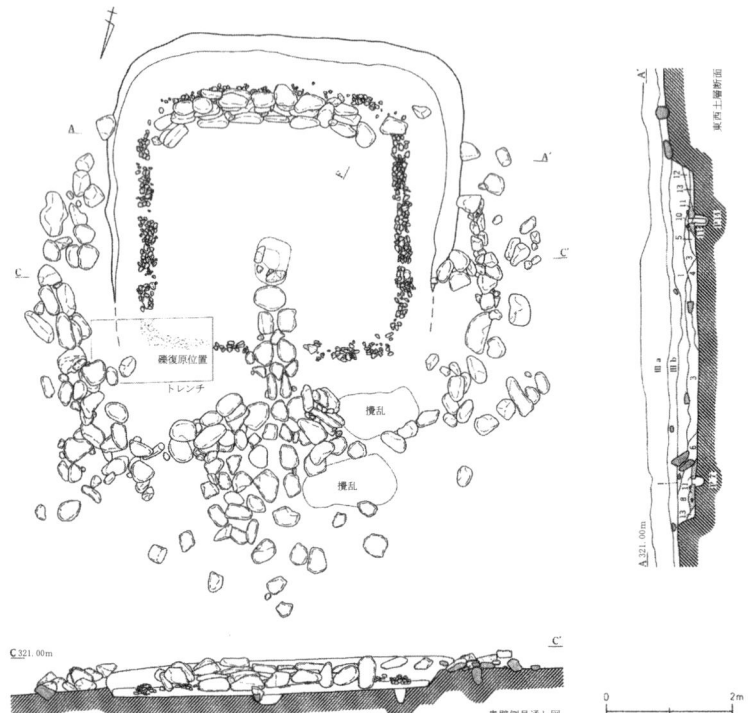

図4　7403地点の列石遺構石積み状態（高山・佐々木編1975より転載）
相模原市津久井町青根馬渡遺跡群№2遺跡J4号住（池田他1999より転載）1/120

之内式期にみられる典型的な柄鏡形敷石住居址である。この住居の壁際には半截された炭化柱が残っており，火災を受けた住居址と思われる。また，7号敷石住居址（図3－1）も堀之内式期にしばしばみられる炉址から張出部に敷石を伴うものである。10号敷石住居址（図3－4）は，いわゆる環礫方形配石と周堤礫を伴う柄鏡形敷石住居址であり，周堤礫と関係するかのように，張出部にかかって列石が連なっている。時期は堀之内Ⅱ式ないし加曽利BⅠ式期に属するものと思われる。11号敷石住居址（図3－2）はプランがはっきりしないが，列石遺構の関係は明瞭で，敷石住居上面を覆うように伸びていることがとらえられる。このほか，8号・9号敷石住居址が検出されているが，遺存状態は悪い。

このように，検出された敷石住居址は，いくつかのバリエーションが認められることや，重複している例もあることから，すべて同一時期のものとは認められず，堀之内式期から加曽利B式期に構築され続けたことは間違いないものと思われる。

次に，列石遺構であるが，6号敷石住居址の張出部付近から西方向へ連なり，方形プランの5号敷石住居址と8号敷石住居址の南端部，4号敷石住居址の主体部北側上面を通り，環礫方形配石をもつ10号敷石住居址の張出部に接しながら，やや内側に蛇行し，一部途切れるが，その西で11号敷石住居址に重なりつつ，第2号敷石住居址まで延びる構造を呈している。この，列石遺構と敷石住居址群との関係は，10号敷石住居址との関係のように周堤礫と融合するようなあり方を示すものの，総じて敷石住居址の上面に重なるように延びていることからすると，構築時期に差のあることがうかがえよう。この点は，次に触れる2001年の調査の結果，一層明瞭となる。列石はかなり構築当初の原位置を保たず，散乱状態を示しているが，図4上段に示したように，立石と横口積みされた石を交互に組み合わせた，石垣状を本来は呈していたものと思われる。この点は2001（平成13）年の調査の結果からも明瞭にとらえられている。このほか，11号敷石住居址の南側には立石を伴う石組遺構群が検出されているが，これらは掲載写真から判断すると，墓壙をもつ配石墓群と判断される。

このように，7403地点は，いまだ，詳細に不明な点が多いが，台地縁辺部に構築された柄鏡形敷石住居群と列石遺構ならびに配石墓群を伴う，典型的な「配石集落址」の一部であるものと思われる。集落址の主体は台地上にあると考えられ，事実，部分的な調査であるが，秦野市教育委員会による台地上の8704・8706地点においても敷石住居址・配石遺構も検出されている（今泉他2002，3頁）。ただ，本集落址の範囲は明瞭にされていない。

(2) 2001(平成13)年4・5月の調査成果の概要（今泉他2002）

新たに調査が行われたのは前回の7403地点のちょうど西側に隣接する台地の傾斜面に位置する。200102地点と呼ばれているので，以下それに従う。7403地点との位置関係は図5に示したとおりである。調査面積は狭いものの，7403地点とほぼ同様に台地傾斜面の地形変換点に沿って列状の配石が敷石住居址と重なり合うように認められる（図5下段）。7403地点西端部は地形的には括れるありかたを示しており，ここに谷状の地形があることから，列石遺構は

Ⅰ部　地域の考古学

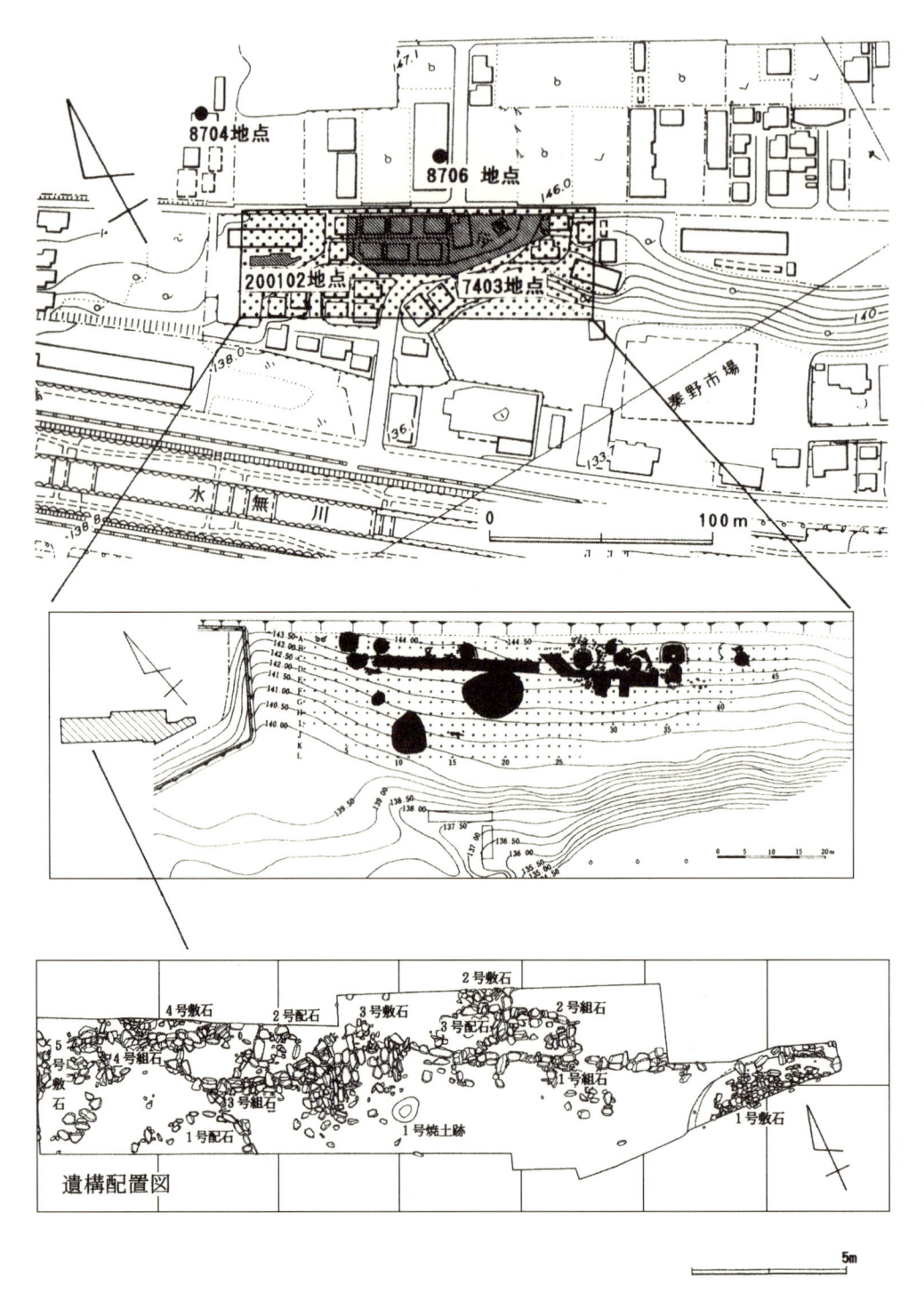

図5　7403地点と200102地点の位置関係及び200102地点全体図（今泉他2002より転載）

いったんは途切れる可能性があるが，200102地点にも同様な遺構配置が認められたことになる。この列石遺構とからんで，5基の敷石遺構が確認されている。このうち，1号敷石は調査区東端に検出されたもので，列石遺構の南側に接して検出されている。部分的な調査であったが，円形プランと思われる堅穴構造の敷石住居址の主体部と判断される。出土した大型土器個体からすると堀之内Ⅱ式段階に相当しよう。他の2号から5号敷石は列石遺構と重なり合っており，しかも部分的な検出のため，断定はできないものの，敷石住居址の可能性が考えられている。とくに3号敷石は，列石遺構と連なるように存在し，柄鏡形敷石住居址の張出部の可能性が考えられている。7403地点の広域な調査から判断すると，列石遺構と柄鏡形敷石住居址が複雑に重なり合って検出されているものと理解できよう。この張出部と考えられる3号敷石の下面からはピット・土坑状の掘込みが確認されている。張出部に伴うヒゲ状張出の可能性も考えられるが，その性格は不明である。

　今回の調査により，いくつかの重要な所見が得られたものといえる。とくに，東西に走る列石遺構は，いくつかの配石・組石の単位からなること，7403地点の調査の際にもとらえられていた点ではあったが，より良好な状態で横口積みと立石を交互に組み合わせて石積みされていたことが判明した。この横口積みと立石の交互積み手法は，青森県青森市小牧野遺跡（児玉2004）の環状列石遺構にみられる構築法と共通し，近接した遺跡例としては，相模原市津久井町青根馬渡遺跡群№2遺跡J4号住（池田他1999）のように，奥壁部の環礫方形配石上面に構築された石積み方法との共通性をうかがわせている（図4下段）。

　さて，列石遺構と敷石との関係についてであるが，その新旧関係については，調査者は次のようにとらえている。すなわち，「・2号敷石→2号組石→1号組石→3号配石（旧→新，以下同）・4号敷石→4号組石　・3号組石→4号組石」との新旧関係がとらえられることから，「2号敷石→2号組石→1号組石→3号敷石→（あるいは＝）3号組石＝3号配石→4号組石」（今泉他2002，115-116頁）の構築変遷が考えられるとしている。組石及び配石と呼んだ遺構は，その構築の特徴から列石遺構の中の一つの単位としてとらえたものであるが，柄鏡形敷石住居址の張出部と考えられている3号敷石とは密接な関係をもちつつも，同時ないしは前後関係があることが指摘されたわけである。7403地点の調査では，そうした細かな構築過程は明らかにできないこともあり，この200102地点での調査所見は重要である。

　この点は旧稿（山本2006，6頁）でも指摘した点であるので，詳しくはそれを参照願いたいが，列状配石と柄鏡形敷石住居が密接な関わりを有しつつも，時間差をもって構築され続けた結果として，この曽屋吹上遺跡の配石集落址が形成されたものと理解すべきであろう。

　曽屋吹上遺跡にみる台地端部を走る列石遺構が，配石集落を区画する役割を果たしていたのかはさだかではないが，そうした点を解明するためにも，今後遺跡の主体部の台地上の調査の進展が期待される。

I部　地域の考古学

（3）曽屋吹上遺跡についてのこれまでの解釈について

　ここでは，これまでに曽屋吹上遺跡を取り上げて論じた，石井　寛と石坂　茂の論攷（石井1994，石坂2004）について触れてみよう。石井はこの論攷において，いわゆる「核家屋」という考え方を提起したことでよく知られている。その中で曽屋吹上遺跡も考察対象の遺跡として取り上げられている（石井1994）。論攷の発表時点の関係から，200102地点の成果については触れられていない。そこでは，「集落の主体部は北側の平坦部にある」ことを認識しつつ，7403地点の「敷石住居址に関しての時期比定」を中心に試みているが，その点はここでは取り上げず，列石に関する所見をみてみよう。氏は「この地点にはこれら住居址群により形成される列に沿う形で列石が構築されている。この列石は東西の住居址群の分布にあわせ，中央が途切れる。さらに，東側にあっては中央で列石を造るラインの若干のズレを認め，これを積極的に評価し，構築段階が異なる可能性を想定」する。そして，これらを住居址に組み合わせて理解すると，中央のズレから東側のものは6号敷石住居址に，西側は10号住居址に伴うとの想定もあながち無謀とはされない」，「つまり，これら列石は住居址と全く別個の遺構とするのではなく，6号及び10号敷石住居址の張出部基部から左右に広がる施設」として「張出部位の特異な発達の一例」と理解し，列石と柄鏡形敷石住居址との関連性を強調している（石井1994，102-104頁）。こうした解釈は，石井の論攷を前後として検出され始めた各地の事例から，今も強く主張されている点でもあるが，前述したように，その密接な関連性は指摘されるとしても，同時存在か否かの吟味，構築時期の差などにも目を向けるべきであろう。その点からすると，前述したように200102地点での成果は示唆的なのである。

　次に石坂　茂の解釈についてみてみよう（石坂2004）。石坂は中期から後期にかけての関東・中部地方の環状列石・配石遺構を取り上げた論攷の中で，200102地点の成果については触れていないが，7403地点のありかたについて次のようにとらえている。

　すなわち，「各時期の柄鏡形敷石住居址は，地形変換点に集中的に構築され，相互に重複しつつ東西方向に配置されているが」，「弧状列石の規模は，西側が約25m，東側が約20mの延長を確認できる。西側の弧状列石の場合，『石組』遺構の近縁では，部分的ながらも長径40cm前後の河床礫を少なくとも4段以上に横口積みした状況が認められる。かなり大規模な土木工事を窺わせる。弧状列石と各柄鏡形敷石住居との関係は，西側では堀之内1式期の11号住の主体部上位を通過して西走し，堀之内2式期の2号住居の張出部基部に連接する。一方，東側では堀之内2式期の6号住居の張出部基部東側を起点として，堀之内1式期の4・5・8号住居の張出部や主体部を囲繞した周堤礫に連接する」，「この東西グループが，堀之内2式期において同時併存したのか，あるいは西グループから東グループへと時間差をもって段階的に構築されたのかが問題であろう」，「各住居の張出部基部の両側に連接された弧状列石の経年・累積的な構築が想定でき，最終的に周堤礫を伴う10号住居に連接されて長大化したと理解される」，「尚，東・西両グループの中間地点の南側に隣接して，堀之内1〜加曽利B1式期の土器を伴

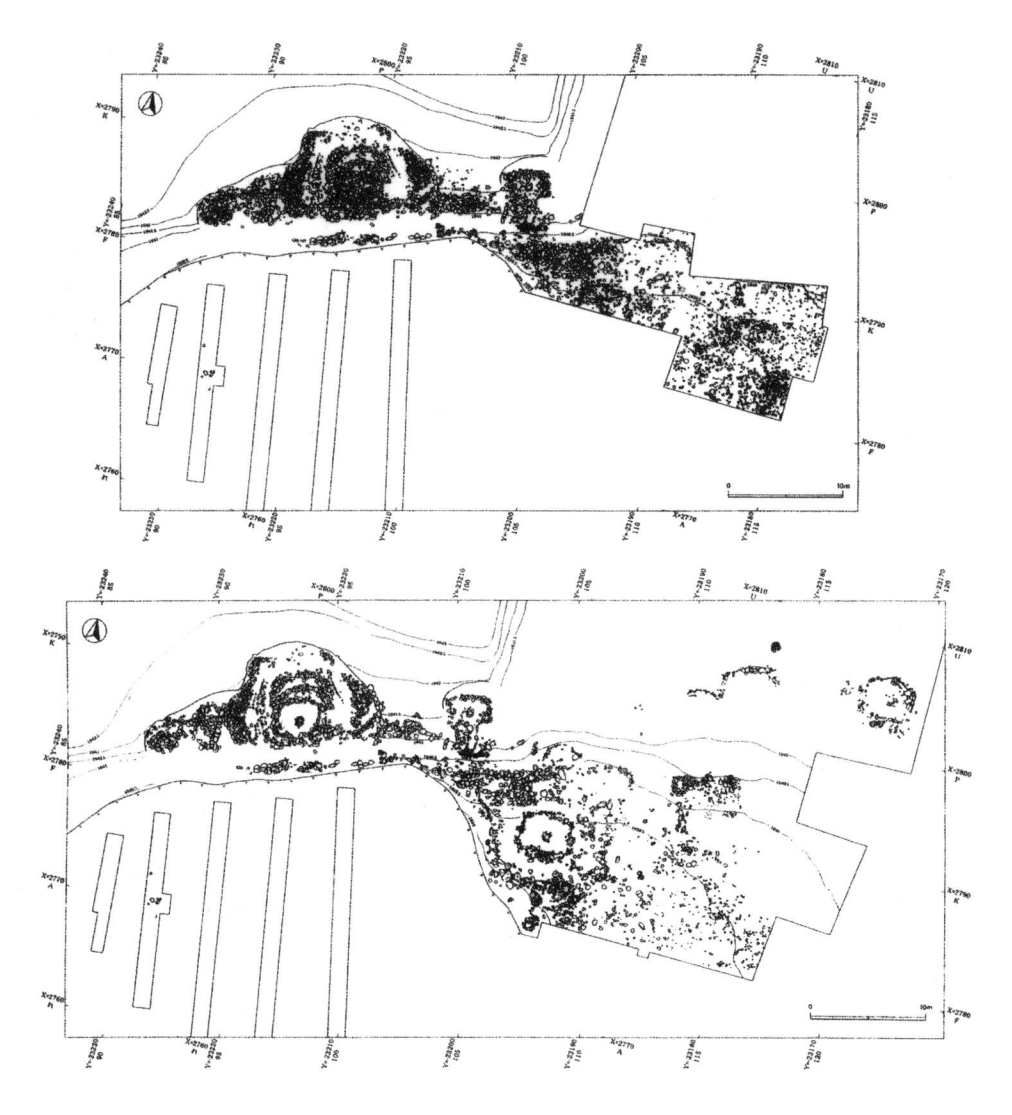

図6　長野県茅野市聖石遺跡全体図　上面・下面（小池他2004より転載）

う配石墓群が存在している」，「このような配石墓が東西グループの弧状列石下部に存在しない点に留意を要する」（石坂2004, 66-68頁）。

　このように，石坂も，石井と同様に，7403地点の配石・柄鏡形敷石住居址群を東西二群に分け，列石遺構と柄鏡形敷石住居址の間にある程度の構築の時間差を理解するのであるが，柄鏡形敷石住居址の張出部との密接な関わりを強調している。その点は，前述した筆者の考え方にも共通性を有しているが，柄鏡形敷石住居址群の構築後に列石が付随して構築されている，その時間差を十分に認識する必要があると思う。

I部　地域の考古学

2．列状配石を伴う配石集落址の類似例

　近年，柄鏡形敷石住居址と密接な関わりをもつと思われる列状配石を伴う事例が多く知られるようになってきた。その性格については，これまで石井　寛や石坂　茂らによって論じられてきたことは周知のとおりである（石井1994，石坂2004）。

　曽屋吹上遺跡と同様なありかたを示す事例としては，長野県茅野市聖石遺跡（小池2004）をあげることができる。台地中央部に展開する大規模な中・後期環状集落址（柳澤他2005）とは別に，台地南端縁辺斜面部にかけて後期の配石・柄鏡形敷石住居址が検出されているが，柄鏡形敷石住居址を取り囲むように構築された列石遺構が特徴的である（図6）。曽屋吹上遺跡と同様，台地縁辺部に構築されているが，この聖石遺跡の配石・柄鏡形敷石住居址の性格を考える場合，長野県埋蔵文化財センターが調査した台地平坦面の遺構を含めてとらえていく必要があろう。聖石遺跡では，中期から後期前葉へと集落は継続する。しかし，環状構造は継承されず，住居は概ね敷石を敷設するものが大半を占め，時期が降るにしたがって，台地縁辺部へと集落占地を変える傾向がとらえられている。

　神奈川県内の事例の中で，曽屋吹上遺跡と近い事例としては，小田原市御組長屋遺跡第Ⅱ地点」（小林他2001）をあげることができよう。調査面積が狭く全体像が不明である

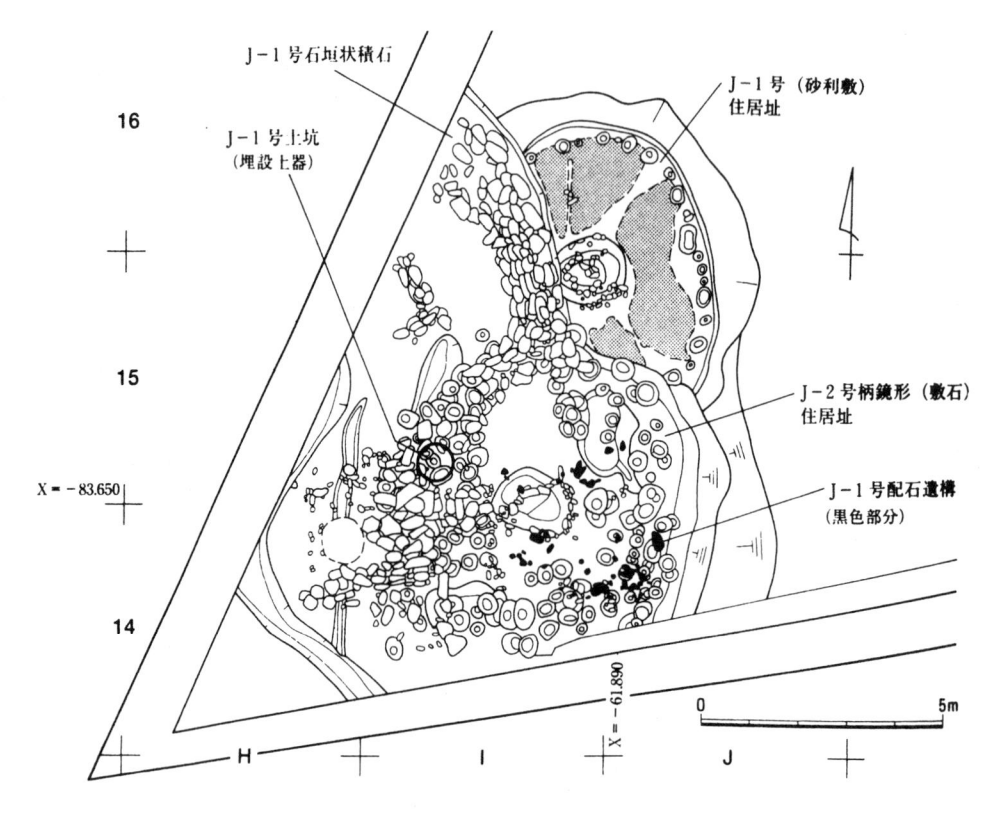

図7　神奈川県小田原市御組長屋遺跡第Ⅱ地点遺構配置図（小林他2001より転載）

が，砂利を床面に敷いた特異な「J－1号（砂利敷）住居址」，炉址から張出部にかけて敷石された「J－2号柄鏡形（敷石）住居址」及び「J－1号石垣状配石」遺構が重複して検出されている。その時期と変遷のありかたは，J－1号（砂利敷）住居址（堀之内I）→J－2号柄鏡形（敷石）住居址（加曽利BI）→J－1号石垣状配石（加曽利BI）としてとらえられている（図7）。1号石垣状配石は「1号（砂利敷）住居址の西側部分，2号柄鏡形（敷石）住居址の北側部分を削平して石積みがなされていた」（小林他2001, 198頁）ものとされ，横口積みは最大5段積みされており，きわめて丁寧な造りを示している。石棒胴部破片が石積みの上面に置かれるようにして出土したほか，ほぼ完形の加曽利BI式期小形深鉢も上面から出土しており，構築時期が明瞭である。

　ここで注意すべきは同じ加曽利BI式期のJ－2号柄鏡形（敷石）住居址との関係である。住居址の張出部北西部を起点としているかにみえることから，同時期の構築が想定されそうであるが，報告書で指摘されているように，この石垣状配石を構築するにあたって，「2号柄鏡形（敷石）住居址の主体部の敷石が抜き取られた痕跡があり，この部分への石積み石材として使用（転用）された可能性もある」（小林他2001, 198頁）という構築の時間差が想定されている。石垣状配石の広がり・全体像は不明であるが，柄鏡形敷石住居址の張出部に接して構築される列状配石が時間的な大きな隔たりはない住居廃絶後間もない時期，いいかえると住居廃絶に伴う儀礼行為として構築されたものととらえるべきではないかと思われる。この点は，環礫方形配石や柄鏡形敷石住居址を取り囲むいわゆる「周堤礫」と同様に解釈すべきと考えている（山本1998）。曽屋吹上遺跡でとらえられた列石遺構と柄鏡形敷石住居址の構築時期の差は，このように解釈すべきものと考える。

3．最近の環状列石・配石遺構研究をめぐって

　配石遺構をめぐるこれまでの研究の歩みと現状については，別にまとめたことがあるので，それを参照願いたい（山本1999）が，近年新たな調査成果の増加とともに論議が再び活発化しつつある。とくに，2006（平成18）年10月，群馬県安中市ふるさと学習館が開催した『ストーンサークル出現－縄文人の心，環の思想－』（大工原他2006）において，関東・中部地方の環状列石を中心とする配石遺構の出現と展開のありかたに関する特徴が明らかにされたことや，2007（平成19）年11月には，『季刊考古学』第101号において，列島各地の環状列石のありかたが特集された（鈴木2007ほか）ことは特筆されよう。今後とも活発な論議が展開されることを期待したい。

　こうした動向の中，後期以降に顕在化する配石構造物の構築活発化現象について，とくに，環状列石を中心に取り上げて再三にわたって論じているのが佐々木藤雄である（佐々木2001・02a・b・03・05・07a・b・08a・b）。佐々木は，中期後葉期の長野県木曽郡大桑村大野遺跡（百瀬他2001）や神奈川県相模原市城山町川尻中村遺跡（天野他2002）の中期環状集落

Ⅰ部　地域の考古学

址中央広場に構築された環状列石を，後期以降に顕在化する環状列石の初源期としてとらえ，「集落内環状列石」→「集落外環状列石」へと変化する，その歴史的意味について論及している。この一連の論攷において佐々木が主張する階層化社会論の問題点については，すでに触れている（山本2004・05）のでここでは繰り返さないが，北東北・北海道南部に顕著に認められる後期環状列石の系譜を中期後葉段階の「集落内環状列石」に求める考え方はどうであろうか。

　集落内外にみられる環状列石を中心にすえて，中期から後期へと至る過程に質的変化をみとめようとする立場は，筆者が「配石集落址」と呼んだ，後期以降の関東・中部地方における環状を呈さない多数の配石構築物が，墓地とともに集落をも付随させている特徴をなかば無視しているといわざるをえない（山本2007）。また，例としてあげている大野遺跡はあまりにも小規模な集落であり，「地域集団の共同墓地兼祭祀センター」（佐々木2005，8頁）と断定する根拠は薄弱であり，中期後葉期の個別集落に顕在化した配石構築物と墓地造営がこの大野集落にも認められたということであろう。類例としてあげている川尻中村遺跡の場合も，隣接して大規模な中・後期集落跡である川尻遺跡（中川他2005）や対岸には原東遺跡（天野他2000）も存在しており，川尻中村遺跡を祭祀センターとみなすことは困難である。むしろ川尻遺跡こそが，中期から後期へと，断絶期間はあるものの，この地域における大規模な拠点的な集落跡と考えられ，後期においても配石墓・配石遺構とともに柄鏡形敷石住居を主体とする集落が構築され，「集落内配石」をもつ拠点的な集落と認識できるのである。しかも，佐々木のいう中期環状集落址に認められる「集落内環状列石」事例は今のところ少なく，東北北半部・道南部の後期環状列石へと直接結びつけることは困難と思われる。

　この点については，別に，石坂　茂によって批判が加えられているので触れておこう。2006（平成18）年10月，群馬県安中市ふるさと学習館が開催した『ストーンサークル出現－縄文人の心，環の思想－』（大工原他2006）における連続講座要旨（石坂2006, 40-46頁）において，東北地方北部と関東・中部地方という「両地域の環状列石に対しては同一系統上で理解したり，あるいは環状列石の認識において齟齬を内包しつつ，その機能・性格や葬送儀礼をめぐる文化論を展開する向きも少なからず認められる」としたうえで，「両地域における環状列石には，その出現・消長や機能・性格面において差異があり，同じ土俵の上で論じることは少なからず問題を含んでいる」との指摘を行ったうえで，中期「環状集落の解体と軌を一にして，加曽利E3式期末葉に環状列石の形成が開始される」ことから，「環状列石の構築が環状集落の立地する地点を意識的に避けた結果であ」り，「環状列石の形成が環状集落の空間規制や重層構造の中から生起したものではな」く，「関東・中部地方と東北地方の環状列石には，直接的な系譜関係を見いだすことはできない」と結論づけている。筆者も，東北地方北部・道南地方に検出される後期前葉以降の環状列石の系譜を，関東・中部地方の中期環状集落中央広場に展開する墓壙群に伴う環状列石に求めることには，前述したように賛同はできない。かつて分析したことでもある（山本1981）が，中期後葉期における環状列石を含む各種配石構築物は，柄鏡形（敷

石）住居の生成と深く関わりを有しながら出現し，後期以降の大規模「配石集落」を構築するに至るのであり，その系譜上にここで取りあげたような，曽屋吹上遺跡や下北原遺跡に代表される後期「配石集落」の形成を読み取らねばなるまい。

　なお，この石坂　茂の見解と関連して，『ストーンサークル出現－縄文人の心，環の思想－』展示図録中の「環状列石から弧状列石へ」というコラム（大工原他 2006, 17 頁）において，「大規模な環状列石は中期終末に突然終焉を迎える」が，「再び列石の構築が再開されるのは後期前葉（堀之内 1 式期）で，柄鏡形敷石住居一体となった弧状列石が出現する。この時期の弧状列石は柄鏡形敷石住居の張出基部から左右へ弧状に列石を構築させてゆくものが一般的である。列石には墓が伴わないタイプと，立石や土壙墓・配石墓が組み込まれるタイプがある」，「おそらく，地域集団全体の儀礼・祭祀が列石のある特定の集落に集まって行われるようになったのであろう」，「その後，住居を伴わず，土壙墓・配石墓と組み合わされた弧状列石が出現する。居住域と墓域の分離されてゆくのである」，「地域集団全体の墓域と列石の融合は，列石墓群が造られる場所が再び連帯を強めるための儀礼・祭祀の場となったことを意味している」，「これが，後期中葉以降には天神原（安中市）や深沢遺跡（みなかみ町）などのような配石墓群へと変容してゆくのである」という解説が展示を企画した大工原　豊によってなされている。すなわち，中期後葉：環状列石の出現→後期前葉：柄鏡形敷石住居と弧状列石の融合（墓を伴うものと伴わないもの）→居住域からの分離→後期中葉以降：配石墓群，という変化のありかたをとらえるのである。大規模な配石遺構群を伴う遺跡を地域集団の儀礼・祭祀の場と評価すべきかどうかは議論が分かれようが，後期から後期中葉以降の変化が居住域と墓域との分離としてとらえられるかどうかは問題であろう。曽屋吹上遺跡や下北原遺跡での配石墓群のありかたは，配石集落内での墓域の形成とみなせるからである。神奈川県域では，後期中葉以降の集落址の検出は少ないものの，最近の調査事例では，相模原市城山町川尻遺跡（中川他 2005）に検出された配石墓群も後期中葉以降の集落内に形成された墓域と考えられる。この点は，最近，集落から独立する墓壙・墓域を分析した鈴木保彦の論攷からも，その時空的多様性は明らかであろう（鈴木 2008）。

　ところで，佐々木藤雄は大湯環状列石の外縁を取り囲む掘立柱建物址を「祖霊に守護されるべき共同の食料貯蔵施設，クラ」（佐々木 2005, 12 頁）とする立場から，石井　寛が主張する居住施設とみる考え方（石井 1995・2004）を批判するが，最近，石井は，この問題について再論している（石井 2007・08）。ここでは，柄鏡形（敷石）住居と掘立柱建物址との関係について触れた 2007 年の論攷を中心にみてみよう。

　石井は，「関東西部や中部地方など中部日本で検出される縄文時代後期前葉の掘立柱建物跡の主体は，新潟県などを中心に存続されてきた長方形を呈する住居址に系譜する居住施設であることがほぼ確実視される研究情勢にある。一方で，これらの地方には中期最終末期以降，複式炉住居址や柄鏡形住居址が存在しており，居住施設としての掘立柱建物跡は，それら他系列

の居住施設と同一地域・同一集落内で共存していたことになる」ことから，「掘立柱建物跡系列の住居が柄鏡形住居系列といかなる関係をもちながら同一集落内に共存したのか，そして，それぞれの住居型式は居住する集団の違いを表すのかといった問題を，当該期集落の構成との関連から考察し」，「関東地方西部への掘立柱建物跡の進出ないし移入が，後期前葉段階における社会変動の一環としてあった可能性への問いかけ」を行い，「居住施設としてほぼ限定可能な掘立柱建物跡に対しては，『掘立柱建物系住居』との呼称を用い，掘立柱建物跡全般から区別」すべきであることを強調している（石井 2007, 51-52 頁）。こうした理解は核家屋論の元となった横浜市小丸遺跡での分析（石井 1994・99）が，その出発点としてあったわけであるが，この解釈に対する問題点については，すでに指摘しているのでここでは繰り返さない（山本 2005, 130 頁）。ただ，掘立柱建物址の一部を「掘立柱建物系住居」と認定する根拠として，「炉址の具備が通例」（石井 2007, 61 頁）とする点には納得がいかない。柄鏡形（敷石）住居となぜ共存するのか，たとえ炉址が存在していたとしても，火を用いた公共的な施設・共食・祭儀の施設という解釈も可能であり，一般住居に組み入れるのには無理があるように思われる。

石井は，「掘立柱建物系住居」との共存については，新潟方面からの系譜の異なる集団の住居とする考え方を用意するのであるが，問題は，自らも指摘しているように，「異系譜の居住施設，強いて言えば異系譜集団が，この時期に関東南西部へ進入，あるいは招来された背景はどのように説明されるのか」，「新潟県域と長野県茅野市域，そして関東南西部という，飛び火的に存在する集中域の意味さえ理解に苦しむのが実状」ならば，その立論・仮説・解釈にこそ問題があるのではないだろうか。後期前葉，堀之内Ⅰ式後葉以降における土器の広範な広がり，交流を居住施設という観点から系譜を異にする集団の移住へと結びつけるのはあまりに無謀な考え方であろう。自らも述べているように「堀之内１式後葉期に広域に及ぶ交渉が活発化したとしても，それだけでは関東南西部に掘立柱建物系住居が進入あるいは移入された説明とはならない。単なる交渉にとどまらない，集団の移動を伴う動きが考慮される必要がある。その説明は更に容易ではない」（石井 2007, 67-68 頁）のである。後期掘立柱建物は，中期と同様，居住施設としては考えがたく，倉庫・集会所・祭儀場などの公共施設として，柄鏡形（敷石）住居を主体とする集落に付属する施設とみなすことが，もっとも蓋然性が高い解釈で，この期に大規模な集団移住を考えることは困難といわざるをえない。

いささか，論点が環状列石から派生して，掘立柱建物址の性格論議へとシフトしてしまったが，後期以降の配石遺構・環状列石と柄鏡形（敷石）住居址をめぐる問題は，縄文時代社会論を含めたさまざまな論点を内包しつつ，今日活発な論議がまさに行われているのが現状といえよう。

おわりに

以上，雑ぱくではあったが，曽屋吹上遺跡にみられる大規模配石・列石遺構と柄鏡形敷石住

居址が共存した遺跡を「配石集落址」と呼び，縄文後期における一つの時代的な特性について再論しつつ，最近の配石遺構をめぐる研究動向について触れてみた。今後とも，大局的な視野もさることながら，時空的な細かな事例の分析・検討を通じて，その特性について明らかにする必要性を強く感じている。おおかたのご批判をたまわれば幸いである。

　曽屋吹上遺跡200102地点については，調査中，現地見学させていただき，多くの知見を得ることができた。（有）有明文化財研究所・曽屋吹上遺跡発掘調査団団長北原実徳氏をはじめとする調査担当者に御礼申し上げる次第である。また，2006年に開催された群馬県安中市ふるさと学習館による『ストーンサークル出現－縄文人の心，環の思想－』では，会期中にあわせて開催された講座の一員として加わる機会に恵まれ，知見を新たにすることができた。ご高配いただいた大工原　豊氏に感謝申し上げたい。

　なお，本稿に用いた挿図等は，報告書からの引用・転載である。転載に当たって一部加除筆を行っている。その点，ご容赦願いたい。

　また，本稿は，平成19～21年度・科学研究費補助金（基盤研究（C））・研究課題名「縄文時代における柄鏡形（敷石）住居址の研究」（課題番号19520657）による研究成果の一部であることを付記しておく。　　　　　　　　　　　　　　　　　　　　　（2008年7月23日稿了）

　文末になってしまったが，古稀を迎えられた杉山博久先生には学生時代から多くの教えをいただいた。短期間ではあったが，学生時代の1966（昭和41）年8月，先生が調査されていた秦野市平沢同明遺跡の発掘に参加できたことも，なつかしい思い出である。先生が神奈川西部を中心とした地域での研究を大切にされてきたことから，このようなテーマでまとめてみた。献呈論文としては甚だ雑ぱくなものとなってしまったが，一つの遺跡・資料の吟味・分析こそが，考古学の根本であるとの思いは変わらない。先生のますますのご健康とご活躍を祈念申し上げる次第である。

註

(1) 本稿は2006（平成18）年3月に発表した論文「配石と敷石をもつ縄文集落に階層化社会は読みとれるのか」（山本2006）の続編という性格をもつもので，旧稿発表以降の研究動向を踏まえて，とくに曽屋吹上遺跡を例として論じるものである。

引用・参考文献

天野賢一他　2000『原東遺跡県道510号（長竹川尻線）新小倉橋新設事業に伴う調査報告1』（『かながわ考古学財団調査報告』79）財団法人かながわ考古学財団

天野賢一他　2002『川尻中村遺跡　県道510号（長竹川尻線）新小倉橋新設事業に伴う調査報告2』（『財団法人かながわ考古学財団調査報告』133）財団法人かながわ考古学財団

池田　治他　1999『道志導水路関連遺跡　青根馬渡№1・2・3・4・5遺跡・青根引山遺跡　宮ヶ瀬ダ

I部　地域の考古学

　　ム関連事業に伴う発掘調査』(『かながわ考古学財団調査報告』59) 財団法人かながわ考古学財団
石井　寛　1994「縄文後期集落の構成に関する一試論－関東地方西部域を中心に－」『縄文時代』第5号
石井　寛　1995「縄文時代掘立柱建物址に関する諸議論」『帝京大学山梨文化財研究所研究報告』第6集
石井　寛　1999『小丸遺跡』(『港北ニュータウン地域内埋蔵文化財調査報告』25) 財団法人横浜市ふるさと歴史財団
石井　寛　2004「後晩期環状配列掘立柱建物跡群をめぐって－東北地方北部を中心に－」『縄文時代』第15号
石井　寛　2007「後期集落における二つの住居系列－柄鏡形住居址系列と掘立柱建物跡系列－」『縄文時代』第18号
石井　寛　2008「掘立柱建物跡から観た後晩期集落址」『縄文時代』第19号
石坂　茂　2004「関東・中部地方の環状列石－中期から後期への変容と地域的様相を探る－」『研究紀要』第22号　財団法人群馬県埋蔵文化財調査事業団
石坂　茂　2006「環状列石の出現と展開－関東・中部地方を中心として－」『ストーンサークル出現－縄文人の心，環の思想－』安中市学習の森　安中市ふるさと学習館
今泉克巳他　2002『神奈川県秦野市曽屋吹上遺跡－200102地点－』曽屋吹上遺跡発掘調査団
小池岳史他　2004『聖石遺跡　県営ほ場整備事業芹ヶ沢地区に伴う埋蔵文化財発掘調査報告書』茅野市教育委員会
児玉大成　2004「環状列石にみる縄文時代の土木技術」『月刊文化財』485号（平成16年2月号）
小林義典他　2001『神奈川県小田原市御組長屋遺跡第Ⅰ・Ⅱ・Ⅲ・Ⅳ地点発掘調査報告書－都市計画道路小田原早川線街路整備事業に伴う埋蔵文化財発掘調査－』都市計画道路小田原早川線改良工事遺跡発掘調査団
佐々木藤雄　2001「環状列石と地域共同体」『異貌』第19号
佐々木藤雄　2002a「環状列石と環状周堤墓－二つの階層墓論のためのノート－」『異貌』第20号
佐々木藤雄　2002b「環状列石と縄文時代階層化社会－中・後期の中部・関東・東北－」『縄文社会論』下　安斎正人・編　同成社
佐々木藤雄　2003「柄鏡形敷石住居址と環状列石」『異貌』第21号
佐々木藤雄　2005「環状列石考（上）－環状集落中央墓地の形成と環状列石－」『長野県考古学会誌』109
佐々木藤雄　2007a「環状列石考（下）－環状集落中央墓地の形成と環状列石－」『長野県考古学会誌』120
佐々木藤雄　2007b「海峡を渡った環状列石－重環状構造をもつ『葬祭型環状列石』の系譜と環状周堤墓－」『縄紋時代の社会考古学』安斎正人・高橋龍三郎・編　同成社
佐々木藤雄　2008a「列石と配石，階層と不平等『日本のストーン・サークル』を批判する」『異貌』第26号
佐々木藤雄　2008b「東北の環状列石　その謎に迫る」『季刊東北学』第15号　東北文化研究センター

鈴木克彦　2007「日本のストーン・サークル眺望」『季刊考古学』第 101 号

鈴木保彦　1977『下北原遺跡－伊勢原市下北原所在の縄文時代配石遺構の調査－』(『神奈川県埋蔵文化財調査報告』14) 神奈川県教育委員会

鈴木保彦　2008「縄文集落から独立する墓壙・墓域」『縄紋時代』第 19 号

大工原豊他　2006『ストーンサークル出現－縄文人の心，環の思想－』展示図録　安中市学習の森　安中市ふるさと学習館

高山　純・佐々木博昭　編　1975『曽屋吹上－配石遺構発掘調査報告書－＜図録編＞』(『REPORTS OF PACFIC ARCHAEOLOGICAL SURVEY NUMBER』Ⅲ)

中川真人他　2005『国指定史跡川尻石器時代遺跡確認調査報告書Ⅰ』城山町教育委員会

百瀬忠幸他　2001『長野県木曽郡大桑村　中山間総合整備事業地内埋蔵文化財発掘調査報告書－ H.8 ～ H.12 年度－』長野県木曽地方事務所・大桑村教育委員会・木曽広域連合

柳澤　亮他　2005『担い手育成基盤整備事業（芹ヶ沢地区）国道 299 号線バイパス建設事業埋蔵文化財発掘調査報告書　聖石遺跡・長峯遺跡・(別田沢遺跡)』(『長野県埋蔵文化財センター発掘調査報告書』69) 長野県諏訪地方事務所・長野県諏訪建設事務所・長野県茅野市・長野県埋蔵文化財センター

山本暉久　1981「縄文時代中期後半期における屋外祭祀の展開－関東・中部地方の配石遺構の分析を通じて－」『信濃』第 33 巻 4 号

山本暉久　1998「柄鏡形（敷石）住居と廃屋儀礼－環礫方形配石と周堤礫－」『列島の考古学』(『渡辺誠先生還暦記念論集』)

山本暉久　1999「遺構研究　配石遺構」『縄文時代文化研究の 100 年－ 21 世紀における縄文時代文化研究の深化に向けて－』(『縄文時代』第 10 号)

山本暉久　2004「柄鏡形（敷石）住居址をめぐる最近の研究動向について」『縄文時代』第 15 号

山本暉久　2005「縄文時代階層化社会論の行方」『縄文時代』第 16 号

山本暉久　2006「配石と敷石をもつ縄文集落に階層化社会は読み取れるのか」『新尖石縄文考古館開館 5 周年記念　考古論文集』茅野市尖石縄文考古館

山本暉久　2007「東日本のストーン・サークル　東日本　総論」『季刊考古学』第 101 号

縄文時代後晩期の降下火山灰と伊豆・相模の社会

杉 山 浩 平

はじめに

　見高段間遺跡は，伊豆半島南部の河津町に位置し，黒曜石の出土量から神津島産黒曜石の流通拠点であったと考えられている（池谷 2005）。縄文時代中期末葉における見高段間遺跡の解体は，神津島産黒曜石の流通構造に大きな変化をもたらした。同遺跡が解体した縄文時代後期以降，相模・伊豆の地域では，信州系の黒曜石が主として流通するとともに，そのほかの多種多様な石材も小形打製石器の製作のために集落で消費されている。本稿で検討するのは，その多種多彩な石材流通・消費の発生とその背景について考古学的な分析と，火山学研究の成果を援用した集落経営についてである。

　分析の対象とする地域は，神奈川県西部から静岡県東部，ならびに伊豆諸島である。この地域では，神津島産黒曜石のみならず，さまざまな石材が打製石器の素材として使われており，その変化を時系的に追うことができる。また，火山噴火の研究が進んでおり，地域における広域テフラを遺跡でみることができるため，分析に適している。

　そこでまず縄文時代後期以降の黒曜石流通を概観し，石材産地や石器器種の組成，石器製作技術の変化等から本論で取り上げる問題点を明らかにする。そして，黒曜石と他の石材との所有・消費について事例を挙げて検討を行い，縄文時代後期以降の石材の管理形態を考究していく。最後に，その背景にある環境変動について，当該地域の集落の動態と，遺跡で検出される広域テフラを検討する。こうした作業によって「石材流通・集落経営・自然環境の変化」の間の有機的な関係を明らかにしたい。

１．縄文時代後期・晩期の石材流通と消費
(1) 縄文時代後半における黒曜石流通の概観

　縄文時代中期後葉（加曽利Ｅ３式期）以降，伊豆半島をはじめ，神奈川県西部から静岡県東部の地域では，信州系黒曜石の出土量が増加している。第１図には，縄文時代後期から弥生時代までの当該地域における遺跡出土黒曜石の産地分析結果を示した。縄文時代後期・晩期の神奈川県秦野市平沢同明遺跡や静岡県沼津市雌鹿塚遺跡などでは，出土する黒曜石の主体は信州系黒曜石であり，およそ60〜70％近くを占めている。こうした信州系を中心とした黒曜石の

Ⅰ部　地域の考古学

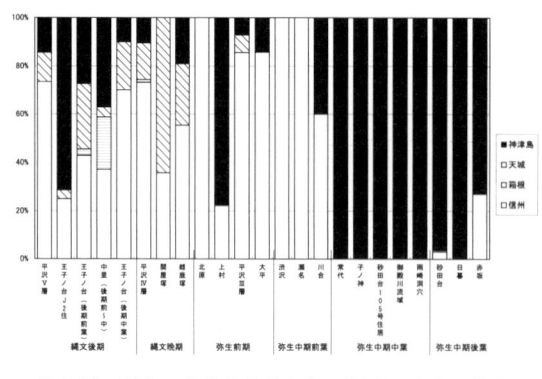

第1図　縄文・弥生文化移行期の黒曜石産地の推移

流通構造は，弥生時代中期前葉まで継続している。当該地域で出土する信州系黒曜石は，主にその産地が諏訪星ヶ台産であり，3cm大の小形の原石もしくは，石鏃の完成品が持ち込まれている（杉山・池谷2006）。また，信州系黒曜石の流通とともに，縄文時代後期・晩期の黒曜石流通の大きな特徴は，縄文時代中期までは顕著に見られなかった天城柏峠産・箱根畑宿産・箱根鍛冶屋産の黒曜石の流通である。

天城産黒曜石は，剥片や石器完成品での流通ではなく，平沢同明遺跡や東京都大島町下高洞遺跡，静岡県静岡市清水天王山遺跡の出土例を見るように原石が流通している。そのほか，神奈川県秦野市中里遺跡では縄文時代後期J1号住居（堀之内2式）から神奈川県湯河原町の鍛冶屋産黒曜石の原石が出土している。つまり，縄文時代後期になると縄文時代中期における神津島産黒曜石の独占的な流通が終焉を迎え，黒曜石の獲得が主として信州地方へと依存する一方で，近隣の黒曜石原産地からも石材を獲得していたといえる。

神津島から信州への黒曜石供給源の変化は，縄文時代前期にも見られる。しかし，このときには，天城や箱根の黒曜石の流通は顕著ではない。つまり，縄文時代後期における黒曜石の流通構造の変換は，前期の流通構造の変換とは様相が異なり，信州系とプラスα（他産地）の石材の流通が伴う点にある。そのプラスαの部分の内容およびその流通構造がもつ意味を考えなくてはならない。

(2) 縄文的石器製作体系の解体と黒曜石以外の石材

縄文的石器製作体系とは，池谷信之が提示した縄文時代後期から弥生時代中期のおける黒曜石製石器の器種の減少とその石器製作技術の衰退プロセスを示す概念である。縄文後期以降，黒曜石の消費絶対量が減少する中で，黒曜石製石器の主要な器種の中から，流通した信州系黒曜石の原石の小形化に伴い，石錐はつまみ部がある形態から棒状の形態への型式変化が認められる。さらにそうした石錐や掻器も時代が新しくなるにつれて無くなり，弥生時代になると石器の器種は石鏃と剥片の刃器のみへ減少する（池谷2007）。このモデルは，旧石器時代から続く黒曜石製石器の終焉プロセスを示しているが，クリアするべき問題点も含まれている。それは，黒曜石以外の石材で製作される小形打製石器や鉄などの他の用材製との比較であり，器種そのものが減少しているのか，他の石材や用材へと変化しているのかを検討する必要がある。大島町下高洞遺跡D地区では，貝塚から有機質遺物が良好に出土しており，骨鏃などが確認される。しかし，下高洞遺跡での石鏃の未成品の出土量から見て，矢頭の用材としては，有機質

製のものは，石製に比較して少ないと考えられる。ここでは，むしろ，黒曜石以外の石材（本稿では「非黒曜石」と称する）との比較を重点的に行っておく必要があるであろう。この部分が先に述べたプラスαを検討することになる。

　そこで，石鏃を対象として黒曜石製と非黒曜石製の比較を行い，黒曜石製についても，その石材産地について検討し，縄文時代中期との相違を明らかにしておこう。

2．縄文時代後半期における在地石材の活用
(1) 石鏃に見る石材の変化

　表1には縄文時代中期中葉から晩期末葉までの主要な遺跡を対象として，石鏃の出土数と非黒曜石が占める石材比を示した。対象とした石鏃は竪穴住居からの出土例を基本的に対象とし，遺構出土例が少なくなる縄文時代晩期については，包含層からの出土例も含めた。

　中期中葉ならびに中期後葉では，石鏃は黒曜石製が大半を占めており，非黒曜石製のものはきわめて少ない。石材比を見てみると，非黒曜石製は中期中葉で4.5％，中期後葉で1.3％である。しかし，後期以降に徐々に非黒曜石製が増加の傾向にある。後期前葉で12.7％，後期中葉では22.6％となる。後期後葉は，遺跡数がきわめて少ないため静岡市清水天王山遺跡のみが対象となる。この遺跡は，現段階では未報告資料であり，この遺跡に関するデータは資料見学会での筆者の集計に基づいたものである。清水天王山遺跡では，安山岩などの非黒曜石製石鏃が24点であり，黒曜石製石鏃4点を大きく上回っている。また同遺跡の晩期前葉では非黒曜石製石鏃が25点に対して，黒曜石製は8点に過ぎず，後期後葉と同じ傾向である。黒曜石製石鏃の割合が低い理由として，今回の対象遺跡の中で，立地的に黒曜石原産地からもっとも離れているために，黒曜石の搬入率が低く，結果として黒曜石製石鏃が少ないと指摘するかもしれないが，実際に清水天王山遺跡では，信州系黒曜石（筆者の肉眼での観察）の原石が数多く出土しており，黒曜石の搬入量の少なさが同石材製の石鏃数の少なさに結びついているのではない。むしろ，石鏃の製作において黒曜石の使用率が減少しているといえる。逆に言えば，黒曜石以外の石材を用いた石器製作活動が積極的に行われていたということである。こうした非黒曜石製が黒曜石製を上回る傾向を示す遺跡は，ほかに神奈川県南足柄市五反畑遺跡で認められる。この遺跡は縄文時代後期中葉から晩期前葉にガラス質安山岩を用いた石鏃製作を行っているため，非黒曜石製石鏃の比率が高い。

　縄文時代晩期末葉に目を移してみると，静岡県御殿場市関屋塚遺跡ならびに静岡県富士川町駿河山王遺跡では，黒曜石製の打製石鏃のみが出土している。駿河山王遺跡では，130点の石鏃のうちで信州系が121点であり，神津島産が8点，天城産が1点である（杉山・池谷2007）。しかし，関屋塚遺跡では，9点の石鏃の中で信州や神津島産ではなく，天城柏峠産が5点と多い（杉山・池谷2006）。大島町下高洞遺跡D地区では，22層（縄文時代晩期末）・23層（弥生時代前期）出土資料（註1）について，筆者の集計では黒曜石製37点に対して非黒

表1 縄文時代後半期の石鏃における石材比

時期	遺跡	石鏃出土住居数	総数	黒曜石	非黒曜石	石材比	
中期中葉	原東	3	6	5	1		
	恩名沖原	10	14	14	0		
	田中・万代	2	9	9	0		
	原口	7	26	25	1		
	尾崎	1	2	2	0		
	池端・椿山	1	7	6	1		
	神成松	1	2	2	0		
	計		66	63	3	4.5%	
中期後葉	原東	11	51	49	3		
	北原No.10	3	5	5	0		
	恩名沖原	5	12	10	―		記載なし2
	粕上原	2	11	7	―		記載なし4
	池端・椿山	1	1	1	0		
	坪ノ内・貝ケ窪	1	3	0	0		
	神成松	3	4	4	0		
	原口	19	43	43	0		
	尾崎	12	23	23	0		
	上白岩	―	475	470	5		遺構・遺構外含む
	年川前田	―	7	7	0		遺構・遺構外含む
	三ノ宮・下谷戸No.14	1	3	3	0		
	計		638	622	8	1.3%	
後期前葉	青根馬渡No.2	4	9	8	1		
	馬場No.6	2	5	5	0		
	表の屋敷No.8	1	17	16	1		
	北原No.9	1	2	1	1		
	三ノ宮・下谷戸No.14	5	16	12	4		
	中里	2	2	2	0		
	原口	3	4	4	0		一部加曽利Bまで含む
	計		55	48	7	12.7%	
後期中葉	馬場No.6	2	12	6	6		
	東大竹・下谷戸	1	1	1	0		
	三ノ宮・下谷戸No.14	1	5	4	1		
	原口	1	2	2	0		
	石神台	―	11	11	0		遺構・遺構外含む
	計		31	24	7	22.6%	
後期後葉	清水天王山		28	4	24		7層・8層 筆者集計
	計		28	4	24	85.7%	
晩期前葉	五反畑	―	211	65	146		遺構・遺構外含む
	清水天王山		33	8	25		5層・6層 筆者集計
	計		244	73	171	70.1%	
晩期後葉	関屋塚	―	9	9	0		遺構・遺構外含む
	駿河山王	―	151	151	0		遺構・遺構外含む
	下高洞	―	69	37	32		遺構・遺構外含む
	計		229	197	32	14.0%	

曜石製が32点である。石鏃の完成品以外にも、安山岩やチャートなどの剥片・チップが出土しており、島嶼部の下高洞遺跡では、黒曜石以外の石材を用いた石鏃製作が行われている。

　信州および神津島からの寡占的な黒曜石の流通が途絶えた縄文時代後期以降、黒曜石以外の石材を石鏃の素材とする傾向が強まるといえる。これは、本対象地域のみならず、房総半島においてもチャートの積極的な活用にみられ（柴田2002）、縄文時代後期の石材流通の特徴である。ガラス質安山岩やチャートなど遺跡近隣で獲得可能な「在地石材」の消費の背景には、「信州・神津島産黒曜石の不足分を補うために在地石材の積極的活用」があると考えられる。この意味

では，縄文時代後期以降に消費量が増加する信州・神津島産以外の黒曜石，たとえば，天城柏峠産・箱根鍛冶屋産・箱根畑宿産黒曜石は「集落の近隣の在地石材」としての利用・消費を示しているのであり，同じ黒曜石といえども信州や神津島の黒曜石の消費とは意味が異なる。それでは，なぜ不足分を補うという縄文時代中期には見られなかった行動が採られるようになったか検討することにしよう。

(2) 在地石材の集中保管の出現

在地石材の消費量が縄文時代後期から晩期の時期に増加するなかで，集落内で大量に石器の素材の保管を示すデポが確認されている。それらの事例について紹介し，検討する。

箱根系ガラス質安山岩のデポ（南足柄市五反畑遺跡）

南足柄市五反畑遺跡では，縄文時代中期から晩期の遺跡であり，中心的な時期は後期中葉から晩期前半である。現在整理作業中であり，概要が博物館展示の図録に収録されている（南足柄市郷土資料館1999）。今回は調査団長の安藤文一氏のご配慮により資料の一部を実見したうえで記す。

五反畑遺跡では，竪穴住居址や敷石住居址，石囲炉，埋甕のほか，配石遺構および石棺墓が多く検出されている。特に第1号埋甕と第3号埋甕では，箱根系のガラス質安山岩の剥片が詰まった状態で出土した。第3号埋甕からは，筆者の集計のかぎり原石（9点），剥片（116点），接合個体（2個体，4点）が出土している（第2図 後方の3つのブロック）。この資料は，

第2図 五反畑遺跡出土のガラス質安山岩

Ⅰ部　地域の考古学

無文土器に収められており，調査担当者の安藤氏によれば，後期末から晩期前葉の可能性が高いという。原石（写真後方右）は小形のものが多く，1つの原石からの剥片剥離工程をへて，目的的剥片を得るのではなく，剥片の大きさに比較的近い原石を選択している特徴がある。剥片の大きさは，長径が4cmから6cmである。五反畑遺跡では石鏃未成品（写真手前）や石鏃完成品（写真最前列）が大量に出土していることから，これらの安山岩の剥片は打製石鏃の素材と考えられる。五反畑遺跡の安山岩は，外面表皮の様相から2種に分類することができるが，いずれも風化面を持つ亜角礫であり，河川等での転石利用ではなく，露頭付近での直接採取と考えられる。ガラス質安山岩は箱根古期外輪山で産出され，今後は遺跡近隣での露頭調査等が必要である。

　ガラス質安山岩製の石鏃は，剥片・未成品ともに縄文時代後期・晩期に多くの遺跡で見られ，平沢同明遺跡や下高洞遺跡，清水天王山遺跡などで出土している。それらの遺跡では，剥片および石鏃未成品も出土している。しかし，ガラス質安山岩のデポは，石材原産地から距離が離れる遺跡では見られない現象である。

天城柏峠産黒曜石のデポ（伊東市井戸川遺跡）

　静岡県伊東市井戸川遺跡は，これまでに2回発掘調査が行われ，縄文時代後期・晩期を中心とする遺跡である。正式な発掘調査報告書は刊行されておらず，概報から知るのみである（小野1983，栗野・永浜1985）。1次調査では，5軒の竪穴住居址や小貝塚が検出され，イノシシやイルカやクジラなどの動物遺存体や骨角器が多く出土した。2次調査では，後期（加曽利B2式）の住居址1軒，晩期前葉の住居址1軒と石器製作址が1ケ所，集石土壙墓3基が検出された。伊豆半島では唯一の縄文時代後期後半から晩期前葉のまとまった資料が見られる遺跡である。

　特に石器製作址として，黒曜石原石の貯蔵穴と石器製作に伴う剥片等の廃棄土坑が検出され，台石が出土している。竪穴住居の屋外に台石を並べ，石器製作を行ったと考えられる。貯蔵穴からは，報告者によれば柏峠産黒曜石の原石が170点出土している（第3図）。

　写真で見る限り，大形の黒曜石原石の貯蔵ではなく，相模地域の遺跡で出土する柏峠産原石のサイズ（長径3cm～5cm）の貯蔵と思われる。そして，その遺構の周りには無数の石屑や石鏃の未成品の廃棄場が確認された。遺構の時期は，概報によると後期中葉から晩期前半である。

　貯蔵穴の規模・原石の総重量・原石の状況・原石の産地等については，詳細な報告がなく，資料についても現段階で実見することが不可能なため，多くを知ることはできないが，縄文時代後期から弥生時代前期にかけて西相模から駿河・伊豆諸島の一部で出土する柏峠産黒曜石で，井戸川遺跡ほどのまとまった出土は確認されない。井戸川遺跡と黒曜石原産地の柏峠とは直線距離でおよそ5kmであり，原産地直下の黒曜石集積所である可能性が高い。さらにこの遺跡では，柏峠産黒曜石のみならず，鉄石英・燧石（筆者註：チャートか）などの石材でも石鏃を製作し，完成品・未成品ともに多く出土している。これら非黒曜石製の石鏃の石材の種類は，対

第3図 井戸川遺跡の黒曜石のデポ

岸に位置する下高洞遺跡の石材組成とも類似している。

　これら二つの遺跡で確認されたような石器石材のデポは，当該地域においてその類例は極めて少ない。縄文時代に大量に流通した神津島産黒曜石をみても，縄文時代前期の平塚市原口遺跡での原石の集積が確認されるのみであり（長岡 2002），信州系黒曜石では清川村北原遺跡№9の後期前葉（堀之内1式）埋設土器から出土例のみである（村上・吉垣 1997）。黒曜石が大量消費される時期，つまり縄文時代中期に黒曜石のデポが築かれていない状況は，常に安定的な石材の供給が原産地から消費地へ行われていたためであると考えられる。一方，縄文時代後期末から晩期前葉の在地石材のデポの出現は，神津島・信州地方からの黒曜石の安定的な供給が行われなくなったために，在地での資源の確保が積極的に行われた結果と推定される。そして，この二つの遺跡が営まれた時期はともに共通しており，後期末から晩期初頭である。縄文時代晩期中葉以降の遺跡では，管見のかぎり，石材のデポは確認されていない。石鏃にみる非黒曜石の比率にみるように在地石材の消費率が急速に高まり，なおかつ原産地直下の遺跡で，デポが一時期的に確認される背景には，デポを築かなければ成らなかった要因があると考えられる。その点について，次章にて集落の動態と自然環境の問題から検討する。

3. 縄文時代後半期の集落の動態

(1) 時期区分と集落動態

堅穴住居の数，ならびに集落の規模は，縄文時代中期の加曽利E3式を境にして徐々に減少・縮小化していき（石井 1994），特に縄文時代後期の加曽利B式以後の集落については検出例が少ないことから，不明な点が多い。まず，縄文時代後期・晩期の集落動態について明らかにしておこう。本稿では，神奈川県の中央を流れる相模川から静岡県静清平野を流れる安倍川まで，そして伊豆諸島を含めた地域を対象とする。なお，時間軸は，表2に示す通りである。また，集落分布図（第4・5図）ならびに表3を作成するために，静岡県域については，五味 2008，小野 1978 を参考にし，不足分を追加した。神奈川県域については山本 1986 に近年の調査成果を追加した。伊豆諸島については，各島の町村史を参考の上，作成した。

表2　時期区分

	土器型式
後期前葉	称名寺式・堀之内式
後期中葉	加曽利B式
後期後葉	安行Ⅰ・Ⅱ式
晩期前葉	清水天王山式
晩期中葉	前浦式
晩期後葉	氷式・大洞A・A´式

(2) 縄文時代後半期の集落の動態

縄文時代後期前葉は中期後葉の集落がそのまま継続されて営まれることは少なく，集落選地や墓制形態の変化にともない，新たな地に集落が築かれる。特にこの時期前後に特徴的な配石遺構が秦野盆地から花水川・金目川流域で多く検出されている。また，伊豆の狩野川流域でも配石遺構が多数見つかっている。

後期中葉は前葉から継続的に集落が営まれ，その分布も花水川・金目川流域，相模川上流に広がる。ただし，加曽利B2式土器を出土する遺跡はきわめて少なく，加曽利B3式土器に至っては更に少なくなる。こうした状況をふまえて，これまでにも後期中葉以降に集落が減少することが指摘されている。

後期後葉になると，加曽利B2式土器以降の傾向を顕著に示し，花水川・金目川流域の配石遺構が激減する。西相模地域の集落遺跡は五反畑遺跡と平沢同明遺跡が主な遺跡である。近年伊勢原市池端・金山遺跡や秦野市太岳院遺跡などでも当該時期の遺構が検出されているが（秋田 2007），中期ならびに後期前葉に比較すれば，明らかにその数は及ばない。また，狩野川流域では，遺跡が全く確認されないなど，西相模ならびに駿東地方において集落構成に大きな変化が認められる。また，伊豆諸島においても，大島の下高洞遺跡では，加曽利B3式土器の出土数は，それ以前に比較して減少しており，東海地方西部からの搬入品が主体になる（川崎ほか 1998）。

晩期前葉ならびに晩期中葉も後期後葉の変化を引き続いており，確認される集落数がきわめて少ない。駿河湾の西側においても，富士川町浅間林遺跡や静岡市清水天王山遺跡があるのみである。

晩期後葉は，一転して遺跡は増加する。浮線文系土器が出土する遺跡が増加し，伊豆半島南端では南伊豆町日詰遺跡や河津町姫宮遺跡などで出土している。西相模地域でも狩川流域や相

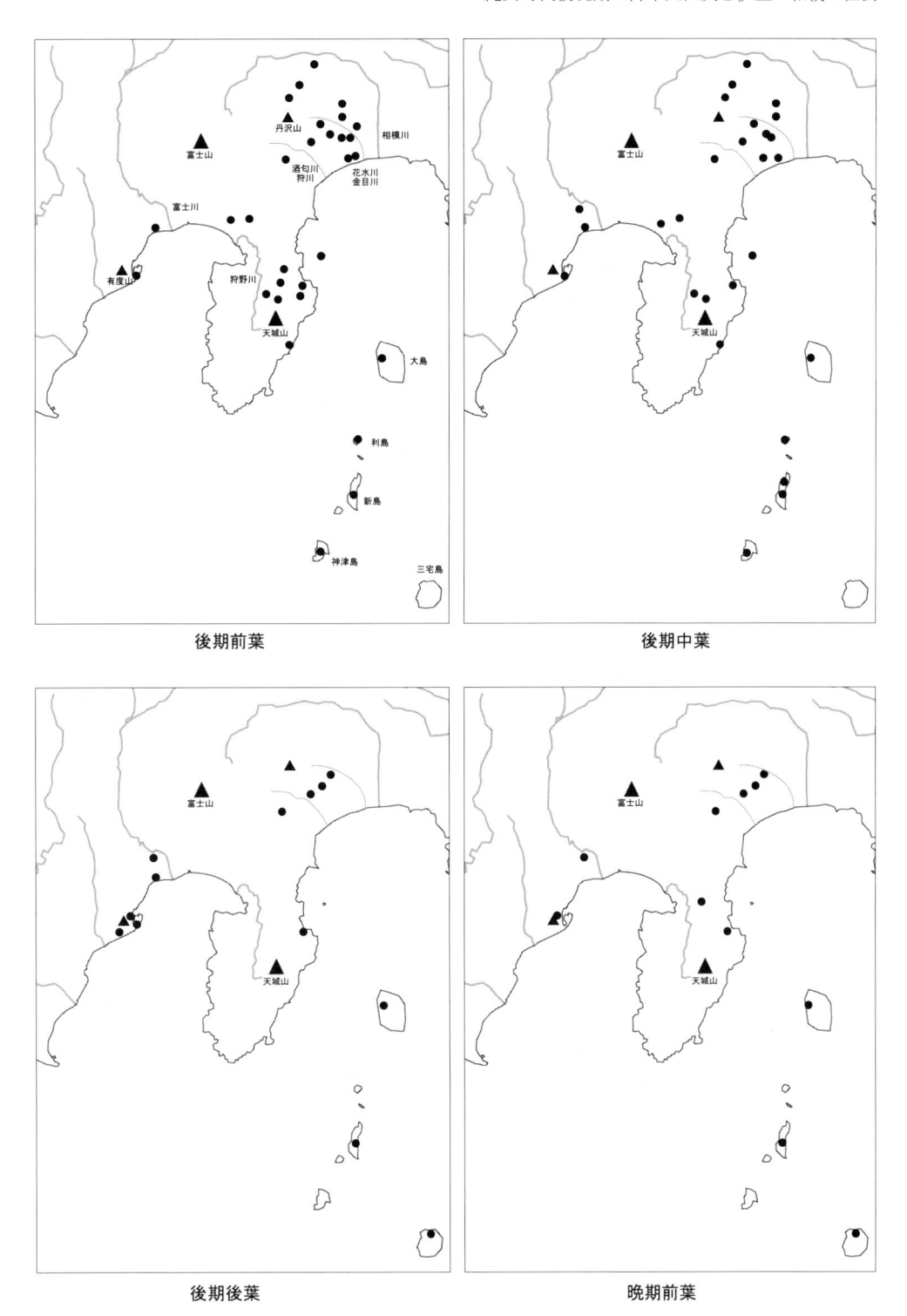

縄文時代後晩期の降下火山灰と伊豆・相模の社会

後期前葉

後期中葉

後期後葉

晩期前葉

第4図　縄文時代後半期の集落動態（1）

99

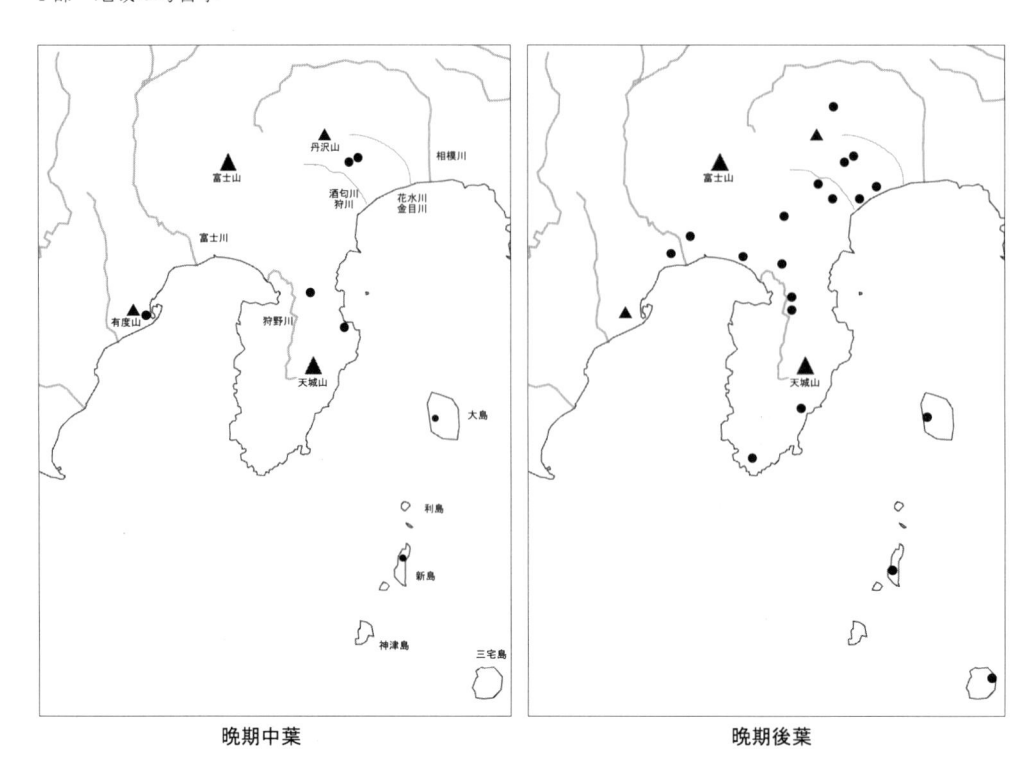

I部　地域の考古学

晩期中葉　　　　　　　　　　　　　　晩期後葉

第5図　縄文時代後半期の集落動態（2）

表3　集落動態表

地域	遺跡	後期前葉	後期中葉	後期後葉	晩期前葉	晩期中葉	晩期後葉
有度山麓	蛭田			○			
	冷川	○	○				
	清水天王山			○	○		
富士川域	桑原	○	○	○			
	南原	○					
	浅間林		○	○	○		
	滝戸	○					
	天間沢	○					
	山王						○
狩野川域	雌鹿塚						○
	矢崎						○
	舘				○	○	
	中峰	○					
	千枚原		○				
	北山	○	○				
	大平C	○					
	入谷平	○					
	原畑	○	○				
	大塚	○	○				
	久根ケ崎						
伊豆東岸	初島遺跡群	○	○				
	東小学校裏	○					
	井戸川	○	○	○	○	○	
	宮後	○					
	姫宮						○
	日詰						○
富士東麓	関屋塚						○

地域	遺跡	後期前葉	後期中葉	後期後葉	晩期前葉	晩期中葉	晩期後葉
丹沢北麓	内郷中学校	○	○				
	宮ケ瀬遺跡群	○					○
花水川金目川域	下北原	○	○				
	王子台	○	○				
	原口	○					
	上の入B	○	○				
	下谷戸		○				
	平沢同明	○	○	○	○	○	○
大磯丘陵	石神台	○					
	城山	○					
	曽屋吹上	○	○				
	前川向原						○
狩川域	馬場	○	○				
	内山尾尻						○
	諏訪ノ前						○
	五反畑				○	○	
伊豆諸島	下高洞(大)	○	○		○	○	○
	波牛登り口(大)	○					
	大石山(利)	○					
	渡浮根(新)		○				
	田них(新)	○	○	○			
	半坂(神)	○					
	向山(神)	○	○				
	友地(三)				○	○	
	島下(三)	○					

大：大島，利：利島，新：新島，神：神津島，三：三宅島

模湾沿岸部でも遺物の出土が確認される。しかし，遺構としては，明確な竪穴住居址等は確認されず，多くの場合，遺物包含層が検出されるのみである。

このようにみてくると，中期に比べ後期前葉から減少する遺跡数は，後期中葉を境として激減している。この地域で加曽利B3式土器を出土する遺跡がきわめて稀であることからすると，加曽利B2式をもってこの地域での居住が一度終焉を迎えていると考えることができる。そして再度集落が増加するのは晩期後葉の段階である。

それでは，なぜ縄文時代後期中葉から遺跡が激減するのか。この点について，自然環境の変化を想定し，考察してみることとしたい。そこで，激減期においても集落が営まれていた平沢同明遺跡を例に見てみることとしよう。

4．縄文時代後半期の広域火山灰

(1) 平沢同明遺跡にみる火山灰

富士山や愛鷹山などの火山噴出源に近い西相模から駿東地方の地層には，いくつもの火山灰層が確認され，それらは地域間の時間的な比較を行うための鍵層となっている。杉山博久氏は早くから当該地域における沖積世以後の地域基本層の確立を目的として，層位の検討を行っている（杉山1978，杉山1980）。たとえば，杉山1978論文では，平安時代の竪穴住居や古墳周溝内の火山灰について，古記録のなかに見られる富士山起源の「延暦の噴火（800年）」，「貞観の噴火（864年）」に対比した。そして，この地域に厚く堆積している「黒土」について，降下火山灰を基準に分層し，地域における基本土層の確立の必要性を説いた。そこで，ここでは，秦野市平沢同明遺跡の堆積層について検討し，降下火山灰の特徴と，その噴火が地域社会にもたらした影響について検討を行う。

平沢同明遺跡は，神奈川県秦野市平沢に所在する遺跡であり，縄文時代中期から弥生時代中期前葉まで継続する遺跡である。縄文時代後期・晩期の遺跡が少ない神奈川県下でも継続して営まれた集落遺跡である。この遺跡の発掘調査は，杉山博久氏を中心とする調査団により主に1970年から80年にかけて行われた。その調査の際に検出された火山灰が，縄文時代後期にお

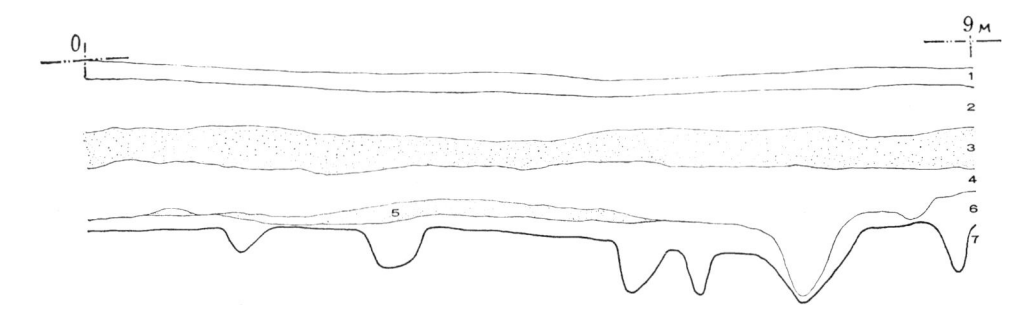

第6図　平沢同明遺跡の土層堆積図

I部　地域の考古学

ける当該地域の居住環境へ影響を与えた火山灰である可能性がある。

　第6図は杉山1978に提示された平沢同明遺跡の地層堆積図である。3層は1707年の「宝永の火山灰」である。本稿で問題としたいのはレンズ状に堆積している5層である。杉山らはこの火山灰を「第二火山灰層」と呼称した。この層位について，論文の中では，縄文時代後期の加曽利B2式土器以後で，晩期前葉の大洞BC式までの間に堆積した火山灰であると推定している。なぜならば，この層位は加曽利B2式土器が覆土に含まれる土坑を覆い，この直上の4層には晩期中葉の土器が包含されていたためである。この層位について，近年刊行された同遺跡の4次調査正式発掘調査報告書でも，堆積年代の上限を安行Ⅲa式併行としている（平野2006）。

　なお，平沢同明遺跡で1993年に行われた発掘調査時にも火山灰が検出されている。Ⅲ′層とⅣ層の間に径8mm前後の黒褐色の火山灰がレンズ状に堆積しており，報告を記した大倉潤はこの層位を杉山らの「第二火山灰層」に対比し，富士山起源の湯船第1スコリアに相当するとしている（大倉・宮原2005）（註2）。

(2) 火山噴出物の特徴と降下範囲

　次に「第二火山灰」を検討するため，富士山をはじめとして，縄文時代後期・晩期にその年代を求められる火山噴出物について，火山学研究の成果を引用して，その特徴と降下範囲を紹介しておこう（第7図）。

　湯船第1スコリア（泉・木越ほか1977）は，富士山山頂火口を噴出源として，下部のS-10と上部のS-11に分層される。S-10とS-11の間には風化火山灰層が存在し，この堆積物の中に後述するカワゴ平軽石に対比される繊維状に発泡した火山ガラスの密集が認められる（宮地1988）。S-10, S-11は，ともに富士山から東へ分布している。清川村宮ケ瀬遺跡では10cmの層厚で確認されている（米澤・上杉1990）。噴火年代についてはAMS年代測定法でBC1430-1270である（山元・高田ほか2005）（註3）。

　湯船第1スコリアの直後にも富士山起源の大規模なテフラ（大沢スコリア・大室スコリア・砂沢スコリア）が続いている。大沢スコリアは主に富士山の西麓から南麓にかけて分布し，火砕流を伴っている（町田1977，町田1980）。大沢スコリア（Os, A-9）の年代はBC1485-1270と推定されている（山元・高田ほか2005）。大室スコリア（Om, N-4）は富士山の側火山である大室山から噴出し，東方向から富士山北部にかけて広く分布する。北西斜面で大沢スコリアを覆い，北東斜面で後述する砂沢スコリアに覆われる（宮地1988）。砂沢（ずなさわ）スコリア（Zu, S-13）は，現在の宝永火山口付近からの噴出で，東麓から南麓にかけて広く分布している。下半部の粗粒部は南東方向に，上半部の互層部は北東方向にそれぞれの分布域がある（宮地2005）。砂沢スコリアの分布範囲は広く，大磯丘陵付近まで確実に分布し，さらに東まで検出できる可能性が示されている（町田1980）。

　湯船第1スコリアの層中に確認されるカワゴ平パミスは，伊豆半島の天城山北西部の単成火

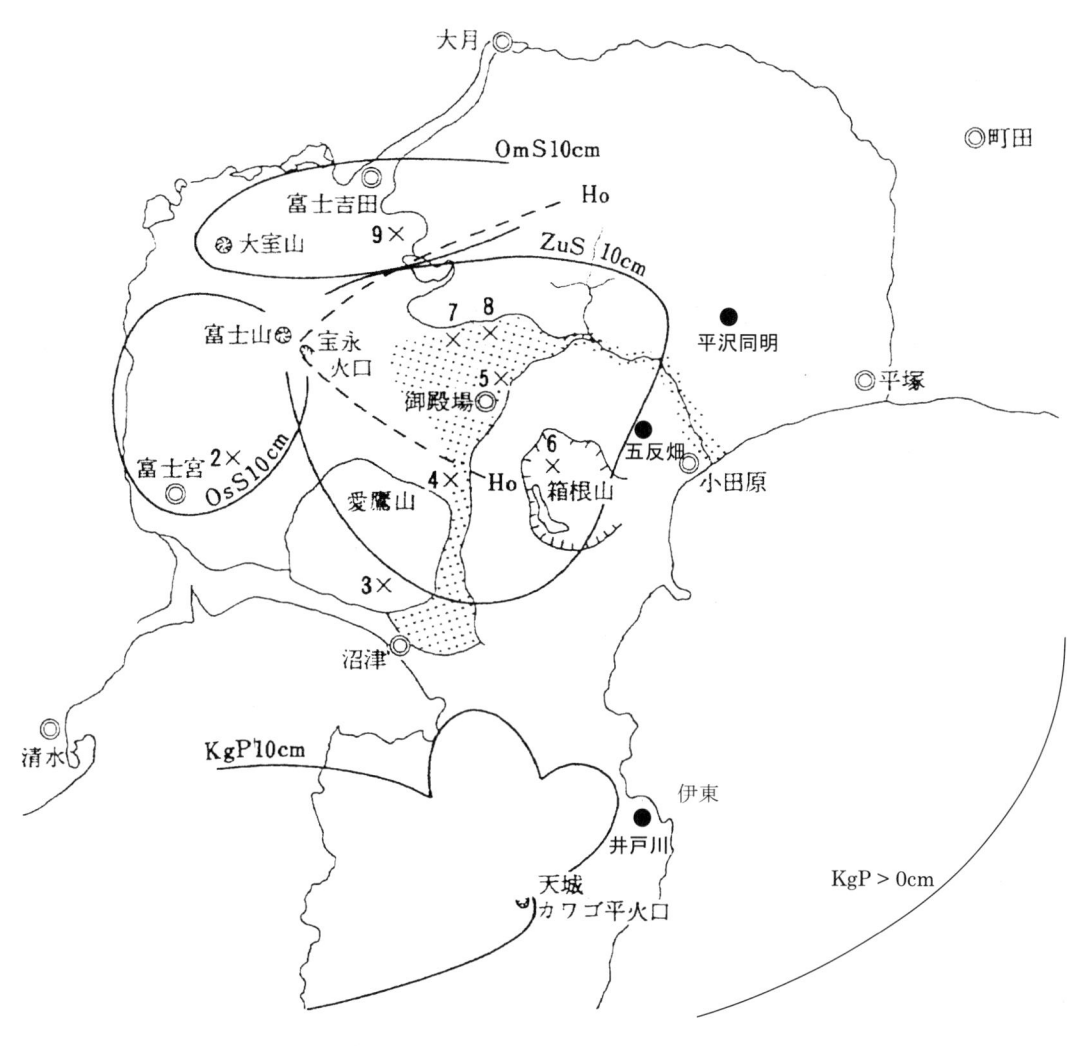

第7図　富士山・天城山起源の降下火山灰

山からの噴出物である。カワゴ平火山の噴火様式については多くの研究例がある（荒巻・葉室 1977，梶原 1981，早川・小山 1992，嶋田 2000）。ここでは，最新の嶋田 2000 を参考にカワゴ平噴火について記しておく。カワゴ平火山の噴出物は大きく4層に分けることができ，下位から火砕サージ堆積層，軽石層，火砕流堆積層，泥流堆積層となる。それぞれの層位はさらに細分されるものの，層間に風化火山灰層が確認されないことから，各層位が連続的に堆積した噴火と推定される。カワゴ平噴火で着目されるのは，プリニー式噴火に伴う軽石層である。この層位には粗粒の軽石や黒曜石岩および火山灰が成層構造をなして観察される。特に火山灰は白色絹糸状の光沢を持つ，発砲のよいパミスである（増島 1978）。この火山灰は，広域火山灰であり，伊豆半島からおもに西へ飛散している（増島 1979 など）。もっとも遠いところでは，琵琶湖東岸の曽根沼，琵琶湖西岸の比良山地の小女郎ケ池湿原，福井県の鳥浜貝塚で検出された

火山ガラスがカワゴ平パミスと指摘されている（西田・高橋ほか1993）。降下分布域について，これまでは噴出源から西方へのみの分布が取り上げられてきたが，東方，北方においてもわずかながら分布していることが明らかとなった（嶋田2000）。カワゴ平軽石層の年代については，AMS年代測定法が行われておらず炭素C14年代法でおよそ2900 14C ｙｂｐである（嶋田2000）。湯船第1スコリアのＳ-10とＳ-11の間層にカワゴ平軽石層は含まれることから，Ｓ-10以後に位置づけられ，年代も近いと考えられる。つまり，富士山で湯船第1スコリアを噴出した火山噴火が起きた同じ頃，伊豆の天城山も活発な火山噴火活動を行っていたといえる。

こうしたＳ-10前後の連続した富士山や天城山の火山噴火以外にも，この時期には，箱根火山中央火口の山崩れや，大涌谷火砕流の発生や小田原市久野でこの時期の地割れが確認されており（上杉・小沢ほか1999），上杉陽はこの時期を「天変地異」の時期と評価している（上杉1992）。

(3) 遺跡で見られる富士・伊豆火山起源の火山灰

それでは，この「天変地異」の時期を遺跡に照らし合わせて，見てみることにしよう。当該地域の遺跡で確認される地層の中からテフラとの層位的検討を試みる。先に挙げた平沢同明遺跡で確認されたこの降下火山灰については，現状では科学的な分析等が行われておらず，不明であるが，そのほかの遺跡での発掘調査で検出された縄文時代後期から晩期までの富士山・天城山起源の火山灰と遺跡の時期とを整理しておきたい（第8図）。

伊豆半島の中央に位置する伊豆市（旧修善寺町）大塚遺跡では，縄文時代早期から後期（加曽利Ｂ1式段階）までの遺物包含層の上位に黄色軽石層が，調査区内で平均して30cmから40cmの厚さで堆積している。この軽石層を分析した増島淳によると，天城火山から噴出したカワゴ平パミスに相当する（小野1982）。なお，大塚遺跡では縄文時代後期後半以後の遺物は出土していない。そこで，カワゴ平パミスを縄文時代後期中葉以降と比定しておく（註4）。当該地域において後期後葉から晩期前葉の遺跡は数少ないが，五反畑遺跡で火山灰が検出されている。調査担当の安藤氏によれば，3号埋甕の上には火山灰が直接覆っていたとのことである。火山灰の詳細な分析は行っていないが，後期末から晩期前葉に足柄地域にも火山灰の降下が確

時期	西相模	駿東・伊豆	富士山テフラ	天城山テフラ
晩期後葉	平沢同明4層	関屋塚		
晩期前葉	↑		砂沢スコリア	
	五反畑・井戸川		大室スコリア	
			大沢スコリア	
	↓ 平沢同明5層（第二火山灰層＝湯船第1スコリア）		S-10	カワゴ平パミス
			S-11	
後期中葉(加曽利B2)	平沢同明6層			
後期中葉(加曽利B1)		修善寺大塚		

第8図　降下火山灰と遺跡の関係

実に存在している。

　また，図には提示していないが，山梨県東部の都留市中谷遺跡では，加曽利Ｂ２式以後，晩期初頭以前に降下したスコリアが検出されており，湯船第１スコリアに比定されている（奈良1980）。この中谷遺跡の火山灰の降下時期を参考に，平沢同明遺跡の「第二火山灰層」も湯船第１スコリアに相当すると推定されている（大倉・宮原2005）。

　御殿場市関屋塚遺跡では，砂沢スコリアの直上の遺物包含層から大洞Ａ式土器が出土しており（小野1978），湯船第１スコリアの噴出から始まる一連の火山噴火の後に遺跡が形成され始めたことがわかる。縄文時代晩期後葉に遺跡数が増加しているのは富士山・天城山の火山噴火活動が低迷し，環境が安定したためと考えられる。

　つまり，カワゴ平の噴火で後期中葉の大塚遺跡などの集落が覆われ，平沢同明遺跡や中谷遺跡などはＳ-10およびＳ-11とする湯船第１スコリアから砂沢スコリアまでの間のいずれかの噴火に影響を受けていると考えられる。集落の動態で見た中で，縄文時代後期中葉から晩期中葉までの集落遺跡が確認されない時期は，連続的に生じた降下火山灰の影響，つまり自然環境の変化が居住環境の変動へと影響し，集落数が激減したと考えられる。

まとめ

　縄文時代後期・晩期を対象として，在地石材の利用・集落の動態と火山噴火の点から相模・伊豆の社会を検討してきた。これまで検出される集落の数が少ないことから不鮮明であった縄文時代後期以降について，それぞれの現象を重ね合わせてみると，それぞれの現象に有機的な関係があることも明らかとなった。まず，縄文時代後期後葉から連続的に生じた富士山・天城産での火山噴火に伴う自然環境・居住環境が変化した。そのため，西相模・伊豆の地域では集落が継続的に営まれることなく断絶へと向った。そして，この断絶により，物流構造の中軸にあった隣接する地域間での交流が途絶え，その結果，信州系黒曜石の安定的な供給ができなくなり，在地石材の積極的な確保・利用へと傾斜していったものと考えられる。その証として，縄文時代後期末から晩期初頭に在地石材の原産地直下に資源確保を表すデポとその石材を用いた石器製作が出現し，石鏃では非黒曜石製の比率が増加している。在地石材のデポの出現は，環境変動へのヒトの対処の表れであると考えられる。そして，火山噴火がおさまり，環境が安定した縄文時代晩期末になると，集落の数は急増し，在地石材の活用も停滞していく。つまり，西相模から駿東地方の集落の動態ならびに物流構造は富士山・天城山の環境変動に大きく影響を受けていると言える。

　なお，本稿では，紙幅の関係から火山灰の同定，在地石材の消費形態については，検討することができなかった。火山灰の同定については，発掘現場での採取が不可欠であり，今後の調査・研究にゆだねられている。在地石材の流通ならびに消費については，各遺跡における原石ならびに剥片の法量・製作技法の分析が不可欠である。この点については，縄文時代後期から

Ⅰ部　地域の考古学

弥生時代前期にかけて伊豆諸島の遺跡で多く出土する神津島砂糠崎産黒曜石の分析に関する論考のなかで触れたいと思い，別稿を準備している。

謝辞

　本稿を記すにあたり，資料見学や意見交換により多くの方からご教示を賜った。縄文時代後期の遺跡等については池谷信之氏，安藤文一氏にご教示をいただいた。資料見学においては，大島町教育委員会ならび五反畑遺跡調査団に未報告資料を含めてご配慮をいただくことができた。清水天王山遺跡の資料については，2008年8月に行われた考古学研究会東海例会の際の資料見学会にて観察した。火山学の分野では，藤井敏嗣氏，新堀賢志氏との意見交換を参考にさせていただいた。

　最後に，父の古稀記念論文集に執筆参加するにあたり，これまでの父の業績の中から執筆するテーマを選択しようと考え，遺跡における降下火山灰の検討を行うこととした。筆者は，幼少のころから父に連れられ，発掘現場が泥遊びの場所であった。その際に調査に従事されていた方々には多大な迷惑をかけてきた。自分が発掘調査を行うようになって，改めて反省する。子供の頃，夜になると父は，自分を寝かしつけながら，横の布団でいつも原稿用紙に向かっていた。小田原の家は応接間も寝室も本で埋まっていた。その膨大な蔵書の重さは人並みならぬ父の苦労の重さなのだろう。その蔵書を使うたびに，自分の現在の不勉強さや研究に対する甘さもこれまた反省することである。これからも父には健康に気をつけて好きな研究と趣味にいそしんでもらえれば幸いである。

註

(1) 下高洞遺跡D地区の資料については，本来ならば縄文時代晩期末に相当する23層出土資料のみを対象とするべきであるが，発掘調査時に22層・23層を一括として取り上げていると考えられ，「22層・23層」とラベルの付けられた状態で保管されているものが多い。そのため，弥生時代前期の資料も分析資料のなかに含まれていると考えられる。

(2) 1993年に行われた平沢同明遺跡の正式な発掘調査報告書は刊行されておらず，資料の一部が紀要に掲載されている。層位的に土器の年代が区別されるようではないが，Ⅲ´層は縄文時代晩期末から弥生時代中期前半までの土器を含んでおり，Ⅳ層は縄文時代晩期の土器を含んでいる。杉山氏らが指摘した「第二火山灰層」とは土器の年代的に齟齬が認められる。この点については，「第二火山灰層」と同一起源の降下火山灰なのか，異なる降下火山灰なのかを検討する必要がある。ただ，火山学の研究分野では，砂沢スコリアは同定しやすいが，湯船第1スコリア以後の一連の連続した降下火山灰については同定することが難しいとのことである。

(3) 火山灰の年代と土器の年代について記しておきたい。富士山起源の火山噴出物のAMS年代値については，S-10がBC 1430-1270，大沢スコリアBC 1485-1270，砂沢スコリアがBC 1420-1250の年代値

が提示されている。考古学の分野ではこの火山学の年代値に対して，近年の土器付着物を対象とした年代，たとえば清水天王山遺跡出土の縄文時代後期後葉の清水天王山式（古）の年代は6点中4点がBC1515-1255に，他の2点はBC1965-1410と提示されている。噴出物の年代測定資料が各層位1点と少ないなど問題点もあるが，比較的近い年代値を示している。

(4) 嶋田2000の論文では，カワゴ平パミスを縄文時代晩期初頭以降としている。静岡県浜松市角江遺跡で晩期初頭に位置づけられる寺津式土器の上位からパミスが検出されたことによる。しかし，このパミスが検出された以降は旧河川からであり，層位的対比には慎重になるべきであろう。そのため，現段階では縄文時代後期中葉以降としておく。

引用・参考文献

秋田かな子 2007「縄文時代」『考古トピックス2006』神奈川県考古学会 pp. 1-3

石井 寛 1994「縄文後期集落の構成に関する一試論―関東地方西部域を中心に―」『縄文時代』5 縄文時代文化研究会 pp.77-110

池谷信之 2003「潜水と採掘，あるいは海を渡る黒曜石と山を越える黒曜石」『黒曜石文化研究』第2号 明治大学人文科学研究所 pp.125-144

池谷信之 2005『海を渡った黒曜石・見高段間遺跡』新泉社

泉浩二・木越邦彦ほか 1977「南関東における後期更新世の示標テフラ層」『第四紀研究』16 第四紀学会 pp.19-40

上杉 陽・小沢 清ほか 1999「小田原市久野「子供のもり」公園造成地露頭の火山灰層序学的な意義」『神奈川県温泉地学研究所報告』31-1 神奈川県温泉地学研究所 pp.16-30

上杉 陽 2002「南関東テフラから見た天変地異」『月刊 地球』号外No.5 海洋出版株式会社 pp.102-106

大倉 潤・宮原俊一 2005「神奈川県秦野市平沢遺跡9301地点出土資料の検討Ⅰ」『研究紀要』第6号 秦野市立桜土手古墳展示館 pp. 1-28

小野真一 1978『御殿場関屋塚遺跡』御殿場市教育委員会

小野真一 1982『修善寺大塚』修善寺町教育委員会

小野真一 1983『伊豆井戸川遺跡』伊東市教育委員会

川崎義雄ほか 1998『東京都大島町史 考古編』大島町

栗野克巳・永浜真理子 1985「相模湾のイルカ猟―伊東市井戸川遺跡を中心に―」『季刊 考古学』第11号 雄山閣 pp.31-34

五味奈々子 2008「静岡県における縄文時代後晩期の生業から見た地域性」『東海地方における縄文時代後・晩期の諸相』考古学研究会東海例会 pp.34-40

柴田 徹 2002「等値線から見た石材移動のルート復元―石鏃の黒曜石およびチャートを例に―」『松戸市立博物館紀要』第9号 松戸市立博物館

杉山浩平・池谷信之 2006『縄文／弥生文化移行期の黒曜石研究Ⅰ』pp.134

Ⅰ部　地域の考古学

杉山浩平・池谷信之　2007『縄文／弥生文化移行期の黒曜石研究Ⅱ』pp. 167

杉山博久　1978「地域における基本土層の確立―火山灰を利用した沖積土層の分層―」『季刊　どるめん』No. 19　JICC 出版局　pp. 31-39

杉山博久　1980「秦野盆地周辺の火山堆積物と遺跡」『考古学ジャーナル』No. 178　ニューサイエンス社　pp. 27-31

奈良泰史　1980「山梨県東部―桂川流域―の火山堆積物と遺跡」『考古学ジャーナル』No. 178　ニューサイエンス社　pp. 39-44

平野吾郎　2006『同明遺跡（第4次発掘調査報告書）』同明遺跡発掘調査団

増島　淳　1978「富士・愛鷹山麓の火山灰層と先史時代遺跡の関係」『静岡地学』38　静岡県地学会　pp. 1-10

増島　淳　1979「伊場遺跡に堆積する，火山起源粒子について」『国鉄東海道線線路敷内埋蔵文化財発掘調査概報』浜松市教育委員会　pp. 34-40

町田　洋　1977『火山灰は語る』蒼樹書房　pp. 342

町田　洋　1980「富士テフラと古代遺跡」『考古学ジャーナル』No. 178　ニューサイエンス社　pp. 2-11

南足柄市郷土資料館　1999『南足柄の縄文時代』郷土資料館調査報告書第9集　pp. 28

宮地直道　1988「新富士火山の活動史」『地質学雑誌』94(6)　日本地質学会　pp. 433-452

西田史朗・高橋　豊ほか　1993「近畿地方へ東から飛んできた縄文時代後期・晩期火山灰層の発見」『第四紀研究』32(2)　日本第四紀学会　pp. 129-138

山元孝広・高田　亮・石塚吉浩・中野　俊　2005「放射性炭素年代測定法による富士火山噴出物の再編年」『火山』50(2)　日本火山学会　pp. 53-70

山本暉久　1986「縄文時代後期前葉の集落」『神奈川考古』第22号　pp. 187-224

米澤　宏・上杉　陽　1990「宮ケ瀬遺跡群周辺のテフラと地形」『宮ケ瀬遺跡群Ⅰ』神奈川県立埋蔵文化財センター　pp. 226-241

石鏃集計に用いた遺跡発掘調査報告書

天野賢一ほか　2000『原東遺跡』かながわ考古学財団

平野裕久・池田　治ほか　1999『道志導水路関連遺跡』かながわ考古学財団

鈴木次郎・近野正幸　1995『宮ケ瀬遺跡群Ⅴ』かながわ考古学財団

近野正幸・恩田　勇ほか1997『宮ケ瀬遺跡群ⅩⅢ』かながわ考古学財団

市川正史・恩田　勇　1994『宮ケ瀬遺跡群Ⅳ』神奈川県立埋蔵文化財センター

日野一郎・北川吉明　1997『及川中原遺跡』国道412号線遺跡発掘調査団

戸田哲也　2000『恩名沖原遺跡発掘調査報告書』恩名沖原遺跡発掘調査団

戸田哲也　1999『粕上原遺跡発掘調査報告書』粕上原土地区画整理事業区域内遺跡埋蔵文化財発掘調査団

坪田弘子・佐々木竜郎　2008『東大竹・下谷戸（八幡台）遺跡発掘調査報告書）』玉川文化財研究所

小川岳人・井辺一徳　2004『池端・椿山遺跡』かながわ考古学財団

木村吉行・柏木善治　2000『坪ノ内・貝ケ窪遺跡・笠窪・谷戸遺跡』かながわ考古学財団

宍戸信吾・宮坂淳一　2000『三ノ宮・下谷戸№14遺跡Ⅱ』かながわ考古学財団

恩田　勇・井辺一徳　2001『田中・万代遺跡』かながわ考古学財団

村上吉正・吉垣俊一ほか　1997『中里遺跡№31　西大竹　上原遺跡№32』かながわ考古学財団

長岡文紀　2002『原口遺跡Ⅲ』かながわ考古学財団

鈴木一男　1992『石神台』大磯町教育委員会

小野真一　1982『修善寺大塚』加藤学園考古学研究所

平野吾郎・鈴木裕篤ほか　1979『上白岩遺跡発掘調査報告書』中伊豆町教育委員会

小野真一　1979『年川前田』修善寺町教育委員会

そのほかの遺跡については，未報告のため筆者実見のうえで集計

挿図出典

第1図：池谷2003，杉山・池谷2006を参考に筆者作成，第2図：筆者撮影，第3図：小野1983，第4・5図筆者作成，第6図：杉山1978，第7図：町田1980に加筆，第8図：筆者作成，表：すべて筆者作成

杉山博久先生の西相模古式弥生土器研究

谷 口 　 肇

はじめに

　神奈川県域における古式弥生土器研究において，故神澤勇一氏がパイオニア的研究者として第一に挙げられることは，神奈川弥生土器研究史上の常識の一つであろう。神澤氏は，山北町の堂山遺跡（神沢1959・1962）や旧津久井町（現相模原市に合併）の三ヶ木遺跡（神沢1960・1963），三浦市の遊ヶ崎遺跡（神沢1961）など数多くの当該期出土資料を積極的に紹介し，当時杉原荘介氏を中心に整理されつつあった南関東弥生土器編年研究と微妙にシンクロしつつ，それら資料群も含めた神奈川県下における全体的な弥生土器編年の確立を精力的に進められた。ただし，「須和田式」「岩櫃山式」等の古式弥生土器の位置付けについて，杉原氏による一定の結論（杉原1967）が提出された1960年代後半頃から，神澤氏の古式だけでなく弥生土器全体への関心が著しく低下したようで，1970年代半ば以降は土器または土器編年に関する論考は発表されなくなり，神澤氏は海蝕洞穴や卜占などに自身の研究の興味を移してしまう。

　さて，その神奈川弥生土器研究史における神澤氏の沈黙と相前後する時期に，西相模地方で古式弥生土器研究を地道に開陳されていた在地の研究者こそ，本稿を献呈する杉山博久先生である。本稿は大変僭越ではあるが，杉山先生の古式弥生土器研究を改めて紹介することにより，その神奈川古式弥生土器研究史における意義を明確にすることを目的とする。

1．杉山先生による西相模古式弥生土器研究の素描

(1) 平沢同明遺跡出土土器の資料紹介

　小田原市在住で県立小田原城内高校教諭の職務に勤しまれるかたわら，杉山先生は小田原を中心に西相模地域の各時代に渡る考古学研究を1960年代後半より精力的に進められることになるが，本稿で扱う古式弥生土器研究における最初の成果は，1967年の秦野市平沢同明遺跡（註1）出土資料の紹介であった（杉山1967）。

　杉山先生は，現在では県内最重要の初期弥生遺跡と評価が定まっている同遺跡の重要性に早くから注目され，その前年より小規模な学術調査を実施していたが，こちらは個人の宅地内より偶然採集された土器3個体（第2図1～3）の報告である。以下，3個体の土器の主に紋様及び施紋に係る記述や位置付け等に関する記述を引用しながら，当時における先生の問題意識

I部　地域の考古学

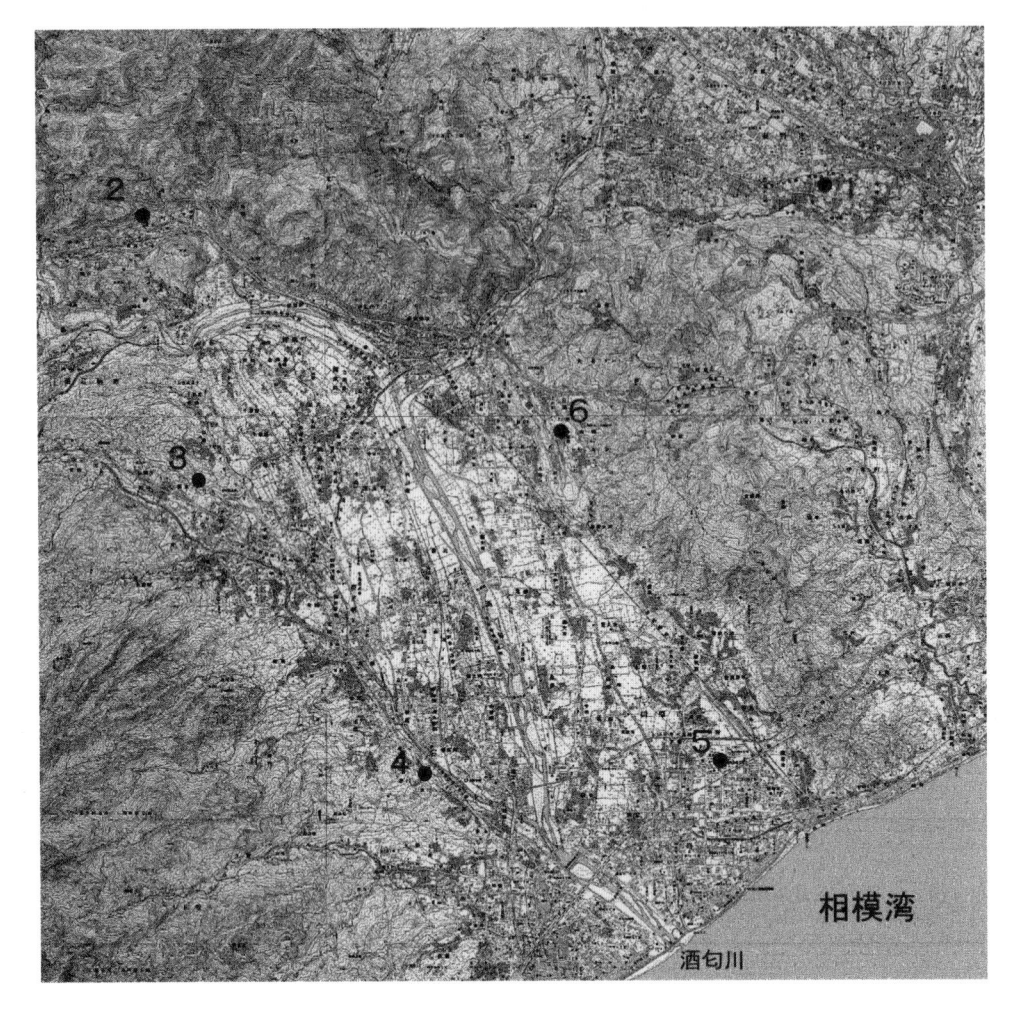

第1図　本稿に関連する小田原を中心とした弥生遺跡
（1平沢同明遺跡　2堂山遺跡　3怒田上原遺跡　4諏訪の前遺跡　5中里遺跡　6中屋敷遺跡）

のトレースを試みる。

なお、これらの資料は出土状況から「一括して出土したものであり、従って一時期の所産」とみなさせられるとのことである（第2図参照）。

○「壺形土器1」

「口縁には、刻目のように縦走する縄文が施され、また、東海地方の初期弥生式土器である水神平式土器に見られるような大きな圧痕を施された凸帯がその外側にめぐらされている。そして口縁の内側には、全体から見て、四個の対称的な位置に大きな弧状の沈線が描かれ、口縁とその沈線に囲まれた部分には斜行する縄文が施こされている。

器面の文様は、口縁から頸部にかけて、櫛状の器具によって施こされた縦走の平行沈線帯があり、その下は、上、下を深い平行沈線によって区切られた無文帯がめぐり、さらに肩部にか

けては細かい斜行縄文が一面に施こされている。そしてこの斜行縄文帯のなかに，沈線によって区画された三角形の無文（磨消し）の部分が四箇処作られている。胴部はその斜行縄文帯と沈線によって区切られ，沈線によって周囲を削られた「Ｓ」字状と逆「Ｓ」字状の大きな文様があり，両者で一対をなし，三個処に施こされ，この部分にのみ，比較的粗い斜行縄文が残り，他は磨り消されている。」

〇「壺形土器２」

「器面の文様は，櫛状の器具による平行沈線と，繊維の束で器面をならした時についたと思われる粗い条痕とで構成されている。

平行沈線による文様は，口縁部から肩部に至る間での部分に施こされている。口縁には横にゆるい波状に二本ないし三本の沈線が引かれ，以下は太い平行沈線によって六層に区画され，その二・四・六層は九本の横走する平行沈線帯をなし，一層は左から右に斜行し，三層は右から左に斜行し，五層は左から右に斜行する平行沈線帯に作られている。

胴部から底部にかけては，前記の繊維の束で器面をならした時についたと思われる粗い条痕が残っているが，これは装飾的な効果も考えられているようで，すべて左上から右下へという一方向で統一されている。」

〇「深鉢形土器１」

「器面の文様は，口縁部からつづく櫛状の器具による平行沈線が，ほぼ土器の上部三分の一のあたりまで縦に施こされ，それより下の部分は，壺形土器の２に見られたような繊維の束による粗い条痕が一面に施こされている。なお，部分的ではあるが，その縦走の平行沈線と斜行の条痕との交点で，横にその条痕の走っているのが認められる。」

〇 資料の編年的位置付け

「その文様のもつ諸特徴から判断して，本資料は南関東地方における弥生式文化の中期初葉に編年されている三ヶ木式土器に属するものであろうと考えられるのである。即ち，神沢勇一氏の提唱された相模湾西北部の編年では，足柄上郡山北町堂山出土の土器を設定標式とする，堂山式に比定されるものとかんがえられるのである。」

〇 資料の有す意義

「従って，本資料はこの地方における弥生式文化黎明期のものと認定され，しかもほぼ完全な形で出土したという事実は，堂山遺跡出土のそれが細かな破片で，「器形の特徴をとらえることは困難であった」のと較べた場合，その詳細を知ることの出来る資料として，学問的に非常に高い価値を認めることが出来ると思うのである。」

以上に引用した記述を見ると，現在の視点から見れば訂正を要する箇所がいくつか認められるものの（註２），この時点ですでに，杉山先生が資料に対して確かな観察眼をもって接していたことがわかる。特に筆者が注目したいことは，「刻み目のように縦走する縄文」「櫛状の器具によって」「深い平行沈線」「細かい斜行縄文」「比較的粗い斜行縄文」「櫛状の器具による平

I部　地域の考古学

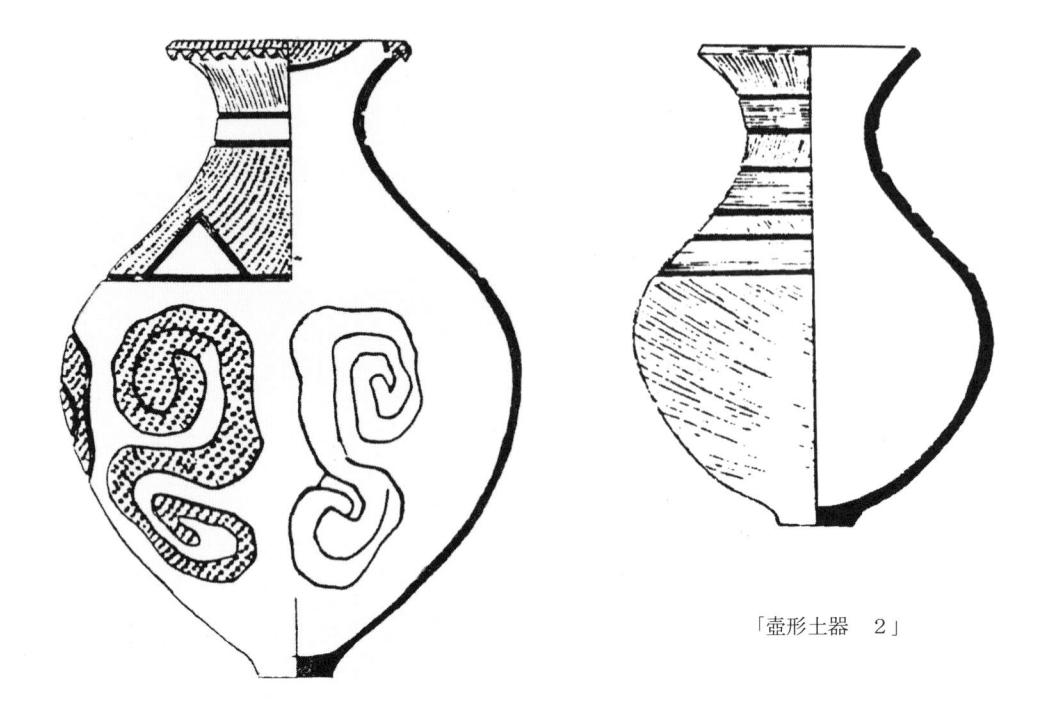

「壺形土器　1」

「壺形土器　2」

「深鉢形土器　1」

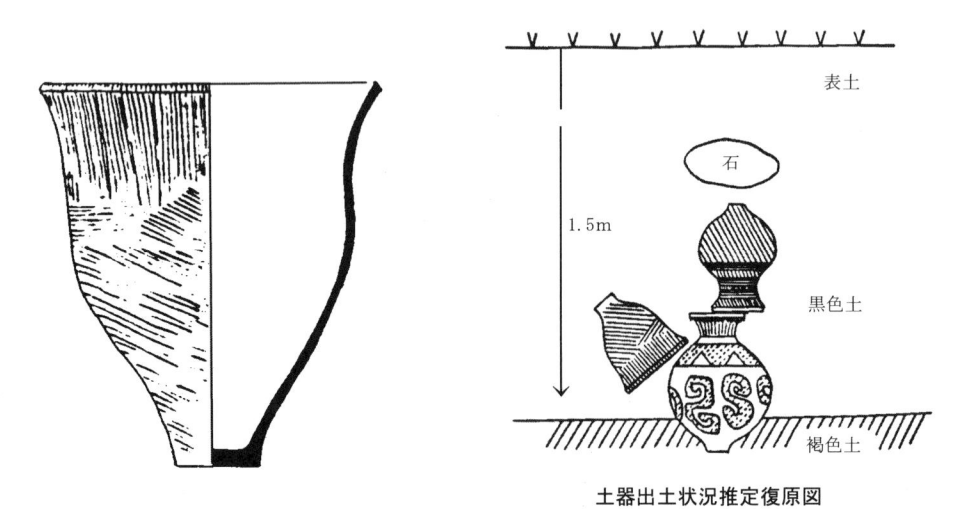

土器出土状況推定復原図

第2図　平沢遺跡出土土器及び出土状況想定図
(杉山1967文献より作成，土器1/6)

行沈線」「繊維の束で表面をならした時についたと思われる粗い条痕」というように，縄紋や沈線等について，それぞれの施紋の様相や原体の違いなどを細かく観察しようとする姿勢である。もちろん，このような土器の記載方法は，神奈川古式弥生土器研究を当時一手に担っていた先述神澤勇一氏による詳細な観察手法を手本とされていたことと思われるが（註3），それにしても単に「縄文」「沈線」「条痕」などというだけではなく，「どのような縄文なのか」「どのような条痕なのか」といった分類・把握を意識した記述は，神奈川県内で神澤氏に次いで古式弥生土器を適切に観察・記述できる研究者として名乗りを上げたに等しい。

　また，その細かな記述の中で，壺形土器1の口縁部突帯について，当時「水神平式土器」が代名詞であった東海系条痕紋土器のそれと関連づける（註4）など正しい認識を示す一方で，壺形土器2の「櫛状の器具による平行沈線」の横走部分についての註として「この櫛状の器具によって施こされた平行沈線は，一周に数箇所の不連続部分が認められる。従って，回転台などは利用されず，手で描かれた文様であろうと思われる。」と，興味深い指摘をされている。前者は，1960年代半ばまでに久永春男氏や紅村弘氏によって編年が整えられた東海西部地方の条痕紋系土器が東国への弥生文化の伝播及び初期の弥生土器の生成について重要な位置を占めることを十分に認識した上で（註5），紋様の大部分が縄紋＋沈線紋である中，異質な条痕紋系要素を的確に把握されていることを示す。後者からは，文中では示されていないが，1959年に佐原真氏が発表した弥生土器の櫛描紋と回転台の使用に関する画期的な論文（佐原1959）を念頭に置いていることが読み取れる。さらには，その後のまとめ中に見られる「弥生式文化黎明期」という文言は，この前年の薗田芳雄氏による北関東の弥生文化についての論考（薗田1966）で使用された用語を早速採用されたものである（神沢氏は使用していない）。このように私家版での短い資料報告ながら，先行する諸研究にきちんと目配りがなされているのである。

　ただし，これらの編年に関して，専ら神沢編年（神沢1966）に準拠した位置付けだけで結論とされているところは少壮の研究者としての限界でもあったのだろう。土器の詳細な観察結果から既存型式へのあてはめがやや唐突な点は否めない。ただ，杉山先生の意図は，「弥生式文化黎明期」の文言に窺えるように，この地域における弥生文化の伝播または始まりといった大きな問題を論じる際の鍵としてこれらの資料に注目を促すことにあったと推測され，細かな編年そのものにはさほど拘泥する必要はなかったのであろう（註6）。実際，最後の追記で平沢同明遺跡について，縄文後・晩期の遺物を多数採集していることから，「将来，さらに調査がすすめば，この一遺跡において，縄文式文化から弥生式文化への推移の過程が，具体的に把握出来るのではないかと思われる」と，今日的な課題でもある同遺跡の実態を解明することの必要性までこの時点で指摘されているのである。

　実際，これら3個体は，杉山先生も触れていた堂山遺跡の「堂山式」が破片資料であったことを気にされていた神沢氏にとって自説を補強する心強い資料の出現と受けとめられたようで，氏による翌年の相模湾沿岸地域の弥生土器編年案（神沢1968）や続く神奈川県内の弥生

Ⅰ部　地域の考古学

式土器集成（神沢 1969）においても「堂山式」の標識的な資料として取り扱われている（註 7）。

　なお，平沢同明遺跡については，杉山先生は 1966 年から 3 次に渡る小規模な学術調査を実施し，1967 年には直良信夫氏の指導の元，平野吾郎氏と共同で行った 4 次調査において，伊豆諸島を除く箱根以東では初例となる「遠賀川式」大型壺を含む多量の縄紋後期・晩期〜弥生初頭期の資料を得られている。この「遠賀川式」の発見は神沢氏も早速触れられたり（神沢 1968），工楽善通氏も取り上げるなど（工楽 1970），学界では著名な存在となったようだが，資料の報告としては，1968 年の 5 次調査も含めて，当時は晩期中葉までの一部に留まり（杉山・平野 1969），特に「遠賀川式」を含む縄紋終末／弥生初頭期の資料について，諸々の事情により，ともかくも実測図の提示までにかなり時間を要した事実（平野 1985・1989）は，神奈川県域における当該期の土器編年研究の 1970 年代における沈滞を考えると，誠に惜しまれることであった（註 8）。

(2) 南足柄市上原遺跡出土資料の紹介

　平沢同明遺跡に次いで，杉山先生が西相模地域における初期弥生遺跡として注目したのが南足柄市（当時は足柄上郡南足柄町）怒田上原遺跡である（註 9）。

　まずは 1969 年に採集資料の報告及び考察が先生の出身大学である早稲田大学文学部発行の研究誌上で発表された（杉山 1969c，第 3 図）。ここでまず注目されるのは，ほとんどが破片資料ということもあるが，かなり細かい分類を実践されている点である。これを箇条書きにすると以下のとおりである。

　　第一群土器－「口縁部に二ないし三条の平行する浅く太い沈線をめぐらした資料」（拓影図Ⅰ－1・2）
　　第二群土器－「沈線により変形工字文の彫刻されている資料」（同Ⅰ－3〜5）
　　第三群土器－「無文土器の口縁部の資料」（同Ⅰ－6）
　　第四群土器－「いわゆる条痕文系の土器」－「壺形と甕形の二種が確認」（同Ⅰ－7〜26，Ⅱ－1〜25，Ⅲ－1〜5）
　　第五群土器－「斜行の縄文を地文とし，太い沈線の施こされた資料」（同Ⅲ－7・8）
　　第六群土器－「縄文を施した部分とよく研磨された部分のある資料」（同Ⅲ－9）

　全体を以上のように施紋等の特徴から第一群から第六群までの 6 群に分けてから，量的に最も多い「第四群土器」である条痕紋系土器を「壺形土器」（拓影図Ⅰ－7〜15）と「甕形土器」（同Ⅰ－16〜26・Ⅱ－1〜21）の 2 器種に分類するが，特に後者を口縁部の特徴から次の 8 類に分類している。

　　第四群甕形土器A類－「口唇に貝殻腹縁による押捺文をもつ資料」（拓影図Ⅰ－16〜20）
　　　　　　　同B類－「口唇に竹管状器具による押捺文をもつ資料」（同Ⅰ－21）
　　　　　　　同C類－「口唇に指頭圧痕をもつ資料」（同Ⅰ－22〜26）
　　　　　　　同D類－「口唇に櫛状器具による条痕を施し，一部を両側より摘んだ資料」（同Ⅱ－1）
　　　　　　　同E類－「口縁部に棒状器具により平行する数段の圧痕の加えられた資料」（同Ⅱ－2）

　　　　同F類―「口縁部に圧痕をめぐらした資料」（同Ⅱ-3・4）
　　　　同G類―「口縁部に竹管状の器具を斜めに押捺したような連続する大型の押圧文を持つ資
　　　　　　　　料」（同Ⅱ-5・6）
　　　　同H類―「口唇は平らで，特に何等の装飾の施されていない資料」（同Ⅱ-7～10）
　さらに条痕が施された胴部破片を施紋方向や原体の様相からA～Eの5類に分類している。
　胴部破片A類―「いわゆる縦走の羽状をなす資料」（拓影図Ⅱ-11～14）
　胴部破片B類―「斜行する条痕の施されたものであるが，その条痕が細かく整った資料」（同Ⅱ-15～17）
　胴部破片C類―「同じ斜行条痕の施されたものであるが，その条痕が粗く太い資料」（同Ⅱ-18～25）
　胴部破片D類―「同様に斜行条痕をもつものであるが，B類とC類の中間的な資料」（同Ⅲ-1～5）
　胴部破片E類―「条痕と縄文の施された資料」（同Ⅲ-6）

　編年的な位置付けについては，第一群土器を「縄文晩期後葉の大洞A式土器」，第二群土器を「大洞A'式土器」にそれぞれ「対比される資料」，第三群土器を前2者に伴ったものと推測される資料，第4群は「弥生中期初頭」の「神沢氏によって設定された堂山式土器に比定される資料」または「弥生中期前葉の堂山式土器に対比される資料」とされている。第5・6群は明確な表現ではないが三ヶ木遺跡や岩櫃山遺跡出土資料に類例がある資料とされている。

　以上のように土器の系統・出自も念頭に置かれた非常に詳細な分類となっている。これはこの報文の参考文献の多さ（先の「平沢3個体報告」が6文献であるのに対して，今回は32文献）からも窺えることであり，この2年間における先行研究を消化した成果の一つとして考案された分類であることは明らかである。神澤勇一氏も堂山遺跡出土土器を分類されているが，「壺形土器」「鉢形土器」「浅鉢形土器」と3器種を弁別してから「鉢形土器」を「第一類」から「第六類」の6類に分類するというもので，土器の系統はさほど重視されておらず，条痕の分類もなされていない。この論文における杉山先生の分類を見ると，神澤氏分類の改良・改訂を意図されたものと見受けられるが，「第〜群」で大きく括った下に「〜類」と細分類するという手法は，先に発表された平沢同明遺跡出土資料について平野吾郎氏と行った分類表現（杉山・平野1969）と同様ではある。ただし，アルファベット大文字の使用なども含めて，筆者としては参考文献にも挙げられている永峯光一氏『佐野』（永峯1966）の影響を見て取ってしまうのだが，いかがであろうか。

　位置付けについては，大洞系土器を弁別し，条痕紋土器を細かく分類した割には，前稿と同じく神沢氏「堂山式土器」に単純にあてはめているようにも見えるが，実は神沢氏の認識を一歩進めたものとなっている点が注目される。すなわち，神沢氏は「堂山式土器を特徴ずける諸点」の類例について，東日本における「伊勢湾付近の貝田町1式土器の系統を引く古い弥生土器」である「東海地方の丸子式土器」「北関東地方の岩櫃山式土器」「中部山地の庄ノ畑式土器」及び「三ヶ木式土器」を挙げ，「堂山式土器はこれらと同列に置かれるべきものとしてさしつかえない」としながらも，条痕の甕と壺のセットという考えにこだわったためか，「東海地方の

Ⅰ部 地域の考古学

第3図 怒田上原遺跡出土土器（1）
(杉山 1969c 文献より作成, 1/6)

丸子式土器との強い関連」だけを強調する記述になり（神沢1962），これが後に杉原荘介氏によって「丸子式土器そのもの」（杉原1967）と「堂山式土器」が軽視される要因となる。ここで杉山先生は怒田上原遺跡の資料について「これらの土器が水神平式土器の系統に属し，遠江の続水神平式土器，駿河の丸子式土器，信濃の庄ノ畑式土器などと密接な関係をもつものであることが改めて確認される」と述べられている。一見，神沢氏と同じ結論のようだが，決定的な違いは，神沢氏がそれら各地域の土器型式と「堂山式土器」とを諸属性の類似をもって「同列」と，並列的に表現されているのに対して，こちらは「密接な関係をもつもの」とむしろ各在地条痕紋系土器型式との結びつきを強調する表現となっている点である。言外には杉原氏の「堂山式軽視論＝単なる丸子式そのもの論」への反発も窺える，と感じるのは穿ちすぎであろうか。

　次ぎにこの報文の考察において，それら条痕紋土器と大洞系有紋土器との共伴関係の問題について触れられていることも注目される。この視点は神沢氏には見られない。当時，南関東地方の「縄紋終末／弥生開始」の議論は，縄紋晩期最末の荒海式土器の設定（西村1961）など，縄紋サイドからは一定の成果が上がっていたが，弥生サイドからの追求は杉原氏のいわば「改訂須和田式土器論」という力業の提案がなされていたものの，実態は曖昧な部分をかなり残すものであった。そこでは，ここでも指摘されているように，荒海式を含む「沈線による変形工字文を彫刻した大洞A'式的特徴をもつ」土器が初期の弥生土器を伴うか否かという問題が根本的な課題として顕在化していた（鈴木1968）。実際，杉山先生は同年に先立って発表した小田原市諏訪の前遺跡の縄文晩期終末期の資料紹介（杉山1969a）の中で，杉原荘介氏分類による東京都新島田原遺跡第9群土器（杉原・大塚・小林1967）である「大洞A'式土器あるいは荒海式土器に対比」される資料（諏訪の前遺跡では「第2群土器」）を見出し，これらが「堂山式土器」といかなる時間的関係に置かれるのか，気にかけられていた。本報文で杉山先生は，「住居址の存在する可能性のある当遺跡において，堂山式土器とともに大洞A'式土器特徴をもった資料の採集されたということの指摘のみに止めて，その究明は後日を期したいと思う。」と慎重な態度ながら，「当地方最初の弥生式土器」である「堂山式土器」と大洞A'式系土器との共伴状況の解明に意欲を示されている。

　最後に本報文において，条痕原体の分類について記述されている。これは，いかにも付け足りのように見えるが，実は今回筆者が杉山先生の業績を改めて勉強させていただいた中で，個人的に最も興味深かった考察が，この条痕原体そのものの分類なのである。先に精粗で「細かく整った」・「粗く太い」・「中間的」の3種に分類されていたが，さらに以下のように「施文具によって細分」されている。

(a) 櫛状器具によるもの
(b) 貝殻腹縁によるもの
(c) 箆状器具によるもの
(d) 繊維を束ねた器具によるもの

I部　地域の考古学

　この条痕原体の4分類は，条痕に対する極めて注意深い観察眼を有していたからこそ可能となったわけだが，さらに注意されることは，続く記述で「このような施文具の相違が何を意味するのか現在のところ，明確ではないが，とにかく，条痕文土器として一括される資料の中にもヴァラエティーがあり，より多くの資料を詳細に検討すれば，そこに何かを検出することが出来るかもしれない。」と，原体の相違における意義の可能性を探られている点である。このような東国古式弥生土器における条痕原体の細別，さらにその有する意味に関する指摘は，おそらくは当時において全国的にも初めての試みと思われる。

　県外に目を転じれば，1957年の磯崎正彦氏による新潟県鳥屋遺跡出土の縄紋晩期終末期の資料の分析において，器面全体または胴部全体に条痕が施された「第5類土器」の条痕原体については，「おそらく二枚貝の脊肋か，または植物の茎を束にしたもの」，また「第7類土器」の今日「細密条痕」（横山1979）と呼称される細かい条痕については「櫛歯状の施文具」というようにおよその分類というか，「条痕の見方の基本」がすでに提示されている（磯崎1957）。翻って神沢勇一氏は，堂山遺跡出土資料の条痕原体については，「櫛状施文具」「条の幅に太細がある」「きわめて乱雑なもの」「ささら状の施形具によったかのような細かいもの」などとさすがに詳細な観察結果を述べられているが，意図的な分類までには至っていない（神沢1962）。本報文の翌年に永峯光一氏によって発表された長野県小諸市氷遺跡出土資料の極めて詳細な分析（永峯1969）においても，条痕紋土器である「第3群土器」の原体については，「二枚貝腹縁」「半截竹管状の原体を潰して不揃いな櫛歯状の先端を作ったと考えられる器具」「不揃いな先端をもつ扁平な器具」などと細かい表現をされているが，これも条痕各種の分類・整理という意図の結果では必ずしもない。つまり，当該期の複雑な条痕については，この頃までに単なる「スジがついた跡」ではなく，それらの異同に関して詳細な観察に基づく正確な報告が行えるところまで，その様相の把握が進んでいたが，まだほとんどの場合「見たまま」の記述レベルに留まっていたのが実情なのであり，その中で杉山先生の「条痕原体の異同が有する意味の検討」に関する言及は，同時代的に極めて重要な提言ではなかったかと筆者は評価したいのである。

　実際，杉山先生はこの報文発表の翌1969年に怒田上原遺跡の小規模な学術調査を実施されており，その速報は1971年に発表された（杉山1971）。それによると，調査の結果，小規模な土坑2基が検出され，「土坑Ⅰ」の内部より小型壺1個体と胴部下位から底部の甕？2個体が出土したとのことである（第4図）。これらはいずれも「堂山式期」に比定される条痕紋土器ということで，調査の目的である大洞系有紋土器との共伴関係の解明には至らなかった。ただし，土坑からの一括出土土器ということで，杉山先生は当時この種の遺構に関して議論されていた墓制・葬制の問題について，簡単にまとめられている。それを箇条書きにすると以下のとおりである。

○　上原例は墳墓とする説を肯定ないしは否定するための積極的証左を提示しなかった。

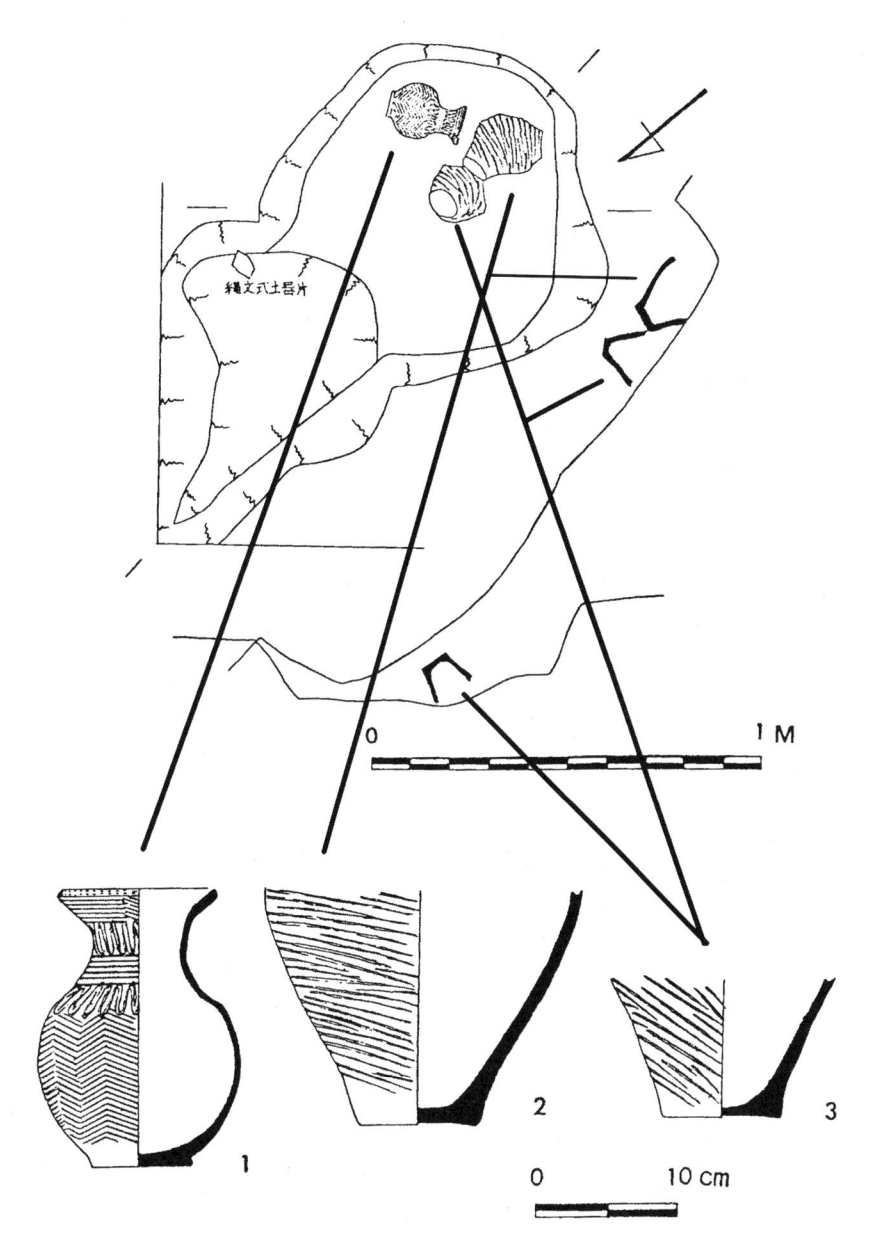

第4図　怒田上原遺跡A地区1号土坑出土土器及び出土状況
（杉山1971文献より作成，土器1/6）

○　完形の比較的小型の壺形土器と，胴部以上を故意に欠失したと思われる2個の甕形土器が埋設されていたことからみて，すくなくとも，何らかの宗教的意味合いをもつ遺構であることは誤りないであろう。

○　洗骨葬を伴う二次的埋葬が存在したとしても，その壺形土器に成人骨を収納する余裕のないことは明らかである。

Ⅰ部　地域の考古学

第5図　諏訪の前遺跡出土土器（左－第1群土器，右－第2群土器）
(杉山・湯川 1971 文献より作成，1/6)

短文ながら，客観的にまとめられているが，「土坑内で土器出土」を安易に「墓」と結びつける向きに懐疑的な姿勢は，いわゆる「再葬墓」の学史上，より注目されても良いと思われる。

(3) 小田原市諏訪の前遺跡出土資料の紹介

先述したように杉山先生は 1969 年に一度小田原市諏訪の前遺跡出土資料の中で，浮線紋土器や変形工字紋土器など大洞系資料を紹介されている。そこで，提示はされなかったが「堂山式土器も出土した」との記述もあったが，それが公表されたのは，上原遺跡調査概要の報告の翌月に刊行された諏訪の前遺跡の本報告書である。これは湯川悦夫氏と共著で刊行されていて（杉山・湯川 1971），多量に出土した弥生後期〜古墳初頭土器の分析を主眼とされたためか，縄文晩期末や弥生初期の資料に割かれているスペースは少ないが，これまた細部で興味深い記述をされていることに気付かされる（第5図）。

まず，先に紹介した大洞系の「縄文文化晩期の土器」を「第1群土器」，今回新たに紹介する「弥生文化中期の土器」を「第2群土器」と大まかに分類している（ただし，「第1群」「第2群」相互の層位差は不明確であったとのことである）。この「第2群土器」の中で「いわゆる条痕文系の土器」とされた「第1類土器」は今日から見れば，弥生前期末段階から弥生中期中葉までの時間幅を有するものであるが，注目すべきは「その条痕には粗く強いものとその退化形態と思われる弱いものとが存在する」という指摘であり，それが時期差であることを認識している点である。すなわち前者は「弥生文化中期前葉」である「堂山式土器と認識される資料」，後者は「南関東の編年で須和田式期に平行する」「当地方で」言う「中里式」に比定されている。

全ての条痕の強弱が即時期差になるとは必ずしも決めつけられないが，全体の傾向として，弥生前期末以来の粗い条痕は，弥生中期中葉の新しい段階（中里式期）には貝殻条痕の激減に象徴されるようにほとんど姿を消してしまい，細めの茎束状の原体でなでつけたような比較的弱い条痕が主体になる。さりげない記述だが，1971年当時この条痕の様相の変化に注意を向けていた研究者は，あるいは杉山先生のみだったのではなかろうか。少なくともこの箇所で挙げられている参考文献（大塚1959，佐藤・宮沢1967）にはそのような記述は確認できない。

　また，時期比定については，先に引用した部分のほかに「第2群土器として一括した資料は，弥生文化中期前半にその編年的位置を与えられるもので，詳細には東海地方の丸子式土器に平行する堂山式土器と，鴨ヶ池式土器に平行する中里式土器に比定される」と注意深く記述され，実は「堂山式」と「須和田式」の時期的関係を直接示した表現は取っていないのである。これはやはり「丸子式」・「堂山式」＝弥生中期前葉→「須和田式」・「中里式」＝弥生中期中葉という神沢勇一氏編年案を否定して，「須和田式」を弥生中期前葉に繰り上げてしまった杉原荘介氏の改訂編年案に対する密かなアンチフラッグではないかと筆者などは勘ぐってしまうが，これも考えすぎであろうか。

(4) その後の古式弥生土器研究

　杉山先生の西相模古式弥生土器研究については，実はこの1971年の怒田上原遺跡の調査速報，諏訪の前遺跡の報告をもって中断してしまう。このあたりの事情については，筆者には窺い知ることができないが，先の平沢同明遺跡の学術調査が1970年で終了することと無関係ではないだろう。杉山先生にとってはこれで一区切りという思いがあったのではないだろうか（註10）。

　ただし，怒田上原遺跡については，南足柄市史編纂事業の一環として，1988年に小規模な学術調査（B地区）が実施されており，その成果は1969年次（A地区）のそれとともに翌年刊行された『南足柄市史』に掲載されている（杉山1989）。その内容を見ると実はB地区の「1号土坑」において，条痕紋土器と沈線による変形工字紋土器が共伴しているのである。『市史』においては事実記載が淡々と記述されているのみだが，実はこの時の調査で杉山先生は「条痕紋土器と大洞系変形工字紋土器の共伴の確認」という年来の宿願の一つを果たされているのであった（第6図）。もっとも今日の視点では，この条痕紋施紋の壺は設楽博己氏の言われる「在地突帯文土器」（設楽1985）の範疇に含まれる，東海系条痕紋土器の影響を受けて，在地で製作されたものであることは明らかであるし，変形工字紋土器ももはや「大洞A'式」そのものではなく，おそらくその直後以降に関東地方で製作されたものであろう。実際，資料が増加してきて既成の考え方との不整合な面が多く顕在化してきた，1980年代以降の当該期土器研究においては，それまでの反動もあり，安易な既存型式名への適用は控える風潮が広まっていて，杉山先生もそのあたりの事情を考慮し，また『市史』という公的刊行物の性格もあり，慎重な記述に終始されたものと推察される。

I部　地域の考古学

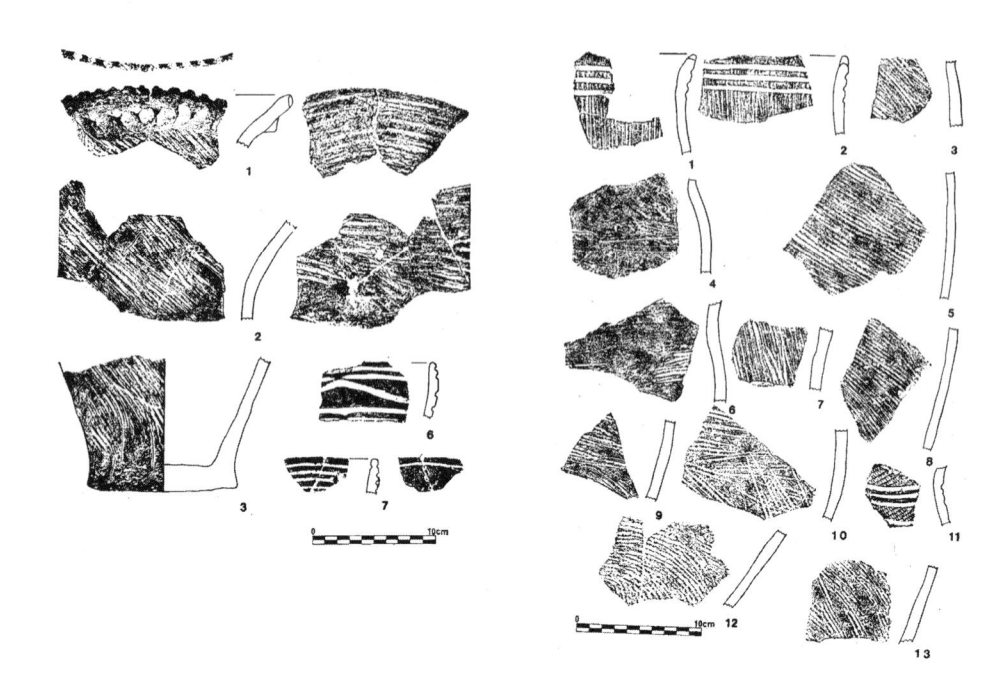

第6図　怒田上原遺跡B地区第1号土坑出土土器
(杉山1989文献より作成，1/6)

2．杉山先生による西相模古式弥生土器研究の今日的意義

　筆者は神沢氏や杉山先生以後，沈滞していた神奈川古式弥生土器研究を復活させた大島慎一氏に次いで，その末席にずうずうしく居座らせていただいているが，筆者自身が現時点で今後の課題と考えている神奈川古式弥生土器研究または当該期文化研究の問題点の多くが，かつての杉山先生の論考の中ですでに触れられていることに今更ながら気付かされた次第である。それをテーマ風に箇条書きにすると以下のようにまとめられようか。

　①　平沢同明遺跡ほか西相模各遺跡における縄紋文化終末期と弥生文化開始期の様相。
　②　西相模の条痕紋土器と他地域のそれらとの関係。
　③　条痕紋土器と大洞系沈線紋（縄紋施紋）土器との関係。
　④　条痕原体の分類とその違いの有する意味。
　⑤　「土器棺」を必ずしも伴わない当該期土坑の機能。

　ここで詳述する余裕はないが，実際にこの5つの課題のどれも現時点においても明確な説明は得られていない（註11）。自己の研究に照らしても「細密条痕」の研究が④の解明の一部となるかどうかといった程度である（谷口2002）。もっとも，①〜⑤のいずれも調査例や資料が多少追加されたからと言って，簡単に回答が得られる性質のものではないが，その意味では1960年代末当時に杉山先生の示唆された諸課題は，非常に先見的で今日的な課題でもあると言えよう。我々後進は，それら諸課題を自分が初めて気がついたようなつもりでいても，実は

先輩研究者から受け継いだ息の長い宿題であることを充分に自覚した上で，事に当たらなければならないのである（と，書いている当人が最も痛感している次第）。

おわりに

今回，杉山先生による古式弥生土器研究を改めて学ばせていただいた中で，後進たる筆者は以上に述べてきたように得るものが非常に多かった。以前，筆者は「堂山式土器」に関して小論を草したことがあるが，その中での研究史の記述において，杉山先生の業績を非常に簡単に扱ってしまった（谷口1990）。あまりにも遅すぎる訂正であるが，本稿がその非礼に対するお詫びの代わりとなれば幸いである。なお，「古式弥生土器」の括りでいうと，杉山先生は中期中葉「中里式」及び「小田原式」の研究成果も残されているが（杉山1968，1969b，1970ab），本稿では主に「堂山式」など条痕紋系土器が主体となる範囲までを扱わせて頂いた（註12）。

最後に筆者と杉山先生の関係について述べさせていただくと，筆者は，かつて大学の卒業論文で弥生初期条痕紋系土器を取り上げた際に，桜井清彦先生のご紹介で，確か1985年の夏頃に杉山先生の当時小田原市浜町のご自宅をお伺いしたことがあった。その時に初対面であったにも関わらず，杉山先生から西相模初期弥生文化について懇切にご教示いただいたことが，現在まで筆者がこれをテーマとして研究（まがい）を続けている大きな動機となっている。さて，その折にお見せいただいた資料の中には先述の怒田上原遺跡や諏訪の前遺跡出土資料があったが，特に怒田上原遺跡の完形の条痕紋小型壺については，実測図まで取らせていただいた。といっても学部4年生ごときがまともな図を取れるべくもなく，知ったような顔をしながらなんとも珍妙な図を作成してしまった。ただし，先生はそのような知ったかぶり学生のヘタウマ実測図にも非常に鷹揚であり，なんと後にその図を『南足柄市史』に採用されてしまったのである！。筆者としては冷や汗ものどころではなく，その後なんとか再実測せねばと考えているがいまだ果たせないでいる。その後，時は流れて1999年に筆者が突然神奈川県から箱根町へ出向を命ぜられ，文字通り途方に暮れていた時に当時空き家となっていたかつての旧宅（ということは筆者が以前お伺いした浜町のお宅）を快くお貸しいただき，以後，昨年藤沢へ引っ越すまでの7年半もの間，相模湾を臨む快適な生活を送らせて頂いた。これについてはもう感謝の言葉の申し上げようもない。

学問に話を戻すと，先述した諸課題について，自分としても今後の研究テーマとしていかなければならないことは当然だが，前提として，資料を入念に観察し，それぞれの特徴の異同を的確に把握できる「観察眼」があってこそ，これらの問題に対峙できる。この点，筆者は1969年の杉山先生のレベルにはまだまだほど遠いが，今後も資料に対する自分の「眼」と「感性」を磨き，より良い報告を続けることで，これまでの公私に渡る先生のご恩に報いたいと考える次第である。これからもご指導よろしくお願いいたします。

I部　地域の考古学

註

(1) 平沢同明遺跡の遺跡としての呼称は，この報告のように大字名で代表させて「平沢遺跡」とする場合があり，1985年刊行の『秦野市史－別巻考古編』（「平沢遺跡」の項の執筆者は明記されていないが，おそらく杉山先生）でも同様であるが，これは亀井正道氏（亀井1955）が報告した「須和田式土器」（今日ではいわゆる「平沢式」の基準資料）が出土した字北ノ開戸地点まで広い範囲を含む場合である。縄文後晩期〜弥生初期の資料が出土する箇所はあくまでも字同明の範囲であり，現在でも神奈川県における遺跡名は原則として「大字＋小字」となっていることから，「須和田式」出土の北ノ開戸地点と判別する意味で，（杉山・平野1969）文献で最初に使用された「平沢同明遺跡」の名称がやはり妥当と思われる。ただし，小字名のみの「同明遺跡」と称する場合もあり（平野1985・1989），先年刊行された第四次調査報告書のタイトルも「同明遺跡」となっている（杉山・平野他2006）。

(2)「壺形土器2」は，駿河「丸子式土器」壺の搬入品である可能性が高く，条痕原体は全て二枚貝腹縁だが，アカガイなどの比較的条が細かいものであり，これは櫛状工具などと混同しやすい。「深鉢形土器1」も同様である。また各紋様帯間の「沈線」は実は原体である二枚貝腹縁の両端が深く器面に当たったためにあたかも太い沈線状に見えるものである。実は筆者はお恥ずかしいことに実物をろくに見もせずに，神沢勇一氏実測図（神沢1969）の表現から，同様に認識してしまったばかりか，出鱈目な記述をしてしまい（谷口1990），後に撤回した経験がある（谷口1991）。

(3) ここで引用されているのは，（神沢1959）文献である。なお，神沢氏の研究については，最近の大倉潤氏の論考に詳しいので参照されたい（大倉2007）。

(4) なお，この報告以前に西相模地域の大井町中屋敷遺跡出土資料を報告された吉田格氏は，その中の口縁部に突帯を有する資料を「水神平式土器」と結びつけて考察されている（吉田1958）。

(5) ここで引用されているのは，（久永1955）（紅村1963）文献である。

(6) これは続々と新型式名を生み出した神沢勇一氏とは対照的である。また，杉山先生はついに自己の古式弥生土器の編年表を作成されなかったことも注意される。

(7) （神沢1968）文献には，「壺形土器1」と「甕形土器1」の条痕系2個体の実測図がまず掲載され，（神沢1969）文献で3個体全ての実測図が掲載された。これら3個体の土器については，それぞれの写真がその後に刊行された概説書や図録等にしばしば採用されたように，1970年代には関東古式弥生土器の典型の一つとしての扱いを受けていた。筆者が今回調べた限りでは「壺形土器1」が（坪井1973），（佐原1976），「壺形土器2」が（工楽1970），（坪井1973），（佐原・金関編1975），3個体全てが（田辺編1978）の各文献に掲載されている。なお，本文中には特に記されていないが，この3個体の出土状況図で注目されるのは，上方に土器の胴部最大径とほぼ同じ大きさの石が見られることであり，例の「遠賀川式土器」壺にも同様の石があたかも蓋のように置かれていたことと共通する。

(8) （杉山・平野他2006）文献には，平野吾郎氏によって報告書刊行が遅れた事情が記されていて，予算や人の裏付けの乏しい「手弁当」での「学術発掘調査」の「その後」における関係者のご苦労がしのば

(9) 怒田上原遺跡の名称は，杉山先生が使用したように当初は小字名のみの「上原遺跡」とされていたが，これも「大字＋小字」の遺跡名として『南足柄市史』では「怒田上原遺跡」とされた。本稿ではこちらを採用する。

(10) もっとも，その後の新資料の発見に乏しかったことも要因だろうが，やはり神沢氏の沈黙も大きかったのだろう。

(11) ただし，例えば①・⑤の問題などは，最近大井町中屋敷遺跡を再調査されている昭和女子大学の調査成果が注目される（山本・小泉 2005）。平沢同明遺跡については，秦野市教育委員会による調査成果が公表されつつあるし（大倉 2006），多量の当該期資料が出土した玉川文化財研究所の調査成果にも期待される（戸田 2005）。

(12) なお，今回文献を探索している内に気付いたことだが，『小田原考古学研究会会報』第 3 号の杉山先生による編集後記において「本号には，故山内清男先生の「小田原式土器の想い出」という作品が掲載されるはずであったが，先生の突然の御逝去によって実現出来なかった。」という一文がある。これが実現されていたら，「小田原式」をめぐるその後の状況は，あるいは多少違ったものになったのかもしれない。

引用・参考文献

赤星直忠　1958a「西丹沢山北町堂山遺跡と尾崎遺跡を訪うて」『足柄乃文化』創刊号

赤星直忠　1958b「山北町遺跡（追加）」『神奈川県文化財調査報告』24

磯崎正彦　1957「新潟県鳥屋の晩期縄文式土器（予報）」『石器時代』第 4 号

大倉　潤　2006「神奈川県秦野市平沢遺跡 9301 地点出土資料の検討Ⅱ―縄紋時代晩期後葉から弥生時代を中心に―」『秦野市立桜土手古墳展示館研究紀要』第 7 号

大倉　潤　2007「所謂「神澤編年」の成立過程とその周辺をめぐって―「相模湾西部」の弥生式土器研究史についての一考察―」『土曜考古』第 31 号

大塚初重　1959「利島・ケッケイ山遺跡の調査」『伊豆諸島文化財総合調査報告』第 2 分冊　東京都教育委員会

小田原考古学研究会　1971『小田原市諏訪の前遺跡』小田原考古学研究会調査報告書 2

神奈川県立博物館　1969『神奈川県考古資料集成Ⅰ－弥生式土器』

亀井正道　1955「相模平沢出土の弥生式土器について」『上代文化』二五号

神澤勇一　1959「神奈川県足柄上郡堂山の弥生式土器について」『足柄の文化』2

神澤勇一　1960「津久井町三ヶ木遺跡出土の弥生式土器」『神奈川県文化財調査報告』26

神澤勇一　1961「三浦市城ヶ島出土の弥生式土器」『横須賀市博物館研究報告（人文科学）』第 5 号　横須賀市博物館

神澤勇一　1962「山北町堂山遺跡出土の弥生式土器」『神奈川県文化財調査報告』27

Ⅰ部　地域の考古学

神澤勇一　1963「神奈川県三ヶ木遺跡出土の弥生式土器」『考古学集刊』2－1

神澤勇一　1966「弥生文化の発展と地域性」『日本の考古学Ⅲ－弥生時代』河出書房新社

神澤勇一　1968「相模湾沿岸地域における弥生式土器の様相について」『神奈川県立博物館研究報告』1－1

神澤勇一　1969「神奈川県下の弥生式土器」『神奈川県考古資料集成1－弥生式土器』神奈川県立博物館

工楽善通　1970「農耕文化の伝播」『古代の日本7－関東』角川書店

紅村　弘　1963『東海の先史遺跡総括編』名古屋鉄道株式会社

佐藤甦信・宮沢恒之　1967「喬木村阿島遺跡」『長野県考古学会誌』第4号

佐原　眞　1959「弥生式製作技術に関する二, 三の考察－櫛描文と回転台をめぐって－」『私たちの考古学』第五巻第四号

佐原　眞　1976『弥生土器』日本の美術第125号　至文堂

佐原　眞・金関　恕編　1975『古代史発掘4　稲作の始まり』講談社

設楽博己　1985「関東地方の＜条痕文系＞土器」『＜条痕文系土器＞文化をめぐる諸問題』愛知考古学談話会

杉原荘介　1967「下総須和田の弥生式土器について」『考古学集刊』3－3

杉原荘介・大塚初重・小林三郎　1967「東京都新島田原における縄文・弥生時代の遺跡」『考古学集刊』第3巻3号

杉山博久　1967『秦野市平沢遺跡出土の弥生式土器について』（私家版）

杉山博久　1968『小田原市府川出土の弥生式土器』（私家版）

杉山博久　1969a「諏訪の前遺跡出土の晩期縄文式土器」『小田原考古学研究会会報』創刊号

杉山博久　1969b「小田原式土器について」『小田原考古学研究会会報』創刊号

杉山博久　1969c「神奈川県南足柄町上原遺跡出土の土器」『史観』第80冊

杉山博久　1970a「小田原市山の神遺跡発掘調査報告」『小田原市文化財調査報告書』第三集

杉山博久　1970b「中里遺跡出土の土器と二・三の問題」『小田原地方史研究』2

杉山博久　1971「神奈川県足柄上郡南足柄町上原遺跡調査概報」『小田原考古学研究会会報』3

杉山博久　1989「原始編」『南足柄市史Ⅰ』南足柄市

杉山博久・平野吾郎　1969「神奈川県秦野市平沢同明遺跡の調査」『古代』第52号

杉山博久・平野吾郎・山本守男・谷藤保彦　2006『同明遺跡（第4次発掘調査報告書）』同明遺跡発掘調査団

薗田芳雄　1967『桐生市およびその周辺の弥生文化』

田辺昭三編　1978『日本原始美術大系2＝弥生土器　須恵器』講談社

谷口　肇　1990「堂山式土器」の　再検討」『神奈川考古』第26号

谷口　肇　1991「神奈川県域の縄紋終末～弥生初頭の土器様相」『第1回東日本埋蔵文化財研究会　東日本における稲作の受容』東日本埋蔵文化財研究会

谷口　肇　　　2004「細密条痕の復元」『古代』第 116 号

坪井清足　　　1973『弥生』陶磁大系 2　平凡社

戸田哲也　　　2005「秦野市平沢同明遺跡」『第 29 回神奈川県遺跡調査・研究発表会　発表要旨』

永峯光一　　　1966『佐野』長野県考古学会研究報告書 3

永峯光一　　　1969「氷遺跡の調査とその研究」『石器時代』第 9 号

西村正衛　　　1961「千葉県成田市荒海貝塚」『古代』第 36 号

久永春男　　　1955「各地域の弥生式土器－東海」『日本考古学講座 4　弥生文化』河出書房

平野吾郎　　　1985「伊賀谷遺跡出土土器について」『古代』第 80 号

平野吾郎　　　1989「神奈川県同明遺跡」『探訪弥生の遺跡　畿内・東日本編』有斐閣

山本暉久・小泉玲子　2005「中屋敷遺跡の発掘調査成果」『日本考古学』第 20 号

横山浩一　　　1979「刷毛目技法の源流に関する予備的検討」『九州文化史研究所紀要』第二十四号

吉田　格　　　1958「神奈川県中屋敷遺跡―いわゆる土偶形容器発掘遺跡の考察―」『銅鐸』14

卜占に係る刻み目痕を持つ骨角製文物考
―神奈川県豊田本郷遺跡の事例を中心に―

大 竹 憲 治

緒 言

　神奈川県平塚市豊田本郷遺跡からは，ウマの橈骨に16条の刻み目加工痕を持つ文物（村山・明石・安藤1985）が出土している。この多条の刻み目加工痕を持つ骨角製文物については，卜占に係る呪術具とされてきた。我が国では，弥生時代や古墳時代の遺跡から10数例を検出しており，類例が韓半島にも瞥見できる。

　小稿では，かかる卜占に使用したとされる刻み目加工痕のある骨角製文物を集成し，若干の考察をしたい。

1. 日本における刻み目痕を持つ骨角製文物

(1) 豊田本郷遺跡の事例（第1図1a・b）

　本遺跡は，神奈川県平塚市豊田本郷字本宿地内に所在する。1981年10月24日から1983年5月1日にかけて発掘調査が実施され，調査面積は3700㎡である。今回取り上げた刻み目加工痕を持つ骨角製文物は，ウマの橈骨（左側）である。このウマの橈骨を分析した金子浩昌氏の計測（金子1985）によると，全長30.35cm，近位端最大幅7.08cm，遠位端最大幅（骨端上の左右突起間）6.3cm，骨体中央最大小径3.36cmである。問題の刻み目加工痕が集中して見られる箇所は，橈骨中央部7.9cmのみの区間であり，その区間に5mmごとに16条の刻み目痕を施している。この16条の各刻み目の溝幅は，2mm前後，深さ1mmから1.4mm未満である。

　かかる刻み目加工痕があるウマの橈骨製文物は，45号溝状遺構（註1）から出土し，古墳時代後期から奈良時代前半の所産と推定されている。

(2) 大阪府国府遺跡の事例（第1図2a・b）

　本遺跡は，大阪府藤井寺市道明寺地内に所在する旧石器時代から奈良・平安時代に及ぶ複合遺跡である。特に縄文時代前期や弥生時代の遺物，さらに埋葬骨は，戦前から注目（藤原1983）されていた。刻み目加工痕のある文物は，鹿角製で第2枝と角冠を切断し，良好な角幹部分を使用したもので，『本山考古室要録』に記載（末永1935）してある。刻み目が集中する箇所は，角幹中央部と第2枝切断面直下の2箇所である。中央部に8条，切断面直下に9条，計17条の刻み目加工が施してあり，全長25cm内外を測る。

Ⅰ部　地域の考古学

本遺跡は，冒頭に述べたように年代に幅があり，刻み目加工痕が見られる鹿角製文物の年代特定は困難であるものの，おおよそ弥生時代から奈良時代頃と推定している。

(3) 千葉県矢作貝塚の事例（第1図3a・b）

本貝塚は，千葉県千葉市中央区矢作地内に所在し，縄文後期の貝塚として著名である。1980年に千葉県文化財センターが実施した発掘調査の際，古墳時代の住居跡群が検出され，その中の008c住居址（鬼高期）床面直上から刻み目加工痕を持つ鹿角製文物が出土（千葉県文化財センター1981）している。

かかる刻み目加工の鹿角製文物は，面取りをした成獣の良好な角幹が使用されており，全長27cm，角幹の最大径2.9cmを測る。刻み目加工痕は，角幹中央部7.8cmの区間に集中して施され，その数は19条である。

(4) 愛知県瓜郷遺跡の事例（第1図4・5）

本遺跡は，愛知県豊田市瓜郷町東寄道・西寄道地内に所在する弥生時代中・後期の集落遺跡（豊橋市教育委員会1963）である。この遺跡からも，刻み目加工痕のある角製文物が2点出土している。

第1図4は，鹿角の第1枝を利用したもので，その中央部に刻み目加工が横位に21条施されている。全長15cm内外を測る。

第1図5も面取りされた細身の角幹を使用し，刻み目加工が18条確認できる。上部が欠損しているため，本来の刻み目溝は若干増える可能性がある。これら2点の文物の所産期は，弥生時代中・後期である。

(5) 千葉県服部遺跡の事例（第1図6a・b）

本遺跡は，千葉県千葉市郊外服部地内に所在する。この遺跡からは，鹿角の角幹を利用した刻み目加工痕を29条持つ文物が出土（金子1985）している。かかる刻み目加工痕の様式は，矢作貝塚（第1図3）の事例に酷似し，全長17cm内外を測り，所産期が古墳時代前期（五領期）に比定される。

(6) 愛知県熱田高倉貝塚の事例（第1図7）

本貝塚は，愛知県名古屋市熱田区高蔵町に所在する。この貝塚からは，戦前から学界に知られたウマの中足骨を素材とした刻み目加工痕が26条ある文物が出土（鍵谷1908）しており，全長22.39cmを測る。

かかるウマ中足骨に刻み目加工痕のある文物の年代については，従来弥生時代後期初頭とされてきた。しかし，金子氏は弥生時代における大陸からのウマの伝播等の問題が内在するので，慎重な年代決定をすべきとの見解を示唆（金子1985）している。

(7) 長野県生仁遺跡（第2図1～3・9）

本遺跡は，長野県更埴市屋代字生仁地内に所在する弥生時代後期から平安時代の集落遺跡である。この遺跡からは，弥生時代後期（栗林Ⅰ式期・箱清水式期）の骨角器17点（岩崎

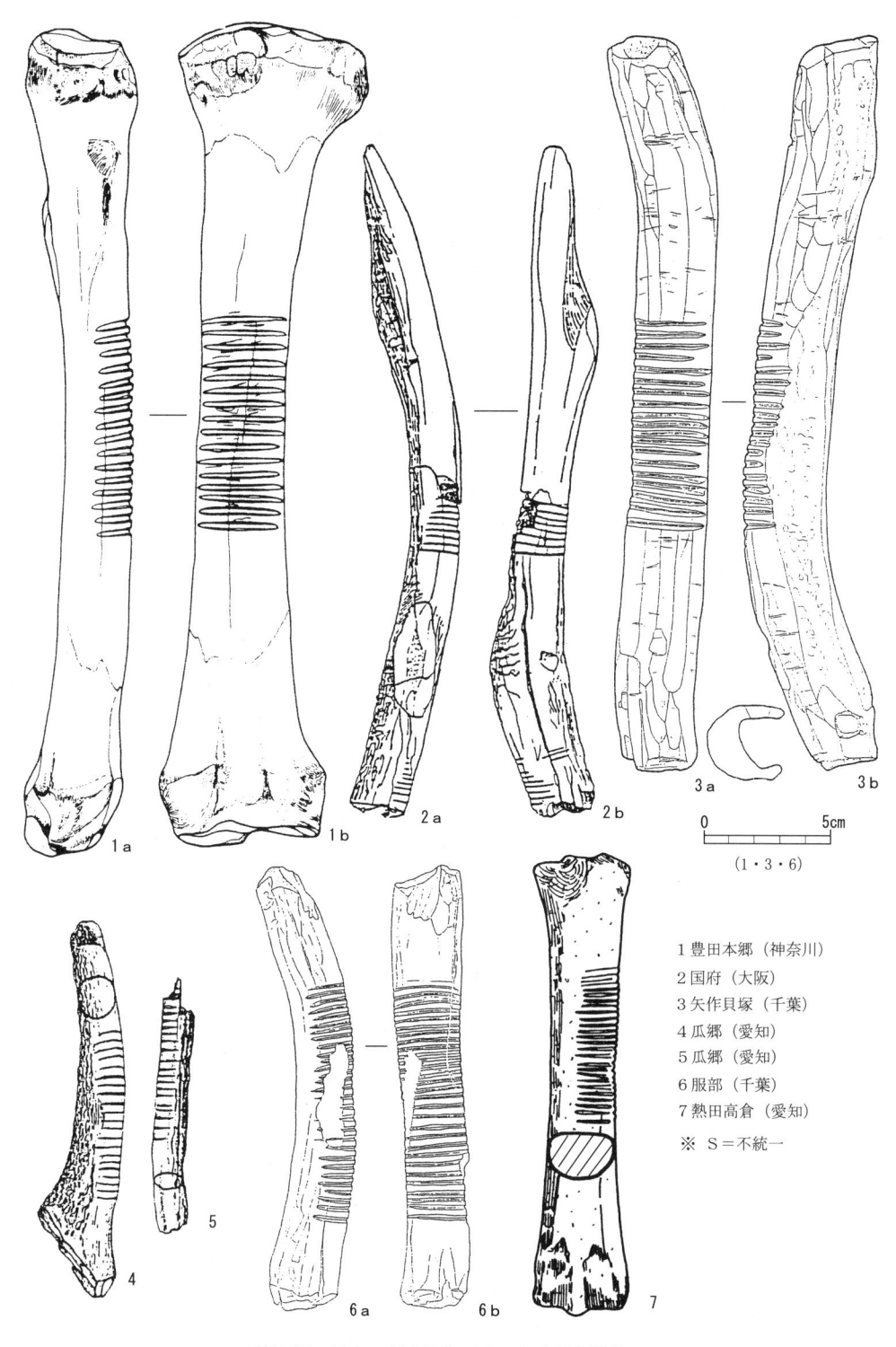

ト占に係る刻み目痕を持つ骨角製文物考

1 豊田本郷（神奈川）
2 国府（大阪）
3 矢作貝塚（千葉）
4 瓜郷（愛知）
5 瓜郷（愛知）
6 服部（千葉）
7 熱田高倉（愛知）
※ S＝不統一

第1図　日本の刻み目加工痕のある骨角製品Ⅰ

133

I部　地域の考古学

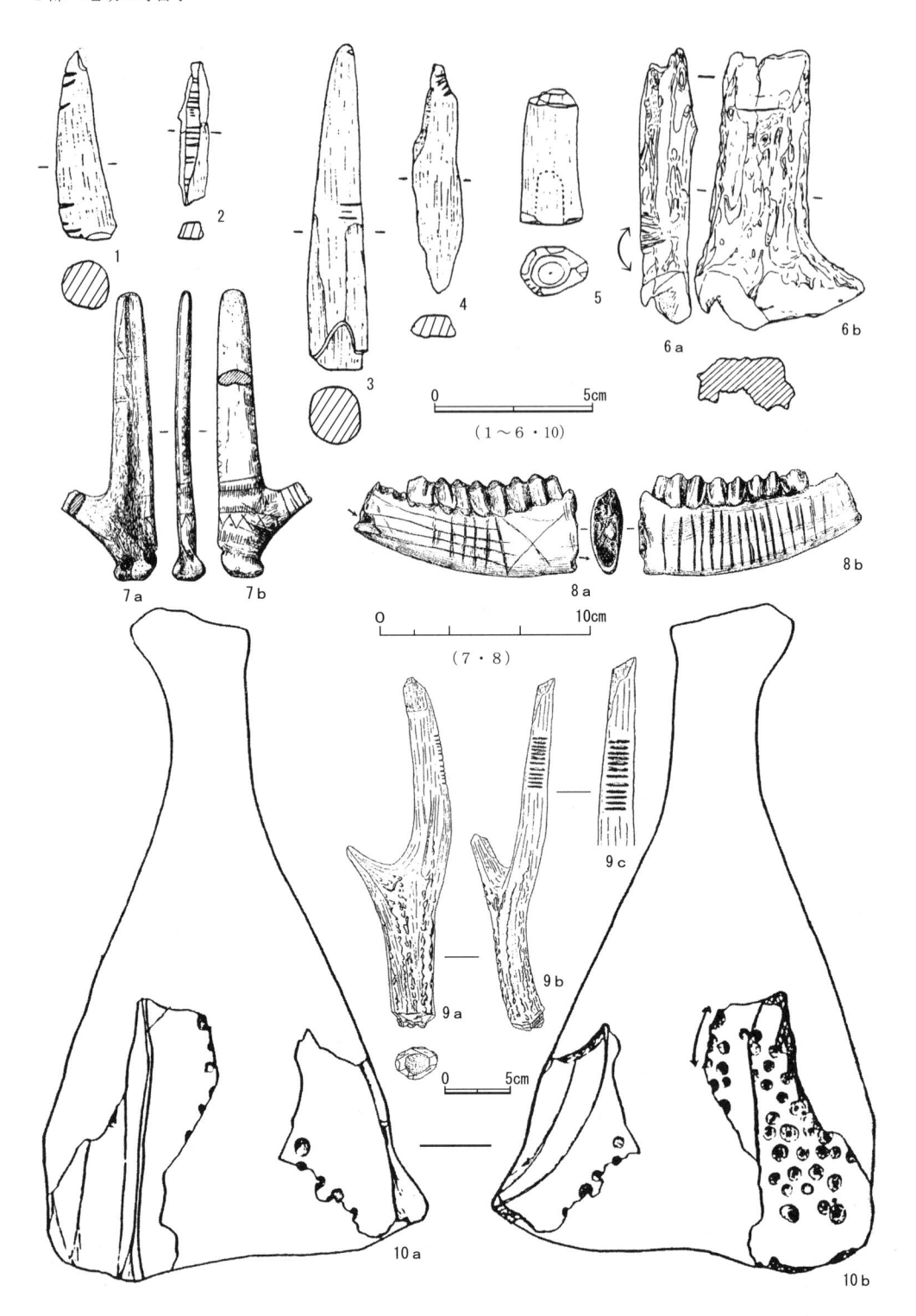

第2図　日本の刻み目加工痕のある骨角製品Ⅱ（1～5・9・10生仁，6屋地，7・8唐古）

1982) ほどが出土しており，その中に刻み目加工痕を持つ鹿角製文物がある。

かかる刻み目加工痕のある鹿角製文物のうち，第2図9はY7号住居跡から検出されており，角冠叉状から主幹頂の部分を利用したものである。刻み目加工は，主幹頂中央5cmの区間に12条施され，各刻み目の長さは1cm内外，鹿角全長26cm内外を測る。

このほか本遺跡からは，刻み目加工痕のある鹿角製文物が4点出土している。そのうち第2図4は，明らかに削痕であり，同じ弥生時代後期の長野市屋地遺跡（第2図6）の鹿角加工痕も同様のものと推定される。ただし，本遺跡第2図1から3の刻み目痕は，等間隔に刻み目が施されており，刻み目の数は少ないものの完全に削痕とも断定できないでいる。したがって，現時点では，刻み目加工痕を持つ系列に包括しておく。

(8) 奈良県唐古遺跡の事例（第2図8a・b）

本遺跡は，奈良県磯城郡田原本町唐古地内に所在し，我が国を代表する弥生時代の遺跡である。この遺跡からは，イノシシの左下顎骨の両面に刻み目加工痕のある文物が出土している。

第2図8に挙げた本骨製文物を検討した小林行雄博士は，「猪顎骨製装身具」と命名し，佩用品との見解を示されたうえで，「前略…佩用のために特に穿孔する等のことはないが，顎骨下部の髄空によって紐を通すことができる。…後略」（小林1943）と述べている。筆者は，かかる小林博士の佩用説に対し，本骨製文物が豊田本郷や矢作貝塚（第1図1・3）と同じト占に係る刻み目加工痕系列の呪術具と認識している。本イノシシ下顎骨製文物の刻み目加工痕は，表面（第2図8a）に縦位の太い線刻が6条，横位に細い線刻が4条入り，さらに「X」字状の線刻も見られる。また，裏面（第2図8b）にも縦位に17条の太い線刻が施されている。かかる刻み目痕を持つ骨製文物は，同じ唐古遺跡出土の鋸歯状意匠文（第2図7）のある鹿角製垂飾品とは異なる。

2．韓半島における刻み目痕を持つ骨角製文物

(1) 韓国釜山市朝島貝塚の事例（第3図1a・b）

本貝塚は，韓国釜山市影島区の海上に浮かぶ朝島に占地する。1973年に国立中央博物館による発掘調査の際，Dピット1層からシカの四肢骨に刻み目加工痕を施した骨角製文物が出土（国立中央博物館1976）している。

この骨角製文物を再検討した金子氏（金子1985）によると，骨がシカではなくウシの中足骨（第3図1b）であるという。かかるウシの中足骨の刻み目痕は30条余りで本来，数条が加算される可能性がある。ウシの中足骨は，上下端が欠落しており，現存長11.5cm内外で，時期が金海文化期（BC1世紀～AD1世紀）に比定される。

(2) 韓国馬山市城山貝塚の事例（第3図2・3）

本貝塚は，韓国慶尚南道馬山市城山地内に所在する。この貝塚北区と南西区からは，刻み目加工痕が施された鹿角製文物が2点出土（李・趙1976）している。

I部　地域の考古学

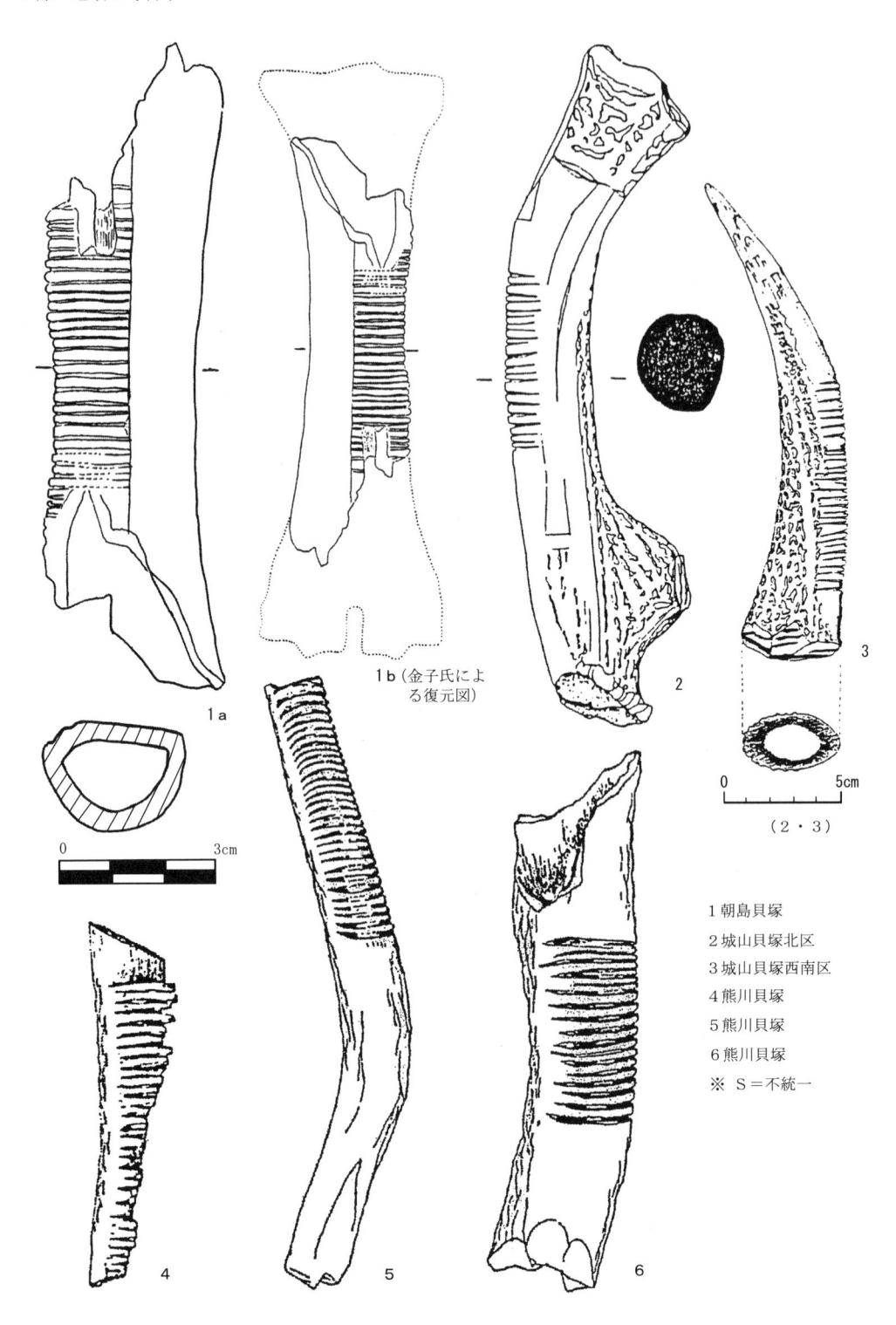

1 朝島貝塚
2 城山貝塚北区
3 城山貝塚西南区
4 熊川貝塚
5 熊川貝塚
6 熊川貝塚
※ S＝不統一

第3図　韓国の刻み目加工痕のある骨角製文物

第3図2は，角座から第2枝叉状部下端を利用し，刻み目痕が角幹中央部7cmの区間に21条施されている。全長26cm内外を測り，北区からの検出である。

　第3図3は，第1枝を利用したもので，切断面にソケット状の凹部が造形されていることから刀子柄と報告している。刻み目痕は，第1枝中央部8.5cmの区間に29条が施され，全長15.5cmを測る。南西区より出土している。かかる刻み目痕については，刀子柄を考慮し，柄を握る際のすべり止めのスリットという見解もある。しかし，同時期の金海貝塚の鹿角製刀子柄（梅原・浜田・松本1923）は，面取り整形がされており，むしろ城山貝塚のように鹿角表面の顆粒を整形せずに刻み目加工痕を施すという刀子柄の方が珍しい事例である。したがって，本事例は当初，刀子柄とすべく製作されたが，途中から刻み目加工痕を施すような別の目的（ト占）に転用したと理解したい。

(3) 韓国昌原郡熊川貝塚の事例（第3図4～6）

　本貝塚は，韓国釜山市郊外の慶尚南道昌原郡熊川邑裏山地内に所在する。この貝塚は，1961年と1964年に金延鶴氏によって発掘調査されている。その調査の折，鹿角に刻み目加工痕を持つ文物が5点出土（金1969）しており，うち3点については実測図が公表されている。

　第3図4は，角幹が欠損しているものの，その中央部に28条の刻み目が確認できる。しかし，本来はさらに数条の刻み目が存在していたものと思われる。

　第3図5は，第1枝を切断し，角座より上部から第2枝叉状部下端を利用しており，角表面の顆粒を削って整形した後，第2枝叉状部寄りに集中して刻み目加工痕が30条以上施されている。この事例は，城山貝塚北区出土（第3図2）のタイプの角幹をさらに細く整形した様式であり，日本の国府遺跡や瓜郷遺跡（第1図2・5）にも派生する技法で製作している。

　第3図6は，第1枝叉状部から第2枝叉状部下端の角幹を利用したもので，その中央部に18条の刻み目加工痕のある文物である。

3．刻み目痕を持つ骨角製文物の様式分類

　本節では，日韓双方に見られるト占に係る刻み目加工痕を持つ骨角製文物を一括して分類する。

第Ⅰ様式（第1図1・7，第3図1）

　ウマ・ウシの四肢骨を素材とし，骨の中心に多条の刻み目加工痕が認められるものを一括する。豊田本郷遺跡（第1図1），熱田高倉貝塚（第1図7），朝島貝塚（第3図7）の文物が本第Ⅰ様式に相当する。

第Ⅱ様式（第1図2～6，第2図1～3，第3図2～6）

　鹿角を素材とし，その角幹部に刻み目加工痕が認められるものを本第Ⅱ様式とする。以下，4類に細分される。

I部　地域の考古学

A類

　角座より上の第1枝叉状部から第2枝叉状部下端の良好な角幹を利用したもので，その中央部に刻み目加工痕が施されたものを一括する。矢作貝塚（第1図3），瓜郷遺跡（第1図5），服部遺跡（第1図6），城山貝塚北区（第3図2），熊川貝塚（第3図5・6）が本A類に属す。

　これらA類のうち，角幹表面の顆粒を削り，丁寧な面取りが見られるのは，矢作貝塚，瓜郷遺跡，熊川貝塚の例であり，鹿角表面に顆粒を残す城山貝塚北区の事例と微妙な差異がある。

B類

　第2枝叉状部，もしくは本叉状部直上より角冠を含め主幹尖頂までを利用したものを一括する。国府遺跡（第1図2），生仁遺跡（第2図9）が本B類に属す。国府遺跡の場合は，第2枝と角冠を切断し，角幹中央部と第2枝切断面直下の2箇所に刻み目痕の集中部分がある。一方，生仁遺跡の場合は，角冠叉状部より主幹尖頂部の中央に1箇所刻み目痕が集中して施されており，刻み目痕の位置が異なっている。

C類

　第1枝や角冠，あるいは主幹尖頂部を利用したものを一括する。瓜郷遺跡（第1図4），生仁遺跡（第2図1・3），城山貝塚南西区（第3図3）が本C類に属す。このうち瓜郷遺跡と城山貝塚南西区の事例は，第1枝中央部に多条の刻み目痕が認められるのに対し，生仁遺跡例の場合は，刻み目痕の数が少ないという違いがある。

D類

　鹿角が欠損したもので，数条の刻み目痕が確認できるものを一括する。生仁遺跡（第2図2），熊川貝塚（第3図4）の事例が本D類に属す。

第Ⅲ様式（第2図8）

　唐古遺跡のイノシシ下顎骨製品については，戦前から「猪顎骨製装身具」とされてきた。しかし，表面（第2図8a）には，縦位に6条と横位に4条の刻み目痕，その裏面（第2図8b）にも縦位に17条の刻み目痕があり，第Ⅰ様式・第Ⅱ様式同様に卜占に係る刻み目痕と認識し，本第Ⅲ様式を設定する。今のところ，かかる唐古遺跡のものが唯一，第Ⅲ様式に属す。

4．刻み目痕を持つ骨角製文物の検討

　卜占に係る刻み目痕を持つ骨角製文物については，第一に素材の問題，第二に一方向の刻み目痕の問題，第三に刻み目痕が碁盤の目状に交差する事例について検討する。

(1) 素材の問題

　様式分類した刻み目加工痕の骨角製文物のうち，第Ⅰ様式・第Ⅲ様式は，すべて骨製である。このうち，ウマの四肢骨（橈骨・中足骨）のものは，豊田本郷遺跡（第1図1）と熱田高倉遺跡（第1図6）であり，ウシの四肢骨（中足骨）が韓国朝島貝塚（第3図1）である。また，第Ⅲ様式の唐古遺跡（第2図8）の素材は，イノシシの下顎骨を使用している。

かかる素材のうち興味深いのが，第Ⅰ様式のウマとウシの四肢骨刻み目痕の事例である。それは，古代日本において牛馬を犠牲獣とし，疫病除けや雨乞いの祭祀儀礼が盛んに行われていたからである。この祭祀儀礼は，やがて土馬や絵馬に変化することが知られており，卜占に使用された第Ⅰ様式の素材にウマ・ウシの四肢骨が採用された背景にも連結している。

さらに，刻み目痕第Ⅱ様式・第Ⅲ様式に使用された鹿角やイノシシ下顎骨については，中国の卜骨素材にもウマ・ウシ・ヒツジ・ブタに混じってシカ・イノシシの肩甲骨が多用されており，我が国の卜骨素材にも，かかる肩甲骨が登場する。したがって，鹿角やイノシシ下顎骨が卜占に係る刻み目痕の素材に採用したのも当然の趨勢と思われる。

(2) 一方向に刻み目痕を持つ事例

刻み目加工痕が一方向に施されている事例には，その刻み目痕の数が偶数と奇数のタイプがある。欠損資料や刻み目痕の数が不明確なものを除くと下記のようになる。

イ　偶数の刻み目痕を持つもの
豊田本郷遺跡（16条・第Ⅰ様式・第1図3）
熱田高倉貝塚（26条・第Ⅰ様式・第1図7）
生仁遺跡（12条・第Ⅱ様式B類・第2図9）
生仁遺跡（6条・第Ⅱ様式C類・第2図1）
熊川貝塚（18条・第Ⅱ様式A類・第3図6）

ロ　奇数の刻み目痕を持つもの
矢作貝塚（19条・第Ⅱ様式A類・第1図3）
服部遺跡（29条・第Ⅱ様式A類・第1図6）
唐古遺跡（17条・第Ⅲ様式・第2図8b）
生仁遺跡（3条・第Ⅱ様式C類・第2図3）
城山貝塚北区（21条・第Ⅱ様式B類・第3図2）
城山貝塚南西区（29条・第Ⅱ様式C類・第3図3）

ハ　偶数と奇数双方の刻み目痕を持つもの
国府遺跡（角幹中央部8条，第2枝切断面直下9条・第Ⅱ様式B類・第1図2）

これら刻み目痕の偶数・奇数事例，あるいは両者が同じ鹿角の別々の箇所に施される事例の差異こそ，卜占内容を解明するカギを握る可能性がある。しかし，現段階では，その答えを持ち合わせていないものの，偶数を陰，奇数を陽とする解釈が成り立てば新展望が開けるかもしれない。今後の課題としておく。

(3) 碁盤の目状に刻み目痕を持つ事例

碁盤の目状に縦位と横位の刻み目痕が交差する事例は，第Ⅲ様式に分類した唐古遺跡のイノシシ左下顎骨裏面（第2図8a・第4図3）にある。この事例について小林博士は，縦に6条，横に4条の刻み目痕があると報告（小林1943）している。その実測図を観察すると左端の縦

I部　地域の考古学

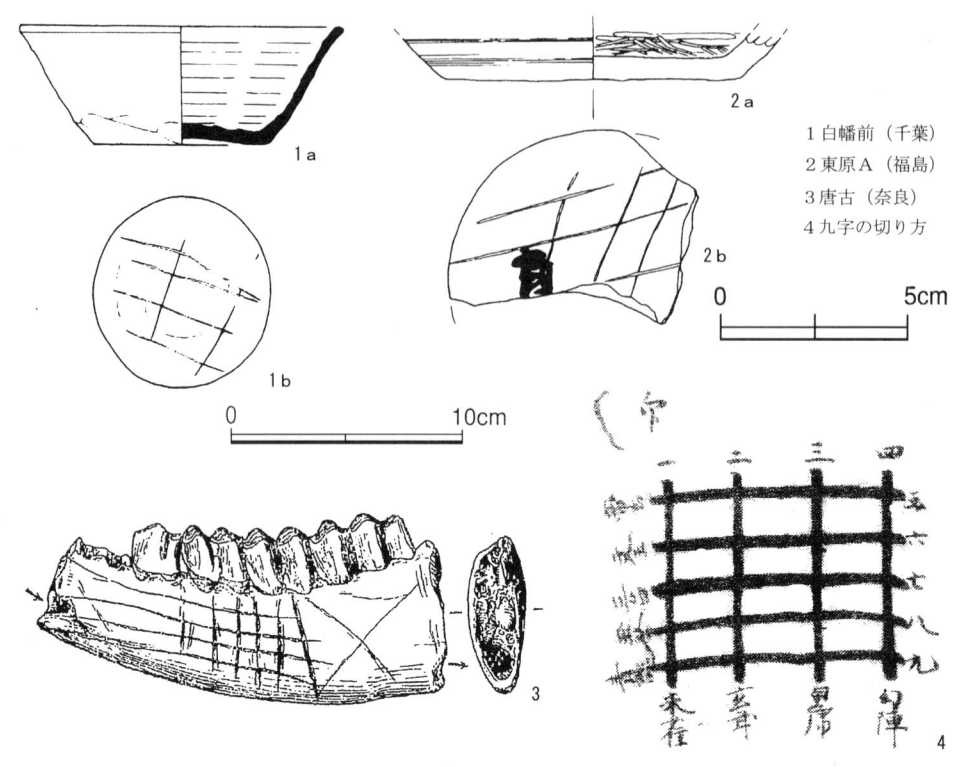

第4図　九字切りに関する資料

1　白幡前（千葉）
2　東原A（福島）
3　唐古（奈良）
4　九字の切り方

　1条目は，横位に4条走る刻み目痕の最上段の1条目と最下段の4条目とが交差しておらず，しかも平行して削痕も見られる。碁盤の目状にクロスしているのは，縦位に6条ある刻み目のうち，左側から2番目の条から右側に順次6条までであることに気づく。本イノシシ下顎骨に施された縦位6条，横位4条の刻み目痕を持つ文物を90度回転すると，縦位4条，横位6条となる。すでに指摘したように，今回90度回転した場合の横1条目は，碁盤の目状を形成していないのである。かかる碁盤の目状を形成しない横位最上段の1条目を除くと，縦位に4条，横位に5条の規格を持つ刻み目が出現する。

　ところで，中国の仙道書『抱朴子』には，九字というト占の方法が記載（大森1993）されており，縦4本，横5本の棒を引き「臨・兵・闘・者・皆・陣・列・前・行」という九文字を唱えて魔除けする秘儀である。日本では，九字切り（第4図4）と呼称され，陰陽道ばかりでなく修験道にも深く根ざしており，千葉県白幡前遺跡（第4図1）や福島県東原A遺跡（第4図2）の律令期の杯底に九字切りの事例（大竹2008）がある。これらの諸相を踏まえると，唐古遺跡のイノシシ左下顎骨裏面に施された刻み目痕は，九字切りのト占に関する先駆的資料と止揚することもできよう。

結　語

　以上，卜占に係る刻み目加工痕を持つ骨角製文物について検討してきた。この刻み目痕を有する文物は，道教（陰陽道）の数による吉凶や暦卜に関するものとされているが，実像は不明瞭な点が多い。

　一方，骨を焼いて吉凶を占う卜骨については，中国・日本・韓半島に多数の発見事例があり，分析（渡辺 1995）が進んでいるのに対し，刻み目痕の事例は，卜骨と混同している研究者（註２）もいる。したがって，「卜骨」とは明確に区別する必要があり，従来一部の研究者が使用した「卜刻」という名称を改めて再提唱したい。

　また今回，第Ⅲ様式と分類した唐古遺跡の事例のようにイノシシ左下顎骨裏面（第２図８ｂ・第４図３）には，第Ⅰ・第Ⅱ様式の如く一方向の刻み目痕，その裏面には，碁盤の目状に縦横の条痕が交差するものがあり，こちらの方は，九字切り呪法の資料と推定することができた次第である。

　なお，長野県生仁遺跡のように，シカの肩甲骨の「卜骨」と刻み目加工痕のある鹿角製文物，すなわち「卜刻」が同一遺跡から出土している事例が報告（岩崎 1982）されており，両者は卜占儀礼にセット（第２図９・10）として使用された可能性が高いことを指摘しておく。

　擱筆に際し，四半世紀の長きに亘り御親交を賜っている杉山博久先生の古稀を寿ぎ，小稿を献呈させて頂きます。

（2008，七夕稿了）

註

(1) 本溝状遺構は，全長56ｍ，幅8.85ｍ，深さ1.9ｍ～2.4ｍを測り，最大深さは３ｍに達するという。
(2) 金延鶴氏は，『亜細亜研究』№.28において刻み目加工痕を持つ文物に対し，「卜骨」という名称を使用している。広義には，刻み目痕を持つ骨角製文物も占術具であり，「卜骨」との認識そのものは的を得ている。しかし，鹿角を素材とする事例が含まれ，しかも，焼く行為が伴わないことから，従来の「卜骨」とは区別する必要がある。

引用・参考文献

村山昇・明石新・安藤文一　1985『豊田本郷』（本編）平塚市教育委員会

金子浩昌　1985「豊田本郷遺跡出土のウマ橈骨について」『豊田本郷』（本編）平塚市教育委員会

藤原妃敏　1983「国府遺跡」『日本考古学小辞典』ニュー・サイエンス社

末永雅雄　1935『本山考古室要録』

千葉県文化財センター　1981『千葉市矢作貝塚』

豊橋市教育委員会　1963『瓜郷』

鍵谷徳三郎　1908「尾張熱田高倉貝塚実査」『人類学雑誌』VOL23　№.226

Ⅰ部　地域の考古学

岩崎卓也　1982「城の内遺跡・灰塚遺跡・生仁遺跡・馬口遺跡」『長野県史考古資料編』全1巻 (3)

小林行雄　1943「骨角牙製品」『大和唐古遺跡の研究』京大考古学研究報告第16冊

国立中央博物館　1976『朝島貝塚』

李　浩宮・趙　由美　1976『馬山外洞城山貝塚調査報告書』文化広報部・文化財管理局

梅原末治・浜田耕作・松本彦七郎　1923『金海貝塚発掘調査報告』大正九年度古蹟調査報告第1冊　朝鮮総督府

金　延鶴　1969「熊川貝塚研究―亜細亜研究Ⅹ」『亜細亜研究』No.45　高麗大学亜細亜問題研究所

大森　崇（編）1993『陰陽道の本』学習研究社

大竹憲治　2008「陰陽道に関する篦描き土器・墨描き土器考」『いわき地方史研究』第45号　いわき地方史研究会

渡辺　誠　1995「全羅南道郡谷貝塚出土の卜骨」『日韓交流の民族考古学』名古屋大学出版会

〈付記〉

　本稿脱稿後，奈良県唐古鍵遺跡から，第Ⅱ様式に属す刻み目痕を持つ鹿角製文物が出土していることを知った。かかる卜占に関する資料については，いずれ，機会を見つけて吟味をしたいと思う。

カツオ釣り用の角釣針について

渡辺　誠

永年にわたる杉山博久先生の御指導と御厚情に感謝しつつ、
本稿を呈上致します。

はじめに

　神奈川県下に出土例の多いカツオ釣り用の角釣針について、以前にあまり人目に触れないものに書いていたので（渡辺編2000）、改めてここに再検討を試みることとする。そして同県下が出現地である可能性を指摘したい。

1．角釣針の形態的特徴

　一般的な単式釣針・結合釣針とは異なり、カツオ釣り専用に発達した形態で、その構造を、中村　勉氏は、躯幹部・鉤部・包飾部から成ると記している（第1図、中村1993）。
　しかし出土品としては、軟質素材の包飾部は腐蝕して残存していない。躯幹部と鉤部のみが確認されるのであるが、これを簡略な文字として軸と針と言い換えることを、ご了解頂きたい。
　擬餌針としての特徴として、特に軸は鹿角製が多い。鹿角は海中で光るため、餌のイワシなどに似せているのである。同様な効果が期待され、1点のみであるが、アワビの殻で作られた例もある。また一般的な鉄製の針に代えて、鹿角製の針が使われている例も1例のみみられる。
　軸の大きさは、5.3～8.3cmで、これに針がつけられるとさらに大型化するが、角釣針の特質は大きさではなく、材質にあるのである。

2．角釣針の地理的分布

　特徴のある角釣針は、和歌山県から岩手県南部までの、次の11遺跡より出土している、いずれも初夏にカツオを運んで北上してく

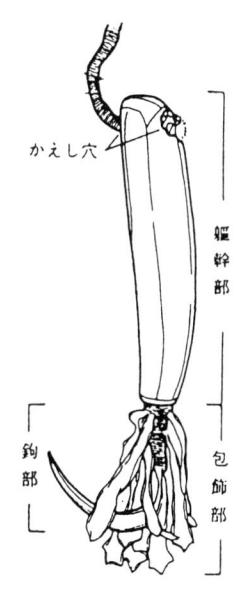

第1図　角釣針の構造
　　　（中村1993より）

I部　地域の考古学

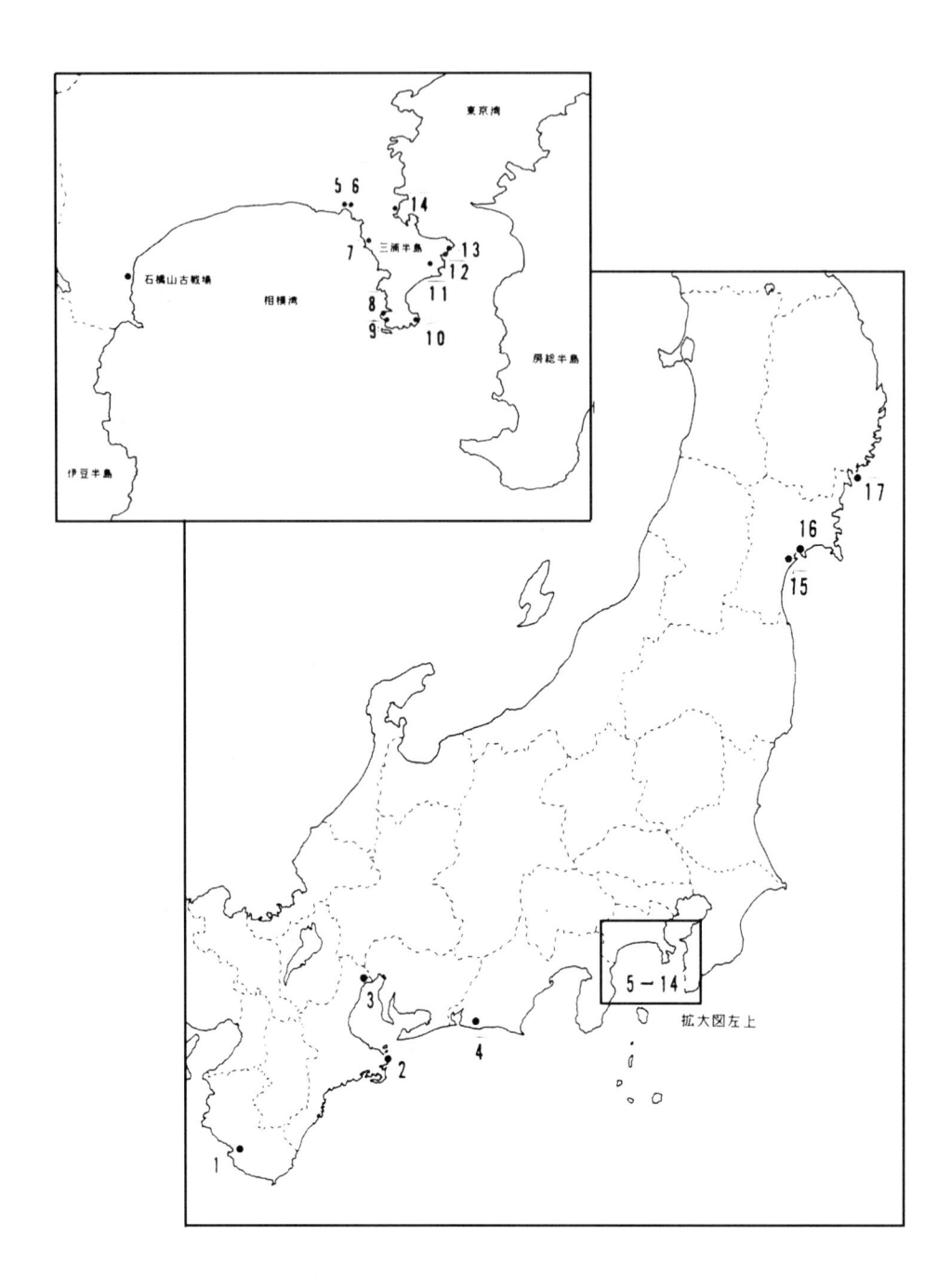

第2図　角釣針出土遺跡分布図（遺跡名は本文参照）

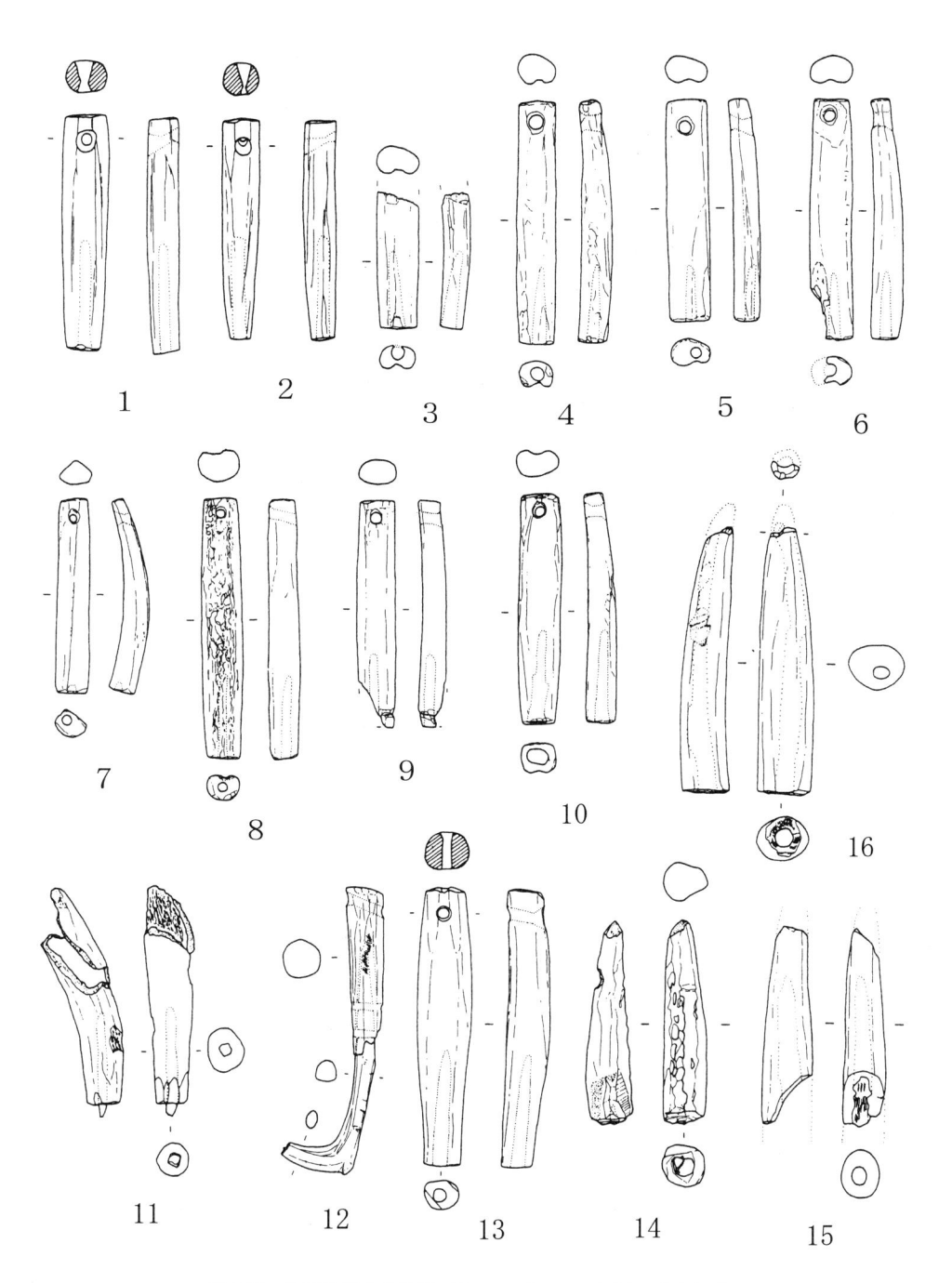

カツオ釣り用の角釣針について

第3図　各遺跡出土角釣針（縮尺：3分の2，遺跡名は本文参照）

I部　地域の考古学

る、黒潮洗う太平洋岸の遺跡であることに注目される（第2図）。それらの遺跡名を列挙すると、次のとおりである。なお点数は、軸部の数であり、これをはずして、針のみで数えることは不可能である（第3図）。

　　　1．和歌山県田辺市磯間岩陰遺跡（古墳）　　　　　　　　　　3点
　　　2．三重県鳥羽市白浜遺跡（古墳後期）　　　　　　　　　　　1点
　　　3．同　　　桑名市蠣塚遺跡（古墳）　　　　　　　　　　　　1点
　　　4．静岡県浜松市伊場遺跡（奈良初期）　　　　　　　　　　　2点（第3図1・2）
　　　5．神奈川県鎌倉市由比ガ浜4・6・9遺跡（14世紀）　　　　1点（同3）
　　　6．同　　　同　　由比ガ浜集団墓地遺跡（8〜9世紀）　　　7点（同4〜10）
　　　7．同　　　三浦郡葉山町葉山御用邸内遺跡（古墳後期〜平安）　1点
　　　8．同　　　三浦市浜諸磯遺跡（古墳後期〜平安）　　　　　　6点
　　　9．同　　　同　　海外遺跡（古墳）　　　　　　　　　　　　1点
　　10．同　　　同　　大浦山遺跡（古墳後期）　　　　　　　　　　1点
　　11．同　　　横須賀市東蓼原遺跡（中世）　　　　　　　　　　　1点（同11）
　　12．同　　　同　　鴨居鳥ケ崎横穴群（6〜7世紀）　　　　　　5点
　　13．同　　　同　　鴨居八幡社貝塚（古墳後期）　　　　　　　　1点（同12）
　　14．同　　　同　　なたぎり遺跡（古墳後期）　　　　　　　　　1点
　　15．宮城県塩釜市表杉ノ入貝塚（平安？）　　　　　　　　　　　1点
　　16．同　　　桃生郡鳴瀬町江ノ浜貝塚（平安？）　　　　　　　　1点
　　17．岩手県陸前高田市中沢浜貝塚（平安）　　　　　　　　　　　4点（同13〜17）

以上の17遺跡のうち10遺跡は神奈川県下の遺跡であり、約60％を占めている。

軸部の素材は、神奈川県鎌倉市由比ガ浜集団墓地遺跡出土の1点（第3図7）のみアワビの殻製であるが、他はすべて鹿角製である。

また針のついたままの例は2例のみである。このうち横須賀市東蓼原遺跡例には、鉄製針の一部が軸のなかに残っている（同11）。そして同市鴨居八幡社貝塚例には、先端部を欠いただけの鹿角製の針が、軸に装着したままの状態で出土している（同12）。鹿角製の軸が海中で光る効果を、さらに強めたものと考えられる。単式釣針において、縄文時代以来の鹿角製釣針が鉄製釣針へと変化するのは、弥生時代後期であるから、古墳時代後期まで下がって鹿角製釣針がみられるということは、やはり角釣針の特徴とみることができる。

3．時期的検討

角釣針の上限は、古墳時代後期である。三重県鳥羽市白浜遺跡・神奈川県三浦市大浦山遺跡・同横須賀市鴨居八幡社貝塚（同12）・同なたぎり遺跡例などであり、他に古墳時代とされる例もあるが、前・中期に遡る可能性はない。したがって、縄文時代早・前期において縄文時代に

発達したカツオ漁が，同後期から弥生・古墳時代にかけて東北地方から三浦半島へと南下し，角釣針の発達を促したものと考えられる。全般的な鹿角製品の発達も，その背景にあったと考えられる。千葉・神奈川県下における今後の調査に期待される。

一方角釣針の下限は，中世である。神奈川県鎌倉市由比ガ浜4・6・9遺跡（同3）・同横須賀市東蓼原遺跡例（同11）などである。例数は少ないが，この時期，相模湾のカツオ漁を示す史料として，『徒然草』119段の記述は重要である。

> 鎌倉の海で，カツオという魚は，あの辺では第一等のもので，近ごろもてはますものである。その魚も，鎌倉の年寄りが申しましたことは，「この魚は，てやえどもの若かったころまでは，お歴々の前に出ることはございませんでした。頭は，下郎も食わずに切って捨てましたものです。」と申しました。こんな物でも，末の世になると，上流の方にまでも入りこむことでございます（三谷栄一・峯村文人編『徒然草解釈大成』より引用）。

これによって，よく獲られ，食べられていたことがよくわかる。

そして角釣針の資料はその後遺物としてはみられないが，カツオ漁の伝統は現在まで引き継がれているとみるべきであろう。三浦三崎に実家の親戚があった私の母親は，昔は陸釣りでもカツオが釣れたものだと，よく話してくれたことを思い出す。

おわりに

最後に，若干の随想を記させて頂く。

相模湾の外海でカツオ船が活躍していたことを考えると，石橋山の挙兵に破れた源頼朝が，土肥実平の用意した小舟で安房まで逃れたと『吾妻鏡』に記されているが，文字どおりには受け取れない。小舟というのは頼朝の苦労を偲んだ表現であろう。沿岸を動く程度の小舟で，三浦半島までならまだしも，さらに東京湾の湾口を横断して安房へ達することは，至難なことである。山見をしながら絶えず位置を確認し，外海で漁をする漁船と考えるべきではないだろうか。さらに想像を加えれば，万一に備えた三浦一族などの活躍が，意識的に記録から消されているように思われてならない。

安房からの再起に，大きな役割を果たした功労者でもある千葉介常胤を，海道大将軍として，陸路ではなく海路からも奥州の藤原氏を滅ぼした頼朝の行動は，カツオ船のなかで育まれたものと思う。そして千葉介常胤は，福島県東南部の現いわき市内に当る好嶋庄を所領に貰うのであるが，ここは筆者の郷里でもあり，最後に余分なことを記させて頂いた由縁でもある。

引用・参考文献

中村　勉 1993「角とよはばれる釣針について－三浦半島の資料を中心として－」『考古学研究』40－2　94～108頁

渡辺　誠編 2000『考古資料ソフテックス写真集』15　名古屋大学文学部考古学研究室

所謂肋状仕上げの横穴墓について
―類例の追加と課題―

鈴 木 一 男

1. はじめに

　神奈川県内には，大磯丘陵，藤沢・鎌倉の湘南地域，三浦半島，鶴見川流域など凡そ四つの横穴墓密集地域があるが，いずれも古くから学会の注目するところとなり，明治期より活発な踏査や調査が行われてきた。取り分け戦後における赤星直忠氏の一連の研究成果により，飛躍的に前進したことは周知の事実である。

　本小稿で扱う肋状仕上げの横穴墓も，そうした調査過程の中で発見，命名されたと思われるわけであるが，肋状仕上げとは横穴墓壁面，即ち天井部から側壁にかけて，帯状の湾曲凹面（線）が平行に施されるもので，一見するとちょうど肋骨（あばらぼね・ろっこつ）のような描写にみえることから名づけられたと想像される。赤星氏も，「肋状仕上げ」あるいは「平行肋状の凹線」などと言った表現を用いているし（赤星 1959・1964），他書でも「肋状整形」や「肋骨状加工痕」，「肋骨状技法」（西尾他 1995），「螺旋状」（渡辺 1996）といった表現もみられるが，意図するところは同じようである。その典型的な例として，第1図に示すとおり神奈川県の史跡に指定されている大磯町たれこ谷戸西横穴墓群第21号墓をあげることができる。

　ところで，このような仕上げがみられる横穴墓が，神奈川県内とりわけ相模湾沿いに多く分布することは，立正大学考古学研究室の協力で実施した詳細分布調査報告や拙稿等（鈴木・国見 1996，鈴木 2006）で既に指摘したとおりである（註1）。

　その際，かかる仕上げ痕が，掘削工程の概ね最終段階を示していることは充分理解されるものの，帯状の凹線が必ずしも刃幅ではないこと，技法や工具については数種類存在することや，遺物や形態からかかる横穴墓の構築時期についても若干触れたが，その後追加事例を確認したので，課題の整理と幾つかの類例を併せ紹介するものである（註2）。

第1図　たれこ谷戸西横穴墓群の肋状仕上げ

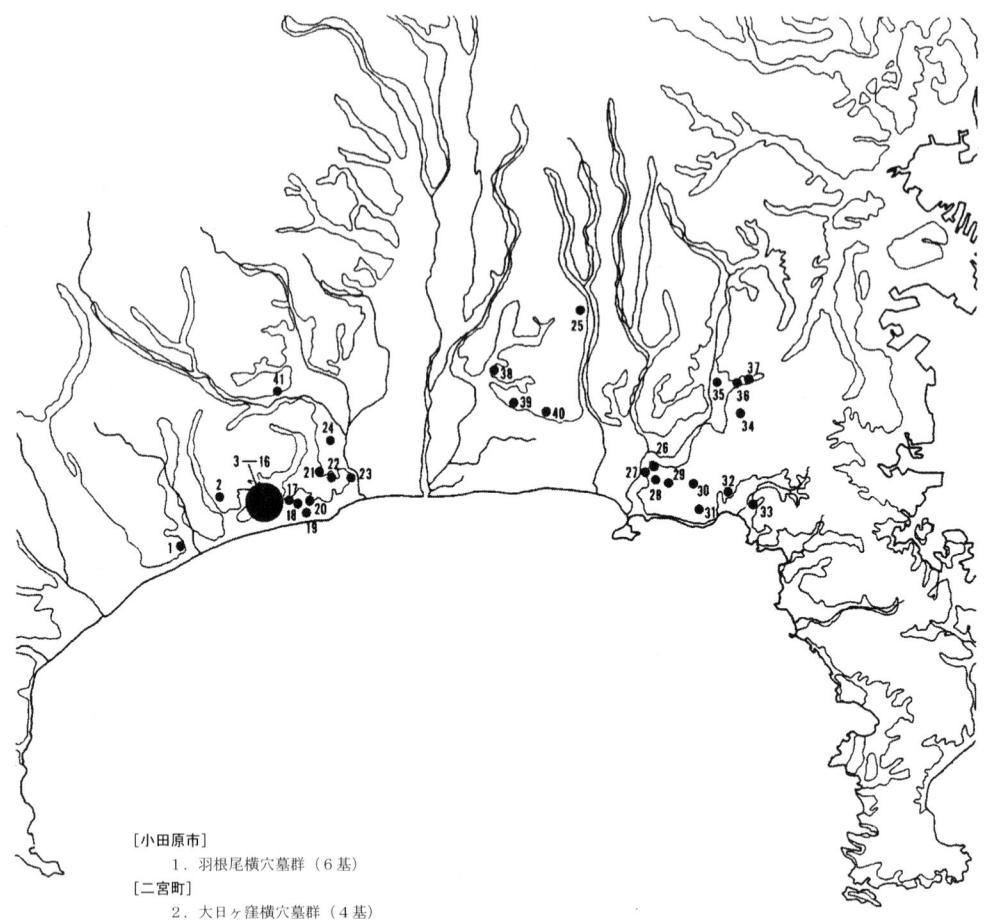

Ⅰ部　地域の考古学

[小田原市]
1. 羽根尾横穴墓群（6基）

[二宮町]
2. 大日ヶ窪横穴墓群（4基）

[大磯町]
3. 下田横穴墓群（1基）　4. たれこ谷戸西横穴墓群（1基）　5. ごみ焼き場横穴墓群（1基）　6. 権現入田（1基）　7. がまん谷戸東（2基）　8. がまん谷戸西（4基）　9. 権現山東（1基）　10. 東奥沢（4基）　11. 大谷入横穴墓群（2基）　12. 西奥沢Ⅰ横穴墓群（2基）　13. 西奥沢Ⅱ横穴墓群（1基）　14. 西奥沢Ⅳ横穴墓群（1基）　15. 西奥沢Ⅴ横穴墓群（5基）　16. 西奥沢Ⅶ横穴墓群（1基）　17. 堂後下横穴墓群（3基）　18. 庄ヶ久保横穴墓群（4基）　19. 辻端横穴墓群（4基）　20. 金久保南横穴墓（1基）

[平塚市]
21. 万田宮ノ入横穴墓群（1基）　22. 万田八重窪横穴墓群（5基）　23. 高根横穴墓群（8基）　24. 根坂間横穴墓群第3地点（1基）

[藤沢市]
25. 代官山横穴墓群（1基）　26. 川名森久横穴墓群（17基）　27. 向川名横穴墓群（2基）　28. 神光寺南横穴墓群（2基）

[鎌倉市]
29. 峯横穴墓群（1基）　30. 笛田横穴墓群（2基）　31. 二ノ谷横穴墓群（3基）　32. 千葉谷横穴墓群（3基）　33. 笹目榎並邸横穴墓群（1基）

[横浜市栄区]
34. 大橋谷横穴墓群（3基）　35. 殿谷横穴墓群（1基）　36. 中居横穴墓群（1基）　37. 東谷横穴墓群（1基）

[茅ヶ崎市]
38. 篠山横穴墓群（1基）　39. 甘沼横穴墓群（2基）　40. 八ツ口横穴墓群（2基）

[秦野市]
41. 岩井戸横穴墓群（2基）

第2図　肋状仕上げの横穴墓群分布状況

2. 追加類例

篠山横穴墓群E地点（第2図38, 第3図）

相模原台地の南西端，茅ヶ崎市香川に位置する横穴墓群で，比較的古くから知られており過去において数回発掘調査が実施されている。紹介するのは1984年（昭和59）に調査されたものである（富永・大村1985）。2基あり共に羨道と玄室の区別が無く，棺座を有する横穴墓で，形態的にはⅢb2類にあたる

報告によれば，このうち1号墓は約12cm前後の幅の手斧痕を壁面全面にわたって几帳面に残し，装飾効果を醸し出しているというが，2号墓はそうした痕跡が認められていない。

構築時期は7世紀後半以降である。

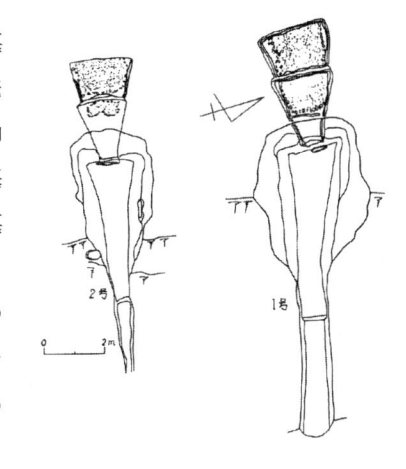

第3図　篠山横穴墓群実測図

甘沼水道山横穴墓群（第2図39, 第4図－1,2）

学史に著名な組合せ式石棺が発見された茅ヶ崎市甘沼横穴墓群の西側に展開する横穴墓群で，昭和初期よりその存在は確認されていたが，1953年（昭和28）当時で，9基確認されており，そのうち2基に肋状仕上げがみられる（赤星1981）。いずれも文章表現ではなく，図から判断したものである。

1号墓は，羨道と玄室との境に前壁を有し，逆に6号墓はそれがやや退化して僅かに痕跡を残すものであり，形態的には両者ともⅠb2・B1・a類に属するものと推定される。なお，図から判断すれば，1号墓は羨道部分に肋状仕上げがあり，玄室には及んでいないが，6号墓はそれが玄室だけにみられる。

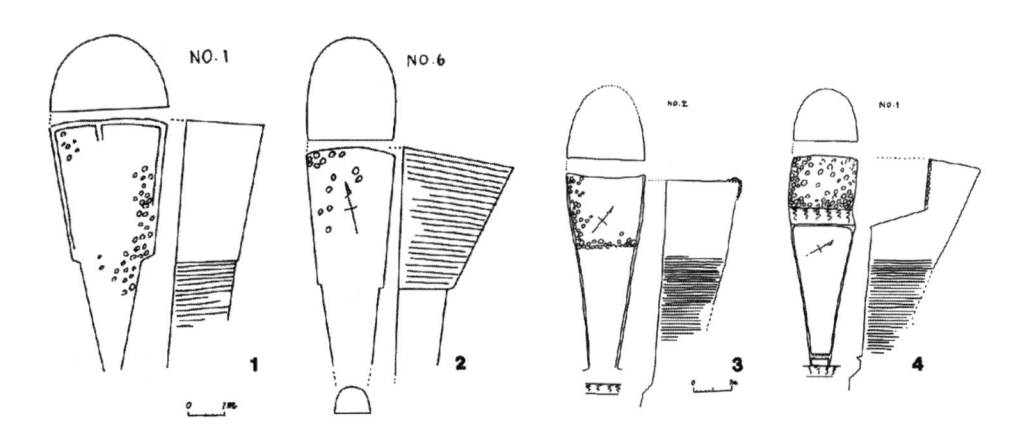

第4図　甘沼水道山横穴墓群と八ツロ横穴墓群実測

I部　地域の考古学

八ツロ横穴墓群（第2図40, 第4図—3, 4）

　茅ヶ崎市赤羽根に位置する横穴墓群で，1964年（昭和39）発掘調査が行われた（赤星1981）。1号墓はアーチ形断面の膨脹筒形構造で，高棺座を有し，形態的にはⅢb1・E・aに属するものである。文章表現では，幅10cm内外の浅い湾曲をもつ鍬状の刃先で縦方向に刃跡を揃えて，肋状に仕上げられているとある。そして，それは片方の側壁下から天井を越えてもう一方の側壁下に達しているとある。つまり壁全面に施されていると解釈できるが，図では高棺座部分まで及んでいない。2号墓は，高棺座を有しないことで1号墓と区別できる。形態的にはⅢa・C・a類に属する。肋状仕上げの様子は1号墓と同様であるが，こちらも図を見る限り奥壁までは及んでいない。構築時期については形態的特徴から8世紀代が想定されている。

岩井戸横穴墓群（第2図41, 第5図）

　秦野市下大槻岩井戸に存在する横穴墓群で，1997年（平成9）発掘調査が行われ，6基が確認されている（後藤1998）。肋状仕上げに関する記述は，1号墓において天井部付近，2号墓においては天井部頂点から側面に沿って，「肋骨文状」に施されているとある。いずれも，鑿状工具によるもので，刃部幅約4〜5cm，最大幅9cm，中央部が「U」字状に窪んでいる。

　1号墓は遺存状態が良くなく，形態，構築時期も不明であるが，2号墓は形態的にはⅢa・C・a類にあたり，7世紀終末〜8世紀前半の遺物が出土しており，構築時期も自ずと近接することが想定される。

　なお，写真で判断すると4号墓，6号墓も該当すると思われる。

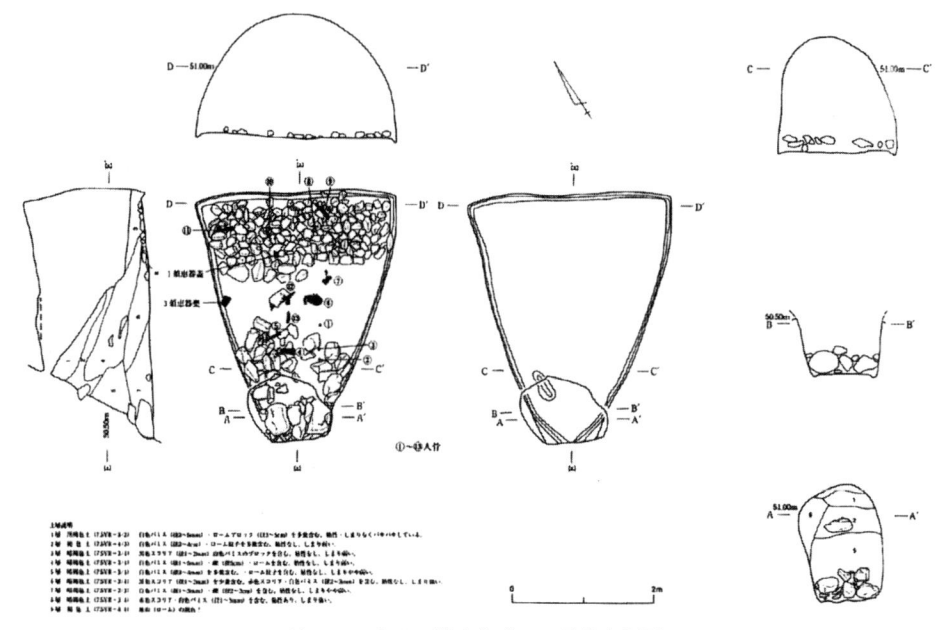

第5図　岩井戸横穴墓群A2号墓実測図

3. まとめと今後の課題

　追加類例を整理してみると，まず分布においては今回紹介した茅ヶ崎市と秦野市例を追加してもなお，第2図に示すとおり神奈川県内の分布に大きな変化はなく，相模湾沿岸に色濃く分布することに変わりはない。次に形態面においては，篠山横穴墓群については断面が不明であるが，撥形で高棺座を有する所謂Ⅲb2類に属すると想定される。このタイプで肋状仕上げがみられる横穴墓は，平塚市万田八重窪1号墓（杉山1978）や藤沢市代官山12号墓（上田1986）など比較的多く存在する。

　次に，甘沼水道山横穴墓群の2基については共に長台形で，前壁角110°以上，縦断面が直立／有段，横断面アーチ形のⅠb2・B1・a類に属するが，僅かに横浜市大橋谷4号墓（赤星1959）が該当しそうであり，縦断面がドーム形という違いはあるものの大磯町大谷入3号墓など数は極端に少ない。

　八ツ口横穴墓群については，1号墓が撥形で高棺座を有し，横断面アーチ形の所謂Ⅲb1・E・a類に属する。このタイプの横穴墓は数的には多いものの，肋状仕上げがみられるものは皆無に等しい。むしろ同じようなタイプでも，玄室奥幅が付帯施設の前幅より広いⅢb2類に属する横穴墓に多く認められる。例えば，平塚市万田八重窪1号墓，平塚市高根10号墓（日野・杉山1976），藤沢市代官山12号墓などである。2号墓は，撥形で付帯施設の無い，縦断面無前壁アーチ形，横断面アーチ形のⅢa・C・a類に属するが，肋状仕上げの6割以上がこのタイプの横穴墓で，小田原市羽根尾B3号（田村2003），二宮町大日ヶ窪4号墓（杉山1988）など枚挙に暇が無い。

　次に岩井戸横穴墓群では，2号墓がⅢa・C・a類に属する。肋状仕上げの可能性のある4号墓は，撥形で縦断面無前壁アーチ形，横断面低アーチ形，付帯施設として2段の棺座を有するⅢb1・C・d類（付帯施設1a-2）に，6号墓はⅢb1・C・a類（付帯施設1a-1）に属する。

　このように形態的特徴としては，岩井戸例が示すとおり，前壁が退化し，羨道と玄室の区別が不鮮明な後出的要素を持ち合わせているもの，すなわち最も数の多いⅢa・C・a類を補強した結果となった。しかし，一方では八ツ口例のように新たな類型（可能性のある岩井戸横穴墓群4，6号墓も含め）にも肋状仕上げがみられることが判明した。結局肋状仕上げの横穴墓は12類型で認められることとなったが，まだまだ増えそうである。

　次に，肋状仕上げの幅であるが，今までの事例では概ね6～18cmと幅があるものの，10cm前後が最も多い結果を得ている。今回の事例でも，篠山例は12cm，岩井戸例が9cmと，数値的にはその範疇に収まっている。

　ところで，肋状仕上げは特徴的な掘削技法の一つであり，普通は円刃の工具で同一方向に平行して削り下ろしたと想定されるため，帯状の凹線の幅が概ね工具の幅と理解される。確かに肋状仕上げがみられる横穴墓の大半は，こうした工法により作り出されたものと考えられる。文章表や写真から判断しても充分窺える。

Ⅰ部　地域の考古学

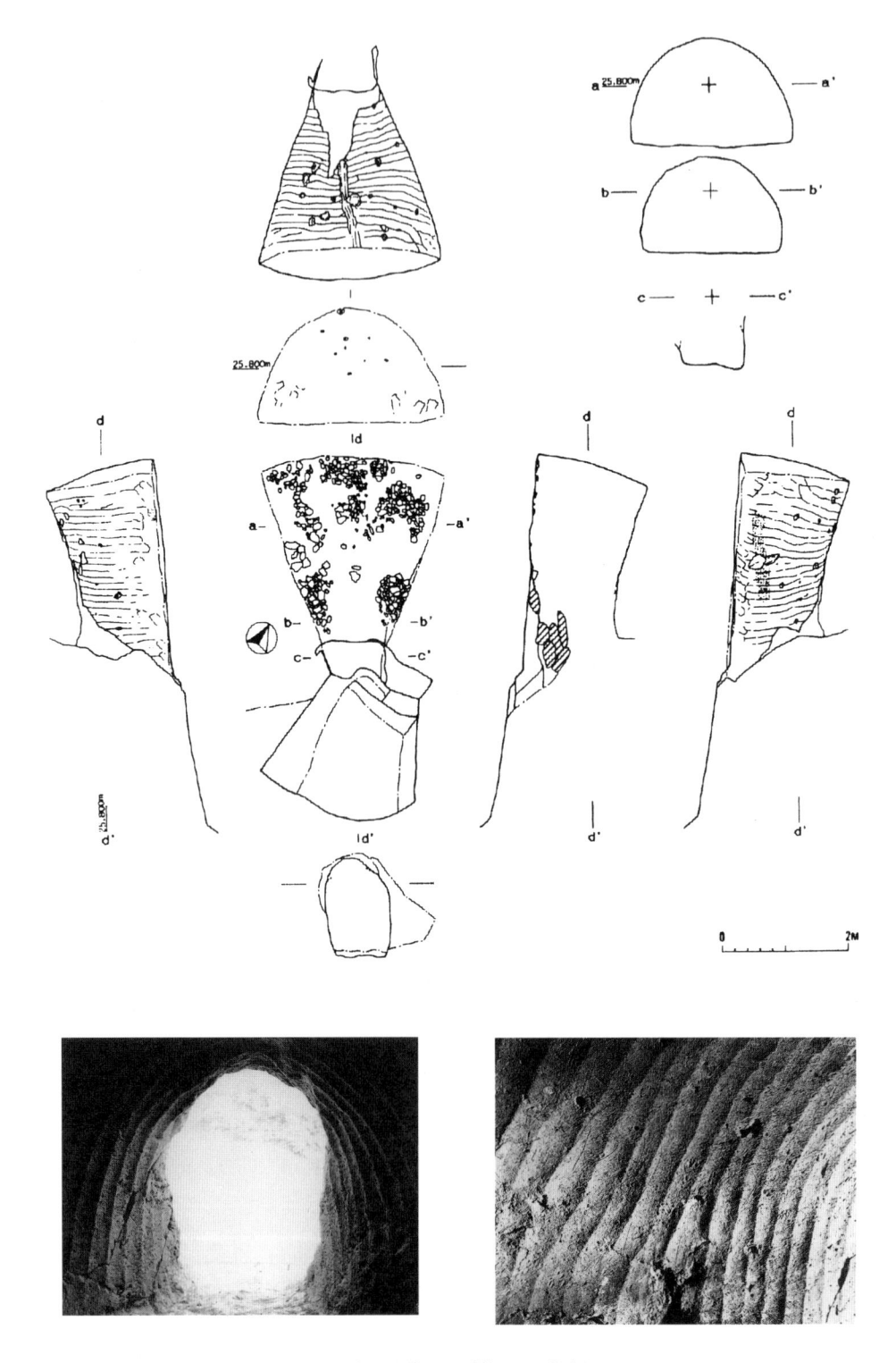

第6図　堂後下横穴墓群第10号墓実測図

154

しかし，堂後下横穴墓群では第6図及び第7図に示したとおり，一見すると幅10cm前後の帯状の凹線もよく観察すると，刃幅3～4cmの工具で横方向から連続して削って縦方向帯状の凹線を形作っていることがわかる。したがって，平行する帯状の凹線の両端は真直ぐではなく，若干ジグザグになっている。つまり，天井から側壁にかけて上→下に削り下ろす技法ではないので，凹線の幅が刃幅ではないということになる。

第7図　肋状仕上げ近景

このように，肋状仕上げには2種類の工法が想定されるわけであるが，堂後下例が最終工程の一歩前で，この後壁面をきれいに調整する工程が残っていたのではないかとも考えられる。横方向の削痕を縦方向の調整をしながら消せば，よく目にする肋状仕上げになる。しかし，堂後下横穴墓が構築された地盤は非常に硬く，そこまで手間を掛けるのはどうであろうか。ローム層や砂泥岩など比較的軟らかい地盤では，上下方向の掘削工法も可能かも知れないが，むしろ硬い地盤故に，こうした技法を用いたのではないかとも考えられる。

4．おわりに

神奈川県内では現在までに100基を越す肋状仕上げの横穴墓の存在が知られているが，実際に確かめることができる横穴墓は少ない。残念ながら今回の類例においても，堂後下横穴墓群で認められた工法による肋状仕上げの横穴墓は無かったが，分布や類型，あるいは構築時期について補強ができたものと考えている。しかし，やはり何とか再度自分の目で，発掘調査において確認し，実測図に取り入れていきたいと考えているし，その出自と終焉は何とも気にかかるところである。今後も機会あるごとに研究を重ねて行きたいと思う。

本小稿を草するにあたり，立正大学池上　悟先生，平塚市博物館長明石　新氏，茅ヶ崎市教育委員会大村浩司氏，大磯町教育委員会東　真江氏には，文献をはじめ多くのご教示を賜り，また，大磯町教育委員会國見　徹氏には種々お手を煩わせた。いつもながらの学恩に感謝するとともに，厚くお礼申し上げる次第であります。

杉山博久先生との出会いは，私が大磯町に奉職して1年後の1977年（昭和52），JR東海道線が複々線になることに伴い，大磯町城山遺跡の発掘調査をどうしたらよいか悩んでいた時である。学生を動員していただき，無事終了できたが，その後30年以上，50箇所を超える発掘調査で長いお付き合いとなった。

いつも体の心配をしてくれるやさしい先生であるが，そろそろご自分の健康にも気を使い，末永く不肖の弟子の面倒をみていただきたいと思う今日この頃である。

I部　地域の考古学

註

(1) 1991年から1994年にかけて実施されたもので，詳細なレポートがある。大磯町郷土資料館の資料5『大磯町の横穴墓群』(1994) としてまとめられている。

(2) 類型については，1995年から2002年にかけて，神奈川考古学財団の古墳時代プロジェクトチームがまとめた『横穴墓の研究』を参考にした。

引用・参考文献

赤星直忠　1959『鎌倉市史』考古編

赤星直忠　1959「大橋谷横穴」『鎌倉市史』考古編

赤星直忠　1964「神奈川県大磯町の横穴」『大磯町文化財調査報告』第1冊，大磯町教育委員会

赤星直忠　1981「甘沼水道山横穴」『茅ヶ崎市文化財資料集』第8集，49頁，茅ヶ崎市教育委員会

赤星直忠　1981「八ツ口横穴」『茅ヶ崎市文化財資料集』第8集，52頁，茅ヶ崎市教育委員会

上田　薫　1986「第3節横穴墓」『代官山遺跡』神奈川県立埋蔵文化財センター調査報告11

後藤喜八郎　1998『岩井戸横穴墓群発掘調査報告書』岩井戸横穴墓群発掘調査団

杉山博久　1978「平塚市内の横穴墓群II」『平塚市文化財調査報告書』第13集，平塚市教育委員会

杉山博久　1988『大日ヶ窪横穴墓群』

鈴木一男・國見　徹　1996「大磯町の横穴墓─詳細分布調査の成果と課題─」『考古論叢神奈河』第5集，神奈川県考古学会

鈴木一男　2006「相模に於ける横穴墓壁面仕上げの一技法について」『考古学の諸相II』坂誥秀一先生古希記念論文集

田村良照　2003「第4節古墳時代後期の横穴墓」『羽根尾横穴墓群と周辺遺跡』玉川文化財研究所

富永富士雄・大村浩司　1985「篠山横穴E地点の調査」『昭和59年度茅ヶ崎の社会教育』38頁

西尾克己他　1995「提案─横穴墓掘削技法の概念と用語の整理─」『島根考古学会誌』第12集，42頁，島根考古学会

日野一郎・杉山博久　1976「平塚市内の横穴墓群I」『平塚市文化財調査報告書』第12集，平塚市教育委員会

渡辺　清　1996「第IV章丘陵の遺構と遺物」『藤沢市川名森久保地区埋蔵文化財発掘調査報告書』飛島建設株式会社・川名森久保地区遺跡発掘調査団

相模国高座郡衙(西方A遺跡)の諸問題について

明 石 新

はじめに

　平成14年（2002）に発見された高座郡衙（西方A遺跡）は，茅ヶ崎市下寺尾に所在する。北陵高校の新校舎建設に伴い，校庭のグラウンドで発見されて大きな話題を呼んだ遺跡である。その後，平成15年（2003）に報告書（（財）かながわ考古学財団「下寺尾西方A遺跡」）が刊行された。その間には講座・発表会が催され，保存運動や活発な論議が展開した。幸いにして遺跡は保存され，今後どのように活用されていくのか，楽しみにしている一人である。

　さて，遺跡の評価は周辺遺跡の調査成果や分析によって変わってくるものである。同時に，考古学を学ぶ者は過去の成果に漫然とするのではなく，あくまでも再検討・再評価する姿勢を持ち続けなければならないであろう。

　西方A遺跡については，高座郡衙として全国的にも大規模な郡庁施設を持ち，その存続期間は8世紀第1四半期後半〜第2四半期初頭のおよそ15〜20年間であったと報告されている。今回，高座郡衙に関する講座資料，発表会資料や報告書を再度読み直し，疑問と感じたことがあった。それは，正倉を壊した竪穴住居の年代から，郡衙の存続期間を極めて短い期間と結論されたことに端を発した疑問である。ここに高座郡衙の諸問題として発表する次第である。

1. 高座郡衙の位置と周辺の遺跡

　西方A遺跡は高座丘陵の西端部に位置し，丘陵の南側は砂丘が発達し，西側は後背湿地が展開している。郡衙は小出川と駒寄川に挟まれた標高約15mの台地上に位置している。同じ台地上では弥生時代中期の大規模な環濠集落も発見されている。また，台地下の南側には古代寺院の下寺尾七堂伽藍跡（註1）が展開している。さらに駒寄川の南側の丘陵斜面には古墳時代後期

第1図　高座郡衙の位置と周辺の遺跡

の篠山横穴墓群・篠谷横穴墓群（茅ヶ崎市教育委員会1981）（註2）が存在する。

2．調査報告書に見る見解
(1)「郡庁」を構成する掘立柱建物（正殿・後殿・脇殿）と柵列
①H1号掘立柱建物（正殿）
　桁行5間(13.5m)×梁行2間(5.4m)の東西棟で周囲に廂が巡る。全体は桁行7間(16.5m)×梁行4間(9.6m)。床面積は身舎部分で72.9㎡（廂を含めると158.4㎡）。柱間寸法は梁行・桁行2.7m，廂は北側2.1m・東側1.5m。柱穴は方形(1.3～1.5m)，深さ0.7m程度。柱の太さは身舎で約30㎝，廂で約20㎝。柱穴の掘方の切り合いから少なくとも1回の建て替えが行われ，同位置でほぼ同規模・同構造と推定されている。建て替え後の柱穴の覆土は酸化鉄・小石を多く含む粘質褐色土で，崖面の露頭より採取した可能性。また幾つかの柱穴の覆土とP18～21の確認面付近で数点ずつの礫（楕円形，長径10～30㎝）を確認。西側のP16・17・22は柱穴の配置に乗らず，性格は不明。遺物は細片で時期を推定できない。

②H2号掘立柱建物（後殿）
　北側の柱穴はH1号柵列と重複し，柵列に切られている。確認した規模は桁行7間(18.9m)×梁行2間(4.5m)の東西棟で，全体は桁行9間(24.3m)，床面積は推定109.35㎡。柱間寸法は桁行2.7m，梁行2.1m・2.4m。柱穴は方形(1.1～1.5m)，深さ0.4～0.7m，柱の太さは20～30㎝。柱痕の覆土上部の焼土粒と炭化物から，火災後の柱の抜き取りか上部切り取りの可能性。建て替えは確認されていない。遺物は細片で時期を推定できない。

③H3号掘立柱建物（脇殿）
　脇殿とH2号柵列との重複は確認できていない。確認した規模は桁行6間(16.2m)×梁行2間(4.5m)の南北棟で，床面積は推定72.9㎡。柱間寸法は桁行の西列2.7m，東列2.4m・2.7m，梁行は1.8m・2.7m，柱穴は長方形(1.0～1.3m×0.7～0.9m)，深さ0.13～0.4m，全ての柱の抜き取りを確認。遺物は細片で時期を推定できない。

④H4号掘立柱建物
　北側柱穴はH3号柵列と直線状に並ぶ。規模は桁行2間(4.2m)×梁行2間(3.7m)の東西棟で，床面積は15.54㎡。柱間寸法は桁行2.1m，梁行は東列1.8m，西列中央の柱穴は削平の可能性。柱穴は長方形(0.5～1.1m)，深さ0.05～0.35m。遺物は細片で時期を推定できない。

⑤H1号柵列，H2号柵列，H3号柵列，H4号柵列
◇H1号柵列
　H3号掘立柱建物の北西角から西に延び，H2号掘立柱建物の北側柱穴と重複し，さらに調査区外に延びる。
　H1号柵列はH2号掘立を切っているが，H3号掘立との重複は確認されていない。現状の

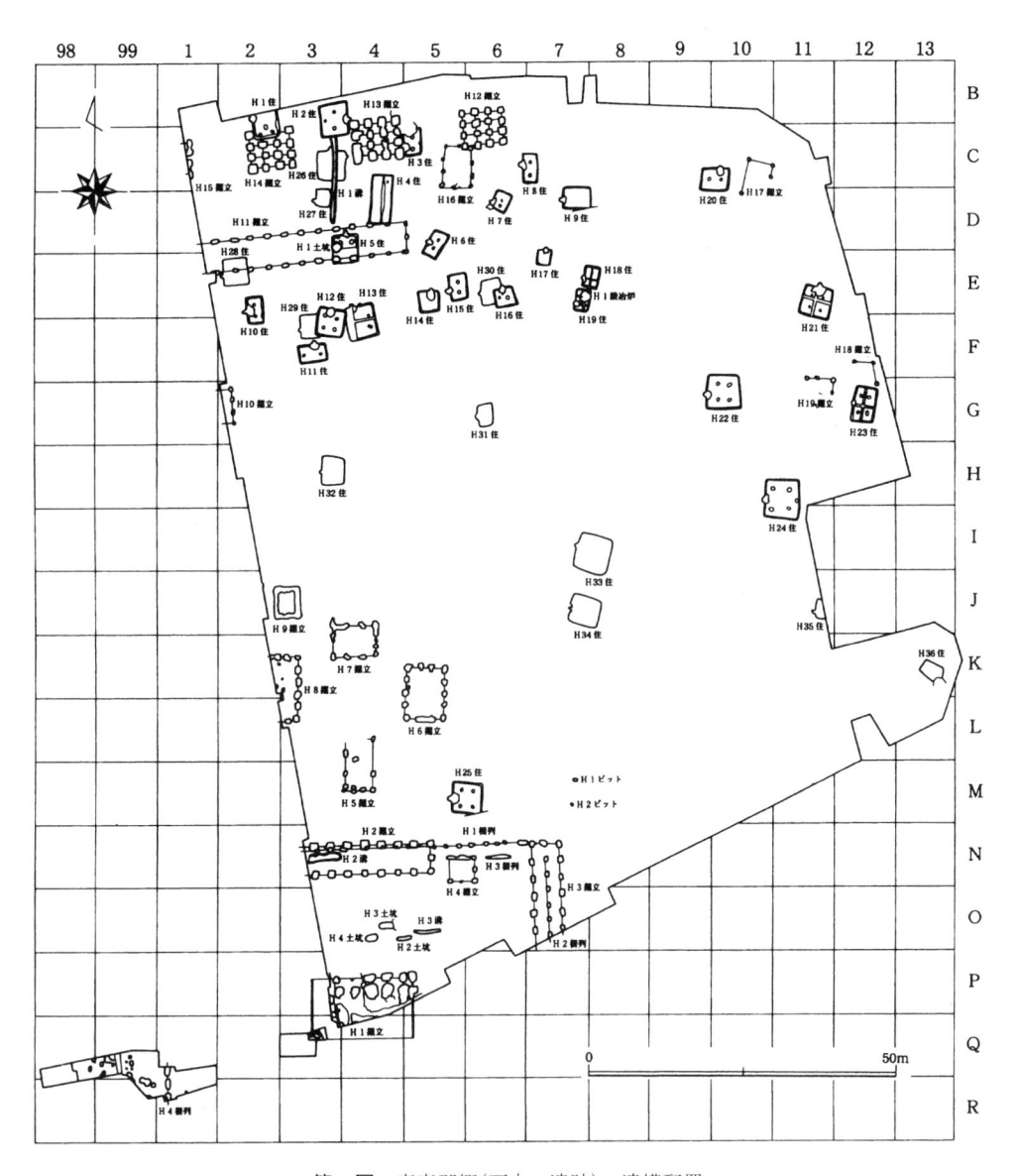

第2図　高座郡衙(西方A遺跡)の遺構配置

規模は柱穴16箇所，全長約37m。柱間寸法は1.5・1.8・2.1・2.4・2.7・3.3mと差があり，P16は2穴が重複する可能性。柱穴は円形と楕円形（長径0.41～0.81m），深さ0.4～0.87m。遺物の須恵器坏は8世紀第1四半期前半。出土量が少なく年代観は不明。

◇H2号柵列

H3号掘立柱建物との重複は確認できていない。現状の規模は柱穴6箇所，全長約12m。柱間寸法は2.4mの等間隔。柱穴は隅丸方形（長径0.82～0.95m），深さ0.1～0.29m。遺物は土師器甕のみで年代観は不明。

I部　地域の考古学

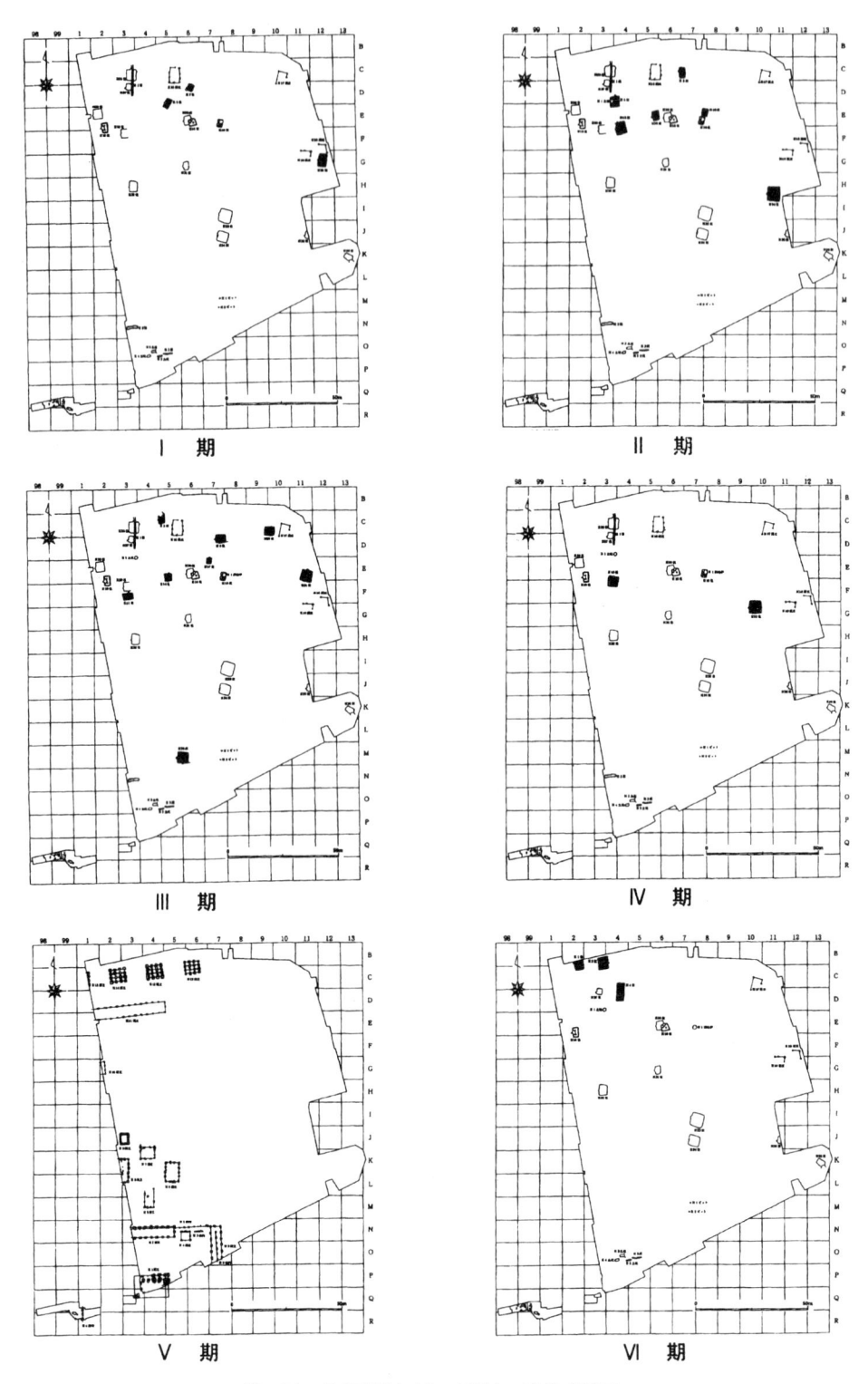

第3図　高座郡衙(西方A遺跡)の遺構変遷図

◇H3号柵列

H4号掘立柱建物の北辺と直線的に並ぶ。H2号掘立のP9，H2号柵列のP1を結んだ線ともほぼ一致する。H2号柵列のP1とは5.5m，H3号掘立とは2.4mの間隔がある。周辺は第V・VI層まで削平されており，現状は不整形の溝状の掘り込み2箇所によって構成される。長さは東側約4m，約2.6mの間隔をあけて西側約3.9m，深さ0.1～0.35m。覆土の第1層は柱の抜き取り，第3層が掘方で，柱間寸法は1.8mとされている。H2・3号掘立の間に設けられた柵列もしくは塀と考えられている。H3号掘立との関係は，土層から確認できないが，H3号掘立が後に建てられたとされている。遺物は皆無で年代観は不明。

◇H4号柵列

確認された柱穴は3箇所。全体の規模は不明だが，H2号柵列と対応する西側の区画施設と考えられている。柱間寸法は2.1m，柱穴は楕円形（長径1.42～1.66m），深さ0.16～0.26m。別の柱穴と重複するが新旧関係は未確認。遺物は皆無で年代観は不明。

(2) 新旧関係がある掘立柱建物（正倉・屋）と竪穴住居

①H1号竪穴住居

8世紀第2四半期（宮久保III期）・報告VI期に該当し，H14号掘立を切る。少なくとも1回の建て替えが行われた。遺物として鉄滓・羽口等を出土。土師器坏の形態から年代観を推定。

②H2号竪穴住居

8世紀第2四半期（宮久保III期）・報告VI期に該当し，H13号掘立・H1号溝を切る。遺物は量・器種とも豊富で土師器坏（灯明具），平瓦，鉄製品（刀子・鏃）・羽口・鉄滓等を出土（鉄滓は覆土中層以上からが多い）。土師器坏の形態から年代を推定。

③H3号竪穴住居

7世紀末～8世紀初頭（宮久保I期）・報告III期に該当し，H13号掘立に切られる。1回の建て替えが行われた。長方形で2本柱。静岡県東部の内外面黒色処理の土師器坏等を出土。土師器坏の形態から年代観を推定。

④H4号竪穴住居

8世紀第2四半期・報告VI期頃に該当するとされ，H11号掘立を切る。長方形で極めて特異な形態の建物とされている。土師器坏，釘・鉄滓等が出土。土師器坏は7世紀第4四半期に比定されるが，埋没過程の混入で，遺物から年代観を推定できない。

⑤H5号竪穴住居

7世紀第4四半期・報告II期に該当し，H11号掘立に切られる。遺物は土師器のみで丸底坏，刷毛目甕等が出土。土師器坏の形態を中心に年代観を推定。

⑥H11号掘立柱建物（屋）

8世紀第1四半期後半～第2四半期初頭・報告V期に該当するとされ，H5・28号住を切り，H4号住に切られる。確認した規模は桁行12間以上（30.6m）×梁行2間（4.7m）の東西

棟で坪掘りの側柱式建物。床面積146.88㎡、柱間寸法は桁行2.4m・2.7m・3.0m、梁行2.1m・2.4m。柱穴は楕円形（長径0.5～1.3m）、深さ0.4～0.6m、柱の太さは15～20cm程度で、いずれも柱を抜き取られている。遺物は静岡県東部の内外面黒色処理の土師器坏等を出土。細片のため時期の推定は困難。

⑦H12号掘立柱建物（正倉）

8世紀第1四半期後半～第2四半期初頭・報告V期に該当するとされ、H16号掘立を切る。規模は桁行3間(6.3m)×梁行3間(5.1m)の東西棟で坪掘りの総柱式建物。床面積32.13㎡、柱間寸法は桁行2.1m、梁行1.5m・1.8m。柱穴は方形（1.0～1.2m）、深さ0.65～0.87m、柱の太さは30cm程度で、いずれも柱を抜き取られている。遺物は須恵器蓋、比企型の坏、駿東型の甕、鉄鎌等が出土。細片のため時期の推定は困難。

⑧H13号掘立柱建物（正倉）

8世紀第1四半期後半～第2四半期初頭・報告V期に該当するとされ、東側の柱穴はH3号住の西側を切る。北西側の柱穴はH2号住に切られる。規模は桁行3間(6.6m)×梁行3間(5.4m)の東西棟で、坪掘り・一部布掘りの総柱式建物。床面積35.64㎡、柱間寸法は桁行2.1m・2.4m、梁行1.8m。柱穴は方形（1.3～1.7m）、深さ0.7～0.8m、柱の太さは30cm程度で、いずれも柱を抜き取られている。遺物は土師器甕・甑、須恵器等が出土。細片のため時期の推定は困難。なお、H13号掘立はH1号遺物集中と重複し、遺物集中が新しい。（H1号遺物集中は、東西長約64cm、南北長約51cm、深さ約17cmで、土坑内に遺物が据えられ、土坑上面に薄い焼土の分布（約80cm×約56cm）を確認。遺物は土師器坏・椀、敲石で、年代観は土師器の様相から11世紀前半〔小島弘義による第13期に該当（小島1985・1986）〕。）

⑨H14号掘立柱建物（正倉）

8世紀第1四半期後半～第2四半期初頭（宮久保編年Ⅱa～b期）・報告V期に該当し、北側の柱穴はH1号住に切られる。規模は桁行3間（6.3m）×梁行3間（5.4m）の東西棟で坪掘りの総柱式建物。床面積34.02㎡、柱間寸法は桁行2.1m、梁行1.8m。柱穴は方形（1.2～1.4m）、深さ0.6～0.7m、柱の太さは30cm程度で、いずれも柱を抜き取られている。遺物は土師器・坏・甕、静岡県東部の内黒土師器坏、須恵器等が出土。土師器坏の様相から年代観を推定。

⑩H15号掘立柱建物（正倉）

竪穴住居とは重複しないが、正倉群の西端にあたる。確認されたのは東側の柱列のみ。東側の正倉と同規模と考えると、梁行3間（4.8m）。2基連結した布掘りの総柱式建物。柱間寸法は梁行1.5m・1.8m。柱穴は方形（1.1～1.2m）、深さは不明。年代観は不明（8世紀第1四半期後半～第2四半期初頭・報告V期に該当）。

(3)「館」を構成する掘立柱建物

①H5号掘立柱建物

北側12m程のH7号掘立柱建物と東側の柱筋を揃えている。東列・北列の一部が削平され，推定規模は桁行3間（8.1m）×梁行3間（4.5m）の南北棟で坪掘りの側柱式建物。床面積36.45㎡，柱間寸法は桁行2.7m・3.3m，梁行1.5m。柱穴は長方形・楕円形（長径0.6～1.2m），深さ0.3m。P10・11は建て替え，P9は床束の可能性がある。遺物は須恵器甕が出土。時期の推定はできない。

②H6号掘立柱建物

西側11m程のH8号掘立柱建物と南側の柱筋を揃えている。規模は桁行4間（8.1m）×梁行3間（6.3m）の南北棟で坪掘り・一部布掘りの側柱式建物。床面積51.03㎡，柱間寸法は1.8～2.4m。柱穴は長方形・楕円形（長径0.9～1.3m），深さ0.4～0.8m。いずれも柱を抜き取られている。柱穴に接するようなピットを伴い，床束の可能性。遺物は土師器坏（灯明具），須恵器甕等が出土。時期についての記述は無い。

③H7号掘立柱建物

南側12m程のH5号掘立柱建物と東側の柱筋を揃えている。規模は桁行3間（6.9m）×梁行3間（5.1m）の東西棟で坪掘り（一部布掘りか）の側柱式建物。床面積35.19㎡，柱間寸法は桁行2.1m・2.4m，梁行は西側1.8m・3.3m，東側1.2m・2.4m。柱穴は不整な楕円形（長径0.61～1.52m），深さ0.13～0.56m。不整形の柱穴から建て替えの可能性。遺物は土師器坏（灯明具）・甕，須恵器坏・甕等が出土。須恵器蓋（後藤編年第Ⅳ期第2～3小期）から宮久保編年Ⅱa～b期（8世紀第1四半期後半～第2四半期初頭）と推定。

④H8号掘立柱建物

東側11m程のH6号掘立柱建物と南側の柱筋を揃えている。推定規模は桁行5間（9.9m）×梁行3間（4.8m）の南北棟で坪掘り・一部布掘りの側柱式建物。床面積47.52㎡，柱間寸法は桁行1.8m・2.1m，梁行1.5m・1.8m。柱穴は長方形・方形（長径0.86～1.33m），深さ0.46～0.68m。いずれも柱を抜き取られている。中央にある小規模なP11～14は床束の可能性。遺物は土師器坏，須恵器坏・甕・瓶，東海地方の須恵器蓋（後藤編年第Ⅳ期第2小期）等が出土。須恵器蓋から幅を持たせて宮久保編年Ⅱa～b期（8世紀第1四半期後半～第2四半期初頭）と推定。

⑤H9号掘立柱建物

南側6m程のH8号掘立柱建物と東側の柱筋を揃えている。規模は桁行3間（4.5m）×梁行2間（3.3m）の南北棟で布掘りの側柱式建物。床面積14.85㎡，柱間寸法は桁行1.2m・1.8m，梁行1.5m・1.8m。布掘り後に坪掘りした柱穴は楕円形（長径0.8～1.3m），深さ0.52～0.88m。覆土上層は一度に埋め戻された可能性。いずれも柱を抜き取られている。土師器坏・甕，須恵器坏・蓋（末野遺跡の年代観で8世紀第1四半期後半）・甕・硯（円面硯）等が出土。須恵器の出土量が多い。須恵器蓋から幅を持たせて宮久保編年Ⅱa～b期（8世紀第1四半期後半～第2四半期初頭）と推定。

3. 調査報告書に見る考察

(1) 高座郡衙を構成する遺構の性格と時期

①北群の「正倉」

　北群は6基で構成され，H12〜15号は総柱式建物，H10・11号は側柱式建物である。総柱式建物は高床倉庫で，西側のH15号から順次東側に増築され，同時並存していた。H11号は土間ないし低床の「屋」に相当し，穎稲を保管する穎屋，武器庫または工房（機織り）などが考えられている。南寄りに位置するH10号の性格は不明。北群の建物の時期は，掘立柱建物と確実に切り合い関係を示す竪穴住居と，H11号掘立に近接し同時併存が想定できないH12号住（8世紀第1四半期後半）の年代から，8世紀第1四半期後半〜第2四半期前半と考えられている。

②中央群の「館」

　中央部に位置するH5〜9号掘立柱建物は計画的な配置で，東側のH6号掘立は柱間距離が比較的大きく床貼の建物と考えられることから，中心的な建物とされている。またH5・7号掘立は掘方が不整形で一部重複が認められ，建て替えの可能性。企画性のある配置などから，公的な使者等の宿泊施設，あるいは郡司の宿舎である「館」に相当すると考えられている。なお掘立柱建物に隣接するH25号住は，時期が報告Ⅲ期（7世紀末〜8世紀初頭）とやや遡るが，掘立柱建物の軸線との一致から「竈屋」の可能性が指摘されている。中央群の建物の時期は，H7・8号掘立から出土した須恵器坏蓋の年代から，8世紀第1四半期後半〜第2四半期初頭。

③南群の「郡庁」

　調査区の南側で発見された郡庁は正殿・後殿・脇殿・柵列で構成される。脇殿は東西脇殿の南に更に1棟ずつ配置されていた可能性が考えられている。正殿は基壇もしくは礎石建物の可能性を残す。建て替えは正殿で1回，後殿・脇殿は建て替えられずに柵列に変わる。正殿の建て替え，後殿と柵列の新旧関係から，前期・後期の2段階の変遷を設定。前期は正殿・後殿・脇殿が「コ」の字型配置，後期は後殿・脇殿が廃され，正殿が柵列のみで区画される。後殿・脇殿の中間にあるH4号掘立の性格は不明。南群の建物の時期は出土遺物からは特定できないが，北群・中央群との関係から，ほぼ同時に存在したと考えられている。なお郡庁は郡衙の中心的施設であることから，正倉や館より若干先行した可能性が指摘されている。

④掘立柱建物に近接する竪穴住居群

　報告者は「集落としては7世紀中葉を初現として8世紀中葉まで存続」したこと，「掘立柱建物群と相前後する形で竪穴住居が存続していた」可能性を指摘しつつ，「官衙関連施設と竪穴住居が同時並存するという積極的な証拠は認められない」と判断している。

⑤その他の遺構

◇H1号鍛冶炉

H 19号竪穴住居と重複し，これを切っている。性格は精錬的な操作を行った鍛冶炉。年代はH 19号住（7世紀第4四半期）以降。また，鍛冶炉出土の鉄滓は，数十m離れたH 1・2・4号住（8世紀第2四半期・報告Ⅵ期）出土の鉄滓と同一出世とされている。

◇H 1号溝

H 26号住（未調査）を切り，H 2号住（8世紀第2四半期）に切られるため，それ以前の所産。全長13.6 m，幅0.57～0.93 m，深さ0.03～0.18 mで逆台形を呈し，南北に走る直線的な溝。南端から0.5 mの間隔でH 11号掘立柱建物がある。

◇H 1号土坑

H 5号住（7世紀第4四半期）を切るため，それ以降の所産。長軸約142 ㎝・短軸約123 ㎝，深さ約50 ㎝で隅丸方形を呈する。

(2) 高座郡衙の存続期間と移転

今回検出された古代の遺構は，年代的には7世紀中葉～8世紀第2四半期の約100年間にわたり，6段階（Ⅰ～Ⅵ期）の時期区分が設定されている。郡衙関連施設のH 1～15号掘立柱建物は遺構と遺物からⅤ期に該当し，実年代は8世紀第1四半期後半～第2四半期初頭と結論付けられている。つまり，高座郡衙の郡庁・正倉群・館群は，約20年弱の極めて短い期間に存続したとの見解である。

そして報告者は「高座郡衙として確認された建物群は，調査区の西側に展開していくことは確実である。さらに，関連する遺構は，台地上全面に展開していく可能性を残している。或いは，同じ台地上に郡衙の移転先が見つかる可能性も残されている。」と指摘している。

4．高座郡衙の諸問題について

さて，先に述べたように，正倉を切った竪穴住居の年代をもとに郡衙全体の廃絶年代を示した点に問題があるのではないかと考えている。本項では，その点を踏まえながら，幾つかの課題を設定し私見を述べる。

(1) 官衙遺跡の掘立柱建物と竪穴住居の切り合い

東国では特に，掘立柱建物と竪穴住居がセットとなる官衙が多いのが大きな特徴である。官衙的な掘立柱建物を竪穴住居が切った場合，それは官衙全体の機能の廃絶を示すものではない。手元の官衙関係の報告書から，掘立柱建物と住居跡とが切り合う事例を紹介する。

①東山遺跡（宮城県）

多賀城関連遺跡に含まれる東山遺跡は，古代の賀美郡衙に推定されている遺跡である。礎石倉庫群が変遷する南区（宮城県多賀城跡調査研究所1987）の遺構時期は4期に分かれ，A期：8世紀前半～中頃，B期：8世紀中頃～9世紀，C期：9世紀，D期：10世紀前半頃とされ，特にB期は郡衙の正倉院として機能していたと報告されている。また北東区の調査では，中央部で一字形の官衙区画溝，北東区南側で掘立柱建物群，東区で8世紀の大規模な南北棟が発見

I部　地域の考古学

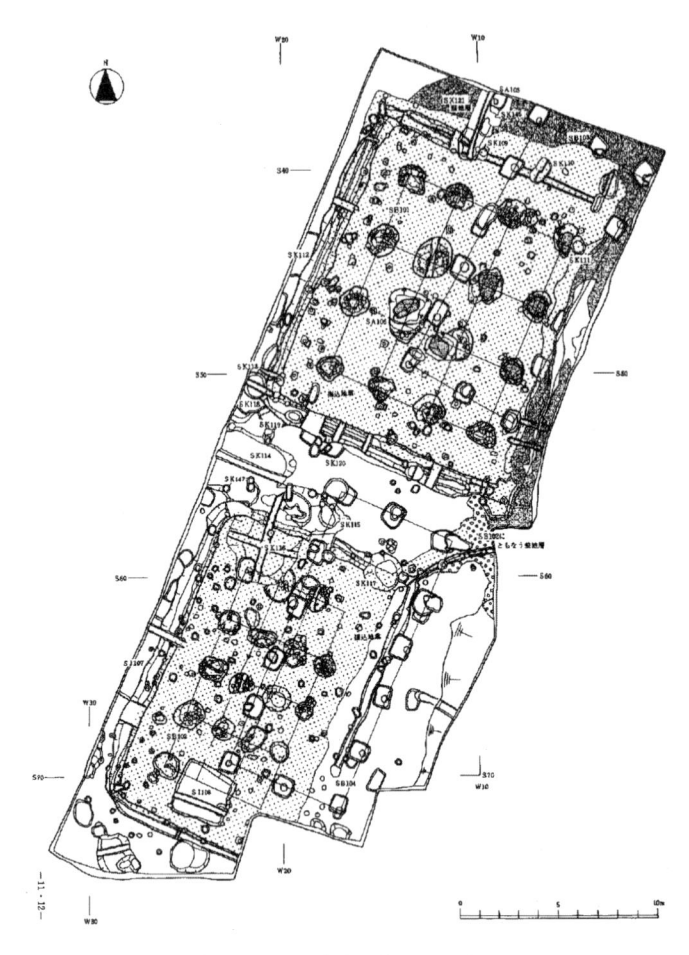

第4図　東山遺跡：南区検出遺構

されている。

【南区】第4図では，B期のSB102掘立柱建物跡とA期のSI107号竪穴住居跡・D期のSI108号竪穴住居跡とが重複している。SI107（8世紀前半～中頃）→SB102（8世紀中頃～9世紀）→SI108（10世紀前半頃）の順に新しくなる。SB102は桁行4間×梁行3間の南北棟・礎石総柱建物で掘り込み地業と雨落ち溝を伴う。遺物は，SB102は雨落ち溝の堆積土上層から大量の炭化米が出土。SI107は円面硯脚部破片や須恵器高台坏，鉄斧・刀子・紡錘車・砥石等を出土。SI108は托形の土師器，高台坏，甑等を出土。SI108のD期に南区が官衙機能を果たしていたか判然としないが，托形土器から官衙関連地区の可能性を残す，としている。

【北東区南端】第5図（宮城県多賀城跡調査研究所1990）では，SB177掘立柱建物跡とSI292号・297号竪穴住居跡が重複している。SI292（8世紀）→SB177（8世紀）→SI297（8世紀）の順に新しくなる。SB177は桁行4間以上×梁行2間の東西棟・掘立柱建物。遺物は，SB177の柱穴の埋土から土師器坏・甕，須恵器坏・甕等を出土。SI292は土師器鉢・坏・甕，須恵器甕，羽口等を出土。SI297は土師器坏・甕，須恵器坏，鉄製鎌等を出土。SB177は北東区で最古の掘立柱建物で，これより古いSI292は官衙期以前の8世紀前半と考えられている。

②多賀城跡（宮城県）

多賀城跡北東部の大畑地区では，第60次調査までに，奈良時代の外郭東門や築地，東西4間・南北15間以上の長大な建物や八脚門，竪穴住居の集中分布などが判明している。また宝亀11（780）年の伊治公呰麻呂の乱後に復興・機能拡充が図られ，施設の修復や多くの建て替

えを経て，平安時代前半まで存続することが指摘されている。第60次調査では，実務官衙施設がA期（8世紀中頃～後半代）に機能を開始してD～E期（9世紀代）に盛行し，F～G期（10世紀前半代）に減少して10世紀後半以降には消滅するとの変遷が確認されている。

また竪穴住居はA期（8世紀中頃～後半）に最も集中するが，D期（9世紀前半）の竪穴住居については，恒常的な掘立式建物と同一場所にあって重複するため，仮設的なものと考えられている。

【中央地区】第6図（宮城県多賀城調査研究所1992）では，C期のSB2086建物跡とD期のSI1966住居跡・SB2093建物跡，E期のSB2088建物跡とが重複している。SB2086（9世紀初頭）→SI1966・SB2093（9世紀前半）→SB2088（9世紀後半）の順に新しくなる。SB2086は南北4間×東西3間の南北棟。遺物は須恵器甕破片が出土。SI1966は東辺3.8m×北辺3.5m以上の方形で，遺物は床面から政庁第Ⅱ期（A期に該当）の平瓦，周溝から土師器坏，堆積土から須恵器坏等が出土。SB2093は東西3間×南北3間以上の東西棟で南に廂が付く。遺物はロクロ調整の土師器坏片，ヘラ切り須恵器坏片等が出土。SB2088は南北3間×東西3間の南北棟で東に廂が付く。遺物は回転糸切りの須恵器坏・土師器坏等が出土。

③那須官衙関連遺跡（栃木県）

古代の那須郡衙である那須官衙跡を中心とする那須官衙関連遺跡は，7世紀第

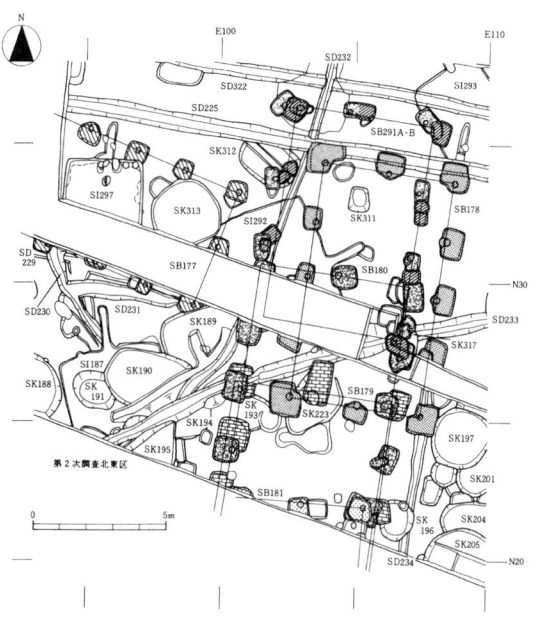

第5図　東山遺跡：北東区南端の検出遺構

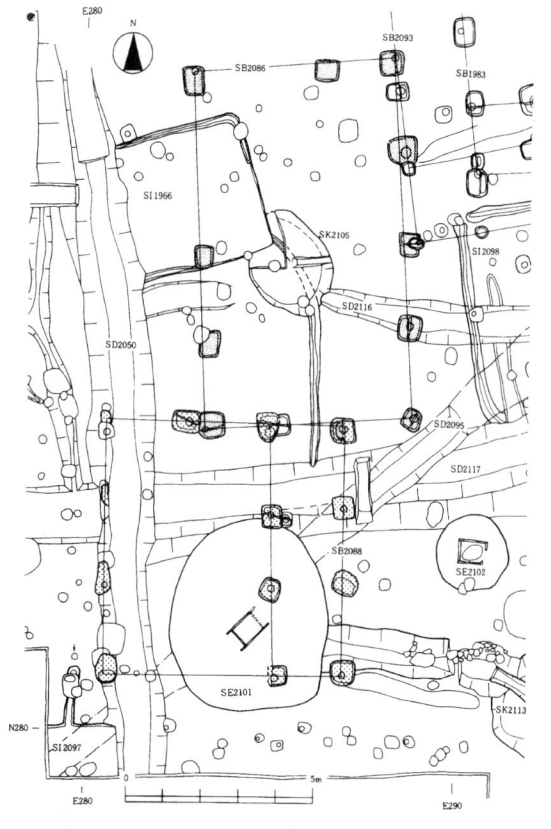

第6図　多賀城第60次調査中央地区遺構配置

Ⅰ部　地域の考古学

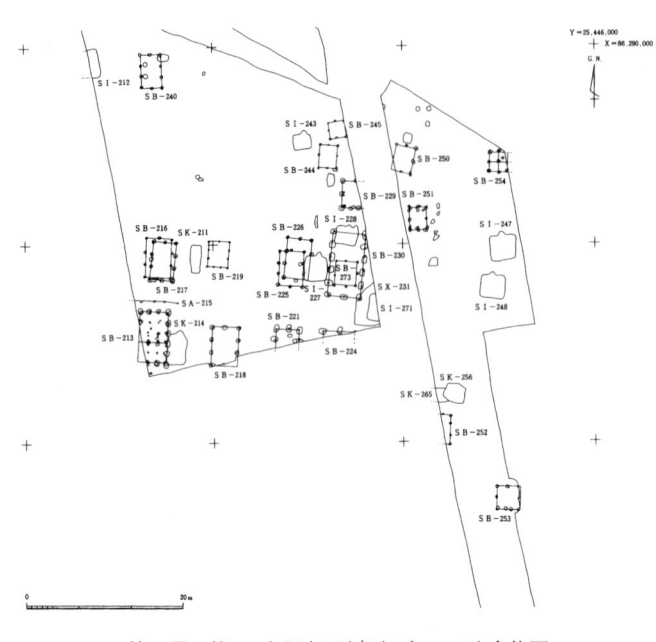

第7図　第16次調査区(南東ブロック)全体図

4四半期〜10世紀前半代にわたって変遷し，8世紀中葉〜後葉には溝によって西・中央・東・南東の4ブロックに区画されて最も整う。西ブロックは郡衙成立期から廃絶まで正倉院であり，8世紀代の中央・東ブロックは曹司，南東ブロックは館の可能性が高く，9世紀以降は中央・東・西ブロックも総柱式礎石建物などの正倉院となる。南東ブロックの第16次調査では，側柱式掘立柱建物からなる官衙域が展開することが明らかにされている。

【南東ブロック】第7図（栃木県教育委員会・(財)栃木県文化振興事業団1997）では，ＳＢ225・226とＳＩ227，ＳＢ230とＳＩ228の重複関係が見られる。ＳＢ225・226（8世紀中葉前後）→ＳＩ227（9世紀中〜後半代），ＳＢ230（8世紀中葉前後）→ＳＩ228（9世紀中〜後半代）の先後関係となる。ＳＢ225・226はともに2間×3間の南北棟で建て替えは無く，出土遺物も無い。ＳＩ227・228の9世紀代は竪穴住居が主体の時期であるが，ＳＩ227からは「厨」墨書土器の高台付土師器が出土している。

　以上の数少ない事例で高座郡衙の事例と比較するにはいたらないが，官衙存続期間のなかで，官衙地区の掘立柱建物と竪穴住居が重複しながら展開する様相がうかがえる。この様相は平塚の相模国府においても同様で，官衙造営中や曹司が機能している間にも竪穴住居が存在し，掘立柱建物と重複関係が生じると考えている（明石2003）。西方Ａ遺跡において，竪穴住居が正倉を切った時点で北群の正倉機能は廃絶したが，それと同時に南群の郡庁施設も共に廃絶したと見るのはやや性急であろう。また遺構・遺物から年代を特定できない郡庁施設の時期について，正倉群や館群との相対関係から「大幅にずれるとは考えにくい」とされているが，柔軟に考える必要があるのではないだろうか。

(2) 官衙造営のための竪穴住居

　先にも述べたように，東国では竪穴住居は一般集落だけではなく，官衙遺跡で普遍的に存在していることに特徴がある。西方Ａ遺跡の報告では「竪穴住居と掘立柱建物が併存していた可能性があるとすると，一般的な官衙の特色に反する事例となる」とされているが，官衙遺跡と

一般集落との違いは，掘立柱建物（側柱式・総柱式）の規模が問題になるのであって，竪穴住居の存在が問題になるのではない。

　高座郡衙の変遷を考えるうえで，西方A遺跡で発見された竪穴住居を2通りに分けることができる。一つは郡衙成立以前のムラで，官衙造営のために撤去された竪穴住居群。もう一つは官衙造営のためのムラで，金工・土木・建築等の職人が居住・作業するための竪穴住居（竪穴建物）が必要である。後者の竪穴住居群の消長を見ると，報告書の遺構変遷（I～IV期）のII～III期において，北部に集中・増加，IV期には激減・終息する。その最盛期のII～III期の住居群（H3・9・13・24・25号住）には建て替えも認められている。これらの動きから，郡衙造営のピークがII～III期にあり，IV期には正倉が成立していたと思われる。

　報告書では，IV期（8世紀第1四半期後半）のH12号住が，長大な側柱建物（H11号掘立）に近接して同時併存が想定できないとして，正倉群全体，ひいては郡衙全体の上限をV期の8世紀第1四半期後半以降として推定している。

　しかし，遺構年代の推定の根拠ともなる土器の年代を踏まえれば，同時期にごく一時的に郡衙中枢施設と竪穴住居が併存すること，その逆に同時期内にも同時併存しない可能性もある。加えて，竪穴住居との新旧関係のない「郡庁」・「館」について正倉群と同じV期で一括して捉える必要性はないと考える。

(3) 郡庁が先か，正倉が先か

　次に，高座郡衙の諸施設がV期の中で一括した形で成立・廃絶するとの分析とは別の所見を述べたい。

　正倉に関する基本的な資料に「養老律令　令　巻第九　倉庫令　第廿二」（718年・養老二）があり，「凡そ倉は，皆高く燥ける処に置け。側に池渠開け。倉を去ること五十丈の内に，館舎置くこと得ず。」（日本思想大系新装版『律令』1994）と規定している。

　このような概念が高座郡衙造営に反映していた場合，郡庁域と正倉域の間の「館」の存在，つまり「館」の時期が問題となる。結論として，先に「館」・「正倉」，後に「郡庁」が建設されたと考えている。また，この「館」は正倉・郡庁造営に関わる施設で「郡庁」完成とともに機能を終わり，その後の「郡庁」変遷過程で「正倉」の一部が撤去されたと想定している。そもそも高座郡衙の正倉が4基のみで構成されたものとは到底考えられない。報告者も指摘しているように正倉域が周辺に続くことが想定される。さらに郡衙成立後の正倉について，整備・拡充，分散・移動といった変遷も考慮する必要がある。

　また，中央国家は在地社会を実質支配していた豪族を律令支配構造に取り込み，郡司に任命することで，国・郡の安定した行政運営を目指した。それには経済的基盤となる「租」を収納する「正倉」を建設することが先決で，次の段階が「郡庁」と考える。同時並行での建設もあるかと思うが，まず「正倉」を優先することが，国司・郡司層に与えられた課題であったと考えている。

(4)「郡庁」の変遷の見直し

　前項の所見を最終的にまとめたのが第1表と第8図である。第1表では4基の正倉の廃絶後も郡庁〜郡衙全体が存続したとの前提で、下寺尾七堂伽藍跡を含めた遺跡全体の7世紀から11世紀にかけての変遷を示した。第8図では正殿（H1号掘立）の建て替えと柵列・脇殿の1〜3期の変遷を示した。

①1号掘立柱建物（正殿）

　柱掘り方から少なくとも1回の建て替えが報告されている。特に建て替え後の柱穴の覆土は酸化鉄と小石を多く含み、地山ではなく崖面に露頭する礫層より採取された可能性が高いこと、さらにP7・14・15からは炭化物が出土していること、幾つかの柱穴やP18〜21の確認面付近で10〜30cm程度の礫が数点ずつ出土していることが気になるところである。炭化物は火災に関係するのか、礫は柱の根固め石の可能性はないのか、またP16・17は柱穴の配置に乗らないとしているが足場の柱穴とは考えられないかなど、多くの課題が残る。なお建て替えがあることから、短期間ではなく、逆に長期間に亘るものと考えたい。

　また正殿の方位は梁行方向でN−3°−W、後殿はN−2°−W、脇殿は桁行方向でN−3°−W、後殿を切るH1号柵列はN−93°−Wであること、正殿と脇殿・H1号柵列との距離が20.6mで揃うことから、正殿が後殿の廃絶後にH1号柵列と同時に建造され、脇殿とともに併存した可能性も考えられよう。

②H2号掘立柱建物（後殿）

　H1号柵列と重複し、北側の柱列が切られていることを確認した上で、柱痕の覆土上部に焼土粒と炭化物を観察していることから、火災後の柱の抜き取りか、上部を切り取ったか可能性が報告されている。グラウンド造成のためにかなり低い面で遺構を確認していることを考慮すれば、後殿についても建て替えの可能性は残されるのではないか。

③H3号掘立柱建物（脇殿）

　前述したようにH1号柵列の柱穴との重複は確認できなかった。また脇殿の柱穴では全ての柱の抜き取りを観察している点を踏まえ、最低1回の建て替えの可能性を残しても良いのではないだろうか。

④北側のH1号柵列と東側のH2号柵列

　柱穴の平面形態では、前者が円形・楕円形であるのに対し後者が隅丸方形、柱間寸法では前者が1.5〜3.3mと不揃いであるのに対し後者が2.4mの等間隔と異なっている。また、二つの柵列がH3号掘立柱建物（東脇殿）の北側でつながるような柱穴の重複が確認されていないことから、時期差があると考えられる。

(5)「館」の性格

　(3)で触れた中央群の「館」について、年代根拠を示すのが難しいことを承知の上で、改めて私見を述べてみたい。この「館」の最大の問題点は「郡庁」との距離が極めて短いことであ

相模国高座郡衙(西方A遺跡)の諸問題について

ろう。同時期に併存した場合，南端の建物と郡庁後殿との距離は僅か7m程である。また，あえて「郡庁」の北側に近接して「館」を設置する意図が判然としない。またH25号住（報告Ⅲ期）を竈屋とするならば，「館」との併置関係であって「郡庁」との併存は考えられない。

そこで，この年代が不鮮明な掘立柱建物群を，高座郡衙成立以前の「評」段階の施設，つまり高倉評家の関連施設と想定した。この時期に下寺尾七堂伽藍跡付近に「評」段階の建物が見えてこないことから，古代寺院を造営した在地有力者（郡司層）の居宅の一部を，台地上の「館」にあてることも一つの見方と考える。その主な機能は，工人集団を統括して正倉・郡庁を造営することであったと考える。と同時に，台地下の郡衙隣接地に寺院を造営するプランも視野に

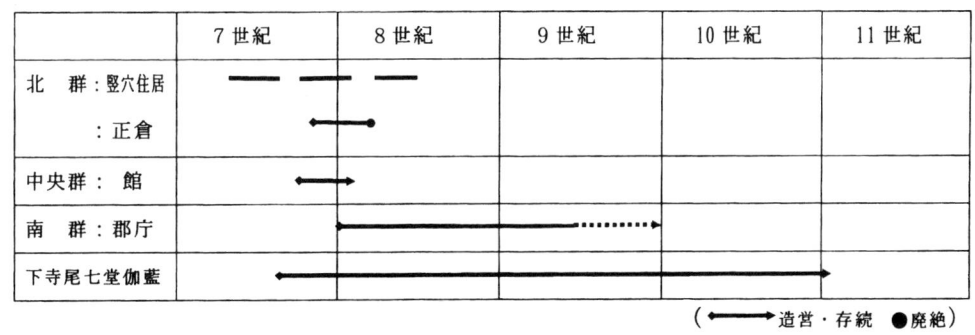

	7世紀	8世紀	9世紀	10世紀	11世紀
北　群：竪穴住居	━━━	━━━ ━━━			
：正倉		←―→			
中央群：館		←→			
南　群：郡庁		←―――――――┄┄┄→			
下寺尾七堂伽藍		←―――――――――――――――――→			

（←―→造営・存続　●廃絶）

第1表　高座郡衙の変遷

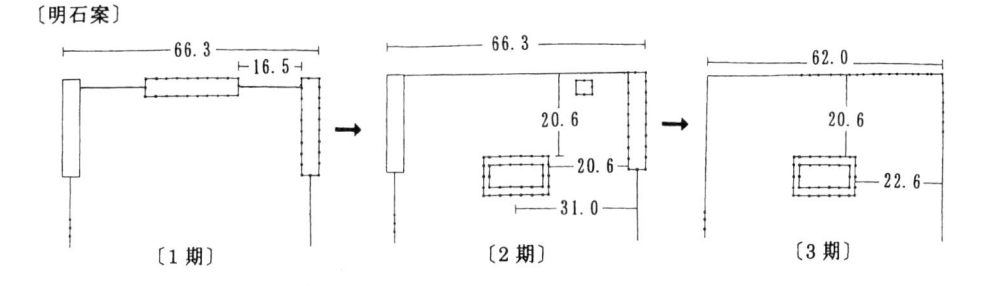

〔明石案〕

〔1期〕　〔2期〕　〔3期〕

〔報告書の見解〕

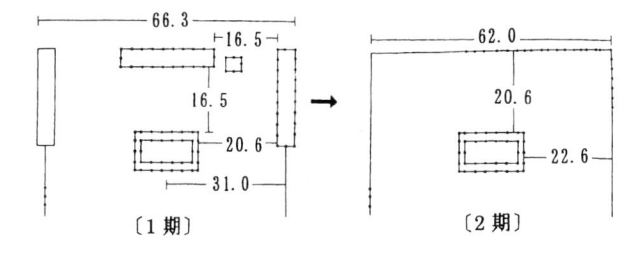

〔1期〕　〔2期〕

第8図　郡庁の変遷

I部　地域の考古学

入っていたはずである。

　古代寺院と評家（郡家）との密接な関係は，多くの事例や研究から窺い知ることができる。その代表的な遺跡が岐阜県関市の弥勒寺遺跡群である。豪族（首長）居館と寺，さらに評家（郡家）と，一連の動きがわかる遺跡である（田中2005）。茅ヶ崎市の高座郡衙と下寺尾七堂伽藍跡も，在地豪族の館（評家関連施設），正倉・郡庁，古代寺院のセット関係として捉えられるのではないだろうか。つまり，下寺尾の台地中央部に「館」を設置し，順次，低地に古代寺院を，台地上に高倉郡衙を造営したと考える。下寺尾七堂伽藍跡を調査している大村浩司氏は「本地域が伽藍地となる前は，古墳時代後期の竪穴住居が存在し，集落の一部を形成していた。なお，この集落の性格については，豪族居館に関係するものか，寺院創建に関わるものか今後の検討が必要であろう。」（大村2003）と指摘していることは重要である。つまり，西方A遺跡でも，郡衙成立以前の竪穴住居が発見されており，台地と低地の竪穴住居は，寺院と郡衙の創建に関して表裏一体の関係があったと考えられる。

　なお，郡衙周辺寺院について，山中敏史氏は「祖先信仰など個々の氏族の族内的な宗教活動の場としても利用されたとみられるが，評衙・郡衙と結びつきながら，国家鎮護の法会や公共的な社会活動，民衆教化などのような公的・官寺的機能を果たしていた場であった」（山中2005）としている。茅ヶ崎市居村B遺跡では「放生」木簡が出土していることから，高座郡衙との関連，寺院（七堂伽藍跡）の僧侶の関与なども考えられる。

(6) 高座郡衙の位置付けと移転問題

　報告者は，高座郡衙の移転先の可能性を同じ台地上に求める一方，その問題を大きな課題として取り上げている。以下，高座郡衙の位置付けや移転先を廻る各氏の見解をまとめてみた。

①滝澤亮氏の見解（滝澤1998・2003）

　滝澤氏は，海老名市大谷向原遺跡の調査成果を分析し，「高坐官」の墨書土器等から，高座郡衙が平安時代初期には大谷向原遺跡周辺に存在していたと推定した。その後，大和市南部の遺跡群を分析し，中ノ原遺跡A地点で発見された総柱の倉庫である1号掘立柱建物を重視し，時期を土師器赤彩盤状杯から8世紀第2四半期に比定した。また西方A遺跡の「郡衙遺構が七世紀末から八世紀初頭に比定され」たことから，「高座郡衙は，国分寺・国分尼寺の造営が始まる8世紀第2四半期以降には，海老名市を中心とした地域に移転した」との見解を再度示した。また，中ノ原遺跡A地点の1号掘立柱建物は「奈良時代における高倉郡の分倉」と位置付けした。

②荒井秀規氏の見解（荒井2003）

　荒井氏は，高座郷を郡家（評家）所在郷としたうえで，海老名市大谷向原遺跡出土の「高坐官」墨書土器を高座郷の間接的資料として評価し，高座郷の範囲を海老名市本郷を中心に綾瀬市南部〜藤沢市高倉までとした。また，茅ヶ崎市下寺尾で発見された高座郡衙について，全国的な事例や下寺尾七堂伽藍跡との関係から，創建が8世紀の正倉群より遡る余地を指摘しつつ，「第

一次高座郡家」と位置付けした。そのうえで，前段階の高倉評家と第二次高座郡家の所在解明を課題としている。

③大上周三氏の見解（大上2003・2006）

　大上氏は，高座郷を海老名市本郷〜大谷周辺に比定し，律令成立前夜から在地首長の本貫地であったとして，本郷遺跡の7世紀後半の長大な掘立柱建物群について「高倉評衙」，8世紀後半〜10世紀前半の大型建物群について郡司層（壬生氏）の居宅の可能性を示した。そのうえで，「支配拠点の一角の本郷に評衙が置かれ，その後郡衙は西方A遺跡に」移ったとした。また高座郡衙は遠距離での移遷は考えにくいとした。その後，雑舎併存の観点で高座郡衙の年代観を見直し，郡庁・正倉を7世紀第4四半期（郡衙機能の前段階）〜8世紀第1四半期前半（郡衙機能の後段階），館を8世紀第1四半期後半〜第2四半期前半とした。さらに，この郡衙を「初期郡衙」と位置付けしたうえで，移転場所について，「七堂伽藍跡の存続状況や居村B遺跡出土の奈良時代の可能性が指摘される放生木簡などから，下寺尾からさほど遠くない茅ヶ崎市内」に求めた。

④鈴木靖民氏の見解（鈴木2003）

　鈴木氏は，郡家の歴史的な成立過程と構造・機能を整理したうえで，郡家隣接寺院を含めた郡家域の景観を俯瞰した。そのなかで，高座郡北部の高座郷域に高倉評家が7世紀第3四半期には存在し，郡制施行より後れて8世紀第1四半期に高座郡南部の西方A遺跡に郡家が造営されたとした。高座郡の北・南で機能を補完し合ったとの見方に立つものである。また，高座郡家の移転先については，8世紀前半に郡司氏族の拠点である居村遺跡付近に移った可能性を指摘した。

⑤田尾誠敏氏の見解（田尾2006）

　田尾氏は，高座郡家の存続期間について大上氏の年代観（大上2006）を支持しつつ，郡庁の整備を7世紀第3四半期，竪穴建物が撤退した8世紀初頭以降に，正倉の建設や郡庁の建て替えが行われたと指摘した。また高座郡家の移転について，海老名市大谷向原遺跡・大谷真鯨遺跡出土の墨書土器や特殊遺物等から，北への移転を想定した。さらに移転の背景を「相模国府と分置するように8世紀第3四半期頃に海老名に建設された相模国分寺の影響，宝亀二年（771年）に武蔵国が東海道所属替えすることによって起こった東海道のルート変更など，当時の政治的社会的状況に対応している」と捉えている。

⑥まとめにかえて

　〔評段階の高座郡〕現時点まで高座郡の評段階の遺構として注目されてきたのが，海老名市本郷遺跡（大坪1999）GⅠ地区で発見された長大な掘立柱建物である。その建物に見合う他の遺構が検出されていないため，積極的に評家とするのは難しいが，高座郡（高倉評）の中でも海老名本郷地域に有力な豪族（首長）が存在することを暗示するものであり，今後とも注目される地域である。

Ⅰ部　地域の考古学

〔郡衙のあり方〕郡衙遺構の発見が増加する中で，郡衙のあり方が問題になっている。従来，移動・移転は別として，郡衙は郡の中に一つと考えられてきた。近年の郡衙研究では複数の郡家出先機関の存在が明らかにされている。佐藤信氏（佐藤2002）は「一郡内に複数の地方官衙遺跡が併存するという様相が明らかになりつつある」と指摘したうえで，「地方官衙遺跡を単一の機能のみでとらえずに，それぞれ多様な機能をになう複数の地方官衙の集合体とみて，面的な広がりをもつ「地方官衙遺跡群」としてとらえることが，地方官衙遺跡の実情に近いものと考える。そしてこのことは，郡レベルの場合，在地社会が，郡司氏族の一元的掌握下にある単一の共同体であったのではなく，多元的な構成をもっていたことに相応ずるのであろう。」と提言している。

　この見解に準拠するならば，高座郡衙機能を持つ官衙が複数存在しても不思議ではないことになる。今までに准官衙的と言われてきた本郷遺跡（本郷遺跡調査団1987），大谷市場遺跡（大谷市場遺跡発掘調査団2003），南鍛冶山遺跡（加藤1999）はその候補地になり得る遺跡である。そこで問題となるのが，何を基準として判断するのか，である。掘立柱建物の規模をどこで線引きするのか，遺物での基準は何か，互いに共通した認識が必要であろう。さらには「戸」の基準の問題もある。そのためには，向原遺跡（神奈川県立埋蔵文化財センター1983）・草山遺跡（神奈川県立埋蔵文化財センター1990）・天神谷戸遺跡（（財）かながわ考古学財団2000）の詳細な分析が必要であろう。そういう意味において，やっと考古学が目指す「民衆の歴史」の解明が求められる時代がやってきたと実感している。

〔高座郡衙の年代〕高座郡衙は評段階に造営が始まって8世紀初頭には完成し，第2四半期のH1号鍛冶炉は郡衙存続に伴うものと考える。また，遺構外から9世紀の遺物が出土していること，また全国的に郡衙が衰退に向かうのは9世紀から10世紀であることから，高座郡衙は9世紀まで存続したと積極的な解釈をしたい。

　以上，列記してきた問題点は，西方A遺跡周辺の調査事例が増えることによって解決されるものと考えている。今後も高座郡衙と下寺尾七堂伽藍跡の双方の調査状況を見つめて検討を行っていきたい。

おわりに

　今回は十分な傍証事例を示すことができず，消化不良の感はありますが，ご容赦をお願いします。また執筆に際し，荒井秀規，大上周三，大坪宣雄，大村浩司，鈴木靖民，関口重樹，田尾誠敏，滝澤亮の各氏，相模の古代を考える会の仲間からご指導・ご支援を賜りました。紙面を借りてお礼申し上げます。なお，校正には毛利加代子氏の協力を得た。

　最後になりましたが，古希を迎えられた杉山先生が益々お元気でご活躍なさいますよう願って止みません。どうか，後輩の私たちを暖かく見守り，ご指導下さるようお願い申し上げます。

相模国高座郡衙（西方Ａ遺跡）の諸問題について

註

(1) 遺跡は下寺尾七堂伽藍跡として遺跡台帳に登録されている。下寺尾廃寺とも呼ばれるが，本論では下寺尾七堂伽藍跡として統一した。
(2) 篠谷横穴群の 13・14 号穴から馬具が出土していることに注目したい。

引用・参考文献

（財）かながわ考古学財団　2003「下寺尾西方Ａ遺跡」『かながわ考古学財団調査報告 157』

茅ヶ崎市教育委員会　1981「篠谷横穴群」『茅ヶ崎市文化財資料第八集　茅ヶ崎の遺跡』

小島弘義　1985『四之宮高林寺Ⅱ』平塚市遺跡調査会

小島弘義　1986『四之宮高林寺Ⅲ』平塚市遺跡調査会

宮城県多賀城跡調査研究所　1987『多賀城関連遺跡発掘調査報告書第 12 冊　東山遺跡Ⅰ』

宮城県多賀城跡調査研究所　1990『多賀城関連遺跡発掘調査報告書第 15 冊　東山遺跡Ⅳ』

宮城県多賀城跡調査研究所　1992『宮城県多賀城跡調査研究所年報 1991　多賀城跡』

栃木県教育委員会・（財）栃木県文化振興事業団　1997『栃木県埋蔵文化財調査報告第 186 集　那須官衙関連遺跡Ⅳ』

明石　新　2003「相模国府」『平塚市史 11 下　別編考古 (2)』平塚市

日本思想大系新装版　1994『律令』岩波書店

田中弘志　2005「「郡寺」と郡衙−関市弥勒寺遺跡群の調査から−」『地方官衙と寺院−郡衙周辺寺院を中心として−』独立行政法人文化財研究所　奈良文化財研究所

大村浩司　2003「下寺尾七堂伽藍跡と高座郡衙周辺」『平成 14 年度の発掘調査成果発表会　公開セミナー　高座郡衙（郡家）の世界　発表要旨』（財）かながわ考古学財団・茅ヶ崎市教育委員会

山中敏史　2005「地方官衙と周辺寺院をめぐる諸問題−氏寺論の再検討−」『地方官衙と寺院−郡衙周辺寺院を中心として−』独立行政法人文化財研究所　奈良文化財研究所

滝澤　亮　1998「相模国高座郡衙の所在について−海老名市大谷向原遺跡の調査成果から−」『えびなの歴史−海老名市史研究−第 10 号』海老名市

滝澤　亮　2003「大和市南部地域の古代集落とその様相」『大和市史研究第 29 号』大和市役所総務部総務課

荒井秀規　2003「古代の高座郡−郡家の所在をめぐって−」『平成 14 年度の発掘調査成果発表会　公開セミナー　高座郡衙（郡家）の世界　発表要旨』（財）かながわ考古学財団・茅ヶ崎市教育委員会

大上周三　2003「高座郡の末端支配関係を遺構・遺物からみる」『平成 14 年度の発掘調査成果発表会　公開セミナー　高座郡衙（郡家）の世界』（財）かながわ考古学財団・茅ヶ崎市教育委員会

大上周三　2006「相模国高座郡衙の調査について」『シンポジウム　古代の川崎市役所を発掘する−橘樹郡衙推定地の調査成果と歴史的意義−』川崎市教育委員会

鈴木靖民　2003「高座郡家の世界−郡家の成立と郡家域（官庁域）の景観−」『平成 14 年度の発掘調査成

I部　地域の考古学

　　果発表会　公開セミナー　高座郡衙（郡家）の世界　発表要旨』(財)かながわ考古学財団・茅ヶ崎市教育委員会

田尾誠敏　2006「高座郡家と下寺尾廃寺をめぐる古代相模国の様相」『市民講座　茅ヶ崎市下寺尾地区の遺跡群について』神奈川県教育委員会教育局生涯学習文化財課・茅ヶ崎市教育委員会生涯学習課

大坪宣雄　1999「海老名市本郷遺跡」『公開セミナー　古代の大型建物跡－役所か邸宅か－記録集』(財)かながわ考古学財団

佐藤　信　2002「地方官衙と在地の社会」『日本の時代史4　律令国家と天平文化』吉川弘文館

本郷遺跡調査団　1987「海老名本郷（Ⅳ）」

大谷市場遺跡発掘調査団　2003『神奈川県海老名市大谷市場遺跡発掘調査報告書』

加藤信夫　1999「藤沢市南鍛冶山遺跡」『公開セミナー　古代の大型建物跡－役所か邸宅か－記録集』(財)かながわ考古学財団

神奈川県立埋蔵文化財センター　1983「向原遺跡」『神奈川県立埋蔵文化財センター調査報告1』

神奈川県立埋蔵文化財センター　1990「草山遺跡」『神奈川県立埋蔵文化財センター調査報告18』

(財)かながわ考古学財団　2000「天神谷戸遺跡」『かながわ考古学財団調査報告書75』

帝京大学山梨文化財研究所　2006『古代考古学フォーラム2006』「掘立柱・礎石建物建築の考古学資料集」

独立行政法人　文化財研究所　奈良文化財研究所　2004『古代の官衙遺跡Ⅱ　遺物・遺跡編』

財団法人　千葉県教育振興財団　2006「房総における郡衙遺跡の諸問題－下総国を中心として－」『研究紀要25』

奈良国立文化財研究所　2000『郡衙正倉の成立と変遷』

独立行政法人　文化財研究所　奈良文化財研究所　2005『地方官衙と寺院－郡衙周辺寺院を中心として－』

史跡 旧相模川橋脚にみる文化財保護の歩み

大 村 浩 司

はじめに

　現在，神奈川県内において国の史跡指定を受け保存されている遺跡は51ヶ所を数える。このうち大正時代に指定を受けたのは6ヶ所であるが，これらは県内における遺跡保存の先駆けと言えるであろう。県内ではじめて指定を受けたのは相模国分寺跡で，指定された1921（大正10）年から88年が過ぎようとしている。こうした史跡は，当時の人たちが保存のために多大な努力を払った結果，現在まで継承され続け私達がこれらを訪れ文化財に触れることが可能になった遺跡である。大正期に指定を受けた中に，県内で6番目に指定を受けた史跡旧相模川橋脚がある。本史跡は茅ヶ崎市に所在し，1926（大正15）年10月20日に指定されその後約80年間保存されてきたが，近年橋脚の一部に傷みが観察されたことから，2001（平成13）年より本格的な保存整備が進められ，2008（平成20）年春に完了し新たに公開を再開している。この保存整備事業を通じて，当時の研究者，行政，地元など関係者の保護に向けた足跡を知ることができたが，これらの中には，現在のわれわれが遺跡保護に取り組む場合に十分参考になることが多いと思われる。そこで，小稿ではこの保存整備事業を通じて資料を得ることができた本史跡に対する調査研究と保存整備に視点をあて，その歩みについて振り返り今後の遺跡保護への一助としたい。

1．史跡の概要

　本史跡は，神奈川県茅ヶ崎市南西部の下町屋一丁目に所在するもので，指定地面積は1,879.53㎡と決して広くはない。地形的には，茅ヶ崎市南部に形成されている沖積地にあたり，本地点は旧河道部分に該当する。本史跡は，1923（大正12）年に発生した関東大震災によって，当時水田だった地表へ出現したもので，歴史学者沼田頼輔博

写真1　出現時の橋脚（1924年）

I部　地域の考古学

士によって，1198（建久9）年に源頼朝の家臣，稲毛重成が亡き妻の供養のために相模川に架けた橋の遺構と考証されている。そして，前述したとおり出現から3年後の1926（大正15）年に国の史跡に指定されている。また，後述するが今回の保存整備事業に伴う確認調査によって，橋脚10本の確認ができたほか，新に土留め遺構が発見されたこと，初期保存整備時の遺構が残存していたことなどから，2008（平成20）年2月6日に周辺部分を中心として追加指定を受けている。さらに，中世橋遺跡としての価値に加えて，関東大震災の痕跡を残す遺跡，文化財保護の歩みを残す遺跡としての評価も得ている。

2．調査研究と保存整備の歩み

　本遺跡は1923（大正12）年9月1日の地震と翌1924（大正13）年1月15日の余震により埋もれていた橋脚が地上に出現したことによって，はじめて遺跡の存在が認識されたという稀有な事例であり，調査研究および保存整備等もこの時点から出発することになる。

　本遺跡における保存整備の画期は大きく次の3期に分けることができる。すなわち，出現から史跡指定と最初の整備が行われた初期保存整備（第I期），1965（昭和40）年に武藤工業を中心に行われた第二期保存整備（第II期），そして，今回行われた第三期保存整備（第III期）である。これらのうち第I期については，さらに細分が可能であろう。以下それぞれの年代を示しておく。I-1〔1923（大正12）年～1932（昭和7）年〕，I-2〔1933（昭和8）年～1946（昭和21）年〕，I-3〔1947（昭和22）年～1964（昭和39）年〕，II〔1965（昭和40）年～1997（平成9）年〕，III〔1998（平成10）年～2008（平成20）年〕。

(1) 第I-1期〔1923（大正12）年～1932（昭和7）年〕

　地震による出現から，調査，史跡指定そして初期保存池の整備が行われ，史跡としての定着した時期。

①出現と新聞報道

　本遺跡に関する記録をはじめて公にみることができるのは，現段階においては，1924（大正13）年3月6日付の「東京日日新聞」である。内容は取材記事ではなく紹介の形で掲載されている。記事の執筆者は後述する沼田頼輔博士であり，掲載は3月6日，9日，11日，13日の4日間に分けて写真入で掲載されている（沼田1924a）。ところで，出現直後に取材記事として掲載されていないのは，関東地区における新聞社が震災による混乱をきたしていたことによると思われる。

②和田清の対応と沼田頼輔博士の調査

　この事象を歴史的遺産として捉え考証したのは沼田頼輔博士であった。沼田博士の足跡を知る資料としては，発表された3本の論文（沼田1924bc・1928）と茅ヶ崎町で行われた講演の記録がある（沼田1930）。1924（大正13）年の3月に『歴史地理』へ掲載された論文では，友人の相田から1924（大正13）年1月15か16日に連絡をもらい相田，田保橋とともに5日

後の 1924（大正 13）年 1 月 20 日に現地を訪れて調査を行ったと記されている（沼田 1924b）。連絡をもらった友人である相田にこの事を告げたのは，地元茅ヶ崎町萩園出身の東京帝国大学文学部講師（東洋史専攻）の和田清である。藁科彦一によれば，和田は東海道線が復旧した 1923（大正 12）年 10 月下旬以降に萩園の実家に帰省したが，その折にこの事実を知り，ただちに現地の実地検分を行い，これは何らかの歴史的遺構であるとの考えを持ち，いち早く対応している。具体的には地元茅ヶ崎の大井写真館に依頼した写真撮影と研究者の招聘であった（藁科 2000）。そして，この研究者招聘を受けて現地を訪れたのが沼田頼輔博士であった。つまり，本遺跡の保存研究への先駆けとなるきっかけを作ったのは地元出身の和田清であり，このことは高く評価されるべきであろう。

③沼田博士の考証と保存への取り組み

沼田博士は，二度目の地震の 5 日後にあたる 1924（大正 13）年 1 月 20 日に現地調査を行い（註 1），同年の 3 月には最初の論文を発表している（沼田 1924b）。発表された論文の中で，橋脚（沼田博士は橋柱と表現）の本数は 9 本と認識されており測定図を残されている。その後，1928（昭和 3）年に出された論文では「近頃，聞く所によると，其後，更に二本を発見したそうであるから，現今では，その総計十一本となったわけである」と記され（沼田 1928），1928（昭和 3）年段階では 11 本という認識を持たれているが，現地での確認は行っていないようである。出現した杭については橋柱とし，規模などから相模川にかかっていたものであろうとした。また，時代については，『吾妻鏡』『保暦間記』などを中心とする文献史料から鎌倉時代の 1198（建久 9）年に稲毛三郎重成が架けたものであろうと考証している。さらに，博士は，相模川が古くは東側を流れていたことから，現在の中嶋郷は本来大住郡に入るということも指摘されている。そして，1924（大正 13）年 3 月の論文には「一日も早く當局のこれを實検せられて適当の処置を執り，保存の道を講ぜらんことを切望せざるを得ないのである。」と記し，保存実現に対する意見を述べている。

沼田博士は同じ年の 6 月にも論文を発表しており（沼田 1924c），時を同じくして新聞発表や論文 2 編を発表しているのは，自身の考えを明らかにすることに加え本遺跡を広く知らしめ，いち早い保護を意識して力を注いだことが推察できる。その背景には，出現した橋脚の扱いに対する掘出し，散逸など，遺跡状況の湮滅に対しての危惧があったと思われる。このことは，その後の 1930（昭和 5）年に，茅ヶ崎小学校で講演された内容を記録した資料に，当時を振り返り「その当時，土地所有者をはじめ地方人はこの橋脚の木材が神代杉であるから，これを抜きとって売らば莫大な利益を獲得さるると称して抜き取られんとするを伝聞いたりしましたから」と当時の橋脚保護に危機感を持っていたことがわかる。また，「私は早速内務省へ参りまして，これが仮指定の形式で本県より史跡名勝記念物として指定を請いました。」と保護についての行動を起こしていることにもうかがえる。さらに「同時にパンフレットも出版いたしまして各方面に宣伝致しました次第であります。」と普及にも精力的に取り組んだことが記さ

I部　地域の考古学

れている（沼田 1930）。

　指定後の 1928（昭和 3）年 10 月に発表された 3 本目の論文の最後では，これまでの考証をまとめ，本遺跡の重要性を述べた後に，自分の進言が入れられて，史跡指定を受けられることとなり，地方のためには新に名跡を加えることになり，学術のためには資料を伝えることができることになった，と記している。これらから，沼田博士が単に歴史的遺産の考証だけでなく，その保護を強調するとともに積極的な行動をしていることにも注目しなくてはならない。地方のための名跡，学問のための資料継承という考えは，現在の遺跡保護に通じる考えであり，学ぶべき点がある。

④柴田常恵の調査

　沼田博士の保存を求める意見に対して，「當局」の動きはどのようなものであったのだろうか。把握できるのは以下のとおりである。

　旧相模川橋脚は，1926（大正 15）年 10 月 20 日に国指定を受けているが，指定に際しては，国における調査が行われたと推測できた。整備前にはこれらについての内容は明らかではなかったが，今回の整備に伴う関係資料調査で，國學院大學に保管されている柴田資料の中に，橋脚に関連する資料が存在しており，柴田常恵の存在が明らかになった（註 2）。

　柴田常恵は 1877（明治 10）年生まれで，1920（大正 9）年に内務省地理課嘱託ならびに史蹟名勝天然記念物調査会の考査員となる。国の内務省地理文化財調査委員であった柴田常恵は，本遺跡には 1924（大正 13）年 3 月 11 日来跡し調査を行っている。このことは，今回の整備に伴い確認された神奈川県保管の橋脚関連資料に記されていた内容と，柴田資料の写真の裏に記された内容との照合で確認ができた。3 月 11 日というのは，前述した新聞掲載の 3 回目と同じ日であり，沼田意見に対する動きとしてはすばやいものと思われる。

　残念ながらこの時の柴田の調査報告は確認できず，どのような判断・評価をされたかは不明であるが，その後の動きから推測すると沼田の考証に対する大きな異論はなかったものと思われる。いずれにせよ，柴田の調査により保存への動きが加速したことは間違いないと思われる。ところで，柴田はこのときに写真による記録を作成したものと思われるが，今回の整備にあたってこうした写真から多くの情報を得ることができた。その意味では，記録写真がいかに重要であるかを改めて感じさせられた。

⑤神奈川県の取り組みと仮指定

　この間の神奈川県の動きについてみてみると，まず 1924（大正 13）年 3 月 11 日に実施された内務省地理文化財調査委員柴田常恵の現地調査に同行しているようである。そして，同年 4 月 12 日付けで内務省地理課宛に「史蹟実地調査報告」を送っている。この報告を受けて，内務省地理課長より神奈川県知事宛に仮指定の照会がなされており，このなかで「旧相模川橋柱」の名称を用いることや，仮指定の範囲（地番）が示されている。また，仮指定後に内務省と神奈川県で現地立合いを行い保存方法について考えるように付け加えられている。この照会に対

して神奈川県は，仮指定を進めることとし手続きを進め，同年4月25日に「神奈川県告知第154号」で仮指定している。そして，当時の高座郡長と藤沢警察署長宛に「史蹟保存ニ関スル件」として通知し，郡長には土地所有者に仮指定したことを通知すること，また警察署長には取り扱いについて注意することをそれぞれに通知している。この仮指定は，1919（大正8）年に制定された「史跡名勝天然記念物保存法」によっているが，これは法第一条の中に，必要があるときは内務大臣が指定する前に地方長官が仮にこれを指定することができる，こととなっており，これに基づき神奈川県知事が仮指定を行ったわけである。つまり仮指定を先行したということは，橋脚においては，国の指定を受ける前に仮指定する必要があると判断されたわけだが，その理由については，水田耕作の時期が近づいており，保存が必要であることを土地所有者に知らせ現状の維持を保つためとされている。その結果，出現後約3ヶ月で仮指定が行われることとなった。こうした早い動きは目を見張るものがあり，取り組みや制度について見習うべきものがあると思われる。なお，現地に看板を立てたのは，約1年後の1925（大正14）年3月である。これには仮指定にともなう説明と注意書きが記されたもので，本史跡の初代看板であると思われる。内容は仮指定時の説明で「今ヨリ七百二十余年前（建久九年）源頼朝ノ臣稲毛重成旧東海道相模川ニ架セシ橋柱ニシテ大正十二年九月及同十三年一月ノ大地震ノ為メ現出我国最古ノ橋柱ナリ　注意　一，橋柱ニ触ルコト　一，橋柱ヲ汚損スルコト　右禁止ス犯シタルモノハ国法ニ依リ処罰セラルヘシ」と記されている。

⑥内務省の史跡指定

　仮指定を受けた本遺跡は，2年6ヵ月後に国の史跡に指定される。当時の国の所管は内務省で，1926（大正15）年10月20日付け内務省告示第158号により史跡指定されている。指定理由は以下のとおりで「小出川ニ沿ヒタル水田中ニ存ス大正十二年九月及翌十三年一月ノ兩度ノ地震ニ依リ地上ニ露出セルモノニシテソノ數七本アリソノ後地下ニ隠ルヽモノ尚三本ヲ發見セリ蓋シ鎌倉時代ニ於ケル相模川橋梁ノ脚柱ナラン」と説明されている。また，指定面積は842.7㎡で，その指定範囲は初期保存池とそれを取り囲む周堤の形とほぼ同じである。なお，指定地の公有地化については，2年後の1928（昭和3）年に手続きが進み，茅ヶ崎町の所有となっている。

　ところで，この指定説明では橋脚の本数が10本となっているが，前述した沼田博士の1924（大正13）年3月と6月の論文では9本と報告されている。また，その後の1928（昭和3）年の論文では11本と認識されている。そうするといつの時点で，誰が10本という数字を出したのであろうか。神奈川県が1924（大正13）年4月に仮指定する際の説明資料では本数は明記されていない。橋脚の本数については，今回実施した確認調査で10本であることが確定したので，指定理由に記されている本数は正しい数字となる。加えて確認調査では，橋脚の有無を探すためだと思われる掘削痕跡が発見されており，橋脚に対する何らかの調査がこの間に行われたことが伺える。残念ながら，現段階ではこれらを確定する資料がないことから判然としない。し

かしながら，後述する初期保存計画では，保存池の形は明らかに10本を前提に作成されており，計画作成時には10本の存在が明らかになっていたことになる。神奈川県に保管されていた「橋杭保存上屋建設工事設計書」には期日が記載されていないことから作成時期は不明である。ただ，その表紙には「大正□年度」という記入欄が見られることから大正期である可能性は高い。

なお，藁科彦一によると橋脚の国指定については，貞明皇后が行啓される時に本遺跡の保存について懸念され，そのことをきっかけに保存が進んだ，とする話もあるとのことである（藁科 2000）。

⑦初期保存整備について

前述したとおり，仮指定に際しての国と県のやりとりの中で，指定後に橋脚の保存方法について検討するようになっていた。これに基づき，初期段階での保存整備計画が検討されていたわけであるが，今回神奈川県に保管されている資料よりその様子の一端が明らかになった。

それによると，計画は出現した橋脚の周辺に周堤を築き保存池を設けるもので，橋脚の保存を水漬けで行うことを基本としている（図1）。また，各橋脚には覆い屋を設ける計画も見られ，直射日光などを避け乾燥を防ぐことを目的としたものと思われる。さらに，史跡の標柱を設置することも検討していたことが明らかになった（図2）。こうしたことは計画図面等の存在から内容を知ることができ，周堤に関しては今回の発掘調査で確認された内容と平面的にはほぼ一致することも判明した。しかしながら，何らかの事情で覆い屋ならびに標柱は作られていない。また，この保存池の整備工事がいつ行われたかを示す明らかな資料はない。これについては，前述したとおり，設計書の作成は概ね大正期と思われるので大正期に行われた可能性が高いが，期日が記されている資料は残っていない。写真資料からは，1925（大正14）年3月に立てられた仮指定を示す看板のもとで整備工事が行われているものがあり，少なくともこの日付より後に行われたことがわかる。指定された範囲が整備された保存池とその周辺の周堤の平面形とほぼ同じということは，指定を受けた1926（大正15）年10月には，保存整備が完了していた可能性が高いと思われる。

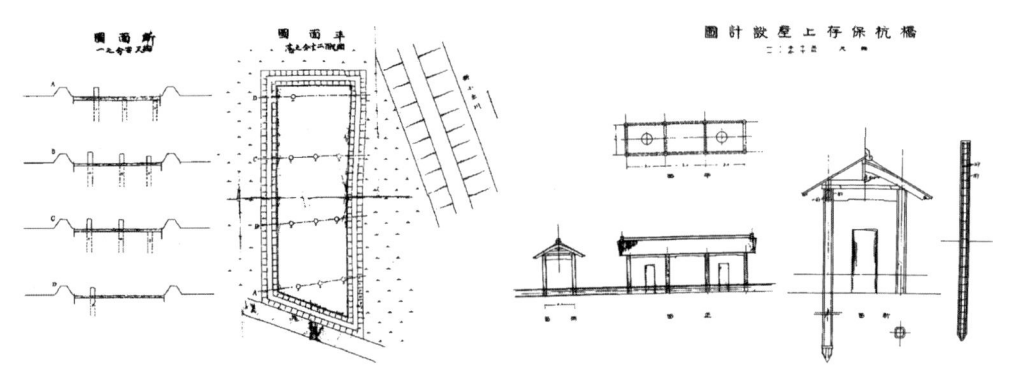

図1　初期保存池設計図面　　　　図2　初期保存覆屋設計図面

⑧石野瑛の踏査

　神奈川県の文化財審議委員を務めた石野瑛は，1925（大正14）年1月に本遺跡を訪れている（石野1927）。石野は橋脚であることを前提としており，内容は詳細に測り込んだ橋杭の大きさ，柱間隔などが記載されている。さらに，相模川については，長い月間の風位，風力および地質の関係上土壌の侵食作用によって，河道が西遷したものとしている。ただ，橋脚年代については，その位置やその木材の浸蝕の程度より鎌倉時代初期と推測しているものの，稲毛三郎が架したものであろうかと疑問を残して結んでいる。

⑨公開普及の動き

　出現から，調査，仮指定を経て本指定を受けた本史跡であるが，指定前後とその後における公開普及はどのようなものであったのであろうか。確認できる資料を基に挙げていくと，まず前述した『東京日日新聞』での取り上げが最も早い。そして同じく沼田の2本の論文とパンフレットであろう。これらは保存を進めるためのものとして公開に勤めたものである。これに対して，保護が決まった後の動きとしては，仮指定の翌月にあたる1924（大正13）年5月に，当時の茅ヶ崎町長であった新田信によって雑誌『斯民』に紹介されている（新田1924）。行政の長が取り上げていることには注目できる。1927（昭和2）年には『神奈川縣震災誌』が刊行され，地震関係の報告記述が中心の中に橋脚の状況が掲載されている（神奈川県1927）。同じ年には日本山水会が作成した「相模川名所番附　両岸対勝六十六景」に東岸の前頭で「相模橋の古杭」として掲載されている（日本山水会1927）。これは，おそらく相模川の両岸における名所を力士に見立て東西33ヶ所ずつに分けて，番付と同様に位順に掲載したものである。とすると，本史跡は指定を受けた翌年には，前頭四枚目に位置つけられていたことになり興味深い。また，1932（昭和7）年に作成された「神奈川県鳥瞰図」には，県内の地名や名所が記されているが（吉田初三郎1932），この中にも本史跡が記されており，一定の評価を受け広く案内されてことをうかがい知ることができる。さらに，1928（昭和3年）には，鶴嶺小学校で編纂された『茅ヶ崎町鶴嶺　郷土史』や茅ヶ崎小学校が編纂した『生活の凝視と学校経営』に「旧相模川橋柱」として掲載されており（茅ヶ崎市史編集委員会2000），郷土史の資料として活用されていることがわかる。

写真2　初期保存池の橋脚（昭和初期）

I部　地域の考古学

(2) 第 I − 2 期〔1933（昭和 8）年〜 1946（昭和 21）年〕

初期保存池整備が整い安定した時から，戦争を挟み茅ヶ崎市になるまでの茅ヶ崎町制時代の時期。

①説明版設置

初期保存整備がなされた橋脚は，次第にその存在が知られ訪れる人も増えていったものと推測できる。この時期には，保存池等に対する新たな整備が行われたことを知る資料はない。そんな中，橋脚の保存として地元下町屋の青年団が橋脚にコールタールを塗って腐食を防いでいたという話が聞かれる。ただ，その実態が明らかでなく聞き取り調査が必要であろう。また，1941（昭和 16）年 3 月には茅ヶ崎町が看板を設置している。これは，今回の確認調査で看板が出土したことにより明らかになった。看板は保存池の概ね北西部分から出土したもので，内容は以下のように記されている。「今ヨリ七百四十余年前建久年間源頼朝ガ臣稲毛三郎重成ガ始メテ旧相模川ニ架セシ橋柱ニシテ□□百星霜河身ノヘンドウニ従ヒ埋設シテ世ニ知ラレザリシガ偶々大正十二年九月関東大地震ノタメ出現セシモノニシテ我ガ国最古ノ橋柱ナリ」

ところで，1941（昭和 16）年 8 月発行『相武研究』の特集「相模茅ヶ崎史観」における会報の一部に「古相模川橋脚に元通り立札をして置かなければならぬこと」と記されており，この時点で看板が倒れていたことがうかがえる。出土した看板の記載によれば，立てられたのは 16 年 3 月であり，わずか数ヶ月で倒れることには疑問もあるが，仮にその後に直されたとしても，再び池中に倒れ最終的には倒れた看板は保存池から引き上げられることなく埋まってしまったのである。なお，立て直さなかったのは戦時下という時代背景が影響したものであったのかもしれない。

②大場磐雄の来跡

考古学者である大場磐雄は，自身の調査日誌を記述した「楽石雑筆」で 1936（昭和 11）年 8 月 1 日に本史跡を訪れたときのことを以下のように記述している（大場 1976）。

「今池となりて一部をなし，傍らに標示あり，池中に水蓮咲きて美し，橋脚は七本立てり，丸木のままを使用せしものにして，斜になれるものあり，また上部に切込みあるものあり。」

この中で注目されるのは，「上部に切込みあるものあり」という部分であるが，現在でもこの切り込みを有する橋杭は観察されることから，1936（昭和 11）年には切り込みがあったことになる。いずれにせよ，大場博士が来訪した昭和 11 年段階では，初期保存池は安定してその存在も知られるようになり，人々が訪れることができる一定の名所になっていたことがうかがえる。

③史蹟めぐり

この時期，史蹟めぐりが盛んに行われており，本史跡にも多くの来跡者があったと思われる。茅ヶ崎地域では，「明朗の茅ヶ崎社」による史蹟めぐりが行われている。訪れた感想などを掲載した会報が刊行されている。また，本史跡の絵葉書が作成されていることなどから，普及公

(3) 第Ⅰ-3期〔1947（昭和22）年～1964（昭和39）年〕

茅ヶ崎が市制を施行し，高度成長時代を向かえ第Ⅱ期保存整備が行われる前までの時期。

①茅ヶ崎市の市制施行と保存

1947（昭和22）年に市制を施行した茅ヶ崎市は，町時代から引き継いで橋脚の管理を行ったと思われるが，大きく保存池に手を加えることはなかった。おそらく，橋脚に防腐剤を塗るなどの管理を続けていたものと思われる。1952（昭和27）年には，市としてはじめての説明看板を設置している。また，同年に刊行された『茅ヶ崎市勢要覧』には「旧相模川橋脚」が掲載されており（茅ヶ崎市1952），10年後の1962（昭和37）年発行の『茅ヶ崎の文化財』でも本史跡について掲載されるなど（茅ヶ崎市教育委員会1962），市域における史跡としての認識は定着したようである。

②鶴田栄太郎の説明

郷土史に関心の高かった地元茅ヶ崎出身の鶴田栄太郎は，その著『茅ヶ崎の面影』の中で，橋脚について筆者（鶴田）と帝国女子専門学校学生との会話という形で記されている（鶴田1948）。内容は，沼田博士の考証に沿ってものであるが，注目されるのは前段部分で地震直後の様子が語られていることで，当時地元の人は夢かと思ったり，天変地異でこの先どうなるのかと恐れた様子を述べられているほか，村人がまずはじめに茅ヶ崎の萩園に居る和田清に報告したと語られている。このことは前述したとおり藁科も述べており，橋脚出現の事象を最初に歴史的遺産だと認識し，その後の保存への道筋をつけた和田清の存在は大きかったと思われる。

(4) 第Ⅱ期〔1965（昭和40）年～1997（平成9）年〕

武藤工業を中心とした第Ⅱ期保存整備が行われた時から，第Ⅲ期保存整備に着手するまでの時期。

①武藤工業による第Ⅱ期保存整備

大正から昭和初期にかけて整備された本史跡は，その後，戦前，戦中，戦後と保存池を中心に保護されてきたが，昭和30年代に入り茅ヶ崎市も大きく都市化が進むようになり，本史跡周辺の環境も著しく変化が生じていくことになる。昭和30年代終わりには民間企業の武藤工業が本史跡の周辺を入手したと思われる。そして，1965（昭和40）年に保存池と周辺の整備を行っている。この整備に関する資料は残っておらず，わずかに新聞記事によってその事実を知ることができた。1965（昭和40）年6月9日付けの神奈川新聞に『りっぱな史跡公園に文部省指定の旧相模川橋脚　茅ヶ崎進出工場が保存』という見出しで掲載されている（茅ヶ崎市1992）。記事では，書き出しに「美しい自然の環境，保存すべき史跡，名勝などが工場進出や宅地造成で失われ，こわされてゆく傾向が強い。」と開発による環境破壊が進む状況を示し，続けて「こういった史跡破壊のピンチの中で茅ヶ崎市内にある文部省保存指定史跡が進出工場の建設資金の一部でりっぱな公園に生まれかわった。」さらに続けて「これまで管理もゆき

I部　地域の考古学

届かず，荒れはてていた同史跡はやっと息を吹き返し"史跡保存と工場進出"の難問題があざやかに調和した実例として注目されている。」と報じている。そして，武藤工業の精密機械工場の建設計画と史跡の概要について説明を載せた後，「十一本の橋脚は地形の変化で八本となり，市教委が防腐塗料を塗ったり，除草をする程度の管理保存をつづけ市文化財保護予

写真3　第Ⅱ期保存池の橋脚（1965年）

算も少ないため荒れるのもやむをえないとみられていた。しかし，武藤工業は貴重な史跡を無視することはできないと工場建設に着手するとともに史跡市有地周辺の工場敷き地八百三十平方㍍に五百万円を投じ公園化に着手，このほど立派にできあがった。」とまとめている。記事の中には橋脚本数の事実誤認もあり，記事を全面的に信用することはできないものの，史跡管理が行き届いていなかったこと，武藤工業が工場建設に伴って私有地と私費を出して整備したことなど，第Ⅱ次整備における背景を垣間見ることができる。

　第Ⅱ期保存整備の内容は，初期保存池の護岸である周堤を含む周辺全体を大量の土で埋め周辺地盤を高くしている。このことは，確認調査で観察できた土層状況からも見ることができた。そして，保存池には新たにコンクリート板による土留めが設けられ，埋められた土を受けるとともに池の深さを増している。しかしながら，平面形は当初の方形を継承することなく，不整円形に変化しており全体として保存池が小さくなっている。このため，北西部に位置する橋脚が池の外側になってしまっている。こうした背景には，第Ⅱ期整備の時には北西部分における橋脚の存在がわからなくなっていたことがうかがえる。また，北東部分もやや縮小されているが，これは，会社から国道への道路確保のために，史跡地の一部が道路に取り込まれた結果によると思われる。確認調査では保存池の底面に噴水のための配管が初期保存池時の造作を一部壊して見られたことから，一時期噴水が設置された時期があったとことも想定される。残念ながら，こうした比較的新しい時期の内容がわからなくなっている現状があり，今後は維持管理と現状の記録化が必要であろう。さらに，この整備時以降周辺に桜が植えられたものと思われ，現在は桜の名所のひとつになっている。しかしながら，親しまれる場所のひとつとなったものの，史跡を保存しているという本質的な部分が浸透されておらず，花見に伴う酒瓶などの保存池への投げ込みや，またその後の釣り掘り状態を招いている。このことも，確認調査に先立ち行われた池底精査で大量に出土したビン類や釣竿等などからも様子をうかがうことができる。なお，保存池周辺における安全柵は，写真資料などから完成後しばらくは柵がなく，その後最

初に竹による柵が作られ，そして，1971（昭和46）年以降に擬木手摺りを設置したものと推測することが出来る。

②近接地確認調査

第Ⅱ期保存整備を行った武藤工業は，2年後の1967（昭和42）年に橋脚の南側近接地において新社屋を建築する計画を立てた。この位置が，ちょうど橋脚の延長上に当たることから，工事に先立ち市教育委員会による確認調査が実施されたが，調査の結果，橋脚等の遺構は発見されないという判断から社屋建築は計画通り進められている。今回の調査状況から推測すると，遺構のレベルに達していなかった可能性もある。この調査においても掘削機械など武藤工業から提供を受けている。また，その後の維持管理においても武藤工業より保存池へ水の供給や定期的な水草除去など多大な協力を得ており，本史跡の保存に果たした武藤工業の役割は大きく評価されるものであろう。

③斎藤由蔵による「湘江古橋行」詩碑建立

第Ⅱ期保存整備が終了した5年後には，沼田頼輔博士が詠んだ漢詩が詩碑となって建立される。これについては，茅ヶ崎市郷土研究会が1970（昭和45）年7月10日に発行した「相模川橋脚詩碑と斎藤由蔵氏」というパンフレットにその経過等が述べられている（茅ヶ崎郷土研究会1970）。それによると，沼田頼輔博士は詩をつくられ，それを橋脚の地に建てたい意向を持っておられたが，果たせず他界されてしまい，その後，青木卓，鶴田栄太郎などがその実現に努力されたが，いずれも事なかばで世を去られ実現しなかった。しかしながら，詩の草稿は郷土の有志によって伝えられ，地元茅ヶ崎高田出身の書家水越茅村（ぼうそん）の目にとまることとなり，詩情豊かな詩にうたれ筆を取られたという。そして，これを座名にしたいとの希望から，親しい表具師斎藤由蔵に依頼したのであるが，その折にこの詩の来歴を聞いた斎藤は心打たれ，詩碑建立を申し出，その後関係者の努力で実現の運びとなったとのことである。斎藤由蔵は，1902（明治35）年生まれで16歳で志をいだいて横浜に出て表具師の修行をされた方で，本業での活躍のほか，文化公共事業にも深い理解を寄せ，多くの公職を遂行されたほか，公共物の表装を無料奉仕で行なっている。したがって，橋脚への詩碑建立もこうした氏の活動の一環として理解されるものである。

詩碑は，地元茅ヶ崎の石工鍛代忠義，詩文は水越茅村が揮毫，篆額は神奈川県知事津田文吾によるもので，後援者として神奈川県および茅ヶ崎市，茅ヶ崎市郷土研究会の名が刻まれている。除幕式は1970（昭和45）年5月30日に行われており，斎藤由蔵氏や当時の茅ヶ崎市長であった柾木一策などが出席している。

④説明版設置

1971（昭和46）年には，神奈川県教育委員会によって橋脚の木製説明板が設置されている。

⑤調査研究

ⅰ．大岡実の説明

I部　地域の考古学

　「神奈川文化財図鑑」において橋脚を担当した大岡実は，杭の本数については，県の指定説明書では露出したものが7本で地下に隠れているもの3本のあわせて10本，また，茅ヶ崎市の資料集では11本，別なパンフレットでは9本とされていることを紹介し，現在確認できるのは7本であると述べている。そして，この杭は，富士川や逗子市の田越川と同様，相模川の川筋が昔は東に寄っていたものであることや，周辺の地名の状況などから，鎌倉街道が相模川を渡るところに掛けた橋の橋脚の一部と理解した。また，時代については沼田博士同様『吾妻鏡』の記述から1198（建久9）年に稲毛三郎が創設したものとしている。さらに，遺構の検討をほかの発見事例（平城宮跡東院の園池，岩手県毛越寺，平泉の観自在王院，福島県の白水阿弥陀堂庭園，奈良市忍辱山円成寺庭園）から，杭の分類を行ない，平安期は面取り柱が本命とし，丸柱は中世以後のものであると考察し，本遺跡の橋杭は中世以後として差支えないとしている。さらに，創設以後も修復された可能性はあるものの，木材の耐久力などから，出現している橋杭については創設時のものである可能性を指摘されている（大岡1978）。氏は橋杭自体について考古学の成果からの検討を行っており注目されるが，奈良時代に属する平城宮東院の例などが丸柱であり，単純に「面取り」が古くて「丸柱」が新しいという流れにはならない可能性もあり，今後の検討が必要であろう。

ⅱ．山口金次の説明

　鶴田栄太郎同様，地元の歴史にいろいろな資料を残している地元茅ヶ崎西久保出身の山口金次は，本遺跡に関しては沼田博士の考証に沿って述べられている。ただ，最後の出現の本数について触れており，「橋脚は今は七本出ているが，当初は夏と冬の2回の地震で十一本出現した。」と記している（山口1978）。

ⅲ．永野宰の説

　地元茅ヶ崎柳島出身の永野宰は，「文部省指定史跡「旧相模川橋脚」の精密調査を望む」の中で，「橋脚」であるか否かも含めて，詳細な調査の必要性を呼びかけている。氏自身は，中島辺りの道筋，相模川の二川分流と架橋の位置，柱の太さなどの観点を調べ橋脚であろうと推定している。ただ，架橋の位置や橋の長さ，川流と川幅，橋の幅，柱の長さと間隔などいくつかの疑問が残るとしている（永野1989・1990）。

(5) 第3期（1998（平成10）年〜2008（平成20）年）

　橋脚に傷みが確認され保存整備に取り掛かった時点から，第Ⅲ期保存整備を行い完了した時期。

①第Ⅲ期保存整備

　第Ⅲ期保存整備のきっかけは，橋脚自体の傷みが観察されたことであった。このことは，第Ⅱ期整備後の維持管理に課題があった可能性がある。その段階で行われていた維持管理は，茅ヶ崎市による保存池周辺の草刈や伐採が中心で，加えて不定期に武藤工業の協力を得ながら保存池の池底さらいを実施していた。したがって，橋脚自体への保護行為は実施しておらず，結果

として，傷みが生じてきた可能性が高い。なお，第Ⅲ期保存整備については別途報告書を刊行しており，詳細についてはそちらを参照願いたい（大村 2008）。ここでは，保存整備に伴い実施した確認調査の成果概要と保存整備の基本的な考えを述べることとする。

②確認調査

整備に伴う確認調査は，平成13，16，17年の3回の調査を行っ

写真4　第Ⅲ期保存整備前の橋脚（2001年）

た。調査面積は314.4㎡で調査の結果，以下の成果を上げることができた。

まず，橋脚に関連する事柄では，橋脚の本数が現在把握できるのは10本であることや，個々の形状は先端が尖っている杭状を呈していること，そして，樹種がヒノキであることが確認された。また，橋脚の北側では，新に厚板と角柱で構成された土留め遺構の存在が明らかになった。これは，護岸のための遺構と想定でき，使用されていた部材はヒノキで二次利用されており，船材などの可能性があることも指摘されている。厚板と角柱の間からは古銭が4枚出土しており，これらの遺物や科学測定などから，橋脚および土留め遺構の年代は，鎌倉時代前半の遺構と判断することができた。さらに，橋脚に関連する内容では，出現後の初期保存整備で築かれた保存池および護岸遺構が残存しており，保護の足跡を把握することができた。このほか，橋脚関連以外の成果としては，橋脚を覆っている上部地層から16世紀代の土坑墓群が確認され，この段階では河道から陸地へ変化していることが明らかになった。また，下部からは磨耗した古代遺物が多数出土しており周辺に古代遺跡の存在を明らかにした。さらに，出現の原因となった地震による液状化現象など地震痕跡が観察された。

③保存整備

確認調査の成果を踏まえながら，保存整備実施に際してとられた基本的な方針は，国史跡であることを重視し，橋脚および橋脚を支持する地盤とも現地で原則として動かさず整備を行う。また，橋脚の保存は腐朽の進行を止め現状を維持する方法とし，化学的な処理は行わない。そして，これまで親しまれてきた場所であることから，大きく景観を変えることないように配慮する。という内容であった。こうした方針に基づき保存整備が進められたが，具体的な方法としては，橋脚については橋脚自体への保存処理を行わず，橋脚を保護ピットで覆いその中に湿潤を保つ充填材を入れることで橋脚を密閉し，腐朽の進行をとめ現状を維持することとした。このため，実物の橋脚を公開することができなくなったことから，保護ピットの上部に精巧なレプリカを置くこととした。このレプリカの設置は，地震によって遺跡が明らかになったこと

I部　地域の考古学

を念頭に，今回の整備で関東大震災による出現状態を復元することとし，高さ以外（実物より約2.6m上に設置）が実物の橋脚と同じ平面位置，傾きになるように設置した。さらに，整備前の保存池の中にある橋脚という景観を維持するために，上部に池を設けることにし，整備する池の形については確認調査等で明らかになった初期保存池の平面形を再現することとした。そして新たに整備保存池の周辺にはガイダンス施設を設置しながら，整備前の散策路の位置や桜などを極力変更させないように配慮してある。

3．歩みの評価と課題

長々と，本遺跡への調査研究と保存整備の歩みを見てきたが，ここではこれらの歩みに対する私見を述べまとめとしたい。

写真5　保存整備が完成した橋脚（2008年）

(1) 出現から初期保存整備について

本遺跡は，地震による出現という稀有な状況で私達にその存在を表したが，出現（2回目の余震後）よりわずか3ヶ月で仮指定，その後約2年半で国指定という速さで保存される。この速さで保存が決定されたことは注目に値する。この背景には地元，研究者，行政が，それぞれの役目を果たした結果に他ならない。

まず，地元においては鶴田の資料にもあるように，震災後発生した事象について地元萩園の和田清に知らせたとされる。和田は東京大学に席を置く学者であり，こうした事象に対応することの出来る知識人が地元に存在し，かつ，相談する慣習があったからであろう。そして，連絡を受けた和田も的確な判断をして，知人である沼田を招聘するのである。一方，地元では出現した橋脚を抜き取り売却しようとするような動きがあったことを否定することはできない。しかし，幸いなことに地元は文化遺産としての理解を示し，これらの保護に協力をするのである。したがって，行政当局を保存へと動かした一つの要因に，地元の存在があったということを忘れてはならない。

また，研究者の動きを見ると，連絡を受けた沼田頼輔博士は，余震から5日後には現地を訪れている。そして，現地における踏査を行い記録を作成し，これらに対する考証を論文にまとめ発表している。また，沼田は新聞にも歴史遺産としての重要性を発表し，広く知らしめると

ともに保存について関係機関に働きかけをしているのである。このすばやい動きには，沼田が当時を振り返った講演で述べている「橋脚の危機」が差し迫っていたことが一因かもしれない。いずれにせよ，この動きは学ぶべきことが多く，橋脚を守った人間として高く評価されるべきであろう。

さらに，沼田の熱意を受けるように，国や神奈川県の動きも早かった。内務省地理課の意向を受け，出現後約2ヶ月半には柴田常恵が現地調査を行っている。このときにはおそらく神奈川県の担当者も同行していると思われる。そして写真をはじめとする記録を作成し，調査報告を行っている。その後の取り扱いについても国と県とでやり取りが重ねられ保存の道筋が作られた。この迅速な動きは評価できる。

ところで，国・県の動きの中に注目されることが2点ほどある。ひとつは，柴田常恵が行った調査をはじめとして残された写真資料が，今回の保存整備や研究史を考える上で重要な役目を果たしたことである。具体的には，橋脚の残存具合や保存池の状況などで，記録として残された写真が持つ役割が重要であることを証明した。もう一つは，遺跡を保存する方法として史跡指定が行われたが，その過程でとられた「仮指定」についてである。本史跡に対する仮指定は，出現（余震後）から3ヶ月という早さで実施されている。この仮指定については，前述したとおり1919（大正8）年に制定された「史跡名勝天然記念物保存法」の第一条に基づき行なわれているが，法のねらいは，必要があるときは内務大臣が指定する前に地方長官が仮にこれを指定することができる，となっており，これに基づき神奈川県知事が仮指定を行ったわけである。理由については，水田耕作の前に保存が必要であることを土地所有者に知らせ現状の維持を保つためとされているが，加えて，沼田の記すところの現地における橋脚の危機が迫っていたことも背景にあったのかもしれない。現在，仮指定という手続きで進められているケースを目にすることはない。しかしながら，文化財保護法の第百十条には，同様な仮指定の内容が定められている。この仮指定という制度は，地域にとって重要な遺跡の保存に対し，緊急性を求められる場合などに有効な手段ではなかろうか。いずれにせよ，橋脚に対して当時の神奈川県が素早く仮指定したことは評価できることである。

(2) 第Ⅱ期保存整備について

昭和30年代末に本史跡の周辺地を入手した武藤工業は，社屋の建設に合わせて史跡と周辺の整備に着手する。残された写真などから，この時期の初期保存池は周堤の状況があまり明確でないほど草木が繁茂していた状況が見て取れる。そこで武藤工業が行った整備は保存池周辺を全体に客土して高さを上げるとともに，保存池部分にも新たにコンクリート板の土留めを設けて池を深くし，工場から注水するという方法をとった。いわば社地内に史跡を取り込む様な形で整備を行ったものである。高度成長時代という時代の流れの中で，工場進出と期をあわせ橋脚の保存整備がされたことは本史跡にとって大きな画期となった。新聞記事で報じられた史跡保存と工場進出という難問題は，現代の開発と保存との関係に似ており，原因者の協力を得

I部　地域の考古学

た形は現代的な様相であり，武藤工業の理解と協力で整備されたものであろう。その意味では第Ⅱ期の保存整備における武藤工業の果たした役割は十分に評価できるものである。また，その5年後には，篤志家，斎藤由蔵氏により，詩「湘江古橋行」を橋脚のそばにという沼田頼輔博士の願いが，りっぱな詩碑となって保存池の近くに建立された。こうしたことを見ていくと，この時期においては，保護されてきた史跡がさらに継承されていくために地元からの多大な協力があった時期と評価することができよう。しかしながら見方を変えるならば，文化財保護サイドが主体的に守るという形が出来ない保護体制の弱さがすでに露呈していたとも言えるであろう。

(3) 継承していく意識

次に，維持管理の課題を指摘しておきたい。

出現後には，地元，研究者，行政がそれぞれの役割を果たし，いち早い文化財指定と保存整備を行うなど，この稀有な史跡が後世に継承されていく基盤が作り上げられた。そして，地元では下町屋青年団を中心に橋脚への防腐剤塗布など保存への積極的な取り組みが行われたと伝えられている。しかしながら，茅ヶ崎町から茅ヶ崎市へと移行されていくなか，当初の取り組み姿勢は継承されず，加えて，戦争という時代の中で，看板も立て直されることなく時間が過ぎていった。幸い，指定史跡という保護の下で，民間企業進出に伴う整備によって史跡自体は継承される。しかし，この整備によって初期保存池の平面形は，維持されることなくやや小振りな不整円形へ変化する。実はこのことによって橋脚にとって継承されるべき内容が不明確になるという事態が生じてしまった。というのは単に平面形を変えただけでなく，本来池に保存すべき橋脚を埋めてしまい，その存在をわからなくしてしまったという文化財保護にとって重大な過失があったからである。この背景には，史跡の本質に関する継承と維持管理の認識が不足していたことや，国や県などとの連絡が綿密に行われていなかったことも考えられる。さらに，初期段階で，奔走した神奈川県は日常管理を茅ヶ崎町に任せ，受け身であった町は次第に維持管理行為が不徹底となり，加えて地元の意識も薄れてきたからかもしれない。そうしたときに武藤工業の動きがあったのであろう。ここにも問題が感じられる。つまり，第Ⅱ期整備は文化財サイドの積極的な行動ではなく，工場進出に伴う一企業の善意を受けて行われたことから，継承すべき文化財を埋めてしまうという状況になってしまったものである。したがって，その後においても本質の継承や維持管理の重要性が意識されず，今回の第Ⅲ期整備を行うきっかけとなった橋脚の腐朽という状況を引き起こしてしまったものと思われる。

こうした背景には，文化財保護に対する意識の低さがあり，後世に継承すべき私達の財産であることへの認識が低かったからであろう。今後は，守るべき史跡の本質価値の継承と維持管理の重要性に対する認識が継続されていくことが重要な課題である。そして，地元，研究者，行政がそれぞれの立場でこの課題に対応していかなければならない。

なお，これまで未指定だった本史跡の管理団体について，第Ⅲ期保存整備に伴い茅ヶ崎市が

文化庁より平成 19 年 1 月 17 日に指定されている。

(4) 遺跡保存への取り組み

　今回，本史跡における保護の歩みを見てきたが，85 年前に地震で突然遺跡が出現したという事象を，もし現在に置き換えるならば，例えば発掘調査によって予期せぬ遺跡が発見されたという状況と似ているかもしれない。そんな状況に遭遇したときに私達は当時と同じように動けるであろうか。つまり，和田をはじめとする地元がその重要性を意識し，また，沼田博士のように研究者が危機感を持って保護に奔走し，さらに，柴田や当時の神奈川県のように行政が素早く動けるであろうか。ややもすれば，記録保存の調査にならされている我々は，調査後に遺跡が消滅することが当たり前になっているかもしれない。しかし，もしかしたら現在行われている遺跡調査の中にもこうした取り組みができるものがあるのではないだろうか。このことを念頭に，自戒をこめて取り組んでいかなければならない。

おわりに

　多くの遺跡が，記録保存という名の下で消滅していく現在，史跡として後世に継承されていく遺跡は残念ながら限定されている。本遺跡は，その幸運な遺跡の一つであろう。幸運といえば，約 800 年前に橋として架けられ，歴史的役目を果たした後に埋もれてしまい，その存在は人々の前から完全に消えてしまった。しかしながら，地震という現象により再びその姿を現したことも幸運であろう。そして，地震後の混乱時期に，抜かれることなく地元，研究者，行政の努力で保存されたこと，また，その後約 40 年が経った時，荒れた状況であったのを理解者によって整備されたこと，さらに，それから約 40 年後に本格的な再整備が行われたことなども幸運なのかもしれない。しかし幸運というより，むしろ本遺跡の持つ生命力がその幸運を呼んでいるのかもしれない。その意味で，本遺跡にたくましい生命力を感じる。

　私たちはこうした生き続けている遺跡から，多くを学びながら後世に継承していく責務を果たしていかなければならない。

　本稿作成にあたり，平山孝通，富永富士雄，石倉澄子，藤井秀男，澤村奈緒子各氏にお世話になりました。記してお礼申し上げます。

　杉山先生が，このたび古希をお迎えになられたとのこと，心からお喜び申し上げます。

　先生との出会いは，大学 1 年生のときに参加した厚木市の子ノ神遺跡で，その後，神奈川県西部の横穴墓調査をはじめとして多くの遺跡調査を手伝わせて頂きました。今では少なくなった宿での泊り込み調査では，亡くなられた秦野市教育委員会の山本守男さん達と寝食を共にし，充実した時間を過ごすことができ，よき思い出となっています。その後，神奈川県内で文化財保護に携わることになった私にとって発掘調査の出発点といえるものだと感じております。し

I部　地域の考古学

かしながら，生来の勉強嫌いなため，いまだに学恩をお返しすることができないまま月日が過ぎ今日を迎えてしまっております。

　杉山先生におかれましては，今後もますますお元気で，研究を続けられご活躍されますようご祈念いたします。

註

(1) 沼田博士が現地を訪れた日については，昭和5年の講演会を記録した資料では，大正13年1月22日に文部省の国宝調査員と現地を訪れたとされており，1月20日に続き現地に来た可能性があるが，他の資料では示されていない。また，その場合の国宝調査官というのが後述する柴田常恵であったのかということも不明である。

(2) 國學院大學が進めている「國學院大學学術フロンティア構想」の一環として行われているもので，大学に蓄積している資料の有効活用を目的としたもので，その中に柴田常恵関係の資料がある。國學院大學日本文化研究所 2004「神奈川県高座郡茅ヶ崎町馬入川，大正13．3．11」『國學院大學学術フロンティア構想，柴田常恵写真資料目録I』

引用・参考文献

石野　瑛　1927「地震で現れた茅ヶ崎の橋杭」『武相考古』坂本書店出版部

大岡　実　1978「国史跡　旧相模川橋脚」『神奈川県文化財図鑑，史跡名勝天然記念物篇』神奈川県教育委員会

大場磐雄　1976「記録考古学史，楽石雑筆巻13」『大場磐雄著作集7』雄山閣

大村浩司　2008『史跡 旧相模川橋脚』茅ヶ崎市教育委員会

神奈川県　1927「第25章，海底の隆起と沿海の概況（旧相模橋杭）」『神奈川県震災誌』神奈川県

茅ヶ崎郷土研究会　1970『相模川橋脚詩碑と斎藤由蔵氏』

茅ヶ崎市教育委員会　1962「旧相模川橋脚」『茅ヶ崎市文化財資料集第一集』

茅ヶ崎市史編集委員会　2000「相模川橋柱」『生活の凝視と学校経営』『茅ヶ崎市史資料集3，茅ヶ崎市地誌集成』

茅ヶ崎市　1952「旧相模川橋脚」『茅ヶ崎市勢要覧』

茅ヶ崎市　1992「昭和40年（1965）6月9日付 神奈川新聞」『茅ヶ崎市史現代5新聞集成I』

鶴田栄太郎　1948「旧相模川橋脚」『茅ヶ崎の面影』自刊

永野　峯　1989「文部省指定史跡「旧相模川橋脚」の精密調査を望む(1)」『甦る古代砂丘4』茅ヶ崎市教育委員会

永野　峯　1990「文部省指定史跡「旧相模川橋脚」の精密調査を望む(2)」『甦る古代砂丘5』茅ヶ崎市教育委員会

新田　信　1924「大地震で現れたる古相模川橋脚」『斯民19－5』報徳会

日本山水会　1927「相模川名所番附け両岸対勝六十六景」

沼田頼輔　1924a　「震災で出現した日本最古の橋脚1〜4」『東京日日新聞』東京日日新聞社

沼田頼輔　1924b　「震災に由って出現した相模河橋脚に就いて」『歴史地理』日本歴史地理学会

沼田頼輔　1924c　「震災に由って出現した日本最古の橋脚」『明治聖徳記念学会紀要21』明治聖徳記念学会

沼田頼輔　1928　「神奈川県茅ヶ崎町出現の古橋柱」『史蹟名勝天然記念物』3－10 史蹟名勝記念物保存協会

沼田頼輔　1930「旧相模川橋を中心としての郷土史」『寒川の泉10』寒川村青年団文芸部

山口金次　1978『山口金次調査録　茅ヶ崎歴史見てある記』茅ヶ崎市教育委員会

吉田初三郎　1932「神奈川県鳥瞰図」

藁品彦一　2000「旧相模川の橋脚」『茅ヶ崎市史ブックレット2，ちがさき歴史の散歩道』茅ヶ崎市

Ⅱ部

学史の考古学

混乱の大正後半からミネルヴァの論争まで

中 村 五 郎

はじめに

　わが国の先史考古学の研究史では大正後半を，浜田耕作（1881〜1938）・松本彦七郎（1887〜1975）両博士らが新たな方法論をわが国に導入して研究を展開する契機となった輝かしい時期とする。実際に加曽利貝塚の発掘（大正13年・1924）で土器型式の識別とその編年が結びついて，列島の先史土器の編年網整備の第一歩を踏み出したのもこの時期である。従来の厚手・薄手式土器との大別とは別に山内清男先生（1902〜1970）が加曾利貝塚の発掘現場で4型式の存在を示唆し，かつそれらの前後関係を的確に指摘していた。しかし，その後，研究を推進する山内・甲野勇（1901〜1967）・八幡一郎（1902〜1987）の三先生のいわゆる編年学派の前途には厳しい試練が立ちふさがっていた。加曽利貝塚の発掘に先行する諸磯式土器の研究動向に注目して，偶然，その事情に気付いた。

　大阪府国府遺跡の報告で浜田博士は，縄文人・弥生人雑居の構想から（註1），斎瓮・弥生式・縄文的土器とは使用人民と時代との間に連絡関係があり，縄文的土器が最古で，弥生式がこれに次ぎ，斎瓮が最後に出現したとされ，国府遺跡の土器が原始縄文土器で，それ以後に縄文土器の厚手式・薄手式さらに弥生式土器の三者が並存するとしたが（浜田1918），それは縄文土器から弥生土器への具体的な移行の仕組みも考えぬ仮空の編年変化であった。晩年の清野謙次博士（1885〜1955）はその著書『人類の起源』で江坂輝彌博士（1919〜）の編年表を賞賛し引用したが，編年表で国府遺跡を前期としたのは感服しない晩期と思うと批判した（清野1950）。玦状耳飾を着装して発見された同遺跡の人骨の時期を，土器編年網が整備されても清野博士はなお縄文終末としており，当初の時期決定の根拠が浜田・清野両博士の思い込みと知った。諸磯式土器をめぐる議論の詳細は第2章で触れるが，沖縄荻堂貝塚の土器の関係で松村瞭博士が諸磯式土器を考え，それを吟味して榊原政職氏が諸磯式は厚手式・薄手式以前と主張する。他方で甲野先生は浜田説と松本説とを折衷して，榊原氏と反対に薄手式以後で縄文終末との苦肉の結論を発表するが批判され挫折した。大場磐男先生は恣意的な方法論を提唱するとともに，諸磯式系列を主張して，先史時代の研究は混乱し深刻な状況に陥っていた。

　加曾利貝塚発掘直後に山内先生は東北大の長谷部博士の助手となり，東北各地での発掘成果で着々と業績を積み重ねてゆくが，土器型式は各型式それぞれに資料の蓄積が進んでようやく

妥当な結論に到達できる特性があり，山内先生は編年体系の骨組みである「日本遠古之文化」の発表（1932〜3）まで8年を要し，ミネルヴァの論争（1936）の中でさらに見解を追加補充した。

　浜田説は，背景に漢以前からの中国・韓半島の土器の変化を視野に入れて縄文土器やそれ以後の土器の変遷を論じていた。浜田博士と親交のあった喜田貞吉博士（1871〜1939）は浜田説にむしろ批判的で，中国の春秋・戦国時代と縄文文化との交流を雑誌『民族』に発表していた（喜田1925・26）。しかしその後，喜田博士は青森県是川遺跡発見の亀ケ岡式土器にともなう優秀な漆器類から高度の技法の波及は中国宋時代の10世紀かそれ以降と考えて，一転して浜田説の縄文文化の終末年代をさらに新しくする構想を抱く。しかし，「日本遠古之文化」で亀ケ岡式土器の近畿地方からの発見を紹介したこともあり喜田博士は論考の刊行を躊躇した。たまたま雑誌『ミネルヴァ』の創刊号（1936）での縄文文化をめぐる座談会で後藤守一先生（1888〜1960）が喜田博士の見解を紹介したことから，編集者の甲野先生は喜田博士と山内先生との論争を企画し，数回の応酬は後年「ミネルヴァの論争」と有名となった。喜田博士は宋銭発見情報で山内先生への攻撃を続けるが，浜田博士の助言で論争は終わり，遺跡発見の古銭で縄文時代の古さを主張する，明治以来の通説無視の異常事態はようやく終息し，やがて，浜田博士は清野事件の影響で病没された。これらの学界の混乱は，輝かしい大正後半の先史考古学界の裏面史と私は考える。しかも，編年学派の主張がようやく社会共通の理解となるのは敗戦後である。

　なお，当初の予定より大幅に原稿枚数が増えたので文献を割愛するつもりであったが，最後にそれも加えた。頁数超過をおわびする。文中の人名は初出をのぞいて名を省略した。執筆にあたり岡田茂弘氏，斎藤隆氏，鈴木素行氏，武井則道氏，吉田哲夫氏，渡辺昌宏氏，スウェーデン大使館からのご高教を明記し，日頃多くの先輩・学兄からのご教示も含めて，深謝の意をあらわそう。

1．混乱する大正後半の先史考古学界　その1
(1) 浜田博士の編年とその周辺
　① **大正時代の先史考古学**　八幡先生は大正5・6年頃が石器時代研究熱の勃興した時といわれた，たしかにこの時期に国府遺跡や富山県大境洞窟などの有名な発見があり，同時に京都大学に国立大学ではじめの考古学講座が開講され，責任者の浜田博士は各地の遺跡を発掘して古人骨を発見した。京大につづいて東北大古生物の松本博士の発掘もはじまり，やがて東大の松村瞭博士（1880〜1936）や東北大解剖の長谷部言人博士（1882〜1969）も加わる。加えて父の大山巌元帥の没後に公爵を継いだ大山柏博士（1889〜1969）は軍務を離れ私的な考古学研究組織の立ち上げを目論んでいた。これらの状況で列島各地域の考古学情報は飛躍的に増加し，多くの新研究が生まれる。仙台を中心に活躍した松本博士は古生物学の発想から貝塚の分

層発掘で成果を挙げた。その技法を採用した加曽利貝塚の発掘では、さらに土器型式識別が組み合わさって先史文化研究は新たな時代を迎える。

他方で、総合的に考古学調査の改革を進めた浜田博士は、手がけた発掘調査の最後に報告書の刊行も推進した。しかも、モース以来の資料を保存し歴史ある東大人類学教室に比べて、京大の発掘では、土器など縄文時代の人工遺物の出土量は少なく、逆に縄文時代の人骨標本がいちじるしく増加した。そのためか発掘報告のまとめに浜田博士の人種論があり、清野博士との協力関係から彼の発想が浜田博士の所見として公表されたと疑われる。

大森貝塚を発掘したモースは縄文人を食人の風習のある野蛮人として、他国であれば激しい論争となったであろうが、黒川真頼・小中村清矩らの国学者たちは縄文人には無関心なために大学で同資料をうやうやしく観覧しただけで、モースの主張への批判はなかったと鳥居博士が伝える（鳥居1953・54→76）。国学者とかぎらず一般に日本人の祖先、鳥居博士が固有日本人とした弥生土器を使った人たちに関心があり、のちの通説でアイヌとする縄文人よりも遅れて彼らは日本列島に渡来したと考えていたが、浜田博士はその否定から着手する。

② **浜田博士の編年表**（第1表、浜田1918）　西日本発見の縄文人の人骨が増加し、現代の日本人やアイヌなどと対比して、多くの渡来人の存在の想定が困難と気付いた浜田・清野両博士は、鳥居説のアイヌから固有日本人への変化が考えにくいことを強調し、それを延長して、縄文人・弥生人の雑居を積極的に主張した。その発想を背景に仮想した先史・原史土器の編年表を国府遺跡の報告書で発表し、考古学界の権威の主張として編年は注目されひろく採用された。大正14年（1924）に東大人類学教室の加曽利貝塚の発掘の際に土器型式の識別とその編年研究が提唱されたが、新研究への批判に偶然、浜田博士の編年が活用される状況が生まれた。浜田説を示す第1表はごく簡単なもので詳細は報告書から汲み取る必要がある。肝心の国府遺跡の状況を的確に把握し伝え、諸磯式の古さも論じたのは皮肉にも鳥居博士であった（鳥居1918）

③ **英文で発表された浜田説の編年**（第2表・第1図）　スウェーデン皇太子の来日記念の献呈論文集の古代極東博物館研究報告第4号（英文）には、日本列島の編年表（第2表）と各時期の資料図（第1図）を収録する（1932）。同書には浜田博士自身が共同執筆した論考もあり、昭和初期の浜田説の編年との理解も強弁ではなかろう。しかもごくごく簡単な第1表に比べて細部に立ち入って考察も可能な資料である。同書では出典を省略したが、第1図の土偶の図示から中谷治宇二郎氏（1902～1936）の欧文論文からの引用と推測している。

大正15年9・10の両月にスウェーデンの皇太子グスタフ・アドルフ（1950年に即位されGustaf VI Adolf国王）とその妃が訪日され各界の歓迎を受けた。皇太子は考古学に造詣が深く、松村博士の案内で千葉県姥山貝塚の発掘にも参加し、朝鮮海峡を渡り、慶州を経て中国へと出国された。この時に、姥山貝塚に同行した大山公爵の報告があり（大山1926）、慶州での様子も小泉顕夫先生の著書に記載がある。献呈論集の三分の一をIvar schnellの「博物館現蔵の

Ⅱ部　学史の考古学

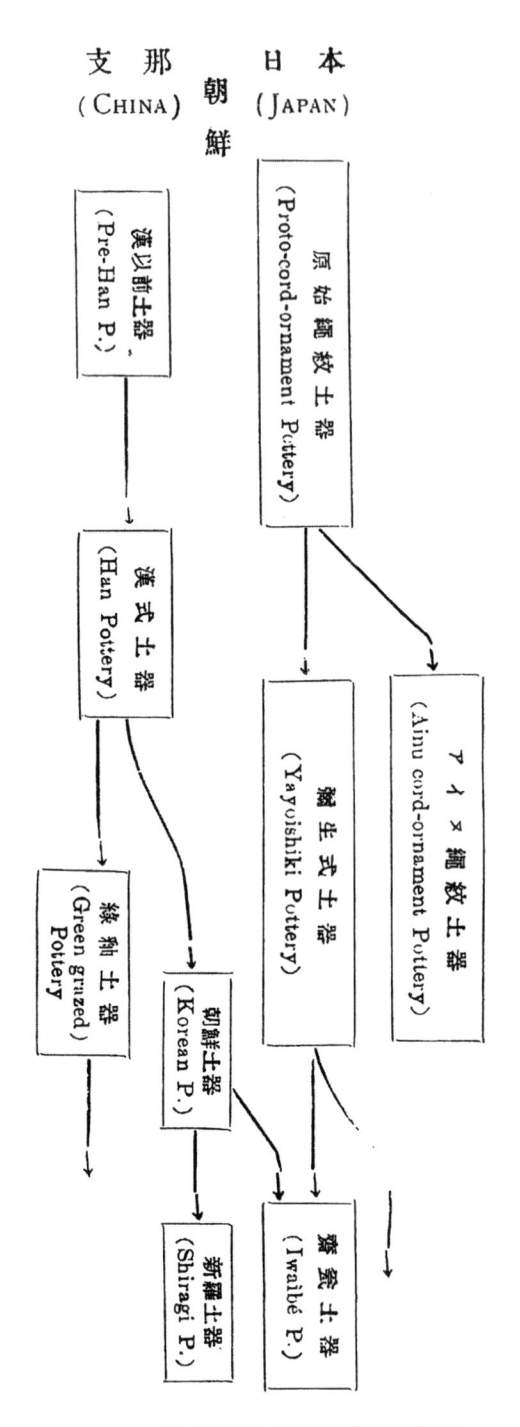

日本發見土器手法變遷假想表

支那(CHINA)	朝鮮	日本(JAPAN)
漢以前土器 (Pre-Han P.)		原始繩紋土器 (Proto-cord-ornament Pottery)
漢式土器 (Han Pottery)		
綠釉土器 (Green grazed Pottery)	朝鮮土器 (Korean P.)	彌生式土器 (Yayoishiki Pottery) / アイヌ繩紋土器 (Ainu cord-ornament Pottery)
	新羅土器 (Shiragi P.)	祝瓮土器 (Iwaibé P.)

日本発見土器手法変遷仮想表

第1表 浜田博士の編年表(『河内国府石器時代遺跡発掘報告』1918年より)

極東の島世界の先史時代遺物」(英文)が占め,日本およびカムチャッカ・千島(後2者はスウェーデン調査隊の成果)をそれぞれ別章で述べ,参考文献にはカムチャッカなどのスウェーデン側の報告を含むものの,先史時代日本では,モース,ヘンリー・シーボルトなどの外国人や浜田博士・小金井博士・鳥居博士それに中谷氏の欧文論文など多くの考古学・人類学研究者の論考,くわえて東木龍七氏の関東地方の貝塚分布の論文や岸上博士の英文日本の先史漁業と合わせて56編を挙げた。同論文は多岐にわたる日本の研究を幅広く紹介しており,その中の編年表と編年資料の図示を転載した。第2表の編年表の原日本人土器欄の地名を邦訳すると国府・指宿・(須玖)岡本で,とくに指宿遺跡は下層の縄文土器と,上層の弥生土器(一地点では須恵器を含む)が出土したにもかかわらず(浜田1921),第2表でそれらを一括して示し,また,指宿の時期を(須玖)岡本遺跡よりも古いと決め付けていた。第1図の原日本人土器欄は印文土器,弥生式または埴部式,斎瓮式の順である。印文土器欄の左端が荻堂貝塚の土器,その他が指宿上層の仲間だが,時期順配列は修正を要する。第1図でも縄文土器(アイヌ土器)の大別は長い研究歴から妥当だが,それに比べて第1図の原日本人土器や第2表は混乱

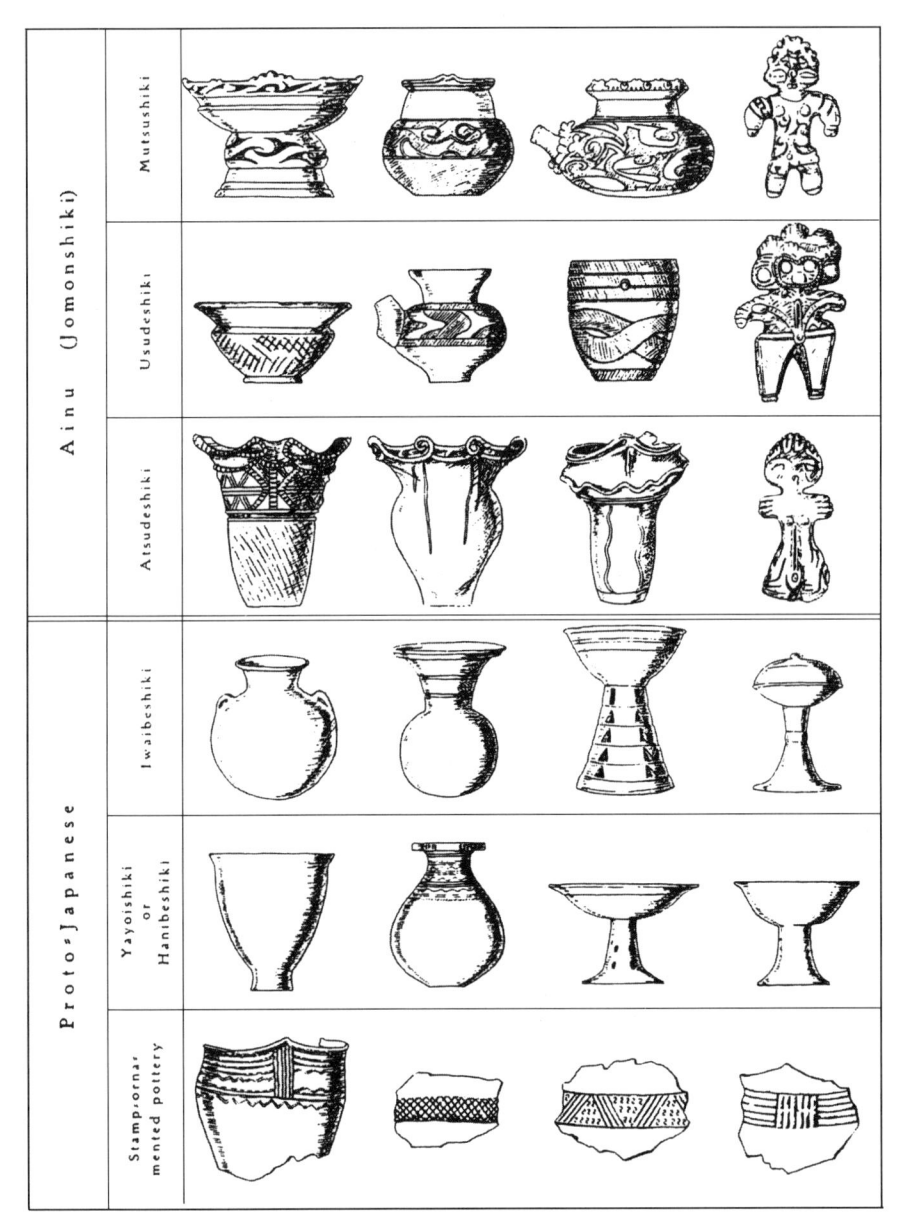

混乱の大正後半からミネルヴァの論争まで

第1図　英文編年資料図（『The Museum of Far Eastern Antiqities Bulletin』No.4, Ivar Schnell 論文 1932 年より）

Period	400　300　200　100　Birth of Christ　100　200　300　400　500　600　700
Proto-Japanese	Neolithic, Æneolithic,　　　The Kofun epoch Ko (?) Ibusuki, Okamoto
Ainu	→ Atsudeshiki, Usudeshiki, Mutsushiki

第2表　英文編年表（『The Museum of Far Eastern Antiqities Bulletin』No.4, Ivar Schnell 論文 1932 年より）

203

Ⅱ部　学史の考古学

が著しい。第 1 表の当初の浜田博士の編年では基準資料を省略していたが，英文の第 2 表には当該遺跡名と年代が表示され，浜田博士の編年の理解に重要な手がかりとなる。

　④　**浜田博士の編年の評価**　浜田博士の編年の発表から 80 年，英文の編年表からでも 70 余年が過ぎたが，現行の編年に対比し評価しよう。ほぼ西暦前二百年頃から西暦二百年頃までとの弥生文化の見通しはおおむね妥当である。しかし，厚手式以降の縄文文化を西暦前二百年頃から西暦六百年頃との推定は明らかに誤りである。その後の西日本の研究者は浜田編年により弥生文化と縄文文化とが並存したと考えており，東西日本の縄文文化の終末の年代差が大きくないとの指摘でようやく誤解を克服できた，その点にも浜田編年の影響が残っていた。

　浜田編年からやや遅れて大正 14 年の鳥居龍蔵博士（1870 〜 1953）の改版『有史以前の日本』の記述から編年を考えると，縄文時代の古さは東京湾にそそぐ多摩川河口の陸地形成からは約三千年前との試算にしたがっていた，その推定には幾つもの検討課題が派生するもののそれはともかく，浜田編年の縄文文化の年代に比べて，鳥居博士の古さは現況に近い。次に弥生式土器は同書のとくに「現今に於ける吾人祖先有史以前の研究に就て」などのとおり，弥生文化と縄文文化との間に一線を画し，同時に有史以前から弥生人の活躍を主張している。習俗が違う集団が厚手式・薄手式との異なる土器を残したとの鳥居博士の主張は有名だが，縄文土器と弥生式土器との関係にはそのような論法はないようだ（鳥居 1925 → 75）。

　浜田編年と現行の編年および鳥居編年とを対比すると，現行の編年から離れるのが浜田編年，浜田編年よりも同時期の鳥居博士が構想した編年が問題含みだが現行の編年に近い。浜田博士がわが国の考古学研究法の改善に大きく寄与した業績は有名だが，先史・原史時代の編年研究に汚点を残したのは残念である。

　⑤　**考古学研究の視点からの浜田博士の編年**　指宿遺跡で具体的に下層・上層（地点により須恵器を伴うものと，伴わないものとに細別可能）との分層発掘に博士達は成功した。しかし，その後の処理がどうしたことか停滞した。浜田博士は型式論を含む北欧の考古学研究の紹介に熱心であったが，とくに縄文土器の型式研究には無関心のようで，土器の型式論の敷衍に消極的と思われる。折角の指宿遺跡での分層発掘の土器は簡単な事実記載で終わり，当然，指宿上層・指宿下層などと記載すべきところを放棄し，第 2 表・第 1 図には指宿との一括記載にとどめた。国府遺跡での縄文土器と弥生土器の扱いに疑問を抱いて批判した喜田博士に，国府遺跡第 2 回発掘報告で浜田博士は国府遺跡では層位別に画然とした区分はできないと反論したが（浜田ほか 1920），西日本でさえ縄文・弥生両土器がすべての遺跡で共伴する筈はない。この応酬から考えをめぐらせれば，第 2 章（5）で説明するように，モース以来の研究の蓄積で大よそながら存在した各種の土器の時代区分の目安を，浜田博士はあえて否定したのである。他方で，第 1 図・第 2 表から東日本の縄文土器の中・後・晩期の 3 大別の通説化が認められるのに対して，西日本の未成熟な状況で，このような両地域の差を棚上げして正しい結論へは導かれない。また，山内先生が「日本遠古之文化」の執筆まで 8 年を要したから，その程度の年月を浜田博士

も見込んで取り組むべき課題を，浅薄な先入観にもとづく簡単な編年表でお茶を濁している。

浜田博士は国府遺跡の最初の報告の註で鳥居博士をはじめ多くの研究者名と雑誌名を挙げて自説以外の研究発表に目配りして欲しいことを明記し，また，同書本文末尾では編年の仮説の撤回の可能性も示唆していた。当時の浜田博士が本来の考古学の方法を堅持して諸課題に対処し，上記の諸課題を精力的に消化していれば，加曾利貝塚での土器型式識別と編年構築の重要性も早速認識できて対応できた筈で，活路は残っていたが残念ながらそれはなかった。浜田博士の編年は学界の旗手の提唱とあって，無批判に全国に広まりそれに左袒する声高な主張もあって混乱はさらに助長された。

⑥ **浜田博士と形質人類学・国史研究**　すでに触れたが鹿児島県指宿遺跡では上層から弥生土器（とくにB地点からは須恵器も伴出），下層から縄文土器を発見したが，第2表での指宿との表示は上・下両層を一括したものである。浜田編年の前提には縄文人・弥生人の雑居があり，指宿遺跡の報告では人骨の発見がなく考察が制約され，史書の隼人・熊襲に相当するのが，上層か下層かの判断は歴史家にゆだねると結んだ。国府遺跡の報告書でも東北地方の純縄文土器は除外して考えるとあり，それ以上の説明はないが，東北の縄文土器は文献上の蝦夷のものとして第2表の年代となったのであろう。浜田博士は形質人類学に癒着し，清野博士は根拠を明かさず国府遺跡・荻堂貝塚を縄文終末との編年位置に固執し強調するが，その見解を浜田博士が採用した可能性もある。前提の縄文人・弥生人の雑居説そのものが信じられない。

浜田博士が考古学本来の研究方向を提示し，各種の情報を一々批判し取捨して議論を構築していれば，発掘で得られた事実を学界共有の資産として提供できた筈である。それにもかかわらず，安易に形質人類学や国史研究に迎合した。しかも，文献に登場する集団と土器との関係を無批判に示唆して国史研究からの逸脱の回避に汲々とし，他方で形質人類学の情報を逃げ道とした結果で，考古学の情報を曲解させるあやまちを重ねた。形質人類学・国史研究との決別がおくれて浜田博士が自説の欠陥に気付くのがおくれてしまった。

⑦ **角田博士の先史学不存在論**　混乱した浜田博士の編年の影響で清野博士・大場先生は恣意的な議論で編年学派に挑戦した，まさに「悪貨は良貨を駆逐する」である。浜田博士はのちに京都大学総長に就くが，英文編年刊行の昭和7年に新進研究者の山内先生の「日本遠古之文化」の連載がはじまり，山内先生のその後の一連の労作で浜田編年は打倒された。浜田編年を発表した国府遺跡報告のときにこの結末は予想できなかったろう。山内先生の有利な条件は，第一にモース以後の東大人類学教室の紆余曲折で蓄積された有形・無形の遺産があり，第二に東北地方で縄文土器の潤沢な情報の水脈を探り当てたことが挙げられる。他方で浜田博士は清野博士との連携に依存して，本来の研究方法で自説の編年体系の追加・訂正を怠りこの結末となり，清野事件が浜田博士の死期をはやめたのも気の毒である。博士の説に左袒して論陣を張る者もいたが，その人達の中から編年論の継承者は現れなかった。

京大出身者のうちでこの方面の活躍を期待できた人物が角田文衞博士（1913〜2008）で，

中学生時代に仙台で山内先生の指導を受け，縄文土器の研究発表も多い。角田博士は浜田博士の後継者と自負し，編著『考古学京大学派』の刊行はその心情の発露であろう。しかも，浜田博士の没後まもなく角田博士は先史学不存在論を発表して山内先生と激論をかわした（昭和14年1939）。かつて，博士からその議論を教えられた穴沢和光氏によると，確かな点は，記録が残らない時代について「先史」・「史前」など歴史学を延長して研究する風潮への批判であるが，万事厳密な博士の発想を正確に理解し伝えることは難しいという。今度，浜田編年との関連で先史学不存在論を考えると，第一に日本先史文化の編年研究からの角田博士の戦線離脱宣言である。第二に先史学不存在論により汚点である先史・原史時代編年論を，浜田博士の学問と切り離すこと。第三に清野博士との絶縁であり『考古学京大学派』で清野博士は排除された。

⑧　**小結**　わが国の考古学研究を先導する研究者として，浜田博士は皇国史観との接点で心労が多かったと推測する。しかし，ここで注目した編年に関係した考古学の事実と国史との接点への浜田博士の見解を評価すると，慎重かつ精緻にその課題に対処した成果ではなく，むしろ，安易なその場しのぎの見解である。その原因は清野博士からの献策の疑いが濃いが，それはともかく，当時の世相の中で浜田博士の学問の中核部分であるだけに，編年をめぐる課題への取り組み姿勢の甘さが惜しまれる。そして，吟味を怠って博士に同調した研究者たちは一時的には華々しく論戦を張れたが，結局は学界に無用の混乱をまきおこして，その研究からは姿を消していった。

(2) 加曽利貝塚の発掘－土器型式の認識と編年思考の結びつきの始まり

①　**鳥居・松本両博士の説の検証**　大正13年3月24日から4月3日にかけて東大人類学教室が千葉市加曽利貝塚を発掘した。調査の中心人物の甲野氏が『縄文土器のはなし』で発掘をめぐる興味深い諸情勢を紹介している（甲野1953）。当時の学界の土器観には民族論的見地からの鳥居博士の厚手式・薄手式土器説と，時代論的見地の松本博士の時代差説とがあった。発掘作業に入ってB地点貝塚で薄手式土器を発見し，E地点貝塚で厚手式土器を発見した。さらに，B地点の貝層下の褐色土層に発掘作業がおよぶと同層から少数ながら厚手式土器を発見し，厚手式土器が古く，薄手式土器が新しいとの層位関係が明らかとなり松本説に軍配があがった。

この発掘直後の6月刊行の『人類学雑誌』第39巻第4・5・6合併号は鳥居博士退職後の松村博士による最初の同誌の刊行で，八幡先生の加曾利貝塚，甲野先生の生見尾村貝塚，山内先生の新地貝塚，小松真一氏の九州の装飾古墳と人類学教室関係4名が労作を発表していた。はるか後年，山内先生が福島県に提出の「福島県小川貝塚調査概報」第1部を論文集旧第11集に収録する際に「日本先史時代について発掘をはじめたばかりで何を予感して居たかを自分で知りたいと思って居た。ことに仙台の懲治監に一人とじこめられたみたいな私には以前文筆の自由を以って書いたものにあこがれて居た訳である。初心動かすべからず。理不尽な干渉は無駄だったと知るべきである。散々文章を直されたのは屈辱として銘記して居る。ここに（筆者注　先生分担の概報）第一部を再録して世の批判を受けたい」と付記した（山内1969）。仙

台の地名から長谷部博士批判と理解してきたが，新地小川貝塚の報告からも松村博士批判も含む。八幡先生は松村博士への追悼文で「常に研究は調査担当者に委して，自ら積極的に其の所見を発表されると云うことは殆どなかった。そして常に若い研究者の成長を楽しみつつも，その逸脱に対しては注意を与えることを怠らなかったことは実に学ぶべき点と思う」と山内先生とは異なる評価がある（八幡 1936）。それはともかく『人類学雑誌』同号の4人の原稿すべてが，松村博士の意向で調整済みと追悼文から推測される。八幡先生の加曾利貝塚の報告では，小金井良精博士（1859～1944）の人骨発掘が主目的で，すでに大正11年に小金井・松村・大山の3先生が踏査・試掘し，今回の発掘で3体の人骨を発見したことと各地点の状況などに触れ，肝心の土器型式の記述ではわずかにE・B両地点の土器の違いのみ，E地点で黒曜石と黒曜石製石鏃の発見を注目していた（八幡 1924）。

② 型式識別の重要性の認識と発掘時に知られた土器型式　加曾利貝塚の調査中に山内先生が時期区分・地域区分の柱となる個々の土器型式を同貝塚で発見の土器により具体的に識別し披瀝した。それは当時の先史時代の共通理解といえる鳥居博士の厚手式・薄手式土器から脱皮して，列島各地・各時期を新たな土器型式網で組織化する第一歩であり，遺跡ごと，地点ごとあるいは層位ごとに発見した土器の組み合わせで土器型式を識別する新技法の成果である。

当時，山内先生が発掘関係者に口頭で伝えた土器型式名は，4年後に松戸市上本郷貝塚の報文で活字となり，E貝塚の土器で加曽利E式，B貝塚の貝層中の土器が加曽利B式，B地点貝層下の上記した褐色土層には加曽利E式土器と近縁な土器が少量あった。鳥居博士中心の大正10年の堀之内貝塚発掘で得られた土器と山内先生の大正6年の採集資料とにより，B地点貝層下からやや多量に発見した土器を堀之内式土器と識別し，型式的根拠から考えて加曽利E式土器より堀之内式土器が後出で，加曽利E式・堀之内式・加曽利B式との変遷があるとした（山内 1928 → 67）。余談だが，甲野・八幡両先生はともに堀之内式土器については触れていないが，後年の大山史前学研究所の同貝塚の発掘でも貝層下から堀之内式土器を発見した（大山史前学研究所 1937）。他方で堀之内式土器は当初「堀之内1921年式土器」と山内先生が命名したと甲野先生が伝えたが，加曾利貝塚の発掘現場での命名であろう（甲野 1953）。ただ，八幡先生の速報を含めて松村博士ら山内先生以外の関係者は堀之内式土器の識別ができなかったのではないか，堀之内貝塚の発掘責任者が鳥居博士だから無視というのは穿ちすぎであろう。

上本郷貝塚の報文では加曾利貝塚発掘当時，山内先生は埼玉県安行猿貝塚で藤枝隆太郎氏とともに大正8年に発掘した資料による安行式土器を加曽利B式以後と考え，甲野先生の生見尾村バンシン台貝塚（以下ではバンシン台貝塚という）発掘の諸磯式土器の存在も別に認め，他方で，勝坂遺跡・阿玉台貝塚のような厚手式－中期の前半の土器には適当な資料が得られていなかったと述べていた。加曽利貝塚の発掘から80年あまり過ぎ，関東地方の縄文文化の編年にも様々な追加があるが，松本博士の編年の発想と発掘現場での山内先生の各土器型式とが組み合わさった研究成果の大枠はゆるがない。山内先生がこの研究方法を強力に牽引してこと

Ⅱ部　学史の考古学

も甲野先生の著書から異論はない。また，この発掘に参加した甲野・八幡両先生らも山内先生とともに土器型式による編年研究を推進した。鳥居博士が主張した厚手式・薄手式，東北地方の出奥式土器は，中期・後期・晩期の大分類で生きながらえるが，その途中には多くの曲折があった。

2．混乱する大正後半の先史考古学界　その2　諸磯式土器をめぐって
(1) 研究小史

　加曽利貝塚での画期的な成果，とくに山内先生の重要な所見はごく少数の調査参加者が聞いたにすぎず，速報でも伏せられたが口伝えで周辺へ広まった。当時の刊行物に登場する型式には諸磯式土器があり，同式の議論を通じて加曽利貝塚調査の前後の学界動向を注目しよう。明治30年に八木奘三郎氏（1866〜1942）が厚手式・薄手式に加えて諸磯式土器を区分し，さらに，関東地方での亀ケ岡式土器の発見も記録したことを「縄紋式研究史に於ける茨城県遺跡の役割」で山内先生は高く評価した（山内1964a→69）。厚手・薄手式土器は有名となったが諸磯式土器は埋もれており，偶然注目された榊原政職氏（1900〜1922）が大正9年に諸磯遺跡を発掘し厚手・薄手式土器以前の編年位置と報告した（榊原1921a）。甲野先生が加曽利貝塚調査直前にバンシン台貝塚を発掘し，榊原氏とは正反対に縄文土器でも新しい段階と推定し報告したのは同貝塚の発掘からわずか3ケ月後である（甲野1924）。谷川（のちに大場と改姓，以下，大場とする）磐雄先生（1899〜1975）は『考古学雑誌』に「諸磯式土器の研究」を連載し，一部は加曽利貝塚発掘以前の投稿，途中で加曽利貝塚の成果も影響したようだ（大場1924〜26）。山内先生はこれらの議論がさかまく大正末期・昭和初期の文献は当時の学問的傾向の乱立を考慮しないでは理解しえないであろうと伝える。

(2) 松村博士の沖縄荻堂貝塚報告と甲野先生のバンシン台貝塚報告をめぐって

　土器型式の編年位置の究明は誰しもが先史考古学研究のためと考えるだろう。しかし，絡み合った研究史の脈絡を解きほぐしていって，通説かのように紹介する編年位置にまったく根拠がない場合がある，清野博士の「松村，大山氏の琉球貝塚の発掘報告を読むと琉球出土の土器は縄文土器の末期にあるらしい」の記述がそれである（清野1927）。琉球貝塚報告とは松村博士の荻堂貝塚（松村1920b），大山博士の伊波貝塚（1922）の報告だが，大山博士は報告で「未だ本島内に於いても調査の余地あるのみならず内地に対し中間諸島のまったく闇黒なる今日に於いて結論を急くの要うなく」と，確かな編年位置を述べてはいない。たしかに荻堂貝塚は弥生土器直前とされたが，諸磯式土器を縄文土器の終末としたうえでの話で，荻堂貝塚報告で諸磯式土器に先行して厚手式・薄手式土器があるとの見解は，発表翌年に京大出身の榊原氏により否定された。したがって，松村・大山両博士の琉球貝塚の編年とよそおって清野博士が自説を強調したもので，浜田博士の国府遺跡で原始縄文土器の直後に弥生土器が出現するとの主張や，英文の編年図（第1図）での荻堂貝塚の土器の図示もそれと一連である。

加曽利貝塚の発掘直前の3月の5日間に，松村博士の指揮で，甲野先生中心のバンシン台貝塚の発掘があり山内・八幡両先生も協力し，報告での諸磯式土器の編年位置から山内先生は甲野先生の主張を退化説とした。加曽利貝塚発掘では諸磯式土器の時期の手がかりは何もなく，甲野先生は『縄文土器のはなし』で松本説により諸磯式土器の編年を考え，特殊な施文具による文様や粗雑な製作などから大量生産されたかと考えて厚手式・薄手式土器以後としたと述懐する。大正15年に甲野先生は大山の史前学会に移り，早速実施した埼玉県真福寺貝塚の発掘での所見から退化説を率直に自己批判して決着した。

　大正8年に松村博士は沖縄県下へ生体計測のために出張して沖縄本島の荻堂貝塚を発掘し，翌9年に報告書を刊行し自己の縄文模倣説を強調した（松村1920b）。同書を京大考古学報告書とはおもむきが異なり整然と作られたと八幡先生は評価した（八幡1936）。松村博士は同報告の上梓以前に松本博士とともに宮城県里浜貝塚を発掘していた。松村博士への追悼文で，八幡先生は逸脱に注意を与えることを忘れなかったとあり，また日頃は所見を積極的に表明することのなかったとされる。しかし，荻堂貝塚報告書のとくに土器の項の読後感はそれらと違和感を覚える。同報告書を松村博士執筆とする従来からの見解に異論はなく，同年発表の「琉球の貝塚」での所見が報告書の骨子である（松村1920a）。ただし諸磯式土器が弥生土器直前との主張の部分は，教室で長年放置され混乱した資料と，蓄積が無にひとしい先史土器研究による性急で未熟な考察で，歯に衣を着せずにその部分を批判すれば反面教師の主張である。資料の混乱などを同書第13図で指摘すると，aは常陸陸平貝塚資料に混入した青森県を中心に分布する円筒上層式土器である。同図m・nは北海道の歴史時代の擦文土器で諸磯式とは無関係で，まさに逸脱である。諸磯式土器と弥生土器との結びつきは明らかに浜田説の受け売りだが，松村博士が土器の細部に立ち入って考察するのは奇妙で，気むずかしく極端に神経質な博士とは明らかに異質である。

　松村博士がある協力者に浜田説を前提に荻堂貝塚の土器と関係が見込める土器の原稿の提出を要請し，提出された原稿を博士が添削して自身の原稿に加えたとすれば辻褄は合う。協力者は人類学教室とは無関係で，荻堂貝塚報告の中で伊波貝塚の土器破片が接合できると指摘したから，大山博士とは関係がある，その人物を甲野先生と推定し，編年の発想そのものが異なる松本説と浜田説とを無理に組み合わせて原稿を執筆した。沖縄本島と九州との先史土器の関連は今日でも難問で，考古資料で南関東と沖縄本島とを直接対比することは今でも不可能である。前述した大山博士の伊波貝塚報告の結論は当時の一般的な認識であろうが，19歳の甲野先生にはまだ大局を見通す力はなかった。大場先生が荻堂報告に提供した採集資料にその表示がもれたのも松村博士が削ったのかも知れぬ。

　大正9年の『人類学雑誌』には19歳の甲野先生の論文「相模国岡本村沼田石器時代遺跡」があり，同号に松村博士の「琉球の貝塚」がある。甲野先生は山内先生よりも1歳年長で豊島師範付属小学校・明治中学を卒業していた。11年春に山内先生は選科を修了し，入れ替わり

Ⅱ部　学史の考古学

甲野先生が選科に入学する。バンシン台貝塚報告の考察で琉球式土器や北海道の擦文土器を論じていたから荻堂貝塚報告と結びつく。しかも，選科生以前の荻堂貝塚報告書の未熟な草稿の論旨の制約で，榊原氏の主張を斟酌してバンシン台貝塚の研究に生かすことを自粛して退化説となった。

榊原氏が諸磯遺跡に興味を抱く契機は荻堂貝塚報告の批判であり，大場先生が長文の論考に取り組む契機も同様で，同報告の土器の細部の記述を二人は格好の攻撃目標とした。さらに大場先生は甲野先生のバンシン台貝塚報告の退化説を連載第3回目の別記で手厳しく批判した。発掘3月後の報告，批判文が発掘1年未満と出来すぎた経過だが，短期間の報告起草の離れ業と，先行する荻堂貝塚報告の原稿執筆も後述する甲野先生の就職が関係していたろう。もし，甲野先生が荻堂貝塚と無関係であれば，バンシン台貝塚の土器の議論に榊原氏の論文を充分活用できただろう。前述の清野博士の一文のとおり荻堂貝塚の土器の編年位置に浜田・清野博士が強くこだわり，松村博士の指示で浜田説との整合性を考え，それに甲野先生が松本説を折衷させた苦肉の策が諸磯式退化説となったが，無理は最初から明らかであった。荻堂貝塚報告で松村博士は榊原氏から批判され，甲野先生はバンシン台貝塚の報告で挫折を経験する。浜田・清野両博士の主張で貧乏くじをひいたのが松村・甲野両先生，皮肉にも加曽利貝塚が浜田編年打倒の発端となり，攻撃の急先鋒が松村博士の逸脱の学生の山内先生と，まさに，因果はめぐるである。

(3) 榊原政職氏の諸磯土器の研究

京大で考古学を学んだ榊原氏は大正10年に諸磯遺跡の報告を発表して，八木氏の見解を再確認して厚手・薄手両式土器とは異系統でそれらに先行する最も古拙なる性質の土器と主張した。しかし他方で，諸磯式土器を浜田説の原始縄紋土器に位置づけて同式から弥生土器への展開も視野に入れており，浜田説が起点にある榊原氏の研究だが，土器編年研究では成功した（榊原1921a）。小田原に住む榊原氏は大場先生とも交渉があったが大場先生の連載が始まる前に他界した。

(4) 大場先生の研究とくに加曽利貝塚調査の影響

諸磯式土器の論文に入る前に，加曽利貝塚調査を聞いた大場先生の行動を紹介しよう。大場先生の日記『楽石雑筆』巻5に「大正13年10月11日夜藤枝君と考古談を戦わしたる折口氏の足立郡安行式の遺物につきて云々」とあり，詳細は略すが，薄手式に堀之内・下末吉・安行などのものを同一と見ていたがそれは誤りで，土偶，土版，耳飾等の出土の相違等より，各々が異なると考える必要があるとした。さらに，安行式遺物の特徴・発見する遺跡を挙げ，鶴見下末吉でも安行式土器を含むとある（大場1975）。この藤枝君が藤枝隆太郎氏で，同日記によると大場先生はその年に何度か堤方の藤枝氏宅を訪ねて所蔵資料を観察し，また，二人は蒲田・川崎・鶴見などの遺跡採訪にも同行した。この記事は同年3月の加曽利貝塚の発掘の時に口頭発表された土器型式論が研究者の間に広がり，大場先生はこの日に藤枝氏宅で安行式土器の標

式の安行猿貝貝塚資料を観察し，また発掘時の所見を聞いて山内先生の主張が妥当と納得した。問題は「折口氏の遺物」で折口信夫博士は大場先生と同じ国学院の教員だが，折口信夫全集には安行式の記事はない。稲生典太郎博士（1915〜2003）から印刷用原稿への筆耕に際して「に」を「口」と誤記し，原文は「折に氏（つまり藤枝氏）の遺物」であろうと教えられた。大場先生は折口先生とする筈で，その点からも明らかな誤りである。万一これで悩む人が出てはと簡単に触れておく。

土器型式に大場先生は理解を示したが，諸磯式土器の研究に与えた影響はどうだろう。この時点ですでに諸磯式土器の論文の連載は第2回まで進み，以下に初回からの表題，『考古学雑誌』の巻・号，刊行日を紹介する。「諸磯式土器の研究」14巻9号　大正13年6月，「同（2）」14巻11号　同13年8月，「同（3）」15巻1号　同14年1月，「武蔵国橘樹郡箕輪貝塚発掘報告，諸磯式土器の研究（4）」15巻3号　同14年3月，「同報告（2），諸磯式土器の研究（4）」15巻9号　同14年9月，「同報告（3），諸磯式土器の研究（5）」16巻4号　同15年4月。

この連載の3回目までで研究史・総論・地名表・各遺跡発見の土器破片に触れ，バンシン台貝塚報告批判を3回目の別記とした。土器型式の発想を諸磯式に適用したとすれば連載4回目以降で，表題が箕輪貝塚報告と変わり連載4回との表示で継続と知られる。諸磯式の貝塚の具体例として箕輪貝塚を紹介し，小規模な遺跡で発見する生活用具もとぼしく，土器なども粗製などとあり，加曽利貝塚の調査を踏まえて箕輪貝塚を紹介したのであろう。大場先生はこの論文で諸磯式土器を使った人々を漂泊民族と理解した。甲野先生の要約によれば，漂泊民族といってもジプシーのようなものではなく，厚手や薄手の人々よりも一層生活程度が低く，放浪性のある生活を営む部族となる（甲野1953）。鳥居博士は厚手式・薄手式土器を当時の人々の土俗的な違いと考え，諸磯式土器も同様だから，大場先生は鳥居説の立場と自認したのだろう。

(5) 小結

すでに『有史以前の日本』での縄文土器と弥生土器とは時期が違うとの鳥居博士の見解を紹介した。第2表に転載した「諸磯式地位仮定表」（連載第5回）では，弥生土器（当時の大場先生の弥生土器の範囲は現在の弥生土器に加えて広く土師器を含むだろう）や斎瓮（須恵器）が，縄文土器の厚手式・薄手式・諸磯式と長期並存しており，明らかに浜田説に通じる。

山内先生はミネルヴァの論争で，静岡県蜆塚貝塚において遺物

諸磯式地位假定表

彌生式

齋瓮

諸磯式

厚手薄手式

第3表　大場先生の表
（『考古学雑誌』第16巻第4号，同先生論文1926年より）

Ⅱ部　学史の考古学

の包含層よりもさらに深い地層からの寛永通宝の発見を遺跡付近の開発の年代を示すとの榊原氏の所見に注目した（榊原1921b, 山内1936→67）。おそらく京大の講義で聞いた知恵であろう。山内先生はまた喜田博士から時期が食い違う遺物を発見した場合の留意点も聞いたと述べていた。山内先生の土器型式識別の大前提は伴うのか, 伴わないのかの検討であり, 明治以来の蓄積された土着の発想であろう。

　これに対して第3表で同じ遺跡・同じ層位などで発見の遺物を同時期とする判断はまったく異質かつ極端な発想で, 大場先生はその点を強調して連載をしめくくった。縄文人・弥生人の雑居を前提に構築した浜田博士の編年体系では, 土器型式の識別のための共伴関係の吟味を放棄すると同時に層位などが異なる遺物を一括把握している。大場先生も土器型式の認識やその前後関係を一切白紙とし, 究極でそれらを無視する論拠として第3表を提案したのだろう。山内先生が弥生時代と古墳時代とを明確に区分するのはその後で, それ以前であれば, 9世紀頃の土師器も弥生土器である。モース以降の半世紀ほどの間に, 関東地方であいまいながら形成されてきた縄文土器・弥生土器・須恵器などによる時代区分の認識は, 浜田説の標榜で動揺がはじまり, 大場先生の諸磯式土器研究で無視され, 産声をあげたばかりの編年学派は彼らからの激しい攻撃にさらされた。

　当時の大場先生は, 粘土に繊維を含む繊維土器とそれを含まぬ土器の2種類の諸磯式土器の存在に気付く可能性が高く, さらに浦賀の茅山貝塚に注目したから縄文早期土器の研究者となることも夢ではなかった。しかし, 連載の誤った結論で縄文文化研究者の将来性のすべてを手放した。

　暗い話題がつづいたので, 将来を見据えた話題で締めくくろう。大阪国府遺跡で玦状耳飾を佩用したとみられる十数体の人骨を発掘して注目され, 喜田博士も関係する一文を発表した（喜田1918）。関東地方でも玦状耳飾が諸磯式に伴うことを大場先生が紹介した。しかも, 当時は国産の硬玉は未発見で一部の玦状耳飾が硬玉を材料とすることから, 玦状耳飾は舶載品とするのが通説であった。その後, 新潟県糸魚川での硬玉原石の発見があり, 第二次世界大戦以後の通説は国産と変わる。玦状耳飾は縄文中期やそれ以後の発見もあるが, 国府遺跡のようにまとまった発見は早期末から前期であろう。中期の硬玉製品の主体は大珠で, 前期から中期へとの移行に伴い縄文人の硬玉製装飾品が玦状耳飾から大珠へと変化するらしい。中国の玦状耳飾について梅原末治博士（1893～1983）は安陽殷墟での発見により殷時代後半の西暦前千三～四百年頃との推定年代を強調されたものの, 山内先生は中国の原史時代に並行とされた（山内1969）。最近は多くの玦状耳飾が殷時代以前とされている。なお, 梅原博士は学生時代に喜田博士の指導をうけ, 後年は山内先生と親しく, また, 柳田翁とも親密であったと聞く。他方で間もなく80年になるが, 江上波夫博士（1906～2002）が列島と中国殷時代との間のタカラガイ交易を示唆し（江上1932）, それに触発された発表が柳田國男翁（1875～1962）の有名な『海上の道』であった。戦後の考古学でも, 縄文中期でのタカラガイ発見の指摘にはじまり, 近年

は列島各地からタカラガイ関連の発見が報告されている。玦状耳飾・硬玉製大珠・タカラガイの発見状況の動静は縄文時代と中国文化の諸段階との交差編年の重要な手がかりとなり，その一部をすでに私は触れている（中村 2004）。

3．混乱する大正後半の先史考古学界　その3　東大人類学教室から離れた人々
(1) 鳥居龍蔵博士

　東大人類学教室の人々は加曾利貝塚発掘により，土器型式の認識と編年研究という新しい方法への扉をあけたが，人事異動で教室の様子は大きく変わる。退職前後の鳥居博士の見解は『有史以前の日本』の改版で知られる。その前半に西日本の縄文文化ほかの議論はあるが，しかし，後半の日本列島周辺の諸民族の並存や，厚手式・薄手式土器などの並存という鳥居博士の長年の主張から，縄文・弥生文化のみを確然と時期区分せよとの主張は浜田博士との対立点にはなりにくい，鳥居博士の地位が安定しておれば論争の可能性があったかも知れぬ。当時の教室の代表者の鳥居博士は助教授ながら教授会にも出席したが，重要な加曾利貝塚の発掘には無関係でその事情を甲野・山内両先生ともに触れない。当時の鳥居博士の立場の微妙さを示している。

　4月おそらく発掘直後に鳥居博士は松村博士の学位論文事件で辞表提出し，これが6月2日に許可されて鳥居博士は東大を去った。余談だが，最近，大村裕氏は鳥居・山内の両先生の行動の類似に注目したが（大村 2008），2人の学位がともに文学博士であることを加えてもよかろう。山内先生は30才台でとるのが理学博士とし，文学博士の学位論文は友人の強い勧めで停年間際に提出した。同様の発想を鳥居博士も抱いていたのか，以前からの小金井博士が要請した台湾生蕃の人体測定の論文を提出せず，文学部の教授の示唆により『満蒙の有史以前』を文学部に提出して大正10年に文学博士，翌11年に助教授に昇格した。だが，大正10年にフランス学士院から鳥居博士宛の勲章と贈与証とを理学部事務所が紛失しても詫びも釈明もせず，そのなかで学位論文事件がおこった。鳥居博士を除外した理学部教授会がすでに却下した松村の博士論文を，主査を小金井博士，副査が鳥居博士と植物遺伝学の教官との体制での審査を決定した。これに激怒して鳥居博士は辞表を提出する。『ある老学徒の手記』での松村論文の欠陥を指摘する鳥居博士の論調は，一見すると山内先生が測定し翌年に発表した長野県諏訪地方のみの成果との対比かと誤解されかねない。しかし，山内先生と親交を続けた山口敏氏の『日本人の生いたち』（1999年）によると松村論文（英文）は7年間に学生8700人の身長と頭示数を測定し，被検者の両親の出身地別に集計したものであった。退職後の鳥居博士は先史文化研究と疎遠になってゆく。

(2) 甲野勇先生

　小金井博士が鳥居博士を避ける時期はさだかでないが，松村博士と行動をともにする状況は大正7年頃には生まれていた。京大・東北大などによる古人骨発掘の成果を知った小金井博士が加曾利貝塚の発掘への協力を松村博士に要請した。甲野先生が伝える大山博士作成の加曾利

Ⅱ部　学史の考古学

貝塚の地図の使用を注目したが，その地図は阿部芳郎氏の紹介によると大正11年の同貝塚の採訪時に陸軍軍人の大山博士が作成したもので（阿部2004），小金井・松村両博士と大山博士はこの時すでに行動をともにしていた。大山博士は父の没後の整理で大正9年に鹿児島に旅行し，偶然，沖縄本島の伊佐貝塚を発掘しこれを契機に考古学への接近も加速するらしい。前年に荻堂貝塚を発掘した松村博士に連絡する一方で，発掘した遺物の整理・図化を早々に終わらせていた。この過程で将来，考古学研究の片腕となる人物の人選とその養成を小金井・松村両博士に相談して甲野氏に白羽の矢を立てたのだろう。山内先生は甲野先生本人が「私は鳥居博士の弟子ではない，むしろ小金井博士の弟子だといってよい」と伝える（山内1969追記），松村博士とは兄弟弟子の関係となろう。甲野家は医家で父の棐（たすく）氏は宮中の眼科侍医，かつ，小金井博士と同じ東大医学部教授（岡田茂弘氏の教示），また甲野・小金井両家はともに長岡藩牧野家の家臣でもあった。さらに甲野家と箕作家とは縁があり，坪井正五郎博士も縁戚となる。甲野先生は大正7年に人類学会への入会を直接申し込み，大山博士との関係はその時以降となろう。松村博士は甲野先生に荻堂貝塚の資料を研究させて，試みに原稿を提出させたのだろう。軍人の大山博士が期待した人物は的確で手早い処理能力を持ち発掘を速報することも条件の一つであったろう。加曾利貝塚発掘の教室所蔵資料は現存し，山内先生から土器破片の注記は甲野先生がＧペンで記入と教えられた，整理にも熱心に取り組んだのである。13年2月の大山博士から甲野先生への手紙を阿部氏が紹介し，両者の文通もはじまっていた。松村博士も甲野先生を厚遇して親しく指導し，大正11年に選科生，14年卒業後に教室の副手に採用した。大山博士は大山史前学研究所開設（昭和4年）を目指して，帰国翌年の大正15年に甲野先生を私的な史前研究室に迎え，同年10月に埼玉県真福寺貝塚，11月に真福寺泥炭層遺跡を発掘，貝塚の発掘報告は甲野先生により翌々年（昭和3年）春に史前学会から刊行された。松村博士の性格から想像しにくいが，これらの経過の松村博士と甲野先生との親交は八幡先生が特筆するから誤りない（八幡1971）。小金井博士の依頼と甲野先生の人柄，同家の社会的地位，加えて考古学の旗手を目指す大山公爵の片腕となる人物として，松村博士も甲野先生には心を許したのだろう。周囲の期待にこたえて努力した甲野先生は頭角をあらわし，一見すると順風満帆であった。しかし，信頼する松本説と，松村博士の推奨する浜田説とを心ならずも折衷した諸磯式退化説で甲野先生は挫折を経験する。研究所の役員の在籍は続くものの大山博士から離れた甲野先生は『ミネルヴァ』を創刊，松村博士は早速寄稿した。

　型式研究は北欧で青銅器研究から展開したからヨーロッパで石器時代中心に学んだ大山博士の石器の型式研究には限界があり，留学した時期もわずかだが早すぎた。類例が知られない資料では確実な編年は不可能との常識は大山博士の目標の正確な速報とは矛盾し，甲野博士の挫折はそれに起因してもいた。もちろん，モースの大森貝塚の報告以後，列島各地で発見した各種考古資料の多くが図示報告されていれば，類例不足は起こらないが，肝心の加曾利貝塚の発掘資料さえ未報告である。甲野博士は型式研究として層位学的・形式学的さらに貝塚の古さを

海岸線の変化で把握すると主張する。海岸線の変化など貝塚の自然遺物からの研究を山内先生も重視したが，型式編年への決定的な役割の評価は甲野先生ほど大きくはないようだ。もともと大山博士は列島での先史時代の編年の柱に海岸線の変化を重視したのではないか，土器型式の編年を除けば，その方法しか思いあたらない。当時のヨーロッパの低湿地の遺跡の発掘情報を大山博士は積極的に入手しており，過去の海岸線あるいは湖岸線の復元も重視していたろう。大山博士はその方向への展開を期待し，甲野先生は大山博士のこの着想を聞いてその重要性を直感したと思う。

真福寺貝塚の報告で甲野先生はかつての諸磯式の編年の誤りを自己批判する。バンシン台貝塚発表の翌大正14年に，仙台の山内先生は繊維土器が東北地方で厚手式土器に先行することに気付き，それに伴い諸磯式土器の編年位置も見通された。甲野先生は厚手式・薄手式の時代よりも海退が進むから新しい諸磯式の貝塚からは淡水産の貝を発見すると当初推測した。真福寺貝塚の周辺には今日でいう黒浜式の貝塚が多いが，予想に反してそれらの貝塚から高い塩分濃度の海域の貝を発見した。加えて真福寺泥炭層遺跡の井戸で安行式の層より上層に海水浸入の痕跡を求めたがそれも得られず，諸磯式は厚手式・薄手式以前との榊原氏の主張を認めることとなった。この泥炭層遺跡の報告書の構想案を阿部氏が最近紹介する。作業はかなり進行していたようだが結局中断し，その理由を関係者は語らないが，類例のない土器破片の時期区分の見通しが立たないためであろう。その後に山内先生が「真福寺貝塚の再吟味」で晩期の編年などを検討し（山内1934b → 67），吉田格先生（1920 ～ 2006）の石神貝塚の報告も加わったが（吉田1940），関係資料がほぼ出揃うのは昭和30年代で，すでに原資料は戦災で焼失し，かろうじて竹下次作氏が保存して伝えた泥炭層遺跡資料の図が公表された。

かつて人類学教室の図書室で『史前学雑誌』の記事から関東の縄文土器の編年を学んだ時に，山内先生は甲野先生の「関東地方に於ける縄文式文化の変遷」を推奨し，その原稿は掲載の昭和10年よりも数年前に投稿されていたと教わった（甲野1935）。掲載の遅れは酒詰仲男先生（1902 ～ 1965）も著書で紹介するが，甲野先生本人さえ語らぬ遅れの事情を江坂先生がある座談会で，大山先生が蓮田式土器とした部分が甲野論文では花積下層・関山・黒浜とに分類され，この違いが原因と語られた（江坂1998）。大山史前学研究所は昭和8年10月に貝塚の集中的な調査の結果を大山博士・宮坂光次氏・池上啓介氏の連名で「東京湾に注ぐ主要渓谷の貝塚に於ける縄文式石器時代の編年学的研究予報　第一編」として刊行する。そして，甲野先生提出の「縄文式石器時代文化の変遷」の原稿に「1933・7・9稿了，1933・9・2補」とあることを鈴木素行氏が確認された（鈴木2000）。3人共著の論文との同時掲載を考えて提出した甲野先生のこの論文は翌々年にようやく刊行された。江坂先生が伝えた原因とあわせて，海岸線の変化からの編年よりも土器型式による編年が，より一層精緻に把握できたことに大山博士が気付き，甲野論文の掲載をためらったと私は推測する。なお，甲野先生が研究室をやめるのはそれ以前らしい。山内先生執筆の「新石器時代序説」が執筆者を小林行雄博士として昭和9年に

II部　学史の考古学

刊行された経緯を追記した中で，甲野先生がゆえあって研究所をやめとある（山内1969）。岡書院を手伝って山内先生の「日本遠古之文化」を『ドルメン』に掲載した頃とすると昭和7年頃となろうか。

　松村博士の没後に大山博士は甲野先生の名を伏せはしたが，バンシン台貝塚報告の誤りからその研究法を批判し，貝塚の貝類などからの編年を型式論と大山博士は説明するが，人工遺物の型式論とは別物である（大山1938註29・31）。私見では荻堂貝塚の研究を含め甲野先生を誤らせ挫折させた主な原因は，土器型式の編年法の常識を無視し初心者の甲野先生に速報させた大山博士本人にあり，松村博士経由の浜田説の影響による誤りと熟知のうえでの批判であろう。

　甲野先生と研究所との親しい関係がつづいておれば，大山博士が軍人に復帰して不在でも，各種資料を疎開する判断も下せただろう。大山博士は速報を重視していたから膨大な同研究所の発掘資料の図化もかなり進んでおり，せめて，発掘した資料の記録だけでも戦火をまぬかれていれば，戦後の研究の展開に大きく寄与したことは確かである。あるいは発掘直後に優先的に発掘資料の図示刊行をおこなう方法も可能であった。どんな場合でも学問的な蓄積を焼失・滅失の危険からの保護を心がけねばならない。甲野先生の研究でも初期の「未開人の身体装飾」のような考古学と民族誌の情報とを組み合わせて土偶や多様な骨角器に興味深い考察も次々と発表できただろう。甲野先生は何編かそのような所見を発表し，際立った構想の片鱗を垣間見せる一方で資料の蓄積に難点が残った。両者の協調の解消で学界も甲野先生も大損害を蒙ったのである。

(3) 山内清男博士

　鳥居博士が人類学教室を去った2ヵ月後の8月に，東北大解剖学教室の長谷部博士が山内先生を副手に採用する。大村氏は鳥居博士の東大辞任が契機となり山内先生本人の意向で東北大に就職したと推定する（大村2008）。それに対して私は，長谷部博士が実力を見込んで山内先生を採用したと考える。鳥居博士の退職直後，年長の甲野先生は卒業前だが実質的に就職は内定しており，前年に生体計測の論文を発表し加曽利貝塚発掘でも土器型式研究で頭角を現した山内先生が助手への最短距離の実力ある人物となろう。だが，鳥居博士と親しく，性格的にも親しめない山内先生の助手登用を松村博士は避けたのだろう。松村博士が助教授の人類学教室ではのちに八幡先生が助手となる。『人類学雑誌』のバンシン台貝塚の報文中の八幡・山内の順の記載，八幡先生が加曾利貝塚を執筆，山内先生が新地貝塚を執筆する，それらすべてが松村博士の指示であろう。長谷部博士からの山内先生採用の話は，松村博士には好都合であったろう。仙台に赴任した山内先生は，初出勤前に挨拶に訪れた長谷部博士邸で失望してただちに帰京するとの破天荒な行動をとったが，求職者ではなく，乞われた採用だから決断できた行動である。岩波書店の小林勇氏が『文芸春秋』への投稿で明かした，松村博士に抱いた「ある種の感情」を山内先生は理解しながらも，死去から30年近くもすぎて抗弁できぬ松村博士への

小林の非難をつよい語気で批判し，その気配で博士の思い出を聞き出す勇気を失った。同じく『画龍点睛』に所収の東京西ヶ原貝塚発掘の写真は，その後に北区教育委員会から松村博士撮影と知らされた。上羽氏に贈られた博士撮影の写真を後年大里氏が複写して山内先生に贈ったのであろう。山内先生のメモには撮影者の松村博士の名はない，撮影時期は同貝塚が話題となった大正9年頃であろうか。

当時の東北大学では学部こそ異なるが松本博士と長谷部博士とが，ともに先史時代に取り組み互いに資料を公開して研究を進めていた。長谷部博士も土器研究の重要性を認識して，その方面の人材を求め，小金井・松村両博士から山内先生の実力を聞き，松村博士の勧めもあり採用したのだろう。長谷部博士は昭和2年に『先史学研究』を発表し山内先生はそれに協力した。長谷部・山内両先生の関係は大正15年の室蘭市本輪西貝塚の発掘以後不円滑となったと伊東信雄博士から聞いており，外地調査で忙しい長谷部博士には貝塚発掘の余裕がなく，結局，山内先生が協力した期間はわずか数年で終わった。大村氏は山内先生の諏訪地方の調査に先行する長谷部博士の生体計測の論文にも触れている（大村2008）。長谷部博士が山内先生の希望を即座に拒否した理由は，土器など考古資料担当としての採用であり，生体計測の先駆者としてさまざまな問題点の認識もあり，のちに長谷部博士自身もその主張を大きく変えた。長谷部博士が生体計測により，高い身長の人々の地域を高身地帯として大和群・肥国群などと朝鮮半島を指摘したと山口氏は紹介する（山口1999）。後年，金関丈夫博士が犬歯を抜歯する長身の山口県土井ケ浜人骨と，長身の南鮮人との類似から弥生時代の移住者説を提起した。金関博士の主張を踏まえて，大阪府国府遺跡の人骨群中の犬歯系の抜歯のある長身の小群が弥生時代初期と山内先生は発表した（山内1964b→69）。すでに山内先生は同人骨の時期を考え（山内1937→67），諏訪地方での研究の延長，かつ長谷部博士の旧説を先史時代の人骨への援用を考えたのかも知れない。池田次郎氏は『日本人のきた道』（1998年）で朝鮮半島の新石器時代人骨の状況を詳細に紹介するが，長身は同時期の中国北部・シベリアも含めたさらに広い地域の共通の特色らしい（池田1998）。

山内先生は長谷部博士のもとでの解剖助手の生活を懲治監に一人とじ込められた生活と述懐したが，しかも，仙台時代の山内先生は各方面に目覚しい業績を挙げた。紙面がなくそれらすべてを割愛するが「日本遠古之文化」に結実する先史考古学の体系が，やがて，浜田博士の誤った編年体系にとって代わる。公的な研究費とほとんど無縁の山内先生が一生を捧げて積み上げた独自の体系が，皇国史観という変則的な状況のもとで生まれたことを後進は忘れてはならない。

4．昭和初期の学界から
(1) 中谷治宇二郎氏とくに注口土器研究

加曾利貝塚の発掘の大正13年の新学期に中谷治宇二郎氏が人類学教室選科に入学し，彼は

Ⅱ部　学史の考古学

のちに雪の研究で有名になる中谷宇吉郎博士の2歳年下の弟である。東大物理学科で学ぶ宇吉郎博士はその前年から高名な寺田寅彦博士に師事し，翌14年の卒業後に理化学研究所の寺田研究室に入り，東大講師を兼任，文部省からヨーロッパに留学ののちに北海道大学教授へと昇進し，寺田先生との縁故からであろう岩波茂雄氏とも親しい。石川県片山津で育った中谷兄弟はともに地元の小松中学に学び，宇吉郎博士は一浪ののちに金沢の第四高校をへて東大に入った。これに反して中谷氏は，菊池寛の書生で新劇にも興味をしめし，五ヶ月間の郷里の小学校の臨時教員，地元の新聞社のシベリア派遣記者，さらに東洋大学でインド哲学を学ぶが病気中退と，中学卒業後のわずか3年間に転々と進路を変えた。中谷氏の年譜には大正11年に鳥居博士に師事して考古学を学ぶとあり，郷里の弥生遺跡の短報が選科入学直前の2月に『人類学雑誌』に掲載された。また，鳥居博士への東大理学部会での講演依頼に同委員の宇吉郎博士に同行したが，それは鳥居博士の退任前後のようである。鳥居博士は退任したが，学生会委員の兄の存在や中谷氏自身の人柄により，後任の松村博士との関係も円滑で，入学の翌年には万田貝殻坂貝塚報告の共著者の一人となった。多彩な前歴も中谷氏に有利にはたらき将来を嘱目された。

当時の教室の若手研究者の興味は加曾利貝塚で初体験した土器型式の識別と編年に集中していたが，新入の中谷氏はそれには目もくれず，個々の遺物に興味を示し注口土器の研究成果を卒業論文にまとめて岡書院から刊行された。彼の研究には宇吉郎博士からの影響が大きいといわれ，物理学では研究対象の正確な把握が第一歩で，各種遺物に注目する中谷氏の方針に兄からの指導がうかがえる。余談だが，土器型式の識別を後年の宇吉郎博士の雪の結晶の研究にたとえると，多種多様な形の結晶を幾つかの群に区分する作業であり，区分の基準が研究課題となる（中谷 1927 → 72）。

雪の結晶は自然現象で，土器型式はある人間集団の製作物であるから，根本的に異質な研究対象である。充分な例数が揃ったある系統の注口土器を自然現象と仮定すれば，発生から衰退まで継続した一連の変遷として把握できよう。注口土器はそれとは異質であり変化も複雑である。中谷氏の発表から80年過ぎて，一昨年は安孫子昭二氏らの『考古学ジャーナル』の注口土器特集号がある（安孫子ほか 2006）。昨年は鈴木克彦氏が『注口土器の集成研究』を刊行し（鈴木 2007），中谷氏の労作以降はじめての全国規模の注口土器の集成である。近年の資料のいちじるしい増加と，細部におよぶ研究がそれらから知られるが，模式的に変化する注口土器は少ない。当時，中谷論文への批判で山内・八幡両先生が指摘した注口土器の研究の大前提は列島各地・各時期の土器型式の中での位置づけとの鉄則が証明でき，それは多様な人間集団の一側面でもある（八幡 1928, 山内 1929b）。

中谷氏の注口土器の研究は人々を驚かしたろう。じつは，モース発掘の大森貝塚の資料を所蔵する人類学教室では，大森貝塚の報告書の刊行以後，増加資料の一部を『人類学雑誌』に図示・報告するのみで遺物その他の研究はほとんどない。その点は『ある老学者の手記』にはや

く明治26年頃に鈴木券太郎氏が坪井博士に「モース以来，今なお何ら結論の無きは如何」と質問したことを鳥居博士が伝え，かつ「石器時代研究はモースの明治10年以来，今日に至る数十年になるが，鈴木氏のいわゆるただの貝塚の発掘発掘のみで終わり，大々的の結論なきは如何」と付け加えたいものであるとして一文を結んだ（鳥居1953→76，山内1953→69）。私なりにその理由を考えると，第一に初代教授坪井博士はモースの後継者ではないと自認し，独自の人類学の体系を模索してモースの方法に関心がうすく，彼の体系では遺物などの研究の評価も低かったろう。第二に大森貝塚の発掘で知られた縄文人は，日本人以前の住民と理解しその研究への評価も低かったのだろう。これらの状況から大学首脳の人類学教室冷遇が長い間つづき，鳥居博士が面談した浜尾新先生もその事実を認めた。日清・日露あるいは第一次世界大戦などでの研究者派遣の要請はあったが，それらを除いて研究費の支出は少なかったであろう。人類学会の『人類学雑誌』も会費や寄付など会員の経費負担で存続できたもので，世間の評判とうらはらに大学首脳の教室への評価は芳しくない。教室所蔵資料の研究は停滞し考古資料図集も刊行されなかった。浜田博士が京大で考古学講座を開き豊富な予算を獲得した背景に，東大人類学教室への反省があったろう。

　昭和3年に杉山壽栄男氏が縄文土器を中心とする全国各地の考古資料の図集と『日本原始工芸概説』とを『日本原始工芸』として刊行する。『概説』の大部分は中谷氏の執筆との八幡・三森定男両先生からの伝聞を江坂博士が伝え（江坂1972），器形別に膨大な資料を手早く図解した中谷氏は新進研究者の一人に躍り出た。選科入学から足かけ6年，わずかな間に身につけたものでこれほど有名になった研究者はほかに思い当たらず，編年学派に対抗しうる旗手の登場として松村博士らも大歓迎したろう。留学直後の頃に中谷氏は編年学派が鋤で考古学を考えるのは愚かと揶揄し，記載科学としての考古学方法論の確立の意欲を示していたが（今井1996），それには何が必要かさえ中谷氏は知らず，怖いもの知らずの強気の発言である。型式識別は北欧での青銅器研究ではじまり，一括発見する青銅器の悉皆調査とその図化・報告の集積があって展開できた。当時のわが国の先史土器の型式識別に『日本原始工芸』は役立たずで，過去の発掘資料で悉皆調査され図示・記録された資料は大森貝塚をのぞいて絶無であった。後年の宇吉郎博士の雪の結晶の研究でも観察に好条件の場所を求めて研究に着手していた。研究対象の実態を知らない中谷氏は『日本石器時代提要』で編年を記述できなかった。つまり，編年学派の業績を俯瞰できる立場をめざした6年間の大変な努力の結果は，何と編年学派の出発点に立つ自身と知って，中谷氏は愕然としたろう。中谷氏は昭和3年の夏に今井冨士雄氏と同行して津軽・上北の調査旅行に出発するが，そこで興味を抱くのは編年学派と同じ研究対象であり，旅行の費用の一部を清野博士が分担した（中谷1929）。松村博士時代の『人類学雑誌』の刊行にも清野博士が多量の原稿と刊行費用とを提供しており，教室の研究費の窮乏はつづいていた。近年，清野博士の関係先から人類学教室旧蔵資料発見と伝聞したが，博士が提供の代償と考えて持ち出した資料であろうか。後年，清野博士は刑事事件で公的な地位の一切を失う。

その直前にも相手に多額の寄付をしてその所蔵品を持ち出し，相手の通報で盗難が発覚したと仄聞する，善悪の判断に欠陥があったのだろう。

翌年，中谷氏はフランス留学に出発し，その直前に急遽執筆した『日本石器時代提要』をその年に。次の年には考古学文献目録も刊行するが，留学中に体調を崩して昭和8年に帰国して療養に努め，兄宇吉郎博士の配慮であろう昭和11年に北大に招聘されたが赴任直前に他界された。

(2) 列島の石器時代と大陸との結びつき－雑誌『民族』に発表された喜田・清野両博士の論考

大正15年と翌昭和2年とに柳田翁が主宰する雑誌『民族』に喜田・清野両博士が石器時代の日本と大陸との交流の論考を発表していた。編年学派であれば同時に交流を示す文物を伴った縄文土器の型式も重視する筈だが，喜田博士はアイヌの習俗からそれらの文物は宝物として代々子孫に伝えられたと考えていた。大正14年11月に『民族』第1巻第1号が発刊され，柳田翁の投稿依頼にこたえて同誌第1巻第2号に喜田博士は「奥羽地方のアイヌ族の大陸交通は既に先秦時代にあるか」を発表し（喜田1926），硬玉製の玉類，内反石刀（青森県宇鉄発見）などを中国の春秋・戦国時代のもので，奥羽地方から北海道・樺太を経由した交通を考えた。喜田博士は翌年の同誌第2巻第2号に「奥羽北部の石器時代文化に於ける古代支那の影響に就いて」を発表し（喜田1927），鳥居説の出奥式，現在の亀ケ岡式が東北北部から北海道南部で発見することから，前回の経路とは別に沿海州から直接津軽・秋田への経路を提案し，注目する遺物として，前回に加えて秋田男鹿北浦発見の玦状耳飾・玉斧，青森上北の鬲，扁鐘型小土器その他を挙げた。

のちのミネルヴァ論争で山内先生は喜田博士のこれら先駆的な業績に触れて，そこで注目された内反りの石刀は亀ケ岡式の後半に，鐸状土製品は主として陸奥地方の堀之内式に伴出するとした（山内1936a → 67）。余談だが近年，青森県今津遺跡から大洞C2式の鬲を発見し，中国大陸との交差編年では春秋末か戦国初頭に対比でき，その時期には揚子江流域にかぎって鬲があり晩期の鬲はその方面と関係するだろう（中村1999）。山内先生は同時に，かつて，（喜田博士が）我々に縄文式遺跡中で弥生式を発見した場合には後代のものとし，古墳封土中に弥生式を発見すれば，これを付近弥生式遺跡の土を墳丘に盛ったと話されたと伝えていた。しかし，ミネルヴァ論争では，博士のかつての穏当な理解は影を潜めて，縄文式遺跡で発見した鉄器や古銭まで縄文土器に伴出したとの主張に変化したと指摘した。

その後，同誌第2巻第6号に清野博士が「日本石器時代に関する考説」を発表する（清野1927）。喜田博士が列島で発見した文物から大陸との交流を検討したのに対して，投稿の直前に清野博士は『日本原人の研究』を上梓していたこともあり列島の最古の住民に触れた。そして，未発見の原人はともかく，最古の縄文土器から列島での大陸への窓口となる地域を検討した。諸磯式土器の章で紹介の松村博士の荻堂貝塚，大山博士の伊波貝塚の土器の清野博士の主張がその一部で台湾・南シナから沖縄を経由して縄文文化が渡来する可能性を否定し，さきの喜田

博士の２論考で想定した経路を含めて日本石器時代人の渡来経路は見当もつかないとした。しかも，文末の付記で喜田博士が注目した内そりの石刀は近畿古墳発見の鉄刀が東北へ伝わったものと推定した。同時に東北地方の石器時代の硬玉製品も，輸入された硬玉を東北で新羅や日本の原史時代の玉に似せて作ったかと推定して，東北・北海道への大陸文化の影響は日本内地経由の方が重大でかつ頻繁であった事は諸事実がこれを立証していると結んだ。喜田博士の東北発見の大陸系の文物の紹介の機会を利用して，喜田博士があいまいにとどめた東北の縄文文化終末時期を，浜田説により西日本の古墳（原史）時代と並行と清野博士が強調しミネルヴァの論争での喜田博士の主張の形成に大きく影響したろう。

５．ミネルヴァの論争をめぐって
(1) 甲野勇先生の直話その他

　最近，岡田茂弘氏から甲野先生のミネルヴァの論争の直話をお聞きできた，それは昭和28～30年頃に国立駅前の喫茶店で聞かれた話という。雑誌『ミネルヴァ』の編集者の甲野先生がこの論争の構想を抱かれたのは同誌創刊号（昭和11年２月５日発行）の座談会「日本石器時代文化の源流と下限を語る」で後藤守一先生が「縄文土器の終わりの時代は地方的に夫々違いがあると思う，そして最後は喜田先生のいわれる鎌倉時代ということも無茶な議論じゃないと思う云々」と発言され，これに山内先生がただちに反論した。喜田博士の論争好きは有名で過去に多方面で何度も論争しており，山内先生とは仙台で親交があり，座談会で後藤先生が喜田説を紹介されたから，喜田・山内の論争を考え，創刊号を喜田博士に届けて山内先生への反論の執筆をけしかけたという。喜田博士はたちどころに反応して「日本石器時代の終末期に就いて」（４月１日付）を寄稿し，４月号の巻頭（４月15日発行）をかざった。山内先生は５月号（５月16日発行）巻頭論文の「日本考古学の秩序」で喜田博士に批判して論争がはじまった。喜田博士は６月号巻頭論文「「あばた」も「えくぼ」，「えくぼ」も「あばた」－日本石器時代終末期問題－」で山内説に応じるが，原稿の日付は昭和11・５・16とあり，５月号刊行以前に山内先生の原稿を提供されて批判文を起草したのであろう。７・８月合併号（８月15日発行）の山内先生の「考古学の正道－喜田博士に呈す－」は，論争打ち切りを見越した論旨だが，同号に喜田博士の「又も石器時代遺蹟から宋銭の発見」（６月22日付）がある。９月号（９月15日発行）には宮坂英弍氏の「宋銭発掘記」（６月29日付）があり，宋銭発見の報告とともに縄文遺跡と宋銭との関係は別問題とした。

　雑誌『ミネルヴァ』は発足時には巻・号数の表示はなく，単に各月号であった。ただ，５月号から裏表紙に既刊分の主要記事を紹介し同時に各月号に第１巻何号と併記がはじまった。山内先生の論文集では『ミネルヴァ』各巻・号数を挙げたが，論文名から各月号との対比は可能である。

Ⅱ部　学史の考古学

(2) 喜田博士の足跡とミネルヴァの論争

　昭和36年に神保町のある書店で『日本石器時代植物性遺物図録』を山積みし販売していた。この年の東北大学での日本考古学協会大会でも同書数十部が販売されたとの岡田氏の話がある。それは喜田博士が斉藤報恩会の支援で昭和7年1月に刊行した青森県是川遺跡発見資料の詳細な報告のうちの図版で，別冊として喜田博士の研究2冊と杉山氏の図版解説とをあわせて販売する予定であった。しかし，別冊の刊行前に喜田博士は他界され，博士の蔵書とあわせて図録を遺族が処分された。この時に喜田博士あて献辞のある別刷り類を入手した人もおり，同店から入手した吉田東伍の『大日本地名辞書』の書き込みの筆跡が博士のものと伊東信雄先生から教えられた。

　昭和4年に喜田博士は是川遺跡の重要な発見を速報した。前述のとおり喜田博士は中国と関連する文物の発見に注意していたが，同遺跡で発見の優秀な漆器からその時期を宋銭の時代と推定して，浜田博士の編年や昭和2年の清野博士の論旨とも整合性が生まれた。

　しかし，「日本遠古之文化」で山内先生が東北地方の晩期土器の文様をほどこす近畿地方発見の土器破片を図示紹介し，浜田・清野説を否定していた（山内1932〜33→39→67）。是川遺跡の資料をかかえた喜田博士は出鼻をくじかれ，甲野先生は喜田博士の編年学派への批判を察知して論争を誘い成功する。論争で喜田博士は当初から劣勢を予想したのか，土器編年を頭から否定せず，発見数の多い宋銭の情報洪水を主体に攻勢をかけて，あわよくば劣勢の挽回をねらったらしい。縄文土器の厚手・薄手の差を竈の相違とし，年代差とも部族の差とも認めず，近年でも両者が長く対立して存続したとの過去の喜田博士の発言も山内先生の紹介で知れる。八幡先生の堀之内式から有脚の石鏃が出現したとの記事と，有脚の石鏃は金属製鏃の模倣との自己の主張とを結びつけて，論争の中で堀之内式の段階は中国九州では弥生文化と並行と博士が曲解したことを批判して，組織的な編年体系の八幡の発想から喜田博士の主張は不可能と山内先生は強く論難した。喜田博士の堀之内式をめぐる発言と前後して三森定男先生は近畿地方の北白川上層式の頃に弥生土器が存在していたと主張しており（三森1936），喜田・三森両先生の連携の疑いもある。山内先生の主張は次に触れるが，同誌での宋銭情報の攻撃も宮坂氏の長野県の報告で終わった。

(3) 論争での山内先生の主張

　「日本遠古之文化」と「日本考古学の秩序」の中の日本考古学の組織の部分とを対比すると，前者では縄文文化のはじめと終わりのみの説明であったが，後者では中間部分の記述も加わり座談会で謄写版印刷の全国の縄文土器の編年表を配布していた。また，弥生式土器文化・古墳時代の位置づけと年代関係を明らかにされていた。とくに是川遺跡との関係で縄文文化の終末期の各地域の研究の現状を紹介して，関西でも関東と同じく一通りの縄文土器型式があるから，西日本の弥生，東日本の縄文との対立もそれら土器型式を踏まえて考えるべきとした。縄文式に伴わない文物として宋銭その他に注目して，すでにそれらが何に伴うかは学界の知見の集積

があり，喜田・浜田両博士らの主張には根拠がないとした。「考古学の正道－喜田博士に呈す－」では冒頭で喜田博士の主張に資料の整備・組織的基礎がなく，放言・彌縫が何時までつづくかと批判した。ついで大陸系文物の伝来に伴い検討すべき課題，石鏃をめぐる諸問題，最後に宋銭その他が縄文文化に伴うのか否かの情報を集積してその上で考えるべき課題とした。

(4) 小結　学界および甲野勇先生の昭和 11 年

　喜田博士と山内先生との間のミネルヴァの論争（昭和 11 年）を考えたが，当時，論争の勝者は喜田博士との理解が一般的との話を聞く。土器型式やその編年まで見通して議論が可能な研究者であれば山内先生が勝者と判断できるが，研究者でもその水準の人はすくなかった。そうでなければ次々と宋銭発見の情報を提供する喜田博士が優勢かと考えたであろう。翌昭和 12 年の「ひだびと」論争で露呈したように，地域の土器型式を議論できる研究者でも，列島全体の歴史の構築への土器型式の役割まで考えがおよばぬ場合もあった。初等・中等教育による一般人の皇国史観は，昭和 27 年に就職した私が縄文・弥生時代に興味を持つことを知った同じ職場の先輩からの「何代目の天皇の時代を調べているのか」との質問でも明らかで，敗戦までの国史教育の古代は古事記・日本書紀がすべてであり，当然ながらそれとは別枠の歴史は考えられなかった，そのような教育で育った人々は古墳時代・弥生時代・縄文時代と古くさかのぼると時期が曖昧となり，かえって鎌倉時代や宋銭との喜田博士の話題が受け入れやすかったろう。

　この昭和 11 年は，1 月に森本六爾氏（1903〜1936）が，3 月には中谷氏が，ともに病没された。二人とも山内・甲野両先生と近い年齢で，かつ，浜田説の立場から編年学派へ果敢な論戦を挑み（森本 1933 → 43・中谷 1932 → 34），二人ともにフランスなどに留学経験があった。さらに 5 月には松村博士が急逝される，親類の病院でX線検査時の造影剤を誤り，誤飲した薬品による事故死と聞く。森本氏は雑誌『考古学』を主宰し，闘病中の中谷氏も学界復帰が期待されていた。加えて人類学教室を代表する松村博士の他界もあってこの年は考古学研究者の交代の時期となったのは確かであろう。

　雑誌『ミネルヴァ』は甲野先生が大山史前学研究所との縁が次第に遠のいていったのではじめたと聞く。喜田・山内両先生の論争をはじめ，苦心した好企画揃いの誌面だが「武士の商法」により 1 年余で廃刊した。論争で山内先生が浜田博士と名指しで批判したから，浜田博士側の不快な感情を山内先生は覚悟していたろう。甲野先生はどうか，荻堂報告とバンシン台貝塚での諸磯式の編年位置による挫折の原因は浜田説にあった。喜田・山内両先生の論争を仕掛けたときに，当然ながら，甲野先生は実質的に浜田説批判と熟知していたろう。

　翌昭和 12 年に，京都大学の考古学・人類学の関係者が中心となって『人類学先史学講座』が刊行され，うち土器編年は三森・角田両先生以外は各地域の研究者の分担執筆である。編年学派では八幡先生の執筆部分も多いが土器編年の分担はない。当時，執筆時間がある筈の甲野先生がまったく無関係なのは，ミネルヴァ論争による忌避か。『人類の起源』で清野博士は編

Ⅱ部　学史の考古学

年学派以降に，白々しくも同講座を挙げ，かつ，博士が賞賛する江坂博士が編年学派の第二世代であることも伏せた。それらは後世の読者を幻惑させる清野博士の策であろう。

註
(1) 縄文時代・弥生時代の住民について出典ごとに特定の記述があるが，各々を縄文人・弥生人と便宜表現した箇所がある。

引用・参考文献

安孫子昭二ほか　2006『考古学ジャーナル』550　特集注口土器

阿部芳郎　2004『失われた史前学』

池田次郎　1998『日本人のきた道』

今井冨士雄　1996「中谷治宇二郎と方法論」『画龍点睛』

江上波夫　1932「極東に於ける子安貝の流伝に就きて」『人類学雑誌』47 − 9

江坂輝彌　1972「収録文献解説」『日本考古学選集24　中谷治宇二郎集』

江坂輝彌　1996「山内清男先生の縄文土器文化研究とその周辺をかこむ人々」『画龍点睛』

江坂輝彌　1998「研究討論会　貝塚研究の原点・そして未来での特別報告」『貝塚研究』3

大場（谷川）磐雄　1924 a「諸磯式土器の研究」『考古学雑誌』14 − 9

大場（谷川）磐雄　1924 b「同上（2）」『考古学雑誌』14 − 11

大場（谷川）磐雄　1925 a「同上（3）」『考古学雑誌』15 − 1

大場（谷川）磐雄　1925 b「武蔵国橘樹郡箕輪貝塚発掘報告　同上（4）」『考古学雑誌』15 − 3

大場（谷川）磐雄　1925 c「同報告（2）同上（4）」『考古学雑誌』15 − 9

大場（谷川）磐雄　1926「同報告（3）同上（5）」『考古学雑誌』16 − 4

大場（谷川）磐雄　1931 〜 32「関東地方における奥羽薄手式土器」『史前学雑誌』3 − 5, 4 − 1

大場（谷川）磐雄　1975「楽石雑筆」5『大場磐雄著作集』6

大村　裕　2008『日本先史考古学史の基礎研究』

大山　柏　1922『琉球伊波貝塚発掘報告』, 1982 復刻日本考古学文献集成で再版

大山　柏　1926「スエーデン皇太子殿下の御発掘に御供して」『人類学雑誌』41 − 11

大山　柏　1938「史前遺物形態学（Typologie）綱要」『史前学雑誌』10 − 6

大山柏・宮坂光次・池上啓介　1933「東京湾に注ぐ主要渓谷の貝塚に於ける縄紋式石器時代の編年学的研究予報　第1編」『史前学雑誌』3 − 6代冊

大山史前学研究所　1937「千葉県千葉郡都村加曾利貝塚調査報告」『史前学雑誌』9 − 1

喜田貞吉　1918「河内国府遺蹟最古の住民」『歴史地理』32 − 4, 1981『喜田貞吉著作集』1に収録

喜田貞吉　1925「奥羽地方のアイヌ族の大陸交通は既に先秦時代にあるか」『民族』1 − 2, 1981『喜田貞吉著作集』1に収録

喜田貞吉　1926「奥羽北部の石器時代文化に於ける古代支那の影響に就いて」『民族』2－2，1981『喜田貞吉著作集』1に収録

喜田貞吉　1932『日本石器時代植物性遺物図録』

喜田貞吉　1936a「日本石器時代の終末期に就いて」『ミネルヴァ』4月，1981『喜田貞吉著作集』1に収録

喜田貞吉　1936b「「あばた」も「えくぼ」，「えくぼ」も「あばた」」『ミネルヴァ』6月，1981『喜田貞吉著作集』1に収録

喜田貞吉　1936c「又も石器時代遺跡から宋銭の発見」『ミネルヴァ』7・8月合併，1981『喜田貞吉著作集』1に収録

清野謙次　1927「日本石器時代に関する考説」『民族』2－6

清野謙次　1950『人類の起源』

甲野　勇　1920「相模国岡本村沼田石器時代遺跡」『人類学雑誌』35－2

甲野　勇　1924「武蔵国橘樹郡生見尾村貝塚発掘報告」『人類学雑誌』39－4～6合併

甲野　勇　1928『埼玉県柏崎村真福寺貝塚調査報告』史前学会小報2

甲野　勇　1935「関東地方に於ける縄紋式石器文化の変遷」『史前学雑誌』7－3，1971『日本考古学選集20　甲野勇集』に収録

甲野　勇　1953『縄文土器のはなし』

後藤守一・甲野　勇・山内清男・八幡一郎　1936「座談会　日本石器時代文化の源流と下限を語る」『ミネルヴァ』創刊号

榊原政職　1921a「相模国諸磯石器時代遺蹟調査報告」『考古学雑誌』11－8

榊原政職　1921b「遠江蜆塚に就いて」『人類学雑誌』36－4～7合併

杉山壽栄男編　1928『日本原始工芸』

鈴木克彦　2007『注口土器の集成研究』

鈴木素行　1993「黒浜式土器」の枠」『婆良岐考古』15

鈴木素行　2000「軍靴の下の「蓮田式土器」－甲野勇「関東地方に於ける縄紋式石器時代文化の変遷」の原稿について－」『大塚初重先生頌壽記念考古学論集』

武井則道　1984「甲野勇論」『縄文文化の研究』10

鳥居龍蔵　1918「河内国府の新発掘に就いて」『有史以前の日本』

鳥居龍蔵　1925改版『有史以前の日本』，1975『鳥居龍蔵全集』1に収録

鳥居龍蔵　1953『ある老学徒の手記』，1976『鳥居龍蔵全集』2に収録

鳥居龍蔵　1954「考古学の回顧」『地学雑誌』63－3，1976『鳥居龍蔵全集』2に収録

中村五郎　1999「荒屋敷遺跡出土土器の研究」追加　その他」『福島考古』40

中村五郎　2004「漢字を知った縄文人」『福島考古』45

中谷宇吉郎雪の科学館編　1999『兄弟展－宇吉郎と治宇二郎』特別展解説図録

II部　学史の考古学

中谷治宇二郎　1927『注口土器ノ分類ト其ノ地理的分布』東京帝国大学理学部人類学教室研究報告4，1972『日本考古学選集24　中谷治宇二郎集』に収録

中谷治宇二郎　1928「日本原始工芸概説」『日本原始工芸』

中谷治宇二郎　1929「東北地方石器時代遺跡調査予報」『人類学雑誌』44－3，1972『日本考古学選集24　中谷治宇二郎集』に収録

中谷治宇二郎　1930『日本石器時代提要』

中谷治宇二郎　1932「（仏文）日本石器時代に於ける大陸文化の影響」ギメー博物館年報亜細亜美術評論7（1931年7月パリの人類学会での講演），1934「（和訳）日本石器時代に於ける大陸文化の影響」『考古学』5－4

浜田耕作　1918「河内国府石器時代遺跡発掘報告」『京都帝国大学文学部考古学研究報告』2

浜田耕作　1921「薩摩国指宿土器包含層調査報告」『京都帝国大学文学部考古学研究報告』6

浜田耕作・辰馬悦蔵　1920「河内国府石器時代遺跡第二回発掘報告」『京都帝国大学文学部考古学研究報告』4

松村　瞭　1920a「琉球の貝塚」『人類学雑誌』35－2

松村　瞭　1920b『琉球荻堂貝塚』東京帝国大学理学部人類学教室研究報告3，1983復刻日本考古学文献集成で再版

松村　瞭　1936「猿人の遺跡を探る」『ミネルヴァ』3月

三森定男　1936「近畿地方の縄紋土器」『考古学論叢』2

宮坂英弌　1936「宋銭発掘記」『ミネルヴァ』9月

森本六爾　1933「東日本の縄紋式時代に於ける弥生並に祝部式系文化の要素摘出の問題」『考古学』1943『日本考古学研究』に収録

山口　敏　1999『日本人の生いたち』

山内清男　1924a「磐城国新地村小川貝塚発掘略記」『人類学雑誌』39－4～6合併，1967『山内清男先史・考古学論文集』（旧）5に収録

山内清男　1924b「福島県小川貝塚調査概報」（未刊行），1969『山内清男先史・考古学論文集』旧11に収録・刊行

山内清男　1928「下総上本郷貝塚」『人類学雑誌』43－10，1967『山内清男先史・考古学論文集』（旧）2に収録

山内清男　1929a「関東北に於ける繊維土器」『史前学雑誌』2，1967『山内清男先史・考古学論文集』（旧）2に収録

山内清男　1929b「J. Nakaya: A Study of the Stone Age Remains of Japan. Ⅰ.」『史前学雑誌』1－3，1969『山内清男先史・考古学論文集』旧11に収録

山内清男　1932～1933「日本遠古之文化」『ドルメン』1－4～9・2－2，1939補注付『日本遠古之文化』，1967『山内清男先史・考古学論文集』（旧）1に収録

山内清男　1934a　「新石器時代序説」『世界歴史体系1　史前史』，1969『山内清男先史・考古学論文集』旧11に収録・追記

山内清男　1934b　「真福寺貝塚の再吟味」『ドルメン』3－12，1967 山内清男先史・考古学論文集』（旧）3に収録

山内清男　1936a　「日本考古学の秩序」『ミネルヴァ』5月，1967『山内清男先史・考古学論文集』（旧）3に収録

山内清男　1936b　「考古学の正道－喜田博士に答ふ」『ミネルヴァ』7・8月合併，1967『山内清男先史・考古学論文集』（旧）3に収録

山内清男　1937　「日本先史時代に於ける抜歯風習の系統」『先史考古学』1－2，71967『山内清男先史・考古学論文集』（旧）5に収録

山内清男　1953　「鳥居博士と日本石器時代研究」『学燈』50－2，1969『山内清男先史・考古学論文集』旧11に収録

山内清男　1964a　「縄紋式研究史に於ける茨城県遺蹟の役割」，1969『山内清男先史・考古学論文集』新1に収録

山内清男　1964b　「日本先史時代概説」『日本原始美術』Ⅰ，1969『山内清男先史・考古学論文集』新3に収録

山内清男　1969　「縄紋草創期の諸問題」『ＭＵＳＥＵＭ』224

八幡一郎　1924　「千葉県加曽利貝塚の発掘」『人類学雑誌』39－4～6合併

八幡一郎　1928　「書評　中谷治宇二郎著　注口土器ノ分類ト其ノ地理的分布」『人類学雑誌』43－1

八幡一郎　1936　「故松村博士と考古学」『ミネルヴァ』6月

八幡一郎　1971　「東大人類学科ころの甲野氏」『甲野勇集　日本考古学選集集報』2

吉田　格　1940　「埼玉県石神貝塚調査」『人類学雑誌』55－11

Schnell, Ivar: 1932「Prehistoric finds from the Island World of the Far East, Now Preserved in the Museum of Far Eastern Antiquities, Stockholm」『The Museum of Far Eastern Antiquities, Stockholm』Bulletin No.4

箱根のN.G.マンロー

岡 本 孝 之

はじめに

　横浜で明治・大正期に考古学でも活躍したニール・ゴードン・マンロー Neil Gordon Munroについては，近年になって，飛躍的に知見がまし，横浜考古学史の不明の穴が埋まりつつある。ここではマンローがしばしば訪れ，初期の写真が残されている箱根において，どのような足跡が残されているのかを追跡し，お雇い教師であったチェンバレンやベルツとの関係を整理してみたい。早川や酒匂川の流域で旧石器の探索を行ったことは，よく知られていることだが，その発掘地点の特定はできていない。

1. 箱根のマンロー　－富士屋ホテルのレジスターブックから－

　マンローが箱根富士屋ホテルを利用していたことは，楠家重敏1986・1998，愛知教育大学附属図書館1992，荒川邦彦1996，出村文理2006などで示されてきた。マンロー自身も1905年の初夏に早川，夏に酒匂川流域で発掘をしたことを述べており，箱根に宿泊したと思われる。これまでに確認，あるいは予想される箱根滞在は，以下の5回がある。

　荒川は，1900年9月1日のレジスターブックのサインを見出して，チェンバレンとの関係をもっと精査すべしと指摘した（荒川1996）。1900年はマンローとチェンバレンとの師弟関係においてのもっとも古い日付である。1902年から1904年の間にマンローは，日本アジア協会の会員となっており（『日本アジア協会誌』31），1904年にマンローが刊行した"Coins of Japan"にはチェンバレンに対する謝辞が示されているので，チェンバレンとの師弟関係の始

第1表　マンローの箱根滞在記録

1900年9月1日	マンロー，チェックイン1泊（レジスターブック，荒川1996）
1905年初夏	早川で発掘（マンロー1908・1911）
1905年夏	酒匂川流域で発掘（マンロー1908・1911）
1907年	王堂文庫前などでチェンバレン，マンローらの写真（第1図　楠家1986，愛知教育大学1992）
1910年7月31日	マンローがチェンバレンの写真をとる（楠家1998）
1910年8月1日	マンロー1週間宿泊して8月1日に帰る（荒川1996）

Ⅱ部　学史の考古学

▲同上、左より永原英一、杉浦、チェンバレン、マンロー博士、斉藤吉三郎（王堂文庫番人）

箱根宮ノ下の蔵の前にて。1907年。前列右よりN. G. マンローとチェンバレン。後列右より、杉浦と斎藤吉之助

第1図　1907年のマンローとチェンバレン（左　楠家1986，右　愛知教育大学1992）

まりが1900年以前に遡る可能性は大きいのである。1902年ごろにチェンバレンは横浜鶴見区下末吉でかなり大規模な発掘を行ったと，江見水蔭が書き残しているので（江見1909），その調査にマンローが参加した可能性もある（岡本2008）。

そこで富士屋ホテルや箱根町教育委員会に問合せをしたところ，横浜開港資料館にレジスターブックの複製本があることを教示され，調べてみたが，確認できたのはすでに荒川の指摘していた1900年9月1日のサインだけであった（第2図）。これはマンローの最古の自筆サインである（註1）。しかし，1905年，1907年，1910年のマンローのサインは確認できていない（註2）。

2．早川と酒匂川流域の発掘

マンローの調査は，道路工事などの大量の土砂を動かす工事現場を利用した調査の可能性を考え，『箱根彩景　古写真に見る近代箱根のあけぼの』（箱根町立郷土資料館2000）などを見てみたが，年代のあう適当な場所は発見できない。1905年ごろには道路はほぼ整備されている。箱根町教育委員会の鈴木康弘氏から，早川対岸の明星岳中腹の競馬場（富士屋ホテル1958）の地の可能性を教示された。酒匂川流域の調査については，当時は足柄山を越えて大雄山最乗寺に散歩，徒歩旅行することは通常的であったことも教示された。富士屋ホテルを拠点として酒匂川流域の調査の可能性が浮かび上がった（註3）。

外国人が不思議な調査をしたという地元の伝承が確認できることを期待したい（註4）。

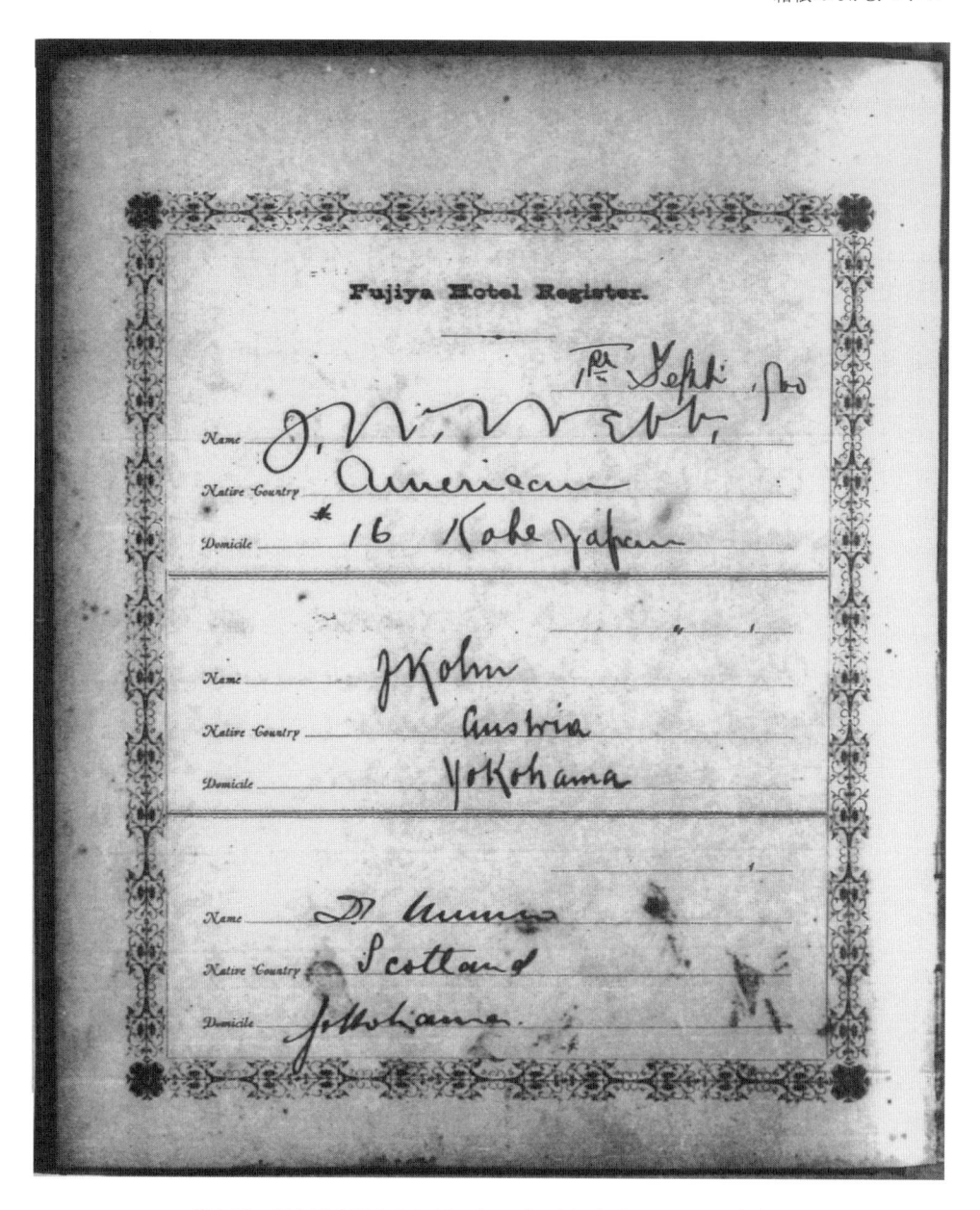

第 2 図　富士屋ホテルのレジスターブックにあるマンローのサイン

3．マンローとチェンバレンとの関わり

　チェンバレンは，1894 年 5 月 28 日に東京人類学会に入会している（1894『東京人類学会雑誌』9 － 98）。同じころ，1894 年か 1895 年に富士屋ホテルにチェンバレンの蔵がたつ（『富士屋ホテル八十年史』1958 p 90）。王堂文庫といわれる書庫である。アーネスト・サトウの蔵書はチェンバレンに譲渡され，この頃チェンバレン・ファミリーが形成されたと指摘されている。

II部　学史の考古学

　マンローの唯一の一時帰国に際しては，その一年前にチェンバレンがエディンバラを訪問していることが関係ありそうであるし，1908年の7月末から8月にかけての行動は，チェンバレンとベルツとの間で綿密な計画が立てられていたのであろう（第2表）。

第2表　マンローとチェンバレン，ベルツの関係年表1906～1911

1906年3月3日	チェンバレン，杉浦藤四郎を連れてヨーロッパへ（第4回）
1906年7月	チェンバレン，エディンバラ訪問（楠家1986，p522）
1906年12月	チェンバレン帰国
1908年3月	杉浦藤四郎，マンロー医院に入院（荒川1996）
1908年4月	チェンバレンと杉浦藤四郎，ヨーロッパへ（第5回）（楠家1986）マンロー見送る
1908年5月13日	マンロー，ホノルル，アメリカ経由でヨーロッパへ（ベルツ2000）ベルツ見送る
1908年7月8日	チェンバレン，杉浦に書簡（マンローがバイロイトへ来るはず）
1908年7月上旬	マンロー，英国着，学位請求論文審査合格（出村2006） セイス，アーバクロンビー男爵，マンローは鼎座して談笑（浜田1926） 王立スコットランド博物館美術・民族学部門ドビー博士と会い約束（荒川1996）
1908年7月21日	マンロー，バイロイト到着（チェンバレン書簡，荒川1996，出村2006）
1908年7月25日	チェンバレンとマンロー，『ラインの黄金』を観劇
1908年7月29日	マンロー，バイロイトをたつ（チェンバレン書簡）
1908年7月31日	マンロー，ベルツと合流（ベルツ2000）
1908年8月1日	ベルツとともにニュルンベルグでワーグナー演奏会鑑賞（ベルツ2000）
1908年8月	ベルツと南フランスへ調査旅行（ベルツ2000）
1910年3月	在ジュネーブのチェンバレンにマンローから手紙（チェンバレン3月8日付，荒川1996）
1910年6月29日	チェンバレンの最終来日を出迎え，横浜，箱根を一緒に過ごす（荒川1996，楠家1998）
1910年8月1日	マンローは梅雨明けの一番良い時期の1週間宿泊して横浜に帰る（荒川1996） マンローがチェンバレンの写真をとる（楠家1998，p201）
1911年1月5日	マンロー　Prehistoric Japan　第2版刊行
1911年1月の土曜日	デーリング夫人とマンローは夕食を申し込むがチェンバレンは断る（荒川1996）
1911年3月4日	チェンバレン，トンキン号で帰欧（最終帰欧）61歳
1935年2月15日	チェンバレン死去84歳

4．1898年のマンローの北海道旅行

　この調査についてはマンローとジョン・バチェラーとの接点が見出しえなかったため，疑ったのであるが（岡本2008），チェンバレンやベルツとの関係が明確になり，その必要はなくなった。チェンバレンは帝国大学教授となった1886年にアイヌ関係の図書を収集し，バチェラーを訪問してアイヌ調査を行っている。1887年3月16日には，日本アジア協会で"An Aino Bear Hunt"について発表し，バチェラー報告の代読もしている。

　1898年以前までにマンローとチェンバレンとの関係があったことは確かめられてはいないが，バチェラーをマンローに紹介した可能性が，チェンバレンとベルツにはある。

　ベルツとは前稿（岡本2008）で整理したように，ヨコハマゼネラルホスピタルで1898年から顧問医と医師の関係が発見でき，1899〜1901年には"The Maple" Hotel and Sanatoriumの運営に顧問としてともに関与している。

　ベルツは，マンローの石舞台古墳調査の写真（第3図）を所持している（ベルツ2001）。この写真はマンローのPrehistoric Japan第2版にも小さく掲載されていたものだが，写真が小さいため人物は不明であった。ベルツの示した写真により，中央にマンロー，左側に同行した水上久太郎であることがわかる。この写真はPrehistoric Japan初版には掲載できないため，第2版で挿し代えられたものと思われる。

撮影場所・日時不明。ベルツは1908年4月，マンローらと大和地方の陵墓を調査している（東海大学出版会刊『ベルツ日本再訪』P189〜190）。

第3図　石舞台古墳上のマンロー（ベルツ2001）

Ⅱ部　学史の考古学

　ベルツは，1897年6〜7月に北海道に移住させられた樺太アイヌの調査を実施している（安井1995）。ベルツの東京人類学会への入会は1903年である（東京人類学会1903）。松村瞭の案内で西ヶ原貝塚を見学している。鹿児島方面の調査の予定があることを語っており，これは実施されていないが，マンローの九州旅行に結びついたものと思われる。

おわりに

　チェンバレンとベルツは，箱根にとって忘れることのできない人物である。「ベルツ水」は保養地として箱根を推奨したベルツによって，箱根富士屋ホテルでつくられたものであったし，富士屋ホテルにはチェンバレンの王堂文庫があった。マンローとの関係は，横浜だけでなく，箱根や北海道でも重なり，西日本の調査でも重なりあう。明治考古学の別の系譜が認められよう。

　最後ではありますが，杉山先生の古稀をお祝い申し上げます。小田原市多古の足洗型石斧を実測させていただいたこと，考古学史についていろいろとご教授いただいたこと，柴田常恵の『日本考古学』をお借りしたこと，感謝申し上げます。今後とも，神奈川県，小田原市の考古学のため，ご指導お願いいたします。

謝辞

　マンローの事績について，今回は箱根を軸にチェンバレンやベルツとの関連を調べてみた。調査は継続中であるがまとめておきたい。多くの方々からご教示いただいた。記して感謝申し上げます。
坂本彰，鈴木康弘，諏訪間順，出村文理，野坂優介，北海道大学アイヌ先住民研究センター，箱根富士屋ホテル，箱根町教育委員会，横浜開港資料館（敬称略）

註

(1) 2008年6月に北海道平取町と札幌で行われた北海道大学アイヌ先住民研究センターの講演会で公表した。ちなみに，マンローのサインは，出村文理2006の示したもののほかに桑原千代子の示した蔵書印（桑原1983，出村2006），斎藤忠の示したPrehistoric Japanの書き込み（斎藤1982・2000），長野県史にある柳沢平助留書帳（長野県1988）などがある。
(2) 富士屋ホテルのレジスターブックをまだ全部を精査してはいない。脱稿後に1899年9月1日のサインを見出した。
(3) マンローの研究家の桑原千代子は，酒匂川流域で石器製作跡が発見されたという新聞記事をみて，山北町尾崎遺跡の発掘調査報告書（岡本ほか1977）を入手している（桑原1981）。調査した神奈川県教育委員会には問合せはなかったと思う。
(4) マンローの旧石器にふれた主な文献を示す。

波多野忠雄・訳　1961「日本の旧石器時代」『先史学研究』3　同志社大学

岡本　勇　1969「日本旧石器を開く人々―岩宿の発見とマンローのこと―」『有隣』22

鈴木重治　1973「マンロー氏旧蔵の石英製旧石器」『考古学ジャーナル』25

芹沢長介　1974「旧石器研究の歩み」『古代史発掘』1

神奈川県高等学校社会科歴史部会　1980「旧石器，幻の発見―先駆者マンローの偉業―」『神奈川の歴史百科』

芹沢長介　1982『日本の旧石器時代』岩波新書

横山正明　1993『小田原地方の旧石器文化』

引用・参考文献

荒川邦彦　1996『金魚の糞かメダカの串―明治末・大正初期日本人欧州留学生群像―』Ⅲ

有坂鉊蔵　1924「過去半世紀の土中」『中央史壇』9－4

江見水蔭　1909「末吉の貝塚」『地中の秘密』

岡本孝之ほか　1977『尾崎遺跡』神奈川県埋蔵文化財調査報告13

岡本孝之　2004「文明開化横浜の考古学―モース，マンローと近代遺跡―」『神奈川考古』40

岡本孝之　2006A「三ツ沢貝塚とN.G.マンロー」『三ツ沢貝塚発掘100年』横浜市ふるさと歴史財団埋蔵文化財センター

岡本孝之　2006B「マンローと横浜一般病院の銘板」『利根川』28

岡本孝之　2008「マンロー横浜時代の再検討」『利根川』30

楠家重敏　1986『ネズミはまだ生きている』

楠家重敏　1998『イギリス人ジャパノロジストの肖像〜サトウ，アストン，チェンバレン〜』

桑原千代子　1981「『N.G.マンロー博士伝』抄」『大塚薬報』340〜350

桑原千代子　1983『わがマンロー伝　ある英人医師・アイヌ研究家の生涯』

斎藤　忠　1982「解説」Prehistoric Japan　第一書房

斎藤　忠　2000「忍路環状列石とマンロー」『古代遺跡の考古学者』

出村文理　2006『ニール・ゴードン・マンロー博士書誌―帰化英国人医師・人類学研究者―』

ベルツ　2000『ベルツ日本再訪』

ベルツ　2001『ベルツ日本文化論集』

N.G.Munro　1904　Coins of Japan

N.G.Munro　1908・1911・1982　Prehistoric Japan

山口由美　2007『箱根富士屋ホテル物語』増補版

安井　広　1995『ベルツの生涯―近代医学導入の父―』

愛知教育大学附属図書館　1992『チェンバレン・杉浦文庫書簡目録』改訂版

東京人類学会　1903「ドクトル，ベルツ君」『東京人類学会雑誌』213

Ⅱ部　学史の考古学

長野県　1988『長野県史』考古資料編（4）遺構・遺物

富士屋ホテル　1958『富士屋ホテル 80 年史』

箱根町立郷土資料館　2000『箱根彩景　古写真に見る近代箱根のあけぼの』郷土資料館資料集 2

石野瑛の原風景
―岐阜県における足跡―

大倉　潤

はじめに

　神奈川県の郷土史研究にあたって，石野瑛の著作は不可欠なものであり，史跡名勝天然紀念物調査委員として，神奈川県の文化財保護に果たした役割も大きなものである。さらに，武相学園の設立者として，学校教育にも力を注いだことでも知られている。しかし，石野自身は福井県の出身であり，最初の人生修養に挫折し，一念発起して教員免許状を受けた場所も岐阜県であった。

　筆者は，神奈川県において考古学や地域史の一端に関わる身として，石野瑛という先駆的な業績を遺した人物について，本人が遺した記録を基に周辺資料との対照を行う必要性を感じていた。本稿はその試みの第一歩であるが，まず，ごく初期のエピソードを取り上げることとした。その舞台は西濃の地であり，石野の人生の転機となった地でもある。

1．海津市平田町今尾にて

　平成17（2005）年の合併で，岐阜県海津郡3町，すなわち，海津町，平田町，南濃町は，海津市となった。旧平田町の中心は今尾にあり，かつての今尾町が周辺の村と合併，再編されたのが旧平田町であった。岐阜県最南端に位置する海津市は，旧南濃町部分が養老山脈東麓に形成された扇状地であり，平田町，海津町は，木曽川，揖斐川，長良川に囲繞された輪中地帯である。その輪中の名を「高須輪中」というが，「高須」は旧海津町の中心地の名称で，旧幕時代筆頭御家門であった高須藩の城下町として形成された。

　今尾から高須に向かう道をかつては「高須道」と呼び，この道に沿った「新町」に石野の足跡があった。父，喜十郎（写真1）が今尾町の町長の職に就いたため，ここに居宅を建て，福井で高等小学校を卒業した石野は，ここから社会人としての第一歩を踏み出したのである。

　まず，父，喜十郎が今尾町長となる経緯と，石野の幼少期を概観しておく必要があるだろう。

2．父，石野喜十郎

　喜十郎については，その没後に石野が遺稿をまとめて上梓しており，経歴を比較的詳細に知ることができる（石野喜1931）。以下，石野の父，喜十郎と母，ツヤについての記述は，特に

II部 学史の考古学

断りがない限りこの文献による。

　石野家は加賀藩士の流れであり，喜十郎は安政6（1859）年に出生し，幼少時に明治維新を迎えた。喜十郎は，鍛冶屋の見習，小学校助教員などを経て，明治11（1878）年には石川県警察に勤務する身となっている。当時の石川県は現在の富山県域にほぼ相当する新川（にいかわ）県と現在の滋賀県域に相当する敦賀県の嶺北地域を含む範囲であり（三森1948），明治14（1881）年には魚津警察署に転勤している。

　魚津では，米価をめぐっての騒動鎮撫に努めたため賞を受けたという。しかし，どういう事情であったかは述べられてはいないが，喜十郎は石川県警察を同15（1882）年2に辞職し帰郷している。ところが直後に父親が急逝したため，再び警察界にもどることを決意し，当時福井県保安課詰警部であった旧知の加藤厚寛を訪ね，翌3月から隣県の福井県警察に奉職することとなった。

　明治20（1887）年，同じく加賀藩士の娘である石川ツヤ（写真3）と結婚。この二人の間に，明治22（1889）年4月21日に誕生した長男が石野瑛である。石野の出生には次のようなエピソードがある。喜十郎が今立郡粟田部警察分署長だったころ（明治20（1887）年12月－同21（1888）年11月）のことである（註1）。

　「或る日部内巡見中のことであった。味眞野村なる正高寺の観世音菩薩は名高いので日々武生より参詣者が多いとのことであるから，是非拝みたいと思ひ，行つて住職に禮拝を申込んだところ早速承知された。（中略）住職は佛前に香を奠し開扉三拝誦經せらる。其の香煙の前き右側に不思議や嬰兒の姿（友禪藍鼠色模樣黑縁り付）大黑帽子を冠りたるが，突然映じ暫し熟視し，尊像に目が移るや嬰兒の姿は消え失せた。間もなくツヤは姙娠した。その後參詣し御授けの胎兒は男兒か女兒なるやを伺ふと，僧侶は經を讀誦し左に居るから男兒であると」

　後のことになるが，大正15（1926）年に石野は講師を務めていたバプテスト派の捜真女学校のクララ・A・カンヴァース校長からクリスチャンになる事を勧められ，これを断っている。喜十郎が上述のいきさつをしたため「因縁書きを『瑛と命名する』といふ辞令と共に七夜の枕もとに授けられ，物心がついてから幾度もそれを読み聞かされもし話されもして信念的に深く脳裏にしみてゐるので，信者となり切るわけに行か」なかったのである（石野1960）。

写真1 石野喜十郎（石野喜1931より）

石野は警察署長の長男というので多くの人から可愛がられたというが，この明治20年代という時代は，明治22（1889）年2月11日の大日本帝国憲法発布，翌23（1890）年7月の第一回衆議院議員選挙と，まさに近代日本の立憲政治の基礎が築かれた時代であった。喜十郎は「政黨爭ひで内閣が交迭する毎に，地方官の變動より惹いて屬僚にまで及」ぶと述懐しているが，明治29（1896）年9月18日の第2次松方内閣成立に伴なって起こった官吏の大移動による「トバッチリ」を受け，明治30（1897）年7月，松岡警察署長の任にあった時，唐突に「非職」を命ぜられた。石野は「罷職ともなれば，昨日まで寄って来た人々も庭先へ訪ねる人もなく，淋しく松岡町を去って，叔父の乙作（父の弟）のいる武生町へ引越すことになった」と書き記している（石野編1964）。

　喜十郎は5ヵ月後の明治30（1897）年11月に足羽郡役所の第一課長の職を得，第二課長をも兼務することとなり，一家は武生町から福井市毛矢町に移る。喜十郎の転勤，転職は，石野の教育環境にも大きく影響し，明治28（1895）年4月に福井県大野郡勝山町成器尋常高等小学校に入学して以来，明治29（1896）年8月に同吉田郡松岡尋常小学校，明治30（1897）年9月に同今立郡武生尋常小学校，明治31（1898）年10月に同足羽郡木田尋常小学校と，ほぼ1年おきに転入を繰り返す事となったのである。尚，母親のツヤは勧められて木田尋常小学校に勤務するが，石野の担任であったといい，双方戸惑うこともあったという（石野編1964）。

　明治32（1899）年4月，木田尋常小学校を卒業した石野は，福井市福井高等小学校に進学する。しかし，翌年再び一家は窮地に立たされる。喜十郎は，足羽郡役所に勤務しながらも警察界に復帰したい意向が強く，方々に働きかけをしたが，これが郡役所の不興を買い，明治33（1900）年8月18日をもって非職を命じられたのである。

　翌月から喜十郎は福井市常磐町に家を借り，売薬商を始めたが，不慣れなこともあり容易に生計は立てられなかったようである。そのような折柄の翌34（1901）年春，前出の加藤厚寛から朗報がもたらされた。

　かつて喜十郎を福井県警察に斡旋した加藤はこの時，岐阜県養老郡長として同郡高田町に住んでいた（註2）。隣の海津郡今尾町の町長が欠員で，有給町長を探しているので就任してはどうかという話であった。喜十郎はこの話を喜んで受けることとした。

3．当時の今尾町の状況

　今尾は高須輪中の北西に位置しており，輪中の北を画する大榑（おおぐれ）川と揖斐川の合流点を背にしている。大榑川は現在水門によって閉め切られているが，かつては長良川と揖斐川を繋いでおり，長良川に比して川底の高さが2.5mも低いため，長良川の増水時には水が一気に大榑川側に流れ込み，揖斐川に水が逆流していた（岐阜県海津郡教育振興会編1978）。このような川底の高低差による逆流は木曽三川下流の輪中地帯各地にみられ，旧幕時代から洪水に悩まされてきた（註3）。

Ⅱ部　学史の考古学

　近代に入ってからは，明治29（1896）年の水害が最大規模といわれており，7月の豪雨で木曽，揖斐，長良の三川を始め，その他大小の諸川もことごとく氾濫，堤防はいたるところで欠潰し，死者49人，流出家屋919戸，崩壊家屋4064戸，床上浸水11220戸におよぶ被害があったという。さらにこの復旧作業も終了しない9月に再び水害が輪中地帯を襲い，死者58人，流出家屋3738戸，崩壊家屋5377戸という被害が加わった。この時の堤防の欠潰は2245箇所に及んだという（建設省木曽川上流工事事務所編1985）。高須輪中にあっては，明治24（1891）年10月の濃尾震災以上の被害を見た。

　被災した今尾町民が堤防上に仮屋を建て，避難している様子が写真として残されているが（写真2），立て続けに起こった水害は，上に見たように人家や耕地に甚大な被害を与え，人々の生活は困窮の中にあった。

写真2　明治29（1896）年の水害の惨状（山下1949より）

　このような状況の中，明治30（1897）年4月に岐阜県郡廃置及郡界変更法により，従来の町域に高田村，三郷村，仏師川村，平原村，脇野村，土倉村及び西島町を合し，新たな今尾町が誕生する。町当局にしてみれば，一役場で処理しなければならない事務量が格段に増加したということである。災害後の混乱の直中ということもあって多忙を極める中，収入役が頻繁に交代したため，事務引継に粗略な点があり，明治30（1897）年度の決算書の作成が出来ないという事態に陥った。当然のことながら，町議会は決算書の提出がないうちは翌年度の予算の議決はしないという態度を取り，明治33（1900）年6月に町長，助役ともに引責辞任することとなった。こうして町政が事実上停止してしまったため，監督官庁である海津郡役所から西善太郎郡書記を職務管掌として派遣，9か月の整理期間を費やし明治34（1901）年3月の町

240

議会において，ようやく明治30（1897）年度決算が提出承認された（森a1964）。

　喜十郎が町長に就任したのはそのような折のことであった。ひとまず町政は軌道に乗ったとはいえ，混乱時の諸問題がすべて解決されたわけではなく，喜十郎は事後処理のために奔走することとなる。「毎月一二回町會を招集して會議を開いたが，彌次的もあつて，甲論乙駁二十二名の意見を纏めるのは容易ではない。名譽町長を置かず他より有給町長を聘したので，或は訴願せんと反對者は窺窬して居た樣な有樣」であったという。『平田町史』には，このような状況を示すであろうと思われる事後処理関連の文書が複数紹介されている（森a1964）。

　輪中地帯には「輪中根性」という，「内輪での結束が固い反面閉鎖的」という気質があるともいわれている（原田1970）。ただでさえ混乱している状況の中で，地元住民に少しでも受容されるため，喜十郎が今尾町に住居を求めたのはごく自然な成り行きであった。

4．母，石野ツヤ

　喜十郎は就学中の石野と二男の隆を福井に残し，その世話を母に託した。ツヤは明治34（1901）年4月末に三男の博，長女の馨を連れて今尾町に入り，5月には今尾尋常高等小学校の代用教員となっている。

　ツヤは明治3（1870）年3月10日加賀藩士石川契短の長女として出生している。幼くして母親を亡くしており，祖父の永源甚七郎に養育された。

　永源は旧幕時代加賀藩馬廻頭を務め，元治元（1864）年に起こった天狗党の乱にあたっては加州監軍として千人余りの兵士を率いて越前葉原に出陣し，武田耕雲斎率いる軍勢と対峙，武田の降服を容れて彼らを敦賀に護送したという経歴の持ち主である。

　ツヤの幼少時のエピソードであるが，学制が布かれて間もない頃，小学校は一般町民の入るもので士分以上のものが入るべきところではないと考えられていた時期があり，家臣筋にあたる人達から「お女臈さんの行くべき学校でない」との反対があったが，率先して女児小学校に入学したという。そして，当時は高等女学校が無かったため，石川県女子師範学校に私費生として学んだが，上述の母親の死に遭ってやむなく退学したのであった。

　ツヤの12，3歳頃の作文には「兒童ハ必ス小學校ニ入ルヘキ説」と題するものがあり，この当時から学校教育についての問題意識を抱いていたことがわかる。上述の木田尋常小学校に続いて今尾尋常高等小学校の代用教員となるだけの資質を持ち合わせていた人物であったといえよう。

写真3　石野ツヤ（石野喜1931より）

II部　学史の考古学

　ツヤは今尾尋常高等小学校で尋常科第一学年全科と高等科の裁縫を全部担当し，勤務が終われば正教員の検定試験を受けるべく午前1時2時にいたるまで勉強した。8月には養老で児童心理学，植物学の講習会が開催され，夏季休暇中で今尾に滞在中であった石野を伴ってこれを受講している。そして大垣で検定試験を受け，10月に尋常科正教員の資格を得た。続いて35（1902）年には乳児であった末娘の馨を宿に預けて裁縫専科正教員の検定試験に挑んだが，乳児が泣くというので宿の者が試験場に連れてきてしまい，試験中にわが名を呼ばれ，つい席を立ってしまったがために無効になり，やむなく翌36（1903）年に再受験し免許状を受けている。こうしたツヤの一連の努力について喜十郎は「此の間の困苦勉強は家事を整へ乳児を抱へての業であつて，子孫たるものは忘却してはならぬ」と書き残している。

　次節に見るように，社会人としての第一歩を踏み出した石野が挫折した時に選んだのが教員としての道であったことは，母，ツヤの影響が大きかったものと思われる。そして，一家が横浜に移り，金港幼稚園を嚆矢として，後の武相学園建学という事業に取り組むことになる背景についてもツヤの存在を抜きにしては語れない。

5．岐阜郵便局時代

　上述のように石野は，すぐ下の弟の隆と祖母と共に福井にとどまったが，明治34（1901）年と35（1902）年の夏季休暇には今尾の地を訪れている。当時は汽車で大垣まで出て，船で揖斐川を下った。明治35（1902）年の夏季休暇にはひと月あまりの今尾での体験を絵日記として残したというが，後の戦災で焼けてしまったという（石野編1964）。しかし，養老の滝に遊び，孝子の伝説を聞いて感心したり，地元の豪家に招かれて歓待を受けた事は後々までも石野の記憶に残っていた（註4）。

　石野は明治36（1903）年に福井高等小学校を卒業すると，祖母と隆を福井に残して単身今尾に向かった。「学者教育者になろうという志がいつも脳裡を離れなかった（石野編1964）」が，具体的な方法が思いつかなかったという。そのような折，喜十郎が今尾町郵便局長から将来逓信事務が有望であるという情報を得，その紹介で，岐阜郵便局（写真4）に給仕として勤務することとなるのである。

　明治36（1903）年当時，岐阜郵便局は美江寺（みえじ）町にあり，周辺には岐阜県庁をはじめとした公共機関が集中していた（図1）。石野は「柳行李に着替類を入れ，夜具の一包を荷物として川舟で大垣へ出，次の岐阜へ向かった（石野編1964）」という。交通の関係上今尾からは通えないため，同局の小使の家に下宿しながら勤務することとなったのである。

　茶をうまく入れるにも，焙ずるという工夫があることや，掃除の仕方も満足に知らなかったお坊ちゃん育ちの石野にとって，実務的なことを求められる郵便局の給仕という仕事は決して肌に合ったものではなかったようである。いわんや上述のように「学者教育者になろう」という上昇志向を強く持つ石野にとって，現実は理想とかなり乖離していた。

郵便局内の専門用語や，岐阜市近辺の方言の理解には更に困難を極めたらしく，石野が述懐するエピソードとして「ぶんたこ」が何か理解できなかったという話がある。「給仕！ぶんたこ買ってこい」と金を出されて，何のことかわからなかったというのである（石野編1964）。

ちなみに岐阜市周辺では現在草餅の事を「ぶんたこ」と言っているが，周辺市町村の状況を鑑みると，本来は「草餅」＝「ぶんたこ」ではなく，丸い餅皮を二つ折りにして餡を包み，縁辺部を専用の道具で押圧した形状が「文化凧」に似ていることから，草餅に限らず，広くこの形状の餡入餅菓子を「ぶんたこ」と呼んでいるようである。

岐阜郵便局ではこの年に電話所が併設されており（堀部1981），石野は勤務後ひと月あまり後に，電信の局呼び出しなどをする信使の試験に合格した。給仕から一歩前進したわけであるが，一日おきに夜勤があり，夜が更けての同僚の卑猥な話や行動に純朴な石野は耐えきれなかった。「変な女が出入りする」こともあったといい，7月31日の夜，「同直の局員の怪しからぬ行動にびっくりして局を逃げ出し，追われるような気持で，下宿の荷物をかつぎ出して岐阜駅へと駆けつけた」。すでに最終電車は出た後であり，柳行李の陰に身をひそめて始発電車を待ち，大垣に下車したところで，偶然にも夏季休暇で福井から両親の元を訪れようとしていた隆と逢い，二人で今尾に向かったという（石野編1964）。

突然に帰ってきた石野は「孟母斷機の訓へとやら，一たん初めたことを中絶することの男子として恥ずべきことなど，懇々言ひ聞かされた」が，再び岐阜に帰る気にはなれなかった。こうして挫折を体験した石野は，「学者教育者になろう」という当初の志に向き合うことを決意

写真4 明治末年頃の岐阜郵便局（道下監修1990より）

II部　学史の考古学

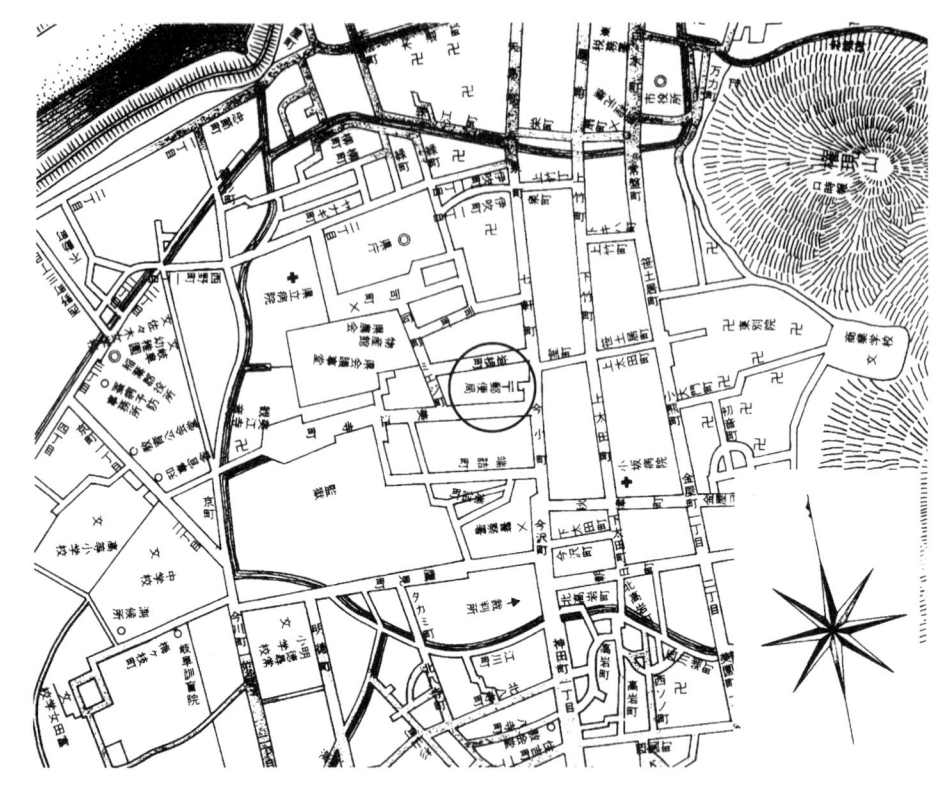

図1　明治40（1907）年の岐阜市街（松本・丹羽1977付図を一部改変）

し，教員となるべく検定試験の教科を独学で学ぶこととした。翌年10月に検定試験を受けた石野は，12月8日付けで「岐阜県管内において尋常小学校准教員たることを免許す　岐阜県知事川路利恭」と書かれた免許状を受ける（註5）。石野の教員としての人生はここから始まったのである（石野編1964）。

6．横浜へ

　明治35（1902）年にツヤは資格獲得のため1月，6月，10月と3度の昇給があったが（註6），これが同僚の嫉むところとなったという。校長は不平を持つ同僚たちの昇給を町に申し出たが，喜十郎は「元氣に満つる青壮年の人が代用教員として其のまゝに貴重なる時を過ごすは前途を誤らしむるの恐れがありはせぬか。青壮年は精々勉學して検定試験でも受け，資格を得れば自然に俸給も増額するのである。校長は僅かの昇給を取り持つより資格を得る爲め検定試験の準備でも奨められたい。學校としても代用教員よりも有資格のものを期待するのである」と正論で返し，これに応じる姿勢を見せなかった。このため，不平者たちは誹謗中傷に及ぶという事態となり，明治37（1904）年5月をもってツヤは今尾尋常高等小学校退職を決意した。

　折しもこの頃，横浜から田村某なる人物が渡米手続きのため今尾町役場を訪れ，喜十郎とツ

244

ヤに横浜の話を語った。石野の両親は，子供の教育のために東京乃至はその近くに出たいという願望を常々抱いていたが，田村が横浜市吉田尋常高等小学校に勤めていたこともあって，同校の校長である三留義之にツヤの採用方を依頼してもらうこととした。三留はこれを快く受け，履歴書と無試験検定願書を提出したツヤは明治37（1904）年10月1日付けで神奈川県管内で教員免許状を受け横浜市老松小学校付属幼稚園の保母として採用されることとなった。このため，同年9月末，ツヤは単身で横浜に向かった。

喜十郎はこの頃，子供たち4人はぜひ師範教育を受けさせたいと考えるようになっており，自らも横浜に職を探すため同年末から翌38（1905）年正月にかけての休暇を利用し，馨を連れてツヤの元を訪れた。そこで元福井県参事官の秦豊助が神奈川県の勧業課長であったので職の斡旋を依頼し，今尾に戻った。その後の連絡では，英語が出来れば県庁にすぐ採用するが，出来ねば当分県立農事試験場に採用して機を見て都合をつける，住宅も県庁官舎を提供するとのことで，喜十郎は今尾町町長を辞し，明治38（1905）年2月11日付で神奈川県立農事試験場に勤務することとなった。

石野は弟の隆，博と祖母と共にしばらく今尾町に留まったものの，同年春には全員が横浜西戸部町の官舎に移った。石野は数ヶ月間日ノ出町の英語専門学校に通ったが，4月に無試験検定にて神奈川県の尋常小学校准教員の免許状を受けていたため，官舎に住んでいた曽根県視学に勧められ，7月から葉山尋常小学校准教員として勤務する。こうして，石野の神奈川県での活動が始まった。

7．昭和16年の岐阜再訪がもたらしたもの

岐阜から去った石野は，師範学校卒業，天妃小学校校長として沖縄県への赴任，早稲田大学文学部史学科卒業と経験と知識を重ね，「武相考古会」を設立し，神奈川県の郷土研究に邁進した。その詳細については本稿の主題から外れるため，稿を改めて述べるつもりである。

石野が岐阜の地を再訪するのは昭和16（1941）年である。同年2月，史蹟名勝天然紀念物保存協會神奈川縣支部が昭和7（1932）年から主催してきた「史蹟めぐり會」が第100回を迎え，神奈川県内の主な史蹟は一通り巡ったが，県をよりよく知る為には年に数回は他県をめぐった方が良いという声が多かったため，4月に両毛の史蹟めぐりが実施され，続いて企画されたのが岐阜の史蹟めぐりであった。この企画は，長良川筋御猟場において行われる鵜飼に詳しい宮内省式部職主猟課の山崎忠義の肝煎りであり，岐阜県庁には山崎から夙にこの計画が打診され，岐阜新聞の記事にも「石野一行来る云々」と報道されたという（石野1941）。

石野にあっては，この年の3月下旬頃，夫人の孝が病を得て入院しており，4月に手術を行ったものの病状が思わしくなく，兵庫県の平野鉱泉での療養を経て大阪府此花区の病院に再入院したものの7月4日に逝去という，疲労と悲しみの渦中にあった時期に当る。

しかし，先に述べたように新聞記事として周知されていたこともあり，今さら辞退するわけ

Ⅱ部　学史の考古学

にもゆかず，夫人逝去から僅か3週間後の7月25日，横浜駅を夜行列車で出発，翌朝石野は，38年前の7月30日の夜，柳行李の陰に身をひそめて始発電車を待った岐阜駅に降り立った。

現地では岐阜県史蹟調査員であった伊藤信，岐阜県知事官房にして美濃考古学會常任幹事の奥村秀雄，岐阜県方面委員關口藤兵衛，一信社平塚正雄，岐阜県社寺課小野正明らに出迎えられ，伊奈波神社，常在寺，崇福寺を訪れ，その晩は鵜飼を見学している。

翌日，一行は大日山観昌院美江寺を訪れているが，先にもふれたように，この寺の名が由来となった美江寺町にはかつて石野が勤務した岐阜郵便局があった。石野は「私にとって社会生活の初舞台であつた郵便局の建物の前に立つては感壊まさに無量のものがあつた（石野1960）」と記している。

美江寺から岐阜市を後にした一行は関ヶ原古戦場，大垣城をめぐり，最後の目的地が養老の滝であった。上述のように今尾町に隣接する地であり，明治35（1902）年の夏季休暇に石野が訪れ，孝子伝説に深い感慨を抱いた地でもあった。

この時の岐阜史蹟めぐりの記録は，石野が編集発行していた雑誌『相武研究』の第十年第九號に「山美水濃探訪の記」という特集となって発表されているが，石野は「山美水濃に今昔の境を行く」という文章を寄せ，「今，岐阜大垣の地に至りこの停車場，あの郵便局，あの山，この川。さては時折り少年給仕が長良橋から，未來の大志を胸に秘めて觀た鵜飼の篝火。私はおのゝくほどの感激に心も身も全く捉はれてしまふ（石野1941）」と，その感慨無量の思いを

写真5　昭和16（1941）年岐阜再訪の折の記念写真（石野1941より）後列右より8人目が石野

記した。

　この感慨無量の思いは石野の心境に，ある変化を招来したようである。石野はこの前年の昭和15（1940）年，神奈川県の学務課から，当時勤務していた横浜第二中学校を辞して神奈川県で郷土史編纂に従事するよう命じられ，「教壇からおろされるのは死ぬほど苦しい。青少年と離れるのは堪えられぬ，郷土史編纂の仕事は毎夜深更まで努力してやりとげる」と頑張ったものの，官命には逆らうことができず嘱託としての教員生活は続けることになったが，教員を本務とすることができなくなっていた。また，郷土研究の方面においても「踏査に執筆に遮二無二努力することは，同じ方面に志を有する人々の気に障つたものと見え，それ等の人が一丸となつて独断独占の殻を破れといふやうな記事を掲げて漸次肉薄して来た」という状況になっていた（石野1960）。さらに，そこに夫人の逝去が加わっていたのである。

　後年，石野はこの時の心境の変化を次のように記している。

　「養老の滝つ瀬にも舟人の操る木曽川下りの櫂の音にも，何か私には新たなる意気もて突進すべき行進譜を奏して気勢を添へてくれるやうに聞こえる。（中略）私はこの昭和十六年を一つの限界とし，翌十七年初頭を以て思ひ切つて転換をすることゝした。それにはよい汐時である。それは学園建設の素願を実現すべく諸精霊の導きかも知れぬ。いやさう考へるほかない（石野1960）。」

　社会生活のスタートを切った地点にそのまなざしを向けることによって，自らの人生の再スタートを決意した石野は，この後学園建設に邁進することとなる。これに対応して，昭和16（1941）年10月の『考古集録』第四を最後に石野の郷土史研究に関わる著作の刊行は休止し，戦後の著作も専ら旧著の再編集や概説書となっている。

8．今尾町を訪れて

　石野は，晩年にあたる昭和31（1956）年5月19日から29日にかけて，今尾町をはじめとし，金沢，福井から山陰，山陽への旅行に出かけている。この時のこととして石野は，「昭和三十一年五月福井，金沢を訪ねた時，まさかと思つていたこの家が残っていた。門は店になっていたが座敷の方は建具もそのままで回り縁もそのまま，木目が浮き出ていて，その古さを示していた。山中貞夫さんが当主であった」と書き遺しており，『武相学園の成るまで』巻頭には，「明治36年に父母の建てた家高須街道にある」，「昔のままの奥座敷」とそれぞれキャプションが付された2枚の写真が掲載されている（写真6・7）。

　喜十郎が今尾に建てたこの家は，冒頭で述べたように「新町」の「高須道」に沿った場所にあったという。「高須道」は今尾の町から発し，土倉の集落を抜け，脇野で西大江川の堤に取付き，川沿いに高須の町に至る道であった。明治期，高須輪中の人々は「よげ」と呼ばれる，悪水の流入を防ぐため田圃の高い区域と低い区域との境に築かれた小堤や，川の堤を交通路として使用していたというが（近藤1970），度重なる圃場整備のため，当時の道路の様子を偲ぶことは

Ⅱ部　学史の考古学

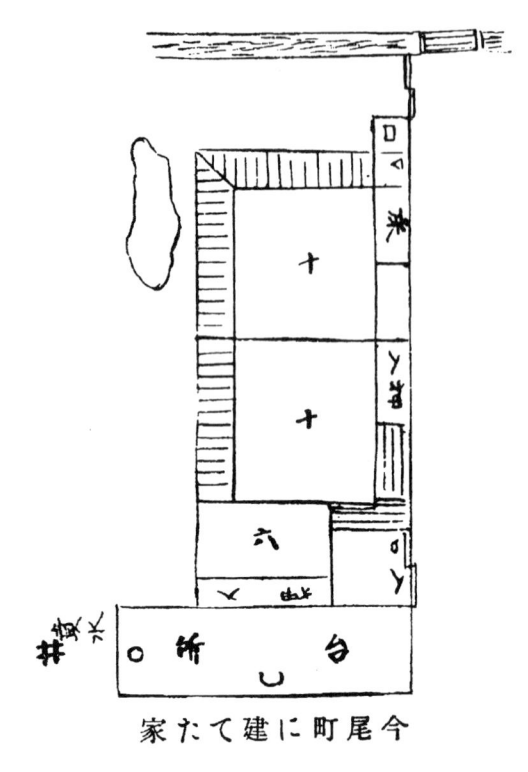

図2　喜十郎が今尾町に建てた家
平面図 （石野喜1931より）

できない。しかし，比較的家が立ち並ぶ今尾の中心部では大きく道路が変わることがなかったようで，市街地から南下して海津特別支援学校の敷地の北東コーナーにぶつかる道路が当時の「高須道」の名残である。「新町」は，この通りの東側に一角を占め，通りに面した一軒が「石野町長邸」であったこととなる。

上の記述のほかに，喜十郎自身の筆になる平面略図が『喜十郎經歷談　安政から昭和まで』に掲載されているが，それによると，家の前に小さな水路が確認できる。新町には，部分的に暗渠になっているものの，現在も東西に走る水路が残されており，この水路が南北に走る「高須道」と交差する地点であることが確認できる（図2）。

これらの情報を手がかりに平田町の明細地図で確認したところ，水路は暗渠になり建物も建て替えられているようであったが，今尾の新町に該当する場所を発見することができたので，平成20（2008）年4月28日，現地を訪ねてみることとした（写真8）。

突然の訪問に親切に応対してくださったその家のご夫人によると，「かつて今尾町の町長が建てた家という話は聞いています」とのことで，確かにその場所であることが確認できた。『武相学園の成るまで』の写真のコピーを示すと，当時の建物の記憶と照合されていたが，石野の「山中貞夫さんが当主」との記述の話をすると，奥に声をかけられ，やがてご当主が現れた。この方が半世紀前に石野が記した山中貞男さんであった。

そして先ほどの「町長が建てた家」と山中さんに語った人物が，昭和30年ぐらいにここを訪れ，「懐かしい」としきりに言いながら，屋根に登って瓦の写真を撮っていったというお話を伺った。屋根瓦の家紋を撮ったものかと思われるが，そうした行動も含め，年代的にもこの時の人物こそが石野であろう。この時すでに老境にあった石野は，かつてこの家で過した年若き日々を鮮明に思い浮かべていたことと思われる。

まとめ

喜十郎の人生は，幼少期に迎えた明治維新を初めとして，流転の連続であった。内閣の更迭

図3　昭和44（1969）年の岐阜県政治区画図（トーン部分が現海津市域。高橋1970を一部改編）

図4　喜十郎が今尾町に家を建てた場所（森b1964付図を改変）

Ⅱ部　学史の考古学

明治36年に父母の建てた家高須街道にある

昔のままの奥座敷

写真6・7　昭和31（1956）年の今尾再訪の写真（石野編1967を一部改編）

写真8　石野喜十郎宅があった場所（平成20(2008)年4月撮影）

ごとに地方官がめまぐるしく変わる中で，石川県警察，福井県警察，足羽郡書記官，今尾町長，横浜金港幼稚園長と居住地も職も転々とした（註7）。こうした家庭の環境変化は，幼少から青年期までの石野の人格形成にも大きな影響を与えたことであろう。遠隔地の沖縄県への赴任を経て，再び横浜に落ち着いて郷土研究を始めるにあたって，こうした他地域の見聞が，自らがフィールドと定めた神奈川県の特徴を浮び上らせるのに役立ったことは想像に難くない（註8）。

また，石野はその出生から喜十郎の信仰心の顕現として語られているように，日本的な精神主義に根差した人物であった。石野は，幼少の頃，土で天神様を作って大切にしていたというが，神仏への信仰心の深さを感じさせるエピソードである。また，10歳頃たびたび歯痛に悩まされたが，鯖江町の長泉寺の山歯草大明神にお参りをすると「不思議にも直ちに治癒した」という。

ちなみに，喜十郎は明治26（1893）年，実妹の死の直前にその幻影を見たと記しており，石野自身も，喜十郎の弟乙作が腸チフスに罹って没し，それを知らせる電報が届いた際にランプの油壺に火が入るというアクシデントがあり，あわてて火を消し，周りが真っ暗になる瞬間に黒い人影を見，乙作の死を電報を見る前に悟ったという。もとより重病人がある事を承知の上でもあり，単なる暗示の域を出るものではなかろうが，父子共に類似した体験を綴っているのは興味深い。こうした石野であったからこそ昭和16（1941）年の岐阜再訪における転換を「学園建設の素願を実現すべく諸精霊の導き」と表現したのである。

このような石野の精神主義は，戦時下にあっては「郷土愛」は「愛国心」に昇華され，当然のように国家主義的なものに組み込まれてゆく。雑誌『相武研究』の掲載文を見ても「郷土教育と信念の教育」（第八巻第一號），「箱根蘆ノ湯に於ける明治天皇聖跡」（第八巻第三號），「紀元二千六百年を迎へて」（第九巻第一號），「神武天皇を奉齋せる相模の神社」（第九巻第二號），「肇國の聖地を巡拝して」（第九巻第八號）等々の題名が並んでいる。後継誌の『郷土神奈川』では，学園建設のため本数は少なくなったものの大東亜戦争中ということもあり，「決戰體制下郷土史家の任務」（第一巻第一號），「千載一遇録（上）」（第一巻第四號），「御稜威の光と神奈川縣」（第壹巻第拾號）と国威高揚を目的とした文章を発表している。

一方で，昭和初期から10年代を通じて近代科学としての体裁を整えてゆく歴史学や考古学に対して，その成果を石野がどこまで理解していたかについては不明な点が多い。昭和16（1941）年3月1日調べの「神奈川縣史蹟めぐり同好會々員名簿」には，客員会員の中に「縄紋土器編年研究者の極北の存在」としての「本郷區元町二ノ三三　山内清男」の名を見ることができるが（神奈川縣郷土研究聯盟編1941），石野との関連というよりは，山内の研究テーマや時期から考慮すれば，賛助会員の赤星直忠を介した三浦半島の貝塚への関心の現れと見るべきであろう。山内は後に石野の還暦記念講演会に講師として招かれ，昭和24（1949）年4月17日に武相高校の講堂で「縄文式文化について」と題する講演をしているが（武相文化協會1949），還暦記念誌への寄稿はない。

Ⅱ部　学史の考古学

　あるいは，石野の精神主義が近代歴史科学と齟齬を来たし，石野をして歴史学・考古学的研究を休止し，学園建設と国威高揚に乗り出さしめたのかもしれない。しかし，その究明は今後の課題であり，本稿の主題からもやや外れるので他日を期したい。

　以上，神奈川県を愛し，その郷土研究を推し進めた石野瑛にあって，遠く離れた故地の岐阜がもつ意味を縦覧してみた。複数の故地を持つ石野であるが，社会生活のスタート地点となり，人生の転換を決意した場所となったという点で，その影響力は大きなものがある。

　しかし，岐阜にあって石野は通り過ぎていった人物であり，その記憶は全くと言ってよいほど残っていないのが現状である。そのような中，今回石野が高等小学校卒業から教員免許状を受けるまでを過ごした具体的な場所を確認し，昭和31（1956）年の再訪の様子を記憶する山中貞男さんにお会いすることができたのは幸いであった。「瑣末主義」と誇られるかもしれないが，「遺跡において一点の遺物を図に落とす」心づもりで本稿を執筆した。本稿の執筆はまた，岐阜県海津郡海津町出身の私の責務であると常々考えていた事でもあり，今回この念願がかなったことを嬉しく思う。

　本稿は，平生敬愛する杉山博久先生へのリスペクトとして企画したものです。こと学史については後進に一歩も道を譲らぬ姿勢の先生のこと。ならば，自分の得意なフィールドでと，このテーマを選びました。事務局の戸田哲也氏に深く感謝の意を捧げるとともに，杉山先生のなお一層のご発展を願って擱筆いたします。

註

(1) ちなみに明治21(1888)年11月，喜十郎は丸岡警察分署長となり，住居を丸岡町に移している。したがって石野の出生地は丸岡町になる。
(2) 加藤厚寛はこの直後に富山市長を務めていることが確認できたが，喜十郎との関係などまだ不明な点が多い。
(3) これに関連した宝暦年間の薩摩藩御手伝普請にまつわる話は巷間に広く知られており，上述の「平田町」の町名も，この工事により藩に莫大な負債をもたらした責任をとって自刃した薩摩藩家老の平田靱負に因んでいる。
(4) 『武相学園の成るまで』には，この時の回想が記されているが，養老の滝とともに記された「朱の鳥居がトンネルのように連なり立っている」稲荷は，地理的にみて「お千代保稲荷」のことではないかと思われる。「〇〇稲荷」と表記されたのは，名称を失念したためであろうか。
(5) 石野が岐阜県知事から教育免許状を受けた年について，喜十郎は明治36(1903)年12月と記しており『武相学園の成るまで』の石野自身の記述とは一年間の食い違いがある。また，今尾に家を建てた時期についても明治35(1902)年夏としている。石野は自身のことでもあるし「独学に没頭すること一年余」とも記しているので，こちらが正確であろうかと思われるが，「再び岐阜へ歸る氣にはなれないで，その

年の秋に行はれる教員検定試験を受けるため，このまゝ家に居て勉強させて下さいと願（傍点筆者）」っ
たと記した文献もあり，一概に判断できない。家を建てたのは教員免許状を受ける前年であったのは間
違いないらしく，石野は当然のように明治36（1903）年の事としている。本稿では主題者である石野の
記述を採用した。

(6) 先の石野の教員免許状の時期について，喜十郎の記述に一年のずれがあることを指摘したが，ツヤの
昇給もこれに関連してずれている可能性がある。昇給を翌年のこととしても退職のタイミングについて
は不自然ではない。しかしこの事については喜十郎の記録にしか残されていないため，明治35（1902）
年とした。

(7) 明治初年以降の士族の移動については柳田國男の『明治大正史世相篇（柳田1990）』が示唆的である。

(8) 石野は『琉球大観』で「私は琉球に渡る機会を得たことによつて私の史観に大きく影響した（石野
1960）」と述べているが，その異文化体験の基礎になったものは，沖縄県赴任以前のものを含めてさし
つかえないであろう。

引用・参考文献

石野　瑛　1941年9月1日「山美水濃に今昔の境を行く」『相武研究』第十年第九號　横浜市　神奈川縣
　　郷土研究聯盟　pp. 1～10

石野　瑛　1960年1月1日「武相学園建学の記　琉球より帰りて」『琉球大観　南島の人と自然』横浜市
　　武相学園　pp. 195～285

石野喜十郎　1931年3月10日「安政から昭和まで」『喜十郎經歷談　安政から昭和まで』横浜市　横濱金
　　港幼稚園　pp. 1～160

石野ともゑ編　1964年12月5日『武相学園の成るまで』横浜市　私家版

伊藤安男監修　1996年8月8日『明治二十九年岐阜県水災史―大垣町，安八郡―　復刻版』大垣市　明治
　　二十九年大洪水一〇〇周年記念事業実行委員会

神奈川縣郷土研究聯盟編　1941年5月1日「神奈川縣史蹟めぐり同好會々員名簿」『相武研究』第十年第
　　四號　相武郷土熱愛録　史蹟めぐり第百回記念誌　横浜市　神奈川縣郷土研究聯盟　pp. 77～89

岐阜県海津郡教育振興会編　1978年2月1日『新郷土海津　かわりゆく輪中と扇状地』岐阜市　文渓堂

建設省木曽川上流工事事務所編　1985年2月『木曽三川の水害史』建設省木曽川上流工事事務所

近藤信重　1970年3月1日「第6章　交通・運輸・交易」『岐阜県輪中地区民俗資料報告書（3）高須輪中』
　　岐阜市　岐阜県教育委員会　pp. 36～39

高橋俊示　1970年7月20日『新しい岐阜県地理』岐阜市　大衆書房

原田昭二　1970年3月1日「第14章　輪中意識の調査」『岐阜県輪中地区民俗資料報告書（3）高須輪中』
　　岐阜市　岐阜県教育委員会　pp. 86～88

武相文化協會　1949年9月1日「序言」日野一郎編『武相研究印象記　石野瑛氏還暦記念誌』武相文化
　　協會

Ⅱ部　学史の考古学

堀部　満　1981年3月31日「第二章　岐阜市の発足と発展　第一節　市政の整備・充実（明治二二年～明治四五年）」『岐阜市史』通史編　近代　岐阜市　岐阜市　pp.256～266

松本平治・丹羽邦男編　1977年3月31日『岐阜市史』資料編　近代一　岐阜市　岐阜市

道下　淳監修　1990年6月23日「明治時代　四，街の顔─明治の建物点描」『目で見る岐阜市の100年　写真が語る激動のふるさと一世紀』岐阜市　郷土出版社　pp.42～44

三森定男　1948年12月5日「石川縣の行政はどうかわつたか」『我が郷土　石川縣』金沢市　有恒社　pp.3～11

森　義一　1964年12月1日a「Ⅲ　町村長時代（6）長期の職務管掌」『平田町史』上巻　岐阜市　平田町役場　pp.617～626

森　義一　1964年12月1日b『平田町史』下巻　岐阜市　平田町役場

山下中二　1949年10月15日「明治二十九年高須輪中大風水害惨状記」『高須輪中の栞』名古屋市　高須輪中水害豫防組合　pp.111～138

柳田國男　1990年10月30日「明治大正史世相篇　第九章　家存続の願い」『柳田國男全集』26　東京　ちくま文庫　pp.249～274

無記名　1941年7月1日「長良川鵜飼參觀竝に岐阜附近史蹟研究」『相武研究』第十年第七號　横浜　神奈川縣郷土研究聯盟　pp.22～23

僻遠の地に独りで

―真崎勇助小伝―

杉 山 博 久

（1）

　真崎勇助については，既に，奈良修介（『秋田県の考古学』1977年）や大和久震平（『秋田県史』【考古編】1977年），そして，斉藤　忠先生（『郷土の好古家・考古学者たち』【東日本編】 2000年）による紹介がある。が，いずれも，『雲根録』と題する記録を遺し，「秋田県鏃石産地一覧表」（『東京人類学会報告』No. 11, 1887年1月）とその続編（『東京人類学会雑誌』No. 24, 1888年2月。No. 38, 1889年4月）を発表したことが紹介・評価されている程度で，あまり詳細には言及されていない。

　はやく，同時代の研究者であった八木静山（奘三郎）は，明治の考古学界を回顧したなかで，大学派，殊に人類学会派は妙に幕府関係の子弟が集り，之に篤志家が加はつたものゝ其多くは学生あがりの若手であるから，随つて元気があつて其活動は潑剌たる状態を示して居つた。又神田さんが会長と成つた影響であらうが，全国の好古家が聚つたが，其中，地方では陸奥の佐藤蔀君，羽後の真崎勇助君，羽前の羽柴雄輔君，岩代の犬塚又兵君，磐城の館岡寅蔵君，又九州では筑前の江藤正澄君，豊前の小川敬養君以下当時民間の有力家が続々として加はつた。

と記して，真崎を，佐藤　蔀や羽柴雄輔，犬塚又兵，館岡寅蔵，江藤正澄，小川敬養と並ぶ「好古家」と評している（「明治考古学史」『ドルメン』4―6，1935年6月）。ただ，此処で，八木の云う「好古家」の意味は，文字通り「考古愛好家」，つまりは「古物採集家」と云うことであって，決して研究者として真崎を認めていたわけではなかった。そのことは，5年後に発表した「明治時代の先史古物採集家」（『民族文化』No. 2, 1940年6月）を見れば，

　日本の先史遺物採集家は之れを全国土中に求むれば，其の数は実に沢山あるが……，二三人の他は一向に筆を執らぬと曰ふのが常例であり随つて羽後の真崎氏なぞは当時東京の同志間でも総て其の名を知つては居るが，御当人は人類学雑誌上には只だ一篇すらも出しては居らず，又他の連中はタマサカ執筆することがあつても極めて簡単な類に過ぎぬのである。要するに世の採集家と称する連中は単にものを集めること丈けが人一倍に好きであり，従つて熱中もすれば，無限の活動もするが，之を起艸して世を益し，人を導くなぞと曰ふ気風は殆ど缺如して居ると申しても宜しき様である。

II部　学史の考古学

と，真崎を単なる「古物採集家」と位置づけ，遺物採集の成果を「起艸して世を益し，人を導くなぞと曰ふ気風は殆ど缺如して居る」と評し，「人類学雑誌上には只の一編すらも出して居らず」と，名指しで，手厳しく批判していることでも明らかである。

　私は，この八木の真崎評を読み，秋田県と云う僻遠の地に，非専門職の立場で活動した真崎に対しては，あまりにも酷評に過ぎるのではないかと指摘したことがある（「石狂の先生～羽柴雄輔小伝（1）～」『考古学雑誌』91―1, 2007年4月）。その際，『東京人類学会報告』や『東京人類学会雑誌』，『考古学会雑誌』に掲載された真崎の報告の題名ほか，奥羽人類学会へ寄稿された原稿のそれも紹介して，真崎の活動の一端を提示しておいたが，決して充分なものではなかった。それで，小稿では，もう少し詳しく説明して，遠隔の地に於ける考古学の先達，真崎勇助のために弁護しておきたいと思うのである。

（2）

　真崎勇助の名を中央学界に著明にしたのは，神田孝平の東北巡遊の結果を報告した，東京人類学会の第22回例会での談話（『東京人類学会報告』No. 7, 1886年9月）と，その巡遊記「奥羽巡回報告」の『東京人類学会報告』（No. 11, 1887年1月）への掲載であった。第22回例会は，1886年（明治19）9月19日，帝国大学地質学教室で開催され，神田は，その夏の40日間に及ぶ鶴岡・酒田・秋田・弘前などに於ける遺物探訪の概略を報告しているのである。談話をそのまま転載したと云う「奥羽巡回報告」には，真崎に関連して，

　　庄内を発志て海路秋田に赴きま志た　秋田の古物の事は書物にも余り見へず　話干も承りませんで志たから　いかゞと存じま志たが　石器陶器とも随分あります　其種類は庄内と畧ぼ同様で　総て古蝦夷の遺物で有ります　〇古物家では真崎氏が第一等で……真崎氏の所蔵は夥敷ことで　目を驚か寿品が余多ありま志た　其中で最も驚きましたは石皿で有りました　実に加様の石皿ハ始めて見ました……石鏃石匙の異品并に漆痕の存する者　又石斧及び両頭石槌　又大石槌の残欵と見ゆる者　其外古陶の人形類等が其中の最も著志き者で有ま志た　庄内の古物と大同小異と申す中　石皿と古陶人形とは　庄内に無き者です（原文には，句読点が施されていないが，読みやすいように，引用者の判断で1字空けとした。以下，小稿ではすべて同様。）

と紹介されている。また，石皿については，1886年12月のうちに，下沢保躬の石皿の報告（「石器彙報　下沢保躬『石ノ草鞋』」『東京人類学会報告』No. 10）に，「淡崖云」として，

　　今年夏　東北巡遊ノ際　秋田ニ於テ　真崎氏ノ所蔵セル此類ノ石器一枚ヲ見タリ……夫ヨリ弘前ニ到リ　佐藤氏（現会員）ノ所蔵二枚ヲ見タリ

と，真崎と佐藤蔀のところで，下沢報告の石皿の類例を実見したと言及している。

　神田が真崎を訪ねた時点で，真崎の収蔵品が，質・量ともに，優れたものであったことは，この神田による報告のほか，諸種の資料からも容易に推察されるところである。羽柴雄輔宛9

月1日付けの神田の書簡(『淡崖書簡』)を見ても,

　　真崎勇助ト申人ハ　大ニ収蔵ニ冨ミ　且其集メ方モ人類学之格ニ合シ候体ニ有之候
　依而両日逗留シ　其奇品両三種を写取候間　追テ報告中ニ登載可致ト存候

と,その収蔵品が豊富で,しかも「人類学之格ニ合シ」たものであると紹介されているのである。また,前記「秋田県鏃石産地一覧表」(『東京人類学会報告』No. 11)に於ける石鏃の採集数が,羽後国8郡と陸中国1郡の95遺跡で1228点と云う数値に及ぶことからも充分に納得されるところである。

　神田の例会での談話や『東京人類学会報告』収載の記事によって,真崎が膨大な遺物群を収蔵することは,東京人類学会々員の間に,広く喧伝されたに違いない。さらに,巡遊中に,佐藤　蔀に羽柴雄輔を「古物名家」と紹介したように(佐藤　羽柴宛4月3日付け書簡『か里のおとつれ』収録),真崎のことも,訪問先などで噂した可能性は高かろうと思う。とにかく,神田によって真崎の名は同好者の間に広められ,結果として,多くの研究者が真崎の許を訪れるようになり,また,書簡の往来によって,真崎も中央・地方の同好者との交流を持つことが出来たのであった。

　例えば,1890年(明治23)10月から11月にかけて,山形・秋田両県を調査旅行した若林勝邦も,秋田では,男鹿半島の調査に終始したようであるが,それでも,真崎の許を訪れ,その所蔵する遺物を実見した可能性がある。「貝塚土偶ニ就テ」(『東京人類学会雑誌』No. 61, 1891年4月)のなかで,御所野遺跡出土の土偶に触れて,

　　余ガ実見セシ貝塚土偶ノ顔面中　形状此図ト全ジキハ　羽後秋田真崎氏ノ所蔵品ニカヘル
　　顔面トナス　此顔面亦羽後南秋田郡御所野ヨリ発見セリト云フ

とあり,そのことが窺われる。また,この踏査中に奥羽人類学会が発足し,11月2日,鶴岡町高畑の羽柴雄輔邸を会場に第1回例会が開催されたが,その組織化の際には,真崎にも相談するようにと羽柴に提言していることはすでに紹介した(「探求に熱心なる人~若林勝邦小伝~(2)」『考古学雑誌』87—2, 2003年2月)。

　尤も,真崎と羽柴の間には,若林に勧められる以前から,書信の遣り取りはあったようで,そのことは,『か里のおとつれ』に納められている真崎の羽柴宛書簡によって明らかである。即ち,4月3日の日付をもつ一通には,

　　……昨秋神田様より之御書状ニ而　野夫古物ニ富ミ候趣　御承知被下候よし　実ニ恥入候
　　次第ニ御坐候　唯管内産出候処の石器等　少しく貯蔵之心地ニ而　為差品物も無御座候　志
　　可し　幼年よりの心懸ニ而　近年　石器土器等之産地も発見致居申候　向後ハ　何分御懇意
　　被成可越奉願候　当地方石土両器中　何に寄ら須　実測図美濃紙ニ写取　御入用之旨被仰下
　　委曲承知仕候　少し延々ニ相成可申候得共　不斗差上可申候　右等ニ付　実物交換之事ハ
　　近々考可申上候……

とある。この書簡は,その「昨秋神田様より之御書状」とあるのが,『淡崖手簡』所収の前引

Ⅱ部　学史の考古学

9月1日付け書簡を指すと判断されるから，日付の「四月三日」は，1887年（明治20）の4月3日であることが知られるのである。従って，この真崎の書簡によって，1887年4月3日以前に，羽柴が真崎に宛てて，採集遺物の図面の譲渡や蒐集品の交換を依頼していたことが明らかである。また，真崎が「向後ハ何分御懇意被成可越願候」と以後の親交を願っているところを見ると，真崎から羽柴に送られた最初の書簡であったとも考えられる。

さらに，これも年次の記載はないが，内容的に1887年7月4日の差し出しと思われる書簡があって，そこには，

　　梅雨の候　愈御清適奉賀候　去月中長途無御恙御帰村被成□候旨　廿九日付ヲ以御報道被成下奉拝謝……扨御旅行中ニ者　定而人類学材料沢山御見出と奉察候　去日御依頼之石器之図　先ツ友人之分到達之儘進呈仕候

とある。文中の「旅行」が，神田孝平や長原孝太郎との資料探訪旅行であることは間違いないから，羽柴は，6月15日に鶴岡へ帰郷し（『青山入夢日記』），2週間ほどして，真崎に無事帰着のことを報告したらしい。羽柴の恙ない帰郷を喜び，友人から得た図面を送付すると云う真崎の書簡である。さらに，「明治二十年十二月廿六日」と日付を明記した書簡もあって，

　　……御約束石器之図　早速可差上候処　彼是混雑ニ取紛レ　甚延行仕候得共　何鳥子紙送呈仕候間　御閲覧被成下候得者　幸甚之至ニ奉存候　近頃御新獲品□御座候や　御序に洩之様希候

と，依頼のあった図面の送付が大幅に遅延したことを詫び，新しい蒐集品の有無にも関心を寄せたりしている。

とにかく，真崎と羽柴の間には，1887年3月頃から書簡の遣り取りは始まっており，その後も長く継続したようで，『多よ利草』にも，「秋田たよ里」として，しばしば真崎の名が見出されるのである。なお，2月26日付け書簡には，

　　十月廿六日　蓑虫山人　久々ニ而面会　御地之噂も承り　終日拙宅ニ而　石之図を写取られ　恥入り候

ともあって，10月，「蓑虫山人」こと土岐源吾が真崎邸を訪れ，その所蔵する石器を採図したことも知られるのである。蓑虫山人の古器物図はかなり伝来するようで，最近も，古書展のカタログで目にした記憶があるが，この点，八木奘山は，

　　蓑虫は極めて拙劣なる文人画風の絵を畫きて，夫れを石器の交換物に供した点は見掛けによらぬ賢こき仕形であつた。

と辛辣に評している（「明治時代の先史古物採集家」）。

若林勝邦が「石包丁」（『東京人類学会雑誌』No.39，1889年5月）で紹介した資料の図面は，真崎が羽柴に寄贈したものを，若林が羽柴から提供されたものと云う。さらに，1896年（明治29）7月の東北4県を巡った調査行でも，若林は，秋田市根小屋に真崎を訪ね，南秋田郡鵜木村出土の蕨手刀を実見したりしている（「羽後国発見の蕨手の釖」『考古学会雑誌』2―2，

1898年4月)。

　さらに，1902年（明治35）に，岩手・秋田・山形3県を踏査した大野延太郎も，秋田県では宮崎運治や佐藤初太郎とともに，真崎の所蔵資料を調査し，遺跡の案内を得たと云う（「東北地方の篤志家」『東京人類学会雑誌』No. 198，1902年9月）。大野の報告，「朱の附着せる石皿」（『東京人類学会雑誌』No. 198），「男鹿半島の石器時代遺物」（『東京人類学会雑誌』No. 201，1902年12月），「東北旅中散見の遺物」（『東京人類学会雑誌』No. 206，1903年5月）なども，真崎の協力があって作製されたものであった。なお，大野の「東北旅中散見の遺物」などは，「土中の日本」（『中央史壇』9—4，1924年9月），『考古学研究資料　土中の文化』（1931年）などに再録されている。

（3）

　神田孝平の慫慂と勧誘があったものであろうが，1887年1月，真崎勇助は，それまでの採集活動の一端を示す，「秋田県鏃石産地一覧表」と題する労作を『東京人類学会報告』（No. 11）に発表するとともに，東京人類学会へも入会した（『東京人類学会報告』No. 12，1887年2月）。「秋田県鏃石産地一覧表」は，奇しくも，神田の「奥羽巡回報告」と同時掲載となったが，この時点で，真崎は羽後国7郡と陸中国1郡で95遺跡を確認し，採集した石鏃の数は1228点と云う膨大な数に及ぶと報告している。ただ，羽後国8郡のうち，河辺郡については確認出来ていなかったようで記載がない。「鏃石産地一覧表」と題するように，この稿では，石鏃ばかりが出土遺物として記載されているが，注記に，

　　鏃石産地中　神代石曲玉ボタンノ類　及雷斧　天狗ノ飯匙等出ル也　管玉ハ稀ナリ　又剣
　　陶器ノ類モアレド完全ナルモノハ甚得ガタシ

とあるように，石斧や石匙，土器などの出土も確認していたことは確かである。とにかく，仙北郡猿田村（現秋田市）の御所野岱では591点，南秋田郡添川村（現秋田市）では207点，同郡馬場ノ目村（現南秋田郡五城目町）では78点，同郡寺内村（現秋田市）や山本郡濁川村（現山本郡二ツ井町）でも59点ないし53点と云う夥しい数の石鏃を採集している。

　真崎は，その後も，1888年（明治21）2月と1889年（明治22）4月にも追補を試みている。1888年の追補分は，1886年（明治19）9月以降，同年11月までの調査分と云うことで，雄勝郡，平鹿郡，河辺郡，南・北秋田郡，山本郡の6郡13ヶ村で14遺跡を確認し，10遺跡で石鏃21点を採集している（「秋田県鏃石産地一覧表」『東京人類学会雑誌』No. 24）。1889年の再追補では，さらに，5郡19ヶ村での31遺跡を増補している（『東京人類学会雑誌』No. 38）。石鏃を採集し得たのは，北秋田郡小森村（現北秋田郡鷹巣町）の石倉遺跡ほか7遺跡であった。3回の調査報告の結果，真崎によって確認された鏃石産地＝石器時代の遺跡は，羽後国南秋田郡　37遺跡，同北秋田郡　34遺跡，同山本郡　5遺跡，同河辺郡　3遺跡，同由利郡　16遺跡，同仙北郡　15遺跡，同雄勝郡　9遺跡，同平鹿郡　19遺跡，陸中国鹿角郡　2遺跡の都

Ⅱ部　学史の考古学

合140遺跡であった。

　こうした真崎の執拗な遺跡探索の結果が，帝国大学編『日本石器時代人民遺物発見地名表』や『日本石器時代遺物発見地名表』に集約されるわけであるが，いま，第1版から第5版までの真崎報告分を整理，転載してみると，下表のようになる。

羽後国	1版	2版	3版（2版との増減）	4版	5版
南秋田郡	34	34	86（＋52）	92	90
北秋田郡	33	33	62（＋29）	60	60
山本郡	4	4	34（＋30）	34	35
河辺郡	1	1	6（＋5）	6	6
由利郡	16	16	18（＋2）	18	18
仙北郡	16	16	25（＋9）	25	25
雄勝郡	9	9	22（＋13）	21	21
平鹿郡	13	13	29（＋16）	29	29
計	126	126	282（＋156）	285	284
陸中国					
鹿角郡	2	2	35（＋33）	33	33
計	2	2	35（＋33）	33	33
総　計	128	128	317（＋189）	318	317

【鏃石産地国・郡別一覧】『日本石器時代人民遺物発見地名表』（1版〜4版）と『日本石器時代遺物発見地名表』（5版）に於ける真崎勇助報告分

　上記の表によると，第1版及び第2版に於ける真崎の報告遺跡数は128遺跡であって，「秋田県鏃石産地一覧表」の140遺跡より12遺跡ほど少ないが，この差違は，編纂者である野中完一が，真崎の「秋田県鏃石産地一覧表」3稿のうち，かなりの部分で取捨選択したことによると思われる。例えば，南秋田郡の場合，真崎が「秋田県鏃石産地一覧表」で提示した遺跡数は37遺跡であるが，『日本石器時代人民遺物発見地名表』（第1版）では，34遺跡と3遺跡少ない。その3遺跡は，真崎の第2稿（昨年十九年十一月調査後之調）に記載されている南秋田郡仁別村（現秋田市）小沢岱ほかの2遺跡が該当し，それらが収録されていないために生じた差違であると考えられる。男鹿半島門前村（現男鹿市）の遺跡は，若林勝邦の報告と云うことで登載されているが，仁別村小沢岱遺跡と黒川村（現秋田市）三浦某茶畑遺跡は記載されていない。また，山本郡でも，そのうちの鶴形村（現能代市）の遺跡は，すでに真崎の第2稿（No. 24）に記載されているが，『日本石器時代人民遺物発見地名表』（第2版）では，これも若林勝邦と神田孝平の報告としている。もっとも，この鶴形村の遺跡に関しては，若林（「羽後の石鏃」

『東京人類学会報告』No.7，1886年9月）や神田（「秋田県下ノ古器物ニ付キテ蓑虫老人ヨリノ書簡」『東京人類学会雑誌』No.23，1888年1月）の報告が，真崎の第2稿（No.24）に先行すると云う理由から，真崎を棄て，若林らを採択したと考えられる。が，ともかく，野中による採否によって，前記の差違が生じたものと判断されるのである。

さらに，1901年（明治34）4月に刊行された『日本石器時代人民遺物発見地名表』（第3版）に於いて，真崎の報告になる遺跡数が急増していることを確認出来るが，第2版との間隔はほぼ3年である。第3版も，その編修に従事したのは野中完一であったが，帝国大学人類学教室を主宰した坪井正五郎は，第2版を刊行した時点で，より充実した地名表を作製したいと強く望んでいたし，野中も執拗に資料の蒐集に取り組んだため，第3版では，飛躍的に内容を豊かにすることが出来たものである（拙著『魔道に魅せられた男たち』1999年）。真崎の報告も，坪井正五郎や野中の期待に応えて，遺跡の確認に努めた結果と思われるのである。

真崎の「秋田県鏃石産地一覧表」については，後に，大和久震平は「日本石器時代地名表第一版の基礎となつた仕事であった。附会の多かった当時の論考よりも，こう云った基本的な仕事が，如何程の役に立つかわからない」と云い（『秋田県史』），斉藤　忠先生も「見事な秋田県石器時代地名表でもあった。」と高く評価されているが（『郷土の好古家・考古学者たち』），一覧表の発表当時にも，坪井正五郎は，二度までも，「年会演説」のなかで，「真崎勇助氏は秋田県石鏃出所表を作られ」とか，「石鏃に付きては……真崎勇助氏が秋田県に於ての出所地名表を掲げられ」と言及し，その功を多としたのであった（「第三年紀会演説」『東京人類学会雑誌』No.20，1887年10月）。

（4）

『日本石器時代人民遺物発見地名表』や『日本石器時代遺物発見地名表』を見て，真崎勇助に特徴的なことは，その遺跡確認の範囲が，羽後国8郡（由利・雄勝・平鹿・仙北・河辺・南秋田・北秋田・山本郡）と陸中国1郡（鹿角郡）に限定され，そこを一歩も出ていないと云う事実である。この9郡は，いずれも秋田県に所属する郡であって，換言すれば，真崎の探査地域は秋田県内に限定されていたと云うことになる。羽後国内でも，山形県に所属する飽海郡には踏査が及んでいないようで，真崎による遺跡の報告例は皆無である。別稿でも記したように，鶴岡の羽柴雄輔のフィールドも，羽前国と羽後国の東田川郡と西田川郡，最上郡や飽海郡と云う極めて狭い地域に限られていたものの，それでも，時には，新潟県下や埼玉県下へと踏査の足を伸ばすことがあったのに対し（「石狂の先生～羽柴雄輔小伝～」），真崎の場合は，まったく秋田県外に出ることがなかったかのようである。

東京人類学会に参加して，神田孝平や若林勝邦，さらには羽柴雄輔と云った人びとと交わりをもつようになってからの真崎の遺跡踏査のうち，北秋田郡七座村（現北秋田郡鷹巣町）の麻生上ノ山遺跡ばかりは，「麻生紀行」（『考古学会雑誌』2—1，1898年4月）と云う記録があっ

Ⅱ部　学史の考古学

て詳細である。

　真崎の麻生上ノ山遺跡の探訪は，1897年（明治30）11月下旬から12月上旬にかけての11日間を要して行われた。真崎は，この遺跡については，明治初年から聞き知っていたと云うことであるが，この年の夏に，佐藤初太郎が発掘調査し，若干の遺物を採集したことや，2，3の人々から，夥しい遺物の出土の報に接したことなどが契機となって，その踏査が実現したものであった。11月23日に馬車で秋田市を出立し，山本郡能代港に1泊，翌朝（24日），再び馬車を利用して，正午に北秋田郡小繋村（現山本郡二ツ井町）に至り，小笠原為吉方で収蔵遺物を見学。25日は，籠谷国乗宅に於いて採集遺物を実見した後，午後，矢捨場の坂を上った遺跡（上ノ山）を訪れている。26日には，諸処の遺物を概観した後，再び遺跡に出かけたが，両日とも，「老若男女数人にて頻に堀居たり」と云う状況であった。12月1日まで，麻生あるいは二ツ井村（現山本郡二ツ井町）に留まり，翌2日，雪車や腕車を乗り継いで能代港（現能代市）に帰り，3日，馬車にて旅宿を発し，漸くにして秋田市茶町の馬車会社に帰着したと云う。能代港から馬車会社まで，11時間を必要としたと伝えている。

　紀行と云うことで，考古学的な記述は必ずしも詳細ではないが，それでも，小笠原為吉や籠谷国乗等の所蔵遺物を列記し，さらに，上ノ山遺跡では「地層」も観察し，木炭灰等の堆積を認め，土器や石器のほか，胡桃の殻が出土したこと，「丸石」が並んで検出され，一方に朱（酸化鉄）の附着しているのを確認して，「当時の竈跡なる歟」と推定したりしている。交通機関の発達していなかった当時のこととて，少し離れた遺跡を探訪するには大変な困難を伴ったことが知られるのである。

　『日本石器時代遺物発見地名表』（第5版）の北秋田郡の項を見ると，

　　七座村・麻生・上野山　　土器・土偶・土面・岩版　　　　　真崎　勇助　　イ　　11
　　　　　　　　　　　　　　石鏃・石匙・石錐・打石　　　　　大野延太郎　　イ　　143
　　　　　　　　　　　　　　斧・磨石斧・独鈷石・石
　　　　　　　　　　　　　　釧・石皿・玉類

とあるが，この場合，「真崎勇助　イ　　11」とあるのは，すでに紹介した真崎の「秋田県鏃石産地一覧表」（『東京人類学会報告』No.11）を指し，「大野延太郎　イ　　143」というのは，大野延太郎「羽後国北秋田郡七座村大字麻生上ノ山遺跡取調報告（第一回）」（『東京人類学会雑誌』No.143，1898年2月）を意味している。

　大野延太郎の踏査は，1897年（明治30）12月，奥羽人類学会の宮沢運治から，坪井正五郎と佐藤伝蔵への遺物出土の報告によって実現したものであるが（「大野氏の帰京」『東京人類学会雑誌』No.141，1897年12月），その10日には，坪井正五郎に書信を寄せて，

　　持主中多きは土器百個余を有するとの三名有之，其他少きも二十個以上を有するもの一二名，七分迄は完全の者に有之候。此土器は全く陸奥亀ヶ岡の者と区別立て難くして一見両地方の交通を想像するは勿論，同時代とは素人にも被考候多くは壺形，徳利形，急須形，皿形，

香炉形，高坏形等の精巧の器物有之，石棒，石鏃，石錐の石器の類は通常陸奥に似，燧石多く有之候，……

と，出土遺物の概要を伝えている。また，完形土器は1円から2円，曲玉類は2円，小臼玉は50銭ほどの高値で売買されたとも云う（「羽後来信」『東京人類学会雑誌』No. 141）。

大野の調査報告には，椀形・皿形・壺形・高坏形・鉢形・急須形・香炉形・瓶形・徳利形などの土器と，土偶や土製仮面などの土製品，打製石斧・磨製石斧・石釵・独鈷石・曲玉・臼玉・石皿・石鏃・石匙・石錐などの石製品，岩版などの出土のことが伝えられている。大野は，1898年（明治31）1月9日に開催された第132回例会で，「羽後麻生ノ遺跡」と題して講話を行ってもいる（『東京人類学会雑誌』No. 142，1898年1月）。その大野の「羽後国北秋田郡七座村大字麻生上ノ山遺跡取調報告（第一回）」は，翌月，『東京人類学会雑誌』（No. 143，1898年2月）に発表されている。

佐藤初太郎の探訪記，「北秋田郡七座村麻生及山本郡鶴形村遺物探求記」は，1897年（明治30）12月，『考古学会雑誌』（1-12）に発表された。また，膨大な量の遺物が出土するなかで，秋田県庁から東京帝国大学へ送付された照会の書類，「秋発甲第1043号」・「秋田県北秋田郡七座村生麻（麻生の誤植）遺跡調査報告」も，『東京人類学会雑誌』に転載されている。なお，調査報告には，遺跡の地勢・発見の由来・出土状態・種類と数量・胎土と文様などについて概略を記し，種類と数量の項では，その豊富なことを記して，

本日（三十年十二月一日現在）迄テ発見セル石器ハ凡ソ五六百アリ　其中最モ多キハ石鏃，石匙，ニシテ，曲玉ハ最モ少ク精粗合セテ十個許リ出テタリ　土器ハ凡三四百個ニシテ　其中最モ多キハ急須形ナリ，土偶及香炉形ハ最モ少シ　蓋シ石鏃ノ類ニシテ釣針形及縦横ニ枝梢ノアルモノ　又沈刻鉢巻石土器中台ノ如キモノ　人面形等ハ他ニ多ク種類ヲ見サルモノナリ

と伝えている。「発見物ノ表ヲ掲ケ一覧ノ便ニ供フ」と添付された一覧表には，実に多様な遺物の種類が記録されている（「秋田県庁より東京帝国大学へ照会」『東京人類学会雑誌』No. 143，1898年2月）。

以上のほかには，『考古学会雑誌』や『東京人類学会報告』，『東京人類学会雑誌』への真崎の寄稿は少なく，わずかに，「古代土偶図」（『東京人類学会雑誌』No. 18，1887年8月）と「漆液の附着せる石斧」（『東京人類学会雑誌』No. 26，1888年4月），それに民俗学的な内容の「ホタキ棒説明」（『東京人類学会雑誌』No. 42，1889年8月）の3編があるばかりである。「古代土偶図」は，1865年（慶応1）5月，仙北郡大曲村（現大曲市）で出土し，1878年（明治11）の秋田博覧会に出品されたと云う土偶を，「古代の風俗を想像するに足るもの」と紹介した報文である。「漆液の附着せる石斧」は，雄勝郡田子内村（現雄勝郡東成瀬村）で，漆液の附着した石斧が採集されていると云う事実を報告し，破損石斧の補修に漆液を用いたものであろうと推定した。この原稿は，長原孝太郎を介して坪井正五郎に送られ，掲載されたものであるら

しい（長原　羽柴宛 9 月 30 日付け書簡）。いずれも短文であったが，漆液の附着した石斧の事例は，真崎も，

　予毀損せし石斧一百余品を蔵せしか共漆液の附着せしは此石斧一つのみなり，

と云うように，当時，発見例がごく稀であったこともあって，坪井正五郎の注目するところであった（「第四年会演説」『東京人類学会雑誌』No. 32，1888 年 10 月）。

　が，とくに問題を提起すると云った内容の報告でもなかったから，従って，旺盛な執筆活動を展開し，多くの問題提起を行った八木奘三郎からみれば，批判の対象となることも已むを得ないかとも思われる。ただ，日本考古学界の黎明期に，僻遠の地に在って，しかも営林局勤務と云う公務の傍ら，遺跡探訪を繰り返し，「秋田県鏃石産地一覧表」を学界に提示した功績などは，大和久震平らが指摘するように，高く評価されて然るべきものと考えるのである。

　なお，1890 年（明治 23）8 月，「天明年中露ハレ出テタル古家ノ記」が，東京人類学会に寄せられていたはずである。が，内容的に，宮沢運治の報告と重複するところがあったためか，「論考報告」欄に掲載されることはなかった。わずかに，「雑報」欄に，しかも八木奘三郎の筆で，宮沢の認識していなかった事実が，その報告を補訂すると云う体裁でしか転載されなかったから，1 編の論考とはならなかったのである。真崎が実見し，記録した資料であったから，この扱いは真崎としては心外であったかも知れない。改めて奥羽人類学会に寄稿されている。この原稿は，羽柴の『多よ利草』に全文転載されているので，（6）項で紹介することとする。

（5）

　確かに，真崎勇助の『東京人類学会報告』や『東京人類学会雑誌』，そして『考古学会雑誌』などへの寄稿は少ない。それでも，真崎は，蒐集した資料を独占することはなく，研究の資料として，広く同好者に開放したことは確かであり，揺籃期の考古学界に於いて，研究の進展に寄与しようとしたことは間違いない。1889 年（明治 22）2 月 9 日付け羽柴宛書簡（『か里のおとつれ』）にも，

　　一骨角云々　是ハ先般申上候通尓て見当り不申　野夫も年来注意致居候得共　管内何方よりも報道も無之　志可し無油断心付居候ニ付　発見致候ハヽ　速ニ御報知可申上候

などと情報の伝達を約しているのである。この点は，奥羽人類学会への関わり方からも明らかになるであろうと思う。

　奥羽人類学会の創設は，1890 年（明治 23）11 月のことであり，その創設日の時点でのものと思われる「奥羽人類学会々員名簿」には，真崎の名は記載されていない。が，間もなく入会したことは確かで，1891 年（明治 24）11 月に開催された第 13 回例会には，「天明年中露ハレ出テタル古家ノ記」を寄稿しており，「名誉会員諸氏ノ寄セラレタル原稿」の 1 編として，羽柴雄輔が朗読していることからも確認される。なお，この例会では，「天明年中露ハレ出テタル古家ノ図」が縦覧され，例会終了後に寄贈されている（「奥羽人類学会記事」『東京人類学会

雑誌』No. 68, 1891年11月）。

　真崎は，山崎直方や小川敬養らとともに，名誉会員と云う立場で参加したようであるが，1893年（明治26）11月の第37回例会で可決された「奥羽ノ各地ニ委員ヲ置ク」件では，宮沢運治と秋田県の地方委員に撰任されながらも（「奥羽人類学会第三十七会記事」『東京人類学会雑誌』No. 92, 1893年11月），「事故ヲ以テ辞」退している（「奥羽人類学会第二十九会記事」『東京人類学会雑誌』No. 94, 1894年1月）。「事故」の具体的な内容は不明であるが，県職員と云うことで，こうした団体の役職に就くことを憚ったものであろうか。真崎の辞退に伴い，秋田県の地方委員を追加撰任することが可決され，平野虎吉と佐藤初太郎の2名が当選し（「奥羽人類学会第四十会記事」『東京人類学会雑誌』No. 95, 1894年2月），佐藤初太郎は直ちに承諾している（「奥羽人類学会第四十二会記事」『東京人類学会雑誌』No. 97, 1894年4月）。

　が，真崎勇助の奥羽人類学会での活動は，地方委員就任の諾否に関わりなく継続したことが確かである。1892年（明治25）11月に開催された第25回例会前後には，秋田の石鏃10点ほかを寄贈し（「奥羽人類学会第二十五会記事」『東京人類学会雑誌』No. 80, 1892年11月），翌年4月の第30回例会には，「漢字ヲ彫刻セル素焼土器」を寄稿，さらに「古物図」1枚を寄贈している（「奥羽人類学会第三拾会記事」『東京人類学会雑誌』No. 85, 1893年4月）。そして，同年11月開催の創立第3年会を兼ねた第37回例会には，「雄鹿探石紀行」を寄せている（「奥羽人類学会第三十七会記事」）。

　1894年（明治27）5月の第43回例会は，例会後に，会長松森胤保の追悼会を開き，その著作44部180冊と遺愛の遺物群を展示したが，真崎は「石器図」1枚を寄贈している（「奥羽人類学会第四十三会記事」『東京人類学会雑誌』No. 98, 1894年5月）。1895年（明治28）4月に開催された第54回例会兼創立第4年会は，展示品の数が多く，「一々品目ヲ記載スルコト能ハス」と云うことで，「其中諸氏ノ最モ注目セラレタル品々」をのみ掲載したが，そのなかに，真崎の「豊城入彦命御横刀ノ図」が含まれ，例会後，これも寄贈している。（「奥羽人類学会第五十四会兼本会創立第四年会記事」『東京人類学会雑誌』No. 109, 1895年4月）。翌1896年（明治29）4月開催の第66回例会兼創立第5年会は，坪井正五郎が「人類学ノ範囲」を寄稿し，展示資料も豊富であったが，真崎は，「秋田県各所ノ遺物図」2枚を提示，寄贈したのであった（「奥羽人類学会第六拾六会兼創立第五年会記事」『東京人類学会雑誌』No. 121, 1896年4月）。2年ほどの間を措いた，1898年（明治31）4月の第88回例会兼創立第7年会では，真崎は，羽後国北秋田郡七座村麻生字上ノ山遺跡出土の「急須形土器」のほか，河辺郡小阿地村（現秋田市）字坂ノ上遺跡，南秋田郡五十丁村（現秋田市）字小林遺跡出土などの石鏃，同男鹿西水口村（現男鹿市）ほか出土の石匙など，7遺跡出土の11点の遺物を展示したりもして，資料の提供を続けているのである（「奥羽人類学会第八十八会兼第七年会」『東京人類学会雑誌』No. 147, 1898年6月）。奥羽人類学会への寄稿は3編，石器や図面の寄贈は6回を数えたのである。

Ⅱ部　学史の考古学

（6）

　真崎勇助は，奥羽人類学会へは，「天明年中露ハレ出テタル古家ノ記」のほか，「漢字ヲ彫刻セル素焼キ土器」や「男鹿探石紀行」など3編を寄稿していることは記したが，その北秋田郡大披村（現大館市）の埋没家屋を報じた「天明年中露ハレ出テタル古家」ばかりは，羽柴雄輔の『多よ利草』に転載されていて，内容が明細である。次に，その『多よ利草』収載の「天明年中露ハレ出テタル古家ノ記」の全文を転載してみよう。

　　天明年中露ハレ出テタル古家ノ記　此図ハ　応慶（慶応の誤記）元年夏六月中　謄写シ置キ　近頃ニ至リ　筐中ヨリ探リ出セシナリ　予カ秋田県大披村ハ今北秋田郡（秋田郡ハ元来一郡ナリシカ　置県後南北ノ二郡トナレリ）ニシテ　明治二十二年四月一日ヨリ　市制町村制実施ノ際シ　此大披村ハ真中村大披村トナレリ　扨テ　此川筋ノ岸辺ヨリハ　洪水ノ折カラ　家屋諸器具ノ類　今ニ至ルマテ　出ルコトノ往々アリト聞ケリ　元ヨリ斯クコトキ畧図ヲ以テ　家屋ノ構造ヲ熟知スル能ハズ　然レドモ　此器物ヲ以テ考フルニ　机ノ足ニ「永正八年未八月」ト記セリト云フハ　其時代明瞭ナリ　左スレバ　全ク永正以降ノ埋没ノモノナルコト　聊カ疑ヒヲ容ルヽニ足ラズ

曩キニ　本会雑誌第四巻第四十三号五〇六ニ　会員白井光太郎君カ日本上古風俗図考第二（図入）中ニ　友人宮沢運治氏及五〇九土岐蓑虫氏ノ投書ヲ記載セラレタリ　宮沢氏ハ時代ノ考ヲ誌サヽリシカ　土岐氏ノ考ニハ詳細ヲ誌サレタリ　諸君宜シク参照セラレンコトヲ望ム　尤モ机ノ足ノ年号ノミヲ以テ　他ノ説迄モ永正以還ノ物品ナリト　無理ニ推シ付ルト云フコトノ含慮ニハ　毛頭決シテ之レナキナリ

永正八年ヨリ屈指スレバ　今茲明治二十三年ニ至ル　凡ソ三百八十年ノ星霜を経リタルモノナリ　此図ヲ諸君ニ報シテ聊カ参考に供セントス

　　明治二十三年八月

　　　瀬谷五郎右衛門重矩寺社木巡見為御用下筋廻在之節一覧記之　于時天明三年癸卯六月十二日

【図面解説文】

秋田郡南比内　大披キ（ママ）村高四十四石　家数十軒　肝煎武田伊右エ門　十四代肝煎相勤ル由旧鉱山ノ麓大沢出口　卯三月三日四日ノ洪水ニテ　川端欠崩レ　山麓ヨリ　古家露ハレ出且ツ並ヒ数軒見ユルト云ヘトモ　水際ニ臨ミタル処ニテ　掘リ出シ難シト云フ　屋上土二丈ホト　此処　向台ト云野原ナリ

四月七日　右ノ古家ヨリ掘リ出シタル品々　肝煎伊右エ門宅ニ於テ一覧　図記如左
……

右図ハ　咋明治二十三年八月中　東京人類学会へ報道セシ草稿ニシテ　全年九月中　全雑誌三九三ニ摘要登載セラレタルナリト雖モ　御地会員ノ一覧ニ供ス

明治二十四年十月二十七日　真崎勇助氏寄贈

文末の「明治二十四年十月十七日　真崎勇助氏寄贈」とあるのは，羽柴が施した註記である。また，真崎が，「咋明治二十三年八月中　東京人類学会へ報道セシ草稿ニシテ　……」と云うのは，1890年（明治23）8月に東京人類学会へ寄稿し，同年9月，その摘要が『東京人類学会雑誌』（No. 54, 393頁）に掲載されたが，改めて，奥羽人類学会々員の参考のために提供するとの意である。いま，『東京人類学会雑誌』の「雑報」欄に「天明年中発見ノ家」と題して掲載されているところを引用すると，次のようにある。

　　本誌第四十三号ニ記セル羽後北秋田郡大披村ノ家ハ　会員真崎勇助氏ガ慶応元年六月謄写サレシモノニシテ　宮沢運治氏ガ報道ニカヽル所ナルガ　近頃　真崎氏ヨリ　次ノ報道ヲ得タリ　「同所ヨリ出シ机（此机ノ図　四十三号五一〇ページニアリ）ノ足ニハ『永正八年末八月』ト記セリ　左スレバ　全ク永正以降ノ埋没ナルコト　聊カ疑ヲ容ルヽニ足ラズ　云々　尤モ机ノ足ノ年号ノミヲ以テ　他ノ物品迄モ永正以降ノ物ナリト云フニハアラザルナリト」　尚同氏ハ発見品ノ図ヲ送ラレタリ　其中ニハ唐金不動尊像一個，墨書ノ大日如来ノ像（杉ノ板ニ書ス），すやきノ瀬戸椀等アリ

この「雑報」欄の引用文中，「宮沢運治氏ガ報道」とあるのは，白井光太郎の「日本上古風俗図考第二　内地土人ノ穴居ハ縦穴ナリシコト」（『東京人類学会雑誌』No. 43, 1889年9月）に，「土中ヨリ人家二戸現ル」の標題で転載されているものである。白井光太郎は，この土中出現の家屋をこそ，

　　所謂蝦夷人ノ居住セル遺跡ナルヤ論ヲ俟タズ　殊ニ此穴居ノ出現セル地方　則チ秋田，能代等ハ　上古蝦夷ノ巣窟タリシハ国史ニ徴シテ明ナレバナリ

と考案し，横穴を葬穴とする立場から，

　　余ガ研究スル所ニヨルニ　北海道ノ穴居遺跡ハアイヌ祖先則チ蝦夷ノ穴居跡ナリ　之ヲコロボックルナル想像人種ノ遺跡ナリト論ズル者アレドモ　之実ニ無稽ノ臆節ニシテ其説ヲ証スルニ足ル論拠ナキナリ　コロボックル論者ハ　アイヌノ祖先ハ穴居セザリシナラント云ヘリ　然レドモ　去月宮沢運治氏ヨリ寄送セル報告ハ　実ニ此疑問ヲ決スル至貴至重ノ論拠ヲナスモノニシテ　アイヌ祖先ノ甞テ穴居住セルノ事実此遺跡ノ報道ヲ得テ初メテ確言スルヲ得ルニ至レリ

と主張したのであった。そして，土岐蓑虫（源吾）報告の事例（「古木器出現の記」）も有力な資料として引用している。土岐蓑虫は，この埋没家屋を，土地の古老の口碑によって，平安朝初期，大同2年（807）の大洪水で埋没したものと推定した。が，宮沢運治はその年代を特定することがなく，わずかに，「釘，カスガイ等ノ鉄具ハ一切ナシ　而シテ此地ニ人家アリシ事ハ古ヨリ伝フルナシ」としか記さなかったから，白井も，「アイヌ祖先ノ甞テ穴居住セルノ事実此遺跡ノ報道ヲ得テ初メテ之ヲ確言スルヲ得ルニ至レリ」とまで，年代を遡らせて理解する結果となったのである。

　この真崎の指摘により，初めて，当該家屋の埋没の上限が永正8年（1511）に止まり，従っ

Ⅱ部　学史の考古学

て，中世後期の住居址であることが確認され，とうてい，石器時代などに遡る穴居址ではないことが指摘されたわけである。三宅米吉は，1890年（明治23）10月開催の第6年会に於いて，白井の「日本上古風俗図考第二」に言及するなかで，真崎の報告（「天明年中発見ノ家」）にも触れて，

　　白井光太郎氏ガ日本上古風俗第二編トシテ内地土人ノ穴居ハ縦穴ナリトノ論ヲ提出セラレタリ。コレハ氏ガ前ニ北吉見ノ横穴ニツキ坪井氏ニ対シテ其ノ穴居蹟ナラザルコトヲ論ゼラレタル時ヨリ唱ヘラレタル説ニシテ本篇ニ於テハ古書ニ云フ所ノ窖等ハ縦穴ト見ルベキコト，樺太あいの穴居ノコト，穴居ノ遺風ノ今尚本邦賎民中ニモアルコト，横穴ハ葬穴ノ証アレドモ穴居蹟ノ証ナキコト，ころぼくぐるハ無稽ノ臆説ナルコト等ヲ数ヘアゲラレ最後ニ尤モ力アル証トシテ宮沢運治氏ヨリ報告アリシ出羽国秋田郡小勝田村ニ於ケル土中出現ノ家屋ノコトヲ引カレ之ヲ以テ蝦夷穴居ノ遺跡トセラレタリ。然ルニコレニツキテ其ノ後真崎勇助氏ヨリ報ジ来レル所ニヨレバ此ノ時ニ出デタル机ノ脚ニ永正八年ノ年号アリシト云ヘバ今ヨリ三百八十年前即足利義植将軍時代ノ机ニテ家屋ノ陥没ハ尚ソレヨリ後ノコトナリト知レタレバ白井氏ノ此ノ家屋ニ重キヲ置キタルハ過チナリキ。然レドモ白井氏ガあいの説及ビ縦穴説ハ此ノ家屋ノ有無ニ関セズ益同意者ノ数ヲ加ヘタリ。

と記し，真崎の報告により，宮沢紹介の埋没家屋を「蝦夷穴居ノ遺跡」として重視した白井の理解が誤りであることを確認したのであった（「第六年会編輯事務報告」『東京人類学会雑誌』No. 55, 1890年10月）。ただ，白井の石器時代人＝アイヌ説と縦穴（竪穴）＝住居説は，その埋没家屋の当否に関わらず，かえって賛同者の数を増したと指摘しているのが注目される。

なお，坪井正五郎も，佐藤蔀の陸奥国中津軽郡国吉村（現弘前市）の風俗に関するレポートを参照しながら，

　　小勝田村土中出顕の家を以てアイヌ祖先のものと為さるゝは或は正しいかも知れません，併し此地方住民の古今の風俗を調べない中はアイヌ祖先のもので有るか和人のもので有るか断定の出来ぬ訳ではございませんか，

と述べ，さらに，白井の主張するところを逐一批判し，結論的には，

　　アイヌの家は周囲も家根も茅或は笹を束ねて作るのに土中出現の家は打割板や杉皮を列べて作つて有る事……

の説明が肝要であろうと，白井の理解に反駁したのであった（「土中出現家屋に関する白井光太郎氏の説を読む」『東京人類学会雑誌』No. 49, 1890年4月）。

秋田県の米代川水系では，かなりの埋没家屋が顕現しており，伴出遺物なども採集されているらしく，『秋田県の考古学』（1967年）でも，とくに「埋没家屋」の項目を設けて詳説されている。それらは米代川の運んだシラス洪水によって埋没した家屋群で，その年代は「平安中期乃至末期」と考えており，『秋田県史（考古編）』（1977年）でも，奈良修介は，その埋没家屋を

この住居は平安朝の頃のものと推察されるが，まだ竪穴住居の原形をとどめている。
と指摘している。どういう理由からか，真崎の紹介した「永正八年末八月」の記銘のある資料の存在は無視されてしまっているようである。

なお，多少本筋から逸脱するが，白井光太郎の横穴＝墓穴論を主張した羽柴雄輔宛の書簡がある。白井と坪井は，ともに1863年（文久3）の生まれで，理科大学に学び，人類学会の創設には力を合わせた仲であったが，学問的には対立することも多く，横穴に関しては，穴居址論を唱える坪井に対し，墓穴説を主張する最先鋭であったし，石器時代人＝コロボックル人説にも，アイヌ人説を採って激しく応酬したのであつた。横穴論だけでもかなり長文であるが，研究史的にも興味深いものであるから，煩を厭わずにその部分を紹介しておく。羽柴の質問への回答であるらしい。

　　横穴尓も種々有之べく候へども　東京近傍及熊谷近傍北吉見村横穴之如キハ　純然たる古墳尓して　日本人祖先之所造ニ成りしものと愚考断定セリ　其他明治十七年　北陸巡回之際　能登之国七尾近方尓て多ク横穴ヲ実験セリと雖も　是亦其近傍又ハ内部ヨリ行基焼土器を拾ひ得たる故　古墳ト定まり候　此等ノ横穴を穴居ナリト看認スノ説ハ　只想像のみ尓して　証拠のなき忘（妄の誤記か）言ニ御座候　水はけ尓注意セリとか　棚があるとか云ふのみ尓て　別ニ確としたる証拠なし　小生　廿九年前　モールス。サトー一抔云フ毛唐人が　日本之古代之事ニ付キ取調べをなし　説をなすを心悪く思ひ　古墳之事。貝塚之事等尓関してハ　随分本職之学課を打捨て取調べ尓従事せる　浅草文庫。東京大学。上野図書館等之蔵書尓就キ　塚穴の構造を取調べ　之ヲ横穴ノ構造ニ比較セルニ全ク符合致居候　少シク本邦古代ノ陵墓，古墳等ノ制ヲ取調べたる人ハ　坪井氏ノ所謂横穴ハ古墳ナルコトハ　已ニ承知之事ニ御座候　坪井氏ハ古墳の事ニ就キテハ　熱心ニ古書を取調べたる事ナキ故　想像説ヲナスニ至りしなり　坪井氏も　先達テ　九州ノ横穴を取調べ尓行き　其非を悟りし様子ナレドモ　正誤を出サズシテ出立セリ　余ハ友人之説尓ても　学問上之事ハ　遠慮なくドシドシ駁撃スル主義なり　貴君尓も御名説あらバ何卒御垂示を乞ふ

　　余ハ　是迄見聞セル横穴ハ　其制作古代ノ塚。陵墓ニ符合し　且其中ヨリ葬具人骨等を出スヨリ　葬穴ナリト断言スルモノニシテ　別ニ新説ヲ唱つた尓非ズ　横穴ニテ人骨。葬具等ナキハ　後世盗ミ去リシカ　又ハ未ダ葬穴ニ用キザルモノナリ　横穴ト雖モ雷斧。縄文土器等を出スモノアラバ　其レコソ穴居ノ跡とも云フべし

　　国誌。地理誌。風土記。陵墓ニ関スル古書等ヲ熟読セラルレバ　横穴の性質ハ明瞭ニ理解セラルベシ　想像のみ尓てハ　誤謬を招きや寿し　大動乱ノ貴説ハ小生少し反対なり

書簡は，年次の記載を欠き，「十一月四日」とあるばかりであるが，文中に，「先達テ　九州ノ横穴を取調べ尓行き　其非を悟りし様子ナレドモ　正誤を出サズシテ出立セリ」とある「出立」が欧州留学を意味するとすれば，1889年（明治22）11月4日と結論されるかと思う。

「漢字ヲ彫刻セル素焼土器」については，『多よ利草』に，

269

Ⅱ部　学史の考古学

　　○平瓮　手抉の　　　　甲乙亘四寸三分　　半道寺郷土ハ野邑修験
　　　　　　　　　　　　　丙丁亘二寸七分　　孔雀山清龍寺所蔵
　　　　　　　　　　　　　戊　内深八分

此平賀者仙北ノ郡　古名山本ノ郡也

半道寺ノ郷土河岸なる地于朝夷奈三郎が韮畠といふ古柵あり　其端崩連落て此器出たり　また黒色の平瓮の砕多るあり　其絲居于神代の二字を彫たり　こ者　新嘗于大神を祭る陶器なるべし

とある記事が該当するかと考えられる。『多よ利草』には，この記事に続けて，

　　右ハ　先年一見候際抄出せしを再ひ写す　陶器ハ今ハなしといふ　秋田市真崎勇助　月の出羽路之儀ニ付御尋被下　早速御答可申上候処　終延引仕候　右著者ハ歌人ㇾして　菅江真澄といふ　天明四年初而秋田へ入りたる人ニ相見得候　三河ノ国ノ人ト申事也　月の出羽路〈秋田県仙北郡〉弐拾四冊と心得候　又雲の出羽路〈全　平鹿郡〉拾四冊と覚へ居て　其他数冊あり　いつれも名所旧跡等を書たるもの乄て　都合八拾五冊　秋田県庁之備ニ御座候
　　原著ハ旧主所蔵ニ有之　是者真蹟ニ而　本県之分ハ右を写たるものニて　俗ニ真澄遊覧記と唱居候　即チ此本之惣称ニ御座候……

と記し，文末に，「廿七年十月廿二日　真崎勇助氏者かき」とある。

　後段の「月の出羽路之儀ニ付御尋被下……」以下は，『月の出羽路』に関した羽柴の問いへの真崎の回答であろうが，前段に，「右ハ　先年一見候際抄出せし」とあるところからすると，以前に抄出したものを，羽柴が改めて『多よ利草』に転載したと云うことで，彼我勘案すると，「平瓮」の原文は，1893年4月の例会に送付された真崎の原稿であった可能性が高い。平瓮を所蔵した孔雀山清龍寺は，仙北郡半道寺村（現仙北郡西仙北町）に所在する修験派の寺院である。

（7）

　『人類学雑誌』32—4（1917年4月）の「雑報」欄にある「会員消息」の項に，

　　真崎勇助氏の永眠　氏は之まで本会の為めに盡力せらるゝ事が多くありましたが，今や他界の人となりました，茲に謹で弔意を表します

とあって，この頃に，真崎は逝去したことが知られるのである。

　真崎勇助関係の資料群は，いま，大館市の栗盛記念図書館に収蔵されていると云うことであるが，小稿の作製には，それらを参照することが出来なかった。心残りである。いつか，同図書館を訪れ，その遺著である『雲根録』とともに，神田孝平ばかりでなく，大野雲外も，「個人としては会員真崎勇助氏の所蔵，同佐藤初太郎氏の所蔵品中に有益なる材料多し」と評している（「男鹿半島の石器時代遺物」『東京人類学会雑誌』No. 201，1902年12月），その蒐集遺物について，是非一覧したいものと念じている。小稿作製のために，鶴岡市立図書館のお力添えを戴いた。一言記して，感謝の意を表したい。

なお，小稿中，収載した旧地名の現地名への比定は，主として『角川　日本地名大辞典』(1980年) によっている。四半世紀を経過し，しかも〈平成の大合併〉が展開しているので，さらに，市町村名を替えていることが考えられる。が，現在の私には確認が困難であるので，1980年現在と云うことで処理しておきたいと思う。

Ⅲ部

民俗と考古学

西湘地方の成木責め・月見団子の盗み習俗，そして一つ目小僧伝承の起源

高 山 　 純

1．成木責め

　祖母は1月15日，粥を裏庭にある柿の木の根元にもっていき，「なるかならぬか，ならぬとちょんぎるど」と唱えた後，根元にかすかな切れ目をいれてそこに粥を入れていた。隣の大磯町の西久保地区では1月15日に庭などにある柿や栗など実の生る木に小豆粥を掻き回したデエノコンゴウでほぼ同じことをいいながら木の幹を叩いた（長田1993：12-127）。

　これは民俗学でいう「成木責め」の慣行である。これはいうまでもなく民族学でいうアニミズム信仰である。全国に見られたこの実りを願う呪術は一人が木に向かって責めると，他の人が木になりかわって生りますと返事をする地域もあった（田中1980：215）。なおこの行為を演劇性から探る研究もある（野本1993：92-98）。

　この習俗と関係があるのが小豆粥を煮て，臭木の枝で掻き回し，子供が生まない新婦に向かって「産すか産さぬか，産さざら打つぞ」と言いながらその尻を叩くと，新婦は「産します産します」とこたえる。民俗学ではこの尻叩き棒を孕待棒とも呼ぶ（中山1977：137）。中山太郎（1977：145）はこの「果実責」の土俗は婦人の尻を叩く受胎促進の呪術から脱化したもので所詮同じような所作は同じような結果を生むと類推した。

　中国にも類似の習俗がある。澤田瑞穂（1984：422-423）によれば，福建省や浙江省には竹やほうきで新婦をめった打ちする。それは彼女が「できたのよ」とか「すぐ生みます，すぐ生みます」と答える。そして澤田（1984：423）は両国に同じような習俗が存在することは「人間の考えることは，民族を超えてどうやら似たようなものがあるらしい」と述べている。しかし私はこれ以外にも中国伝来の習俗が日本あたかも日本固有の習俗であったかのように定着している例がいくつもあることから，これは「成木責め」と共に中国起源と見なしたい。田中宣一（1980：216）は小正月に祝棒で女の尻を打った戯れが平安時代の貴族に間にあったが，これは「成木責め」と趣旨において共通していると述べている。平安時代における祝棒の存在は「成木責め」信仰が中国渡来の習俗であった推測の傍証資料になるであろうと思われる。ただし日本の「嫁叩く」習俗について精緻な研究を発表された新谷尚紀（2005：107-139）はこの習俗が中国起源とは考えていないようである。

　話は戻る。小正月に子供達が「成木責め」のために「祝棒」でもって果樹を打つところがあ

る。そしてこの棒で新嫁の尻を打つので「ハラメンボウ」の名が付いている。これらは共に「祝棒」に豊熟・豊産の力をあると認めていたからである（柳田 1966：49）。「祝棒」には男根を模したものがある。縄文時代の石棒が生殖儀礼に使用されていたことは誰でも想定するところであるが，他にはどのような時に使われていたかのか究明したいものである。ここで別の豊穣儀礼である月見団子の儀礼的「盗み」の起源について触れたい。

2．月見団子の儀礼的「盗み」

　神奈川県大磯町生沢地区では八月十五夜には縁側に月見団子をはじめ色々な食べ物を上げて飾る。この時，この月見団子を若い衆が夜盗んで食べた。早く盗まれると娘が早く嫁に行くと言われて縁起がよく，早く盗まれるように上手に拵えたこしらえた（大磯町教育委員会 1975：26）。

　このように月見団子を儀礼的に盗む習俗は全国各地にあった。しかし一般には子供達がこれを行ったので，若い衆が行うのは例外的である。しかし多分，これが本来の形であったと思われる。関東地方では子供達が竹竿でもって月見団子を釣り上げて取った。十五夜団子は盗まれるほどよく，盗んできたものを貰って食べると何かのまじないに効くとも言われていた（民俗学研究所編 1975：216）。たぶんそのまじないとは上記の娘が早く嫁ぐことや下記に述べる共食などであったと思われる。あるいはまた西角井正慶（1983：65）が報告する7軒分の餅を食べると長者になるという俗信も該当するかもしれない。ただし同氏が京都における供え物を集めて歩くことから変形して「盗み」の風習が生まれたと推測したことに対して，民族学者吉成直樹（1988：2）は「順社会的」行為から「反社会的」行為に変遷するとするという両者間の意味の隔たりは大きすぎ，その上我が国の十五夜習俗と系統的関係があると目される中国の揚子江以南に「盗み」の事例があることから成立しがたいと批判した。

　里芋の儀礼的盗みが我が国独自に生まれたとする自生説を主張しているのは民俗学者井之口章二である。すなわち，日本で八月十五夜の月を祀る時には，供物の団子を子供に盗まれることが喜ばれた。その理由はこれによってお月さまが召し上がったのだと解釈されているからであると言う（井之口 1975：606）。同氏は更に，十五夜の月に供えた団子だけでなく，墓前にしろ神前にしろ供えた供物はどうぞ召し上がって下さいと神霊に供えた。それらを食べるのが鳥でも狐でも鼠でも構わなかった。なくなることが重要で，それは神霊が受納されたと考えれたのであるという（井之口 1975：31）。

　和歌森太郎（1957：168）は自生説と渡来説の両方を考慮すべきであるとする折衷説をとっている。すなわち十五夜と言えば，毎月満月の夜のことをそう言ってよい筈であるが，所によって十月，大抵の所では八月の満月のことになっているのは，中国伝来の名月観賞の思想に基づく。同時に九月は十三夜となっているのは，この両月は月を賞するに最も良い時候のゆえである。八月十五夜は文徳天皇代からの文献に見られるが，九月十三夜は日本独特で，中右記保延

元年九月十三の条によると宇多法皇の時からである。民間では芋名月・豆名月などと言って，畠作物の出来ばえを供える風習が多い。この夜に限って，子供達が長い竿で供え物を盗んだり，誰の畠のものでも取って食べたりしてもよかったのは，いずれも収穫の喜びを集団の人員が全てで共にしようとしたことの名残であろうと推測している。

　自生説論者として鳥越憲三郎を上げたい。同氏はこれまでの民俗学的研究は文献的考証を避けてもっぱら民間の行事の聞き取り調査に重点をおいたため，八月十五夜に茄子を供えて食べていたことに気づかず，月見団子を古くからあったかのように考えているが，団子を盗むことは月見団子が広まった後に起きたごく新しい風習であると述べている。そして鳥越は月見団子を供えるようになったのは，早くとも明治からの習俗であるとしている（1977：240）。また鳥越は我が国の八月十五夜の観月の宴が中国の中秋節を取り入れたことは明白で，六国史に観月のことが見えないことは，正史に記載されている年中行事は宮中儀礼としてのものであるが，この時代まで年中行事としての性格をもつものではなかったことが窺われるし，この習俗の伝播が新しいことを示していることが分かるとしている（1977：228）。そして更に，十五夜の行事が民間に普及するにつれて内容も少しづつ変わった。古くから芋が供物の中心であったことは芋名月の名称が示すように変わらないが，室町期の『年中恒例記』では芋・茄子・粥と記述されている。宮廷では晴れの食事としての古形をもつ粥が甘酒に，また民間では団子に変わった（1977：237-8）。鳥越は里芋が供物の中心であるのは十五夜がその収穫期にあたったからであって（鳥越1977：1977：237），この日を稲草祭と呼んだりしていることから，十五夜の行事を農耕的な性格があるとか，中国からの影響を受ける以前から我が国に存在した行事と見なす見解に反対した（1977：239）。なお，鳥越氏はこれら以外の点でもいわば"通説"に反対の立場をとっている。たとえば，家々の縁に供えた団子を突き刺しに行って盗むことはもとは子供達の悪戯から始まったのが，神に進ぜると解釈したりして，かえって盗まれることを喜ぶようになり，更にはこの日には畑の芋を盗んでもよいとする習俗まで発展したと解釈しているのである（鳥越1977：239-240）。

　確かに，1975年に民俗学研究所（1975：216）から刊行された『年中行事図説』には「名月の習俗のなかに，稲作と深い関係が見出されるのは注意すべきことである」と記述した上で，宮城県名取郡で名月祭を稲草祭と言って，つつみに赤飯を入れて枝豆を挿し，狐のいる山に持って行くなどの事例を掲載している。

　直江廣治（1950：295-6）は内地の八月十五夜の習俗は形式化されているが，そこには収穫祭の痕跡を認めることが出来ると見なし，更に南島および朝鮮の八月十五日の習俗から推して考えると，この満月の夜は収穫祭と祖霊祭が営まれる重要な節目であったと推定している。そして日本に持ち込まれた各地の稲作行事を綿密に跡づけ比較する必要性を強調した（直江1950：296）。馬興国（1998：422）は日本では八月十五夜に粳米か米粉で団子を作るが，これは中国で満月を表すために円く作る月餅の模倣したものであると米が背景にあることを論述し

Ⅲ部　民俗と考古学

ている（馬 1998：427-8）。

　しかし，高桑守史（1984：300）は十五夜の行事は稲作儀礼とも関係しているようであるが，「芋名月」と呼び里芋を供物として供える地方が多いことから里芋の収穫儀礼と考えられ，この夜は畑作物，なかでも里芋を好んで盗む地方もあると述べている。

　吉成直樹（1995：161）は里芋自体の収穫する日であることに注目し，「十五夜から里芋を掘ることができる」という言い伝えが我が国のかなり広い地域にあることから八月十五夜の日が里芋の収穫儀礼と結びついていたことを明瞭に物語っているとした。そして更に十五夜は今でこそ月を賞でる日であるが，本来は里芋をはじめとする畑作物の収穫を祝う日であったと見なした。また国立歴史民俗博物館の新谷尚紀は十五夜は月を鑑賞する日だけでなく農民が豊作祈願や収穫感謝をする日でもあったと述べている。そして昔の人にとっては月は満ち欠けを繰り返す不思議な存在であり，満ち欠けの頂点の満月は神秘の吉凶の象徴で，供え物が盗まれるのを喜んだのは，そこに祓え清めの意味があったからであるという（2007年9月11日付け産経新聞）。この文章はやや抽象的で素人には理解しにくいが，吉成氏（1995：161）の論考を参考にすれば分かりやすい。つまり，「盗み」は月が煌煌と照っている時に行われることは，豊穣をもたらす月神が見ているさなかになされることであって，言い換えれば，この「盗み」を月神は正当なものと見なしていたはずで，それは豊作を保証してくれている証なのである。なお馬興国（1998：425）は日本の八月十五夜の賞月，観月の宴は中国の中秋節の風習を受けついたものであって，文字の上で初めて見られるのは島田忠臣の『田氏家集』で，それは貞観4年（862年）に作られた詩であるという。そして八月十五日は稲の成熟期でこの日になされる祭祀は神霊の賜る豊作に感謝し，同時に翌年の順調な天候を祈願するためになされると説明している（1998：423）。

　桜井徳太郎（1969：63）によれば，十五夜の名月の祭を稲草祭といい，月の数だけ稲の茎を抜いて田の神に差し上げる。また穂を竿の先に結んで庭先に高く掲げてお月さまに供える。桜井（1969：64）はこれらの行事は十五夜が単に中国の名月をめでる行事ではなく，これから実りを進める稲に対してその順調な成育や結実を神である月に祈る行事であって，観月よりも稲作祈願の方が農耕民族としての日本人の本来の在り方を示すものであり，これこそは十五夜の行事の原型ではなかったかと想像されると論述している。同じく山中裕（1972：299）も月見と収穫祭との結びつきは柳田国男や和歌森太郎など多くの民俗学者の考えるところであると述べた上で，『北京年中行事』には8月中秋に果物類を贈答することが書かれているので，日本で野菜や果物を供えることは大陸行事と同じであるが，しかし大陸からの影響なしに我が国において古くから収穫祭の喜びとして月見を行っていたことは否定しがたいと主張している。

　ここで里芋が稲以前の儀礼食であったといういわゆる「餅なし正月」の提唱者坪井洋文（1979：61）の見解に耳を傾ける必要があろう。

　同氏は「これまで八月十五夜の行事を扱った研究においては，同じ資料を取り上げながら

も，この行事の本質を稲作儀礼の重要段階とする説と，里芋または粟などの畑作の収穫儀礼とする説とがある」として上で，十五夜の行事は稲以外の儀礼である可能性が残されていると論じた（坪井 1979：61）。そして同氏はは更に日本の民俗文化が稲作を単一基礎のとしてして成立したものとは規定できないとし，五月節供にはじまり，盆行事とか八月十五夜，九月の十三夜などには里芋や豆類の収穫儀礼など畑作の収穫祭を位置づけることが可能であると論じている（坪井 1979：50）。ここで以下，民族学者の見解をながめてみよう。

かつて郷田（坪井）洋文（1959：174-6）は日本における八月十五夜を祀る行事の特徴を12個に分けた。その後，竹村卓二（1966：317）はこれらの要素を中国華南における中秋節（八月十五夜）の類例と比較して，その中のいくつかは多産を確保するための予祝的な性格を帯びており，それは正にエバーハルトの説くヤオ文化の特徴とする多産を志向する豊饒儀礼であると述べ，更にこのような大幅な一致は日本と華南における八月十五夜の儀礼が単に表現上の類似の段階を越えて明らかに同一文化複合の脈絡において把握されるべきものだとした。

エバーハルトによれば，貴州の人々は八月十五日の祭りの時にはこっそりと瓜を盗むことになっている。この時の瓜には服を着せ，絵を描いて子供とそっくりに見えるようにした。この人形を子供のいない女の許の持って行くと，その女はお返しに持ってきた人に練り粉菓子を上げた。彼女は貰った瓜をベッドに置いてその側で眠った。その後がそれを料理して食べ，息子ができることを祈願した。これと同じ風習は湖南と江楚にあった。寿春（安徽）では女達がこの日に瓜で作った菓子を月に供えた。河北では紙で作った瓜を正面の出入り口の上に吊した。またある秋の夜，少女達は畑に出かけて瓜をもぎ取った。男の子が出来るように望んだからである（エバーハルト 1987：244-245）。

このようなテーマの研究に大きな影響を与えたのが，大林太良の研究である。大林（1973：365）は我が国の旧暦八月十五日夜に他人の畑の作物を盗むと言う公認された習俗は，全く揚子江以南の中国にも当てはまると述べただけなく，これは山の神による米盗みと合致し，焼畑耕作と野獣の狩猟文化（この複合を狩猟・栽培民複合となづけている）に帰属すると見なした（大林 1973：322）。確かに，高桑守史（1984：300）が力説するように儀礼的「盗みの習俗」はこの夜だけに限らず，畑作儀礼と深い関係をもつ七夕と十三夜でも十五夜と同様に行われていたと考えられている。そして大林は八月十五夜に里芋を食べる習俗は歌垣や若水汲みと共に華南から日本に焼畑耕作文化として渡来した。そしてこれはエバーハルトが提唱した華南のヤオ文化に帰属すると発表した。その渡来時期は縄文後期の粟の畑作耕作文化に比定した（大林 1973：13-14）。しかし9年後に発表された大林太良（1982：93）の論考では儀礼食としての里芋は中国南部で正月と八月十五夜という二つの大きな年中行事の食品として確立していたので，出来上ったものとして日本に入ってように思え，またエバーハルトは八月十五夜をヤオ文化に属させたが，分布からみてむしろ越文化に属すると考えた方がよいかもしれないと訂正した。なお，帰属する越文化及び渡来時期に付いては後述する。

Ⅲ部　民俗と考古学

　文化人類学者佐々木高明は八月十五夜が本来，稲作儀礼なのか，畑作儀礼なのかは，あるいはまたこの「十五夜」と「十三夜」といわれる九月十三夜の祭との関係がどうなっているのかなど細かい点になるとまだよく分かっていないことが少なくないとしながらも（佐々木 1982：192-3），上記の竹村の見解を踏まえて，これを照葉樹林文化の脈絡において共通性を捉えようとした（佐々木 1982：195）。つまり佐々木はその著『稲作以前』時に想定したイモの収穫祭の伝統は八月十五夜行事の根底にあるとする見解（佐々木 1971：210）を堅持しているのである。

　なお本題からやや脱線するが，私はかつて南中国にあったと想定されたいわゆる「照葉樹林文化」が縄文時代の日本に渡来したとする仮説を否定する意見を提出したが（高山 1980：771-774），今でもこの立場に変わりはない。私は考古学的立場から批判したのであるが，その後，荻原秀三郎は自らの実地調査に基づく文化人類学的視点から「照葉樹林文化」そのもの自体の存在を否定した。つまり，エバーハルトは"越文化"の中のヤオ文化に八月十五日夜に里芋を食べる習俗があると述べたが，この文化を含み華南の少数民族にはこの日を重視することはなかった。重要な節日はシャーマンが決める。満月祭は漢族は創始したものである。ミャオ族はこの日には他人の畠から里芋，枝豆，カボチャなどを盗み唐辛子と塩を加えて煮て，お月さんに食べさせ，自分も相伴する。これは種の多い瓜類を盗んで女性に贈り，種によって子宝が授かるとする漢民族の習俗である（荻原 1996：148-150）。荻原氏は十五夜の満月（望）を重視する観念は江南の少数民族よりも韓国人であるとする重要な指摘をしている。ここには供物盗みもあるという。そして更にエバーハルトの説く"越文化"は稲作のタイ文化と山地焼き耕作とが混合して形成されたものであるが，これには海洋民的文化が加わっていると考えた。日本の研究者達はこのヤオ文化が山越に相当すると考え弥生時代以前にこの「山越」が我が国にイモ（芋）と雑穀をもたらし，次に越系の海洋民が稲作を運んできたと想定しているが，山越族のヤオ族の儀礼食は陸稲であって，芋は儀礼食としては皆無であると指摘した。

　結論として，荻原（1996：150-152）は里芋を儀礼食として食べるようになったのは朝鮮半島から伝播したもので，その時期は高句麗時代以降と推定している。

　ここで中国の様子について澤田瑞穂の研究をながめておきたい。中国の広東の四会県では瓜は嬰児に見立てられていたため，上元の夜にはこれが盗まれた。また貴州では中秋節の夕方に瓜が盗まれた。この時，故意に持ち主に知られるようにして，怒り罵ってもらう。この罵倒がひどいほど好都合であったという（澤田 1995：414）。韓国では雨乞い儀礼として女性が中心となって川の上流の村から踏み臼を盗む。盗まれる家の主人は黙認する。踏み臼の窪んだ部分には水をいっぱい入れておく。また臼ではなく釜の蓋を盗む場合もある。別の方法としては，村中でユーモアや悪態の上手な人がこれを盗む。すると盗まれた家の人も村を廻って悪態をつく（任 2001：91-93）。これは月見の時の「盗み習俗」と類似しているようであるが，しかし踏み臼担ぎの時，いわば「模擬葬式」が演出されることは，私には中国南部の蛙祭を連想させる。また「悪態をつく」習俗は以下のように南アジアの燈籠祭をまた想起させる。

西湘地方の成木責め・月見団子の盗み習俗，そして一つ目小僧伝承の起源

　ビルマでは本来「灯明祭」がビルマの暦で Tazaung-mon と呼ばれる年の第 8 番目の月に行われた。「Tazaung-mon 年の満月の祝宴」は 3 つの方法で催される。第 1 は村人達が踊ったり，動物の姿に変装したりした。後者の姿のあるものは神話に基づくものもあった。第 2 は石油ランプやロウソクが道に沿ったり家の中で灯された。これは一般に神々への供え物としてなされた。第 3 は夜に「愚者達の祭」がなされた。これは若い男達が村の中を歩き回ったり，家に向かって Zippu 実を投げたり，所有者がなくなると困るような物を盗むことであった。これは見物人達を喜ばせるためになさるので，翌朝，盗品が思いがけない場所に陳列された状態で見つかることがある。たとえば，女性のアンダースカートが頭目の家の前の竿に吊り下がっていることもあるし，あるいは沢山の調理用の台所用品が市場で一山となって見つかることもあった（Aung1948：80）。上部ビルマと中部ビルマでは動物踊りと騒々しい振る舞いとお祭り騒ぎ，それに戯れのための盗みによって，「Tazaung-mon の満月」が祝われたのであるが，しかし Anawrahta の時代以降，灯りが灯されることは中止された。一方，下部ビルマでは Tazaung-mon は「灯明の祭」として依然として祝われている。一部の学者はこれが純粋に仏教徒の祭として祝われると考えられることには反対している。彼らはこれを説明するだけの仏教的なものはなにもないとしている。つまり，18 世紀と 19 世紀にビルマの王達は「Tazaung-mon の満月」の日に「Mayyu（仏教原典に用いられたサンスクリットの俗語のパーリ語では Meru）山の神々」を祝して「灯明の宮殿祭」を催した。すると人々がこの新しい宮殿の習慣を真似した。この結果，Tazaung-mon におけるもう一つの「仏教徒の灯明祭」が誕生したのであると言うのである。しかしこの見解に対して，Aung は実際に王達が住んでいた上部ビルマで Tazaung-mon における灯明祭が行われていないことは，この仮説を支持出来ないと述べている。下部ビルマでも Tazaung-mon は騒々しさと"盗み"によって祝賀される（Aung1948:81）。インドのビハールやベンガル地方ではバードンの月の満月の四日は月の神聖な日で，この日に月を見ると不幸になる。これは，昔，蛇王がアディティ王の耳飾りを盗んでクリシュナのせいにした。クリシュナはぬれぎぬをそそいだが，汚名をきせられたのがこの日であるため，この日の月は特別に悪いことを与えるので，家に石を投げたりする（斎藤 1984：22）。この投石による罪ほろぼしはボンベイの「模擬窃盗」（Mehta1917-1918：294）と同一系統である。

　ビルマやインドにおけるこのタイプの習俗が上記の中国南部の儀礼的「盗み」の習俗と同一系統の習俗である蓋然性は高い。またヒンドゥー教徒の最も重要な祭の一つであるディーパーヴァリーはその名（「灯明の列」）が示すように寺院や町もが灯明の光で照らされて式が行われる。そこには庶民的なお祭り騒ぎが加わり，とにかく昔は様々な放埓や乱行を伴う無礼講があった（ルイ・ルヌー 1991：80）。これらは日本の燈籠祭との関係を想起させる。しかし，たとえば千葉県・茨城県ではこのような祭りの時には小中学生が盆綱をかつぎ六根清浄を唱えながら新盆の家を訪れて庭先の燈籠の竿を三度廻るが（小野 1972：192），悪戯は付随していないようである。

さて，吉成直樹（1988：15）は「日本における「十五夜の盗み」の習俗を考える上で，中国地方の「十五夜の盗み」はきわめて示唆的である」と指摘した。そして日中の事例に共通するのは，里芋や瓜類の盗みを働く側の出産と結びつくと考えられていることであり，里芋を盗めば豊作になるという高知県の事例と比較すれば，盗むことが「豊饒」と連動する点では一致しており，きわめて類似した観念を見だすことができるのであるとした。また，中国の十五夜の盗みは，日本の十五夜の盗みと異なり，里芋が瓜類に置き換わる傾向があるが，小野重朗が検討している七月六日のネブイハナシにおける娘組による瓜類の盗みを両者の間に置けば，これら一連の盗みには何らかの脈絡を想定することができようと考えた。

ここで引用されている小野氏の見解とは鹿児島県国分市で伝承されているネブイハナシのことである。ネブイハナシといわれる七月六日の夜には他人の畑の西瓜を盗んでよかった。これは西瓜やキュウリなど瓜の類は水神の供物であるからである。つまり水神に供える西瓜であるから誰の畑から取ってもよかった。この日，海での水泳から帰ってくる女性達は水神，つまり水の精霊として行動しているので，海は彼女達の源郷が水の国であることを象徴していると小野（1984：177-8）は解釈している。また熊本県では八月十五夜，九月十三夜をヌスドバン（盗人晩）といって，蜜柑や西瓜や豆などを他家のものを盗んで食べてもよかった（小野1972：193）。なお，柳田国男（1962：79）は瓜はその中が段々とうつろになってなっていくことから水に流れることが出来るので夏祭りの日にこれを川に流したり，祭日以後は食することが忌むことがあると考えた。もしこの論理が容認されるならば，縄文時代には既に瓢箪が存在していて容器として利用されていたので，縄文人も同じような思惟をもっていた可能を考えねばならなくなる。しかし実のところ，これはあまりにも柳田一流の衒学的解釈で理解しにくい。私は瓜が洪水神話と結びつくことを論じたことがあるが（高山2002：43-45），日本で瓜が水神と見なされるのはこのような視点からの検証がむしろ今後必要であると思っている。

いずれにせよ，「十五夜の盗み」の盗みが出産と豊穣とに結びつくものであると考える吉成直樹の見解は正しいと私は賛意を表したい。冒頭で述べた生沢地区で月見団子を若い衆によって，早く盗まれると娘が早く嫁に行くと言われて縁起がよく，早く盗まれるように上手に拵えたこしらえたとする習俗は，中国南部において瓜を盗むと男の子を産めるという信仰の変形したものと考えられる。（なおこの信仰には中国における兎が望月に孕むという信仰や不死の薬をもって月にいると考えられている古代神話に出てくる姮娥などとの関係を考慮することが必要かもしれない）。

日本では一般にこのタイプの盗みは子供の悪戯として行われていたが，一部の地域では大人も参加していたとの報告もあり，源郷の中国の事例と照合すると大人が行うのが本来の姿であったと思われる。次の問題は中国では女性がこれを行うが日本では男性が行うことである。しかし貴州では少年を女装させて盗みをさせることもあったので（澤田1995：414），性差は問題にするほどのことではないかもしれない。なお付言しておくと，エバーハルト（1987：

245）は八月十五日の祭りの時の豊饒儀礼について，中秋節（八月十五日）に月の花がカボチャに入り込み，そこから孟姜女が生まれたが，月の花は満月の時に月から落ち，呪的力をもっていると信じられていたと説明している。しかしこの説明をよりもっと納得しやすいものにしたものが荻原秀三郎（1996：150）の研究にみられる。つまり，既述のように，ミャオ族は八月十五夜に他人の畑からカボチャなどを儀礼的に盗むが，この儀礼は漢民族から伝えられたもので，瓜類を盗んで女性に贈るのは，この果実は種が多いから子宝が授かるという信仰によるという。

　ここで結論を述べる。吉成（1995：164）は奈良県にも十五夜に供えられた里芋を盗んで食べると子供が授かるとの信仰があり，この習俗の起源が中国南部にあることは間違いないとした。そしてこの伝来時期は，大林太良の研究が越文化に帰属させていることから，最大限弥生時代までしか遡ることはないことから判断して，この頃稲作を基盤とする文化に付随してして渡来したものと想定した。私は荻原氏の結論に基づき満月に行われる儀礼的里芋や瓜類の「盗み」習俗は華南と限らず，華中や華北（多分朝鮮半島経由で）から伝来したものと考えている。十五夜の儀礼的「盗み」が日本に伝播した時期はさしあたりビルマなどで仏教の行事と結びついていることなどを勘案して，縄文時代よりずっと後の，言い換えば，仏教伝来以降，日本に伝えられた習俗と考えたい。

　中国南部では十五夜の他に七夕に瓜類を盗む習俗があるが，その習俗は「七夕荒し」などと呼ばれて日本にも見られる。吉成直樹（1995：165-166）はこれは本来，十五夜には里芋，七夕には瓜類の盗みがなされたが，中国で両者は合流して，十五夜にも瓜類を盗むようになったと考えればうまく説明できるのだが，果たしてどうだろうかと述べている。私は確固たる証拠に基づくのではなく，歴史時代に里芋と瓜に伴う習俗は中国か朝鮮から時代を別にして日本に伝来したものと推考したい。

　そして参考までに述べると，私は里芋は日本に自生していたのではないかと想像している。理由は縄文中期の通称「ハート形土偶」の顔は里芋の葉の仮面を模したもののように思えるからである。里芋の葉を仮面にして子供達が遊ぶことがあったと予想される。この遊びについては生沢地区で育ったと愚母がいっていたし，また茨城県などからも同じ遊びが報告されていることなど（茨城民俗学会編 1970：63-64）を勘案するとこの遊びは広く各地にあったものと思われる。残念ながら里芋類が縄文時代に栽培されていたことを検証するのは困難である。なぜなら里芋には花が滅多に咲かないためその存在を花粉から確かめることが難しく，しかも体内でプラント・オパールも残さないのでこの方面からの検証が期待薄である（湯浅 1993：200）。

　思うに，中国から里芋の儀礼的「盗み」習俗が伝来するまで日本にはなかった。しかしたとえそうであっても，満月をめでる慣行自体は既に縄文時代から日本にはあったと推定される。もしそうならば，その時のこのようなお面が使われたかもしれない（註1）。参考までに述べると，藤沢衛彦（1956：47）は日本の月中兎の餅搗き伝説は，アーリア民族の間に流布してい

III部　民俗と考古学

た伝説の原形を伝えるインド説話が中国において兎の白兎の擣薬説話となり，いつの間にか性的色彩を望月につなげてしまったという。河南省密県発見の漢代の画像碑に描かれている西王母の前で杵を手に持って何かを搗く兎について林巳奈夫（1992：137）は不死の薬を作る兎と想定している。なお井本英一（1999：207）は中国の餅は日本の餅のようにモチ米を蒸して搗くのではなく，小麦粉をこねて蒸したものであるため搗く必要がない。従って，日本において後世，中国や南アジアの説話で米であったものが餅に変わった可能性があるとしている。そしては兎が後肢で地面を叩く習性（飼われている兎は性交後に行う）が兎が杵を搗いたり，鍛冶仕事をするのを連想させたのではないかという（井口 1999：195）。ちなみに，我が国におけるモチイネの渡来は古墳時代とする意見と弥生時代の稲作開始以降とする意見とに分かれている。いずれにせよインドでは月の陰影を兎（月の神Chandras）と見なすが（Harley1885：60-62），これはインドラが兎の徳を験するために行った仏教説話となって日本に伝えられている。

3．一つ目小僧伝承

　上記の習俗と並んで「コト八日」行事と結びつくものに一つ目小僧伝承がある。
　十二月八日，私の祖母は夕方になると籠を裏庭に置いていた。これは夜になると一つ目小僧がくるが，自分よりも沢山の目をもっている籠を見る帰ってしまうからであるという。
　隣町の大磯町生沢地区では12月8日は一つ目小僧がくると言うので，物押し竿にくずかきかごをさして，家の軒先に立てておく。子供達は一つ目小僧が泣いたとか，泣かないとか調べにくるのでおとなしくするように言い聞かされるので，この日だけは絶対に泣かなかった。もし泣くと帳面に付けられ，セエ（賽）の神に預けてあったそれを14日にセエトウバライ（賽）の日に取りに来る。もしセエの神が燃したと言えば，来年，持ってくると言って一つ目小僧は帰って行く（大磯町教育委員会 1975：26-27）。
　同町の西久保地区ではジョグチに梯子を×状に置き，その上に目の大きな背負い籠を2，3個置いた（大磯町教育委員会 1993：134）。神奈川県下の山北町では12月のコト八日には目一つ小僧が村中の家々を周り歩き，帳面にそれぞれの落ち度をつけておいて，サイノカミにその帳面を預けおくので，一月十四日の小正月には目一つ小僧がその帳面を取りにこないうちに，サイノカミが火事で焼いてしまったと言えるよう，その古い屋根を燃やしてやるのだと伝えられている（大島 1989：275）。二宮町川匂地区では12月8日の夜，目籠を外に出す際，履き物を外に出しておくと一つ目小僧に判を押されるので家の中に取り込んでおくと言う習俗は（二宮町教育委員会 1997：204），上記の一つ目小僧が帳面を持って家々を回ると話が変化して残存したものと考えられる。あるいはこの起源の一部には中国の庚申信仰かあるいは鬼鳥伝承の影響を考える必要がある。鬼鳥は正月七日の夜に飛んで嬰児に祟りをするので嬰児の着物は夜は野外に出さない。またこの鳥は人の魂をとかしてその血を人家にたらして凶事をもたらす。

そこでこの鳥の声がすると人々は灯火を消して門を閉める。なお，鬼鳥は鳥の類と想定されている（山田1990：32）。この晩の七草を打つ時には「唐土の鳥の渡らぬ先に」と歌う（守屋1950：59-60）。日本でも七草粥を叩いている時にはこの歌で拍子をとることは祖母もしていた。中村義雄（1978：30）は日本のこの習俗は中国の人日（七日）の七種菜羹と我が国古来の子の日に若菜摘みが習合して「七草叩き」が成立したのであろうと述べている。二宮町の川匂地区では目籠を置くとき，メザシとヒイラギを刺しおく。また川匂では目籠を置くとき，メザシとヒイラギを刺しておく。

北島寿子（1989：138）は目籠を戸口に吊すのは妖怪変化を撃退するためと言われているが，本来は神の依り代であったと考えられるとした。そしてコト八日の行事が攘災を強調するようになり，目籠が厄除けのためのものとなって，ニンニクやヒイラギなどを吊すようもなったのであろうと論じた。ヒイラギについては後述する。

山口貞夫は去来する神が一つ目小僧に堕落してから籠などを吊すことになったとすれば，目数で彼を脅かす洒落は面白いが，しかし必ずしもそうではなく，二月八日と東国の十二月八日は元々山の神が去来する日であったが，この神が片目であると言う思想があったために信仰の下落に伴って，一目小僧に堕し，神を迎えるために静粛を守った人々は悪霊を恐れて蟄居するようになった。つまり神の招（ママ）代として竿頭に掲げた目籠は一つ目小僧と目数を争う道具となり，別に臭気をかがせて邪霊を払う行事までもが付加されるようになったと述べている（山口1944：197）。目籠を竿の先につけて疫病神を防ぐ「こと八日」の信仰（土橋1950：206-213；打江1977：26）は邪眼（evil eye）（Westropp n.d.：58-63）信仰と似ているようにみえる。佐々木勝（1988：59）は目籠を神の依代説を否定し，厄神来訪伝承の脈絡の中で捉えるべきだと主張している。

一方，富山昭は目一つ小僧の正体について，これには「山の神」またはそれに類したものとする伝承が付随していることから，かって山口貞夫が説いたように，この日はもともと山の神の去来する日であったろうと推考し，小僧の来訪と目籠の風は春の農事に先立つ時季の「神迎え」と考えたいと述べている（富山1989：173）。ヒイラギの葉の棘とイワシの悪臭は邪霊や疾病を防ぐと信じられていた（飯島1991：153-154,155）。なお，ヒイラギ（柊）は『延喜式』には卯杖の材料としてあげられているように古くから強い生命力と魔除けの力のある常緑樹と考えられてきた（飯島1991：1559）。その結果，平安時代の紀貫之の『土佐日記』には節分に正月飾りの注連縄に柊の枝となよし（魚のぼら）を刺していたと記されている（新谷2007：68）。千葉県ではトベラ科のトベラをヒイラギと呼んでいる。これには棘はないが枝葉は独特な悪臭を発散させるのでヒイラギと同じ機能を果たすと解釈されている（倉田1975：10）。また桃には霊力が宿るという中国の信仰は，我が国には古くからも伝来していて，様々な行事に登場している。その中には著しく変形して桃とは無関係のように見える水戸の門戸におく豆腐がある。佐藤成裕（1895：142-143）がこれは唐代に鬼門の方を指した桃の枝を門戸に立てて

邪気を防ぐ。これを桃府といったのを，豆腐と間違えたのかもしれないと述べている。

　ところで村田文夫（1998：384）は7世紀中葉前後の王禅寺白山横穴古墳の壁画に樹木が描かれているが，それは「触れると思わず手を引っ込めたくなるような針葉樹系の葉」であると解釈している。もしそうであるならば，このことはコト八日におけるヒイラギとの関係を想起させる。中国では桑や梓などの老木に精霊が宿るという神樹思想があった（関野1956：545）。また画像石には神話的産物である扶桑樹などが一般的である（土居1986：79-103）。半瓦當の文様にも樹木信仰を示唆するものがあって，山東省出土の戦国時代のものの図柄は枝が蕨手状に巻いているものは中国でいう杉属，枝の先端が三角形か紡錘形の葉がある烏桕（日本名はナンキンハゼ）である。従って，中国の神樹（樹木）信仰は日本には伝播してこなかったように私には思える。これに対して，中村友博（1989：115）氏は結論を保留している。

　脱線するが，村田氏（1998：385）はこの王禅寺白山横穴古墳の墓室空間がどのように認識されていたのか，当時の他界観についてはしっかりした座標軸がまだ定まっていないと述べている。私はかつて発掘した横穴古墳の内部に入った時，屋根も柱も彫ってあってまさに屋内に入ったような錯覚にとらわれる深い感銘を受けたことがある。埋葬者は死後も現世と同じような生活が存続するという考えていたのであろう思った（註2）。このような他界観は古墳時代に中国から伝来した可能性が高い。古代中国では先秦時代までは地下に墓壙を掘り，その中に木槨をこしらえて棺を入れるという竪穴墓が主流を占めていたが，やがて地下に掘った横穴を墓穴とする洞窟墓が生まれ，墓道がつくられるようになったが，この変化は墓を単なる死体の保存場所と考えるよりは，住居と墓を並称して陽宅陰宅とよぶように，ここで死後も生前と同様な生活を営むという死生観に変化した（西脇1991：1484）。ついでに更に脱線する。村田氏はこの古墳の壁画は東側に弓矢画が集中しているのは，鬼門方角から妖怪や悪鬼が忍び込む羨門に向かって矢を射るためであったと推測した。ここで村田氏は建築家岡野忠幸の文献を典拠にして，鬼門の出現は『山海経』からで，桃の大樹に棲む鬼に由来するとしているが，ここに見える鬼門は日本でいう鬼門ではないようである（註3）。沖野岩三郎（1969：129－130）は我が国の家相に見られる鬼門という方角は『風俗通』，『海水経』，『神異済』の記事に由来すると論じている。『風俗通』は後漢にできた書物であり，『神異済』は『隋書』の経籍志に見える書物である。『海水経』は『山海経』の誤植であろうか。『風俗通』には二神が鬼を捕らえて葦の縄で縛り虎に喰わせた。唐代に呉道子はこの鬼がうしとらの方角から入ってくるので牛の角を頭に生やし虎のパンツをはいた姿の鬼を創作したという。しかし日本の古代史家は中国の古書に見られる鬼門は日本でいう方角禁忌まで含んでいなかったとみなしている（和田191：452）。賀茂一族や安倍清明（921-1005年）の支配体制が整うと公家の間の鬼門（東北方）などが有職故実化された（村山1991：319）。従って，7世紀中葉に陰陽道が東国まで伝わったかどうかは検討の余地がある。現在の建築儀礼では魔脅し・矢立と称す弓矢を鬼門に向かってかざる（石原1972：240）。また佐々木勝（1988：28）は十二月十三日にしつられる弓矢は棟

上げの際の棟木に飾るそれと同じで，本来は悪霊に対して向けられていたものであろうといわれている。今でも鬼門除けに鬼瓦をつけたり特定の樹木を植えたりする(今野1972:193)。従って鬼門方向に向かって矢を射ることは考えられてもその反対の例証は見あたらない。また村田氏はこの古墳の絵の矢を鏑矢を使った墓目と解釈している。しかし中村義雄（1978：175）は鏑矢を併用する引目（墓目）は後世なってなされたという。もっとも，山田奨治（2003：519）は鏑矢による妖魔払いは鳴弦と同様日本人の独創と述べているが，これは間違いである。私見ではこれは中国起源で古墳時代には既に日本に伝わっていた筈であって，我が国で後世になって誕生したわけではない。

　話は一つ目小僧伝説に戻る。大島建彦（1989：271）は柳田国男は神の名代にたてられた者がわざとその片目を傷付けられものであって，そのような神主の御霊が尊い神の統御から離れてしまうと恐ろしい妖怪に落ちぶれしまったと考えているが（柳田1978：244-249），日本各地の伝承をみるとコト八日の限らず，この前後の時節にも，山の神，田の神，歳神などの名目で一つ目，または1本足の怪物が伝えられていることは，この前後の行事における片足神との伝承とくらべられるであろと述べ，更にコト八日の行事を通じて目籠や団子などを出すのは尊い神を神を迎えるためではなく，恐ろしい災いを免れるためと伝えられているので，コト八日の古形態を窺うのにかなり大きな示唆を与えるように思われるとしている（大島1989：273）。佐々木勝（1988：59-61）も厄神来訪伝承という脈絡において目籠を見ると，神の依代とする通説は意味がなく，厄神は早く過ぎ去って欲しいという願望であると述べている。

　しかし，沢史生（1990：366）は江戸時代に喜多川守貞が著した『守貞漫稿』にコト八日に目籠を掲げるのは目籠の「目」が「星の形」であると述べていることを引用して次のように考察している。一つ目・大眼と表現されるのは天目一箇・金星であるので，目籠を掲げる意味は群星が一つ目・大眼の妖怪を退散させるのではなく，大きな眼の天目一箇神を歓迎するための表現であろうという。

　なお，一眼一脚を山姥や桶屋と関連付ける説話がある（野村1988：96-110）。本論とは直接関係がないのでここでは触れない。

　三谷栄一（1978：60）は柳田国男が子供の片足跳びはもと戦場で片足を傷つけた時，落伍したり，敵に捕らわれないための成人の武芸と想定したのに対して，敵に捕らわれたり落伍しないための呪文で，元来，山伏の呪文の所昨に関係があると考えている。また佐々木勝（1988：53-54）は厄病がこないためには村の境に吊される大きな藁草履が片方だけであることに注目し，日本では伝統的に神霊を片目片足など不具と語り伝えることが多いが，これは多くの村を徘徊する厄神に履き物を用意して立ち去ってもらう趣旨であろうと解釈している。筋書きはあまり一致しないが，中国の草鞋大王の話（澤田1982：138-150）は日本のこの片足だけの藁草履を置く習俗に多少は関係しているように私には思える。また我が国のマレビトと稲盗み形式の儀礼には片足の山の神が登場する（大林1973：334-335）。大林は日本のこのマレビト的性

Ⅲ部　民俗と考古学

格は古い片足神ないし片側神の表象への後からの追加物で，この結合は既に華南で行われていた可能性があると述べている（大林 1973：336-337）。近年，四川省の南宋時代の墓から一本の脚に両眼を見開いた遺物が発見された（伊藤 1986：23-24）。これが大林のいう片足神と関係があるかどうか私には分からない。余談になるが『山海経』には蛇を耳飾りした話ががしばしば記述されている。湖北省で蛇形の耳飾りを付けた人物を表わす銅戈が発見されている（高山 1967：178）。また最近発見された三星堆積文明は荒唐無稽な記事で知られる『山海経』の記事の一部を検証する資料を提出している（徐 1998）。

　ではなぜ神霊が不具者の姿をしているのであろうか。

　この問いの答えを柳田国男の一つ目小僧伝承の起源についての仮説に見ることが出来るかもしれない。柳田はかつて祭の祈りにある人を神主と定め，神の名代として祭の礼を受けさせた者を常の人と識別するために一眼一脚にする風習があったことも由来するのではないかと想像した（柳田　1978：246-247）。そして更にこれより古い時代には祭の時に神主を殺害したのではないかと考えた（柳田　191978：249）。この発想は動物の犠牲に関する研究をした駒込林二（1998：219）がいう我が国の「生贄（いけにへ）」とは古い風習に従えば「生きる贄」というよりも「生かして置く生贄」と解釈されていたとする説明を惹起させられる。なお飯島吉晴（2001：87）は片目・片足伝承と鍛冶との関係に注目しているが，これは歴史時代のことなので別稿に譲る。

　ところで，山梨県上黒駒遺跡出土の縄文中期の土偶は片側の目が故意に潰されたような形をしている（藤沼 1997：19）。また，片側の目は円形で表しているのに，他方の目は縦に切り込んだ形であるが，その中は中空で目を開いた様子を示す縄文中期の顔面把手が長野県井戸尻遺跡で発掘された（渡辺 1996：129）。このようなことが意図的になされていたことを明確に示す土偶が東京都秋川市二の宮遺跡で発見されている（渡辺 1996：131）。渡辺誠は両者はシャーマンと関係があると推定している。

　今のところ，縄文時代の片目習俗と民俗誌時代の一つ目小僧との関係は不明であるが，私は関係があると思っている。この傍証として上黒駒遺跡などの土偶に見られる3本指に注目したい。かつて私はこれを三叉の鉾をデフォルメさせたものと発表したが，今では縄文時代には指の切断があって，これはその習俗を表わしていると思っている。民俗誌時代の我が国には葬礼に際して指切断習俗があったが（高山 1992：14-17；1993：1-5），これは縄文時代まで遡る可能性を考えたいのである。（この拙稿の校正中，鹿谷勲氏から 2008 年 11 月 13 日付けのお手紙を頂戴した。そこには縄文・弥生時代に「指詰め」習俗があったことを示す人骨が発掘されたことを報じた毎日新聞が同封されていた。貴重なご教示に深謝する次第である）。そして土偶の中には脚を欠損したものがある。これらの中には破棄された時か後に自然に破損した可能性のあるものもあるが，しかし中には脚を意図的に壊したもののように見えるものもある（たとえば秋田県高森遺跡の晩期の遮光器土偶）。つまりコト八日に目籠を外に出すのは，一つ目小

僧が山からくるので，それを避けるのが民俗的慣行の原義であると私は思いたい。つまり民俗時代の片目にすること及び指や脚を切断する慣行の淵源が縄文時代にある可能性は高いのではなかろうか。ただし縄文時代のものとは呪術的な意味は変わってむしまったかもしれない。

我が国における人身御供について高木敏雄（1973：60）は，人身御供肯定論者は供犠した跡始末をどうしたのか説明していないと皮肉っている（人柱については高山 1972：108-144 頁，参照）。フィジー諸島では戦闘後，勝利者達は敗者の死体を村に持ち帰って食べるが，神官達はより多くの配分に与る。食べられた人の骨は神殿の傍に大きく積み重なっている（Hogg 1958：34）。しかし縄文時代遺跡からは発掘される焼けた人骨や動物骨は丁重に取り扱われたよう形跡はなく（たとえば，高山 1976：301-334；1977：49-74），後世のいわば「散米」に近い処理方法をしていた可能性がある。中村（2001：80）は我が国の神人共食は稲作農耕の贄に由来する日本独自のものであるという。しかしその起源が稲作以前の縄文時代にあっても不思議ではないであろうと私が考えている。もしそうであったならば，『歴史と現代の中の供犠』の著者 Davies（1981：1）の言葉，「本質的には人間供犠は敬虔な行為であった。供犠する人も生け贄になる人もこの行為が，惨禍及び崩壊から生まれる秩序と調和を保つ世界から人々を助けたるために必要であることを承知している」と同じような思惟を縄文人がもっていたかもしれない。

なお古代中国には婚姻体系が一夫一婦制に転化した際，血のつながらない来歴不明の長男を殺して食べたりしたが，その骨は遺跡から発掘される（黄 2000：10）。日本には同じことがあったかどうであったか不明である。

謝辞

『史峰』は大竹憲治氏，また『大磯町史 10 別巻 考古』は鈴木一男氏から恵与された。そして渡辺誠氏からは貴重な論考を賜った。深謝する次第である。

最後になりましたが，杉山博久先生に初めて拝眉したのは先生が富士フィルムの会社の敷地内で発掘していた配石遺構に招かれた時です。その後，別の遺跡における会合中に私が体調を崩した時には拙宅まで先生の車で連れてきて下さったこともありました。先生の若かりし頃のお姿は懐かし思い出となっております。

註

(1) 縄文時代の分銅形土製品の人物像の顔に三日月形の眉毛を月の死（朔）と再生（眉月）が雑穀の再生と生育に通じるとする小林公明が提起した仮説に注目した寺沢薫（1987：116）は西日本縄文後・晩期の土偶に眉月文が多用されていることとの関連は無視すべきでないと述べている。縄文時代の遺物に三日月形をしたものがあるが，当時の人が月に対してもっていたであろう観念を類推する上でこれなど大いに注目すべきものである。また縄文人に近い生活を営むアッサムのナガ族の装身具の中に三日

Ⅲ部　民俗と考古学

月形のものもある（Stir and Ham2003：135）。またここでは太陽の形を模した装身具が好まれている（Stonor1950：11）。古墳時代の壁画の絵の中で明らかに月を表すものは少ないようである。月と見なして間違いないのは熊本県永安寺東古墳前室右側壁に浮き彫りされた6個の太陽の上に浮かぶ三日月である（小田1974：106,152図）。なお参考までに触れておくと，インドではDharasuramのDurga像のように後ろに日と半月を描くものがある（Sastry2003：Fig.127）。このような半月の姿は日本の兜につける円や半月形のモティーフではないかと考えられないこともない。付言しておくと中国では三日月は弓にたとえられ，「后羿射日」神話と結びついている（陸2001：158）。正確な時期は確定出来ないが，多分，古墳時代頃に我が国に伝播してきたこの「射日神話」は現在，一部の神社の祭事となっている。

(2) 本題からやや外れることであるが，大磯町の横穴古墳の中に羨道部の入り口の外側部分を5米以上（あるいはそれ以上）の高さに垂直に切り立てて，まるで絶壁のように整地されたものがある。これはハワイの酋長の死体の骨が釣り針などの材料として使用されないように人が近づかない断崖絶壁にある自然の洞窟に埋葬されたのと同じ発想かと私は最初考えたが，しかしこれは中国や東南アジアに見られる壁墓の伝統を引く埋葬法が頭に浮かんだ。関野雄（1959：36）は中国の漢代から南北朝時代にかけて四川省方面では崖に横穴をあけて葬る墓が流行したが，この崖葬は東南アジア一帯に広く分布しているので，日本の横穴墓もその一類と見られるであろうとかつて述べたことがある。もっとも，近藤義郎（1962：556）は横穴古墳はその構造から見て横穴式石屋から派生したものであるとし，また斉藤忠（1969：107）は横穴式石室の影響を受けて盛土の方法をとらずに岩壁を利用した，より庶民的な共同墓地的要素が含まれていると解釈している。更に坂詰秀一（2000：10）は横穴墓は墳丘を伴わない点を基本とする新様式の墳墓であるが，これを渡来の墳墓と即断にすることには反対の立場を表明している。なお関野は南アジアでは崖葬は巴蜀文化を残した人々のものであろうとも考えられているが，この文化には船棺葬が付随する場合もある。ただしその後の調査で船棺葬を蜀人と結びつける意見も提出されている（関野1988：345）。日本では弥生時代には舟葬があったが，古墳時代までこれが存続したか不明であるといわれている（森1975：295-296）。私は民俗誌時代まで存続していたと思っている。なおまた大磯のこの横穴古墳の前方の断崖の片側の壁面に鑿で削った跡がくっきりと残っているが，これは意図的に残されたものと推定される。もしそうであるならば，その意味は謎である。『大磯町史10，別巻，考古』によれば，大磯町の南井戸窪横穴古墳群は家形横穴古墳群であるという。そして現状では家形横穴古墳は必ずしも古く見なすことは出来ないという（大磯町（編）2007：715）。この指摘は非常に重要である。

(3) この話は漢の王充撰の『論衡』に「山海経に又曰く，滄海の中に度朔の山有り。上に大桃木有り，一を神荼と曰ひ，一を鬱壘と曰ひ，萬鬼を閲領するを主なり。其の屈蟠すること三千里，其の枝間の東北を鬼門と曰ひ，萬鬼の出入する所なり」とある（松田1995：492）。

引用文献

土橋里木　1950「こと八日と山の神」『民間伝承』14（6）206-213 頁

土居淑子　1986『古代中国の画像石』同朋舎社

藤沼邦彦　1997『縄文土偶』（歴史発掘3）講談社

藤沢衛彦　1956『日本民族伝説集』第6巻（北陸編）河出書房

郷田（坪井）洋文　1959「年中行事の社会性と地域性」『日本民俗学大系』7 巻所収　平凡社　167-238 頁

林　巳奈夫　1992『石に刻まれた世界－画像石が語る古代中国の生活と思想－』東方書店

茨城民俗学会（編）1970『子どもの歳事と遊び』第一法規出版

飯島吉晴　1991「ひいらぎ（柊）」山折哲雄（編）『世界宗教大事典』所収　平凡社　1569 頁

飯島吉晴　2001『一つ目小僧と瓢箪－性と犠牲のフォークロアー』新曜社

井本英一　1999『十二支動物の話（子丑虎卯辰巳篇）』法政大学出版局

井之口章次　1975『日本の俗信』弘文社

石原憲治　1972「けんちくぎれい　建築儀礼」大塚民俗学会（編）『日本民俗事典』所収　弘文堂　240 頁

伊藤清司　1986『中国の神獣・悪鬼たち－山海経の世界－』東方書店

徐　朝龍　1998『三星堆・中国古代文明の謎－史実としての『山海経』－』大修館書店

駒込林二　1998「動物を犠牲にする土俗」礫川全次（編著）『生贄と人柱の民俗学』所収　批評社　213-230 頁

近藤義郎　1962「横穴」藤田亮策（監修）『日本考古学辞典』所収　東京堂　556 頁

今野圓助　1972「きもん　鬼門」大塚民俗学会（編）『日本民俗事典』所収　弘文堂　193 頁

倉田　悟　1975『樹木民俗誌』地球社

松田　稔　1995『『山海経』の基礎的研究』笠間叢書281　笠間書院

三谷栄一　1978「山伏の呪文と片足飛ぶ」『現代のえすぷり－呪術の世界－』55-61 頁

森　浩一　1975「対談・墓地と古墳」森　浩一（編）『墓地』（日本古代文化の探求）社会思想社

守屋美都雄　1950『校注荊楚歳時記－中国民俗の歴史的研究－』帝国書院

村田文夫　2006「鬼門の方角から蟇目（引目）を射る－再び、神奈川県王禅寺白山横穴墓の線刻画寸考」『史峰』34　31－38 頁

長田　平　1993「年中行事」『国府の民俗（1）－虫窪・黒岩・西久保地区－』（大磯町史民俗調査報告書1）所収　大磯町　119－134 頁

中村生雄　2001『祭祀と供犠－日本人の自然観・動物観－』宝蔵館

中村友博　1989「ミズの木の葉」『古文化論叢』21　105-116 頁

中村義雄　1978『魔よけとまじない－古典文学の周辺－』塙新書

中山太郎　1977『日本民俗学2（風俗編）』大和書房民俗学研究所（編）

直江広治　1950「八月十五夜考」『民間伝承』14（8）289-296 頁

Ⅲ部　民俗と考古学

二宮町教育委員会　1997『二宮町民俗調査報告書』（二宮町文化財調査報告書 25 号）二宮町教育委員会

西角井正慶（編）1983『年中行事辞典』東京堂

野本寛一　1988「一眼一脚神の消息－「山姥と桶屋」の素性－」説話伝承学会（編）『説話の始原・変容』所収　桜楓社　95-110 頁

野本寛一　1993『言霊の民俗－口誦と歌唱の間－』人文書院

沖野岩三郎　1969『迷信の話』恒星社厚生閣

荻原秀三郎　1996『稲と鳥と太陽の道－日本文化の原点を追う－』大修館書店

小野重朗　1972『十五夜綱引の研究』慶友社

小野重朗　1984「正月と盆」『暦と祭事』（日本民俗文化大系第 9 巻）所収　小学館　127-188 頁

大林太良　1973『稲作の神話』弘文堂，

大林太良　1982「中国における儀礼的食物としての里芋」『稲・舟・祭』（松本信廣先生追悼論文集）所収　六興出版　77-97 頁

大磯町（編）2007『大磯町史 10　別巻　考古』大磯町

大磯町教育委員会　1975『大磯生沢地区民俗資料調査報告書』大磯町教育委員会

近藤義郎　1962「横穴」藤田亮策（監修）『日本考古学辞典』所収　東京堂　556 頁

窪　徳忠　1980『庚申信仰の研究（上）－日中宗教文化交渉史－』原書房

窪　徳忠　1996「日本の民間信仰に与えた中国宗教の影響」『日中文化交流史叢書』第 4 巻（宗教）所収　大修館書店　38-82 頁

小野重朗　1972『十五夜綱引きの研究』慶友社

小野重朗　1984「正月と盆」『暦と祭事』（日本民俗文化大系第 9 巻）所収　小学館　127-188 頁

斎藤昭俊　1984『インドの民俗宗教』吉川弘文館

斎藤　忠　1969『日本古墳の研究』吉川弘文館

坂詰秀一　2000「横穴墓研究の課題－横穴墓研究の始まり、横穴墓研究の進展、横穴墓研究の新展開、横穴墓研究の課題－」『日本の横穴墓』所収　雄山閣　5-24 頁

桜井徳太郎　1969『季節の民俗』秀英社

佐々木高明　1971『稲作以前』ＮＨＫブックス

佐々木高明　1982『照葉樹林文化の道－ブータン・雲南から日本へ－』ＮＨＫブックス

佐藤成裕　1995『中陵漫録』（日本随筆大成編輯部編第 3 期 3）吉川弘文館

沢　史生　1990『鬼の日本史－福は内、鬼は外？－』（下巻）彩流社

澤田瑞穂　1982『中国の民間信仰』工作舎

澤田瑞穂　1995『修訂中国の呪法』平河出版社　七刷修訂版三刷

関野　雄　1956『中国考古学研究』東京大学出版

関野　雄　1959「墳墓の構造－墳丘、槨棺、石闕、石獣－」『世界考古学大系 7』所収　平凡社 31-43 頁

関野　雄　1988『新中国の考古学』平凡社

新谷尚紀　2005『柳田民俗学の継承と発展－視点と方法－』吉川弘文館

新谷尚紀　2007『日本人の縁起かつぎと厄払い』青春出版社

高木敏雄（著）山田野理夫（編）1973『人身御供論』宝文館出版

竹村卓二　1966「華南山地栽培文化複合から観た我が国の畑作儀礼と田の神信仰」『民族学研究』30（4）269-273頁

田中宣一　1980「成木責め」桜井徳太郎（編）『民間信仰辞典』所収　東京堂出版　215-216頁

鳥越憲三郎　1977『歳時記の系譜』毎日新聞社

高山　純　1966「縄文中期に見られる三本指のモチーフについて」『古代文化』18（1）

高山　純　1967「中国の玦」『古代学』13（3・4合併号）　176-196頁

高山　純　1972「我国の人柱に関する民間信仰の起源についての比較民族学的研究」『民族学的研究』37（2）：108-142頁

高山　純　1976「配石遺構に伴出する焼けた骨類の有する意義（上）『史学』47（4）301-334頁

高山　純　1977「配石遺構に伴出する焼けた骨類の有する意義（上）『史学』48（1）49-74頁

高山　純　1980「最近のホアビニアン文化研究と日本の先史文化－特に農耕を中心に－」国分直一博士古稀記念論集編纂委員会（編）『日本文化とその周辺－考古篇－』所収　新日本教育図書株式会社 757-787頁

高山　純　1992「葬式に親指を隠す風習の起源」『帝塚山論集』77：14-17頁

高山　純　1993「葬式に親指を隠す風習の起源についての補遺」『帝塚山論集』79　1-5頁

高山　純　2001「中世の日本人が痰を呑み込んだ理由」『帝塚山人文科学部紀要』7　1-7頁

高山　純　2002「日本の羽衣説話のインド起源とこれに農耕的儀礼が付随する理由」『帝塚山人文科学部紀要』10　33-85頁

高桑守史　1984「儀礼的盗みと村」『日本民俗文化体系』（第8巻）所収　小学館　297-340頁

寺沢　薫　1987「弥生人の心を描く」大林太良（編）『心のなかの宇宙』（日本の古代13）所収　中央公論社　73-130頁

坪井（旧姓郷田）洋文　1979『イモと日本人－民俗文化論の課題－』未来社

打江寿子　1977「コト八日」『日本民俗学』107号　21-25頁

渡辺　誠　1996『悠久の時をこえてよみがえる縄文人』学研

山田慶児　1990『夜泣く鳥－医学・呪術・伝説－』岩波書店

山田奨治　2003「鳴弦蟇目と？退治－俗信と生成過程－」小松和彦（編）『日本妖怪大全』所収　小学館　511-543頁

山口貞夫　1944『地理と民俗』生活社

山中　裕　1972『平安朝の年中行事』塙選書75

柳田国男　1962「瓜子織姫」『柳田国男全集』（第8巻）所収　筑摩書房　75-122頁

柳田国男　1978『新編柳田国男集』7　筑摩書房

Ⅲ部　民俗と考古学

吉成直樹　1995「作物盗みのフォークロア」泥棒研究会（編）『盗みの文化誌』所収　青弓社　159-190頁

湯浅浩史　1993『植物と行事－その由来を推理する－』朝日選書

馬　興国　1998「歳時節日の民俗」宮田　登・馬　興国（編）『民俗』（『日中文化交流史叢書5』所収　大修館書店　351-452頁

袁　珂（著），鈴木　博（訳）1984『中国の神話伝説』（上）青土社

任　東権　1978「韓国民族の説話の特質」臼田甚五郎・催　仁鶴（編）『東北アジア民族説話の比較　研究』所収　桜楓社　19-46頁

黄　展岳（著）宇都木　章（監訳）2000『中国古代の殉葬習俗』第一書房

陸　思賢（著）岡田陽一（訳）2001『中国の神話考古』言叢社

ルイ・ルヌー（著）渡辺昭宏・美田　稔（共訳）1991『インド教』文庫クセジュ　白水社

W. エバーハルト（著）白鳥芳郎（監訳）1987『古代中国の地方文化－華南・華東－』六興出版

Aung, M. H. (1948) *Burmese folk-tales*. Oxford University Press.

Davies, N. (1981) *Human sacrifice in history and today.* William Morrow and Company, Inc. New York.

Harley, T. (1885) *Moon lore*. London.

Hogg, G. (1958) *Cannibalism and human sacrifice*. Robert Hale Limited. London.

Mehta, S. S. (1917-1918) "Dagada-Chowth or vestiges of moon-worship in the Bombay Presidency." *Journal of Anthropological Society of Bombay*, Vol. 9, 290-296.

Stirn, A. and P. van Ham (2009) *The hidden world of the Naga living traditions in northeast India and Burma.* Prestel.

Stonor, C. R. (1950) "Feasts of Merit among the northern Sangtam tribes of Assam." *Anthropos* XLV : 1 -12.

Westropp, H. M. (n.d.) *Primitive symbolism as illustrated in phallic worship*. George Redway. London.

考古学研究者が体験したシカ猟

―静岡県静岡市梅ケ島における事例―

長谷川　　豊

はじめに

　この小論の目的は，静岡県静岡市の山村で筆者が体験したシカ猟の事例をもとに，縄文時代におけるシカ猟の方法を類推するための基礎的検討を試みることにある。

　筆者はこれまで狩猟経験者への聞き取り調査にもとづいて縄文時代の狩猟方法を類推しようとする研究を行って来た（長谷川 1995，1996）。しかし，この「聞き取り」というアプローチは実際の狩猟活動への参与観察を伴わないため，事例調査としては二次的・間接的なものにとどまらざるをえない限界があった。いうまでもなく，過去の「技術」を現行の事例から類推するためには，「技術」の行使を規定する諸条件を明確に記録し，その条件差に起因する「技術」の変動を正しく評価することが必要となる。縄文時代の狩猟方法の類推にあたっても，現行の猟法と捕獲対象動物の習性との関係などを具体的に検討することによって，行使される「技術」の変動幅を絞り込み，類推の蓋然性を高める試みが同様に求められる。そして，そのためには実際の狩猟に同行し，捕獲の過程を具体的に観察することが不可避の課題となる。本稿は，この課題に接近するための試論である。

　日本列島においてシカ・イノシシが生息する地域では，少なくとも縄文時代以降この両者が主要な捕獲対象動物の一角を占めて来たと考えられる。この間，民族や文化の系統に断絶はないことから，現行のシカ猟・イノシシ猟も「過去」から伝承されて来た猟法の系譜のもとにあり，「技術」の変動は基本的にはその延長上に発現したとみなされる。伝承がすでに途絶え，現在では類推の手掛かりさえない猟法が過去に存在した可能性は否定できないが，現行の猟法の中に，少なくとも縄文時代に遡る「技術」が水脈のように伏流している可能性があることも，同様に否定はできないと筆者には思われる。

　現行の狩猟事例から縄文時代の猟法を類推するためには，捕獲対象動物の生態条件・猟場の環境条件・狩猟者の技術条件などの間に存在する相互関係を念頭に置く必要がある。このうち，シカ・イノシシの生態条件は「種」に固有の定数であり，縄文時代から現代まで不変であると仮定される。一方，環境条件については，現在のシカ・イノシシの生息地が人里に近い低山帯から亜高山帯の一部にまで及ぶため，猟法の類推にあたってはこうした地形条件の変動を考慮する必要がある。また，技術条件については，狩猟具の性能差などが及ぼす猟法への影響を評

III部　民俗と考古学

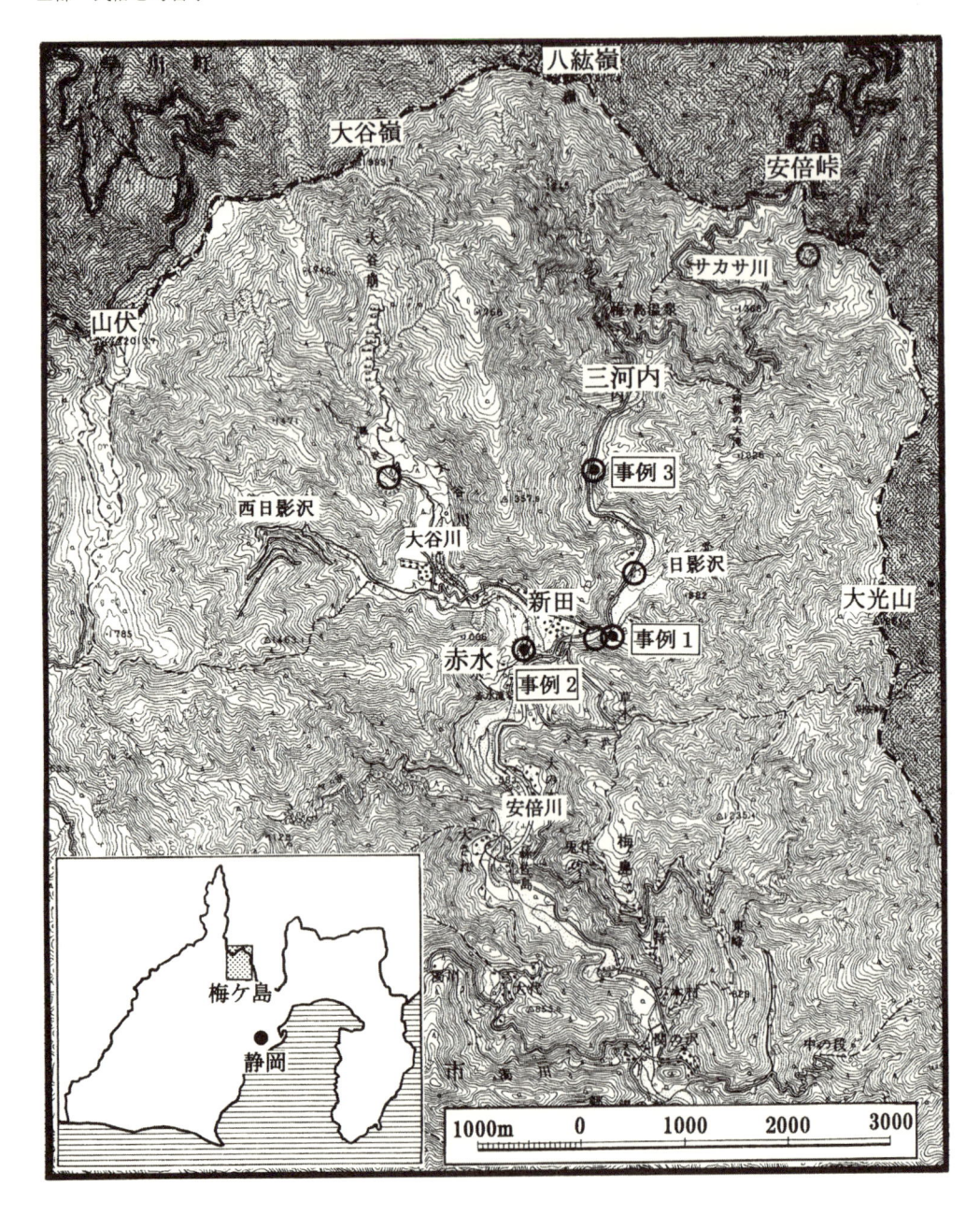

第1図　調査地周辺の地形（シカ捕獲地点　●：本稿記載の事例　○：その他の事例）

価することがとりわけ重要であると考えられる。現行の狩猟活動への参与観察にあたってはこうした変動要因と猟法との関係を明確に記録することが求められるのである。

1. 調査地の概要

　筆者がシカ猟を体験したのは静岡市を流れる安倍川の源流部に位置する梅ケ島の山村である（第1図）。梅ケ島は戦国大名の今川氏にはじまる「金山」の開発によってその名を歴史に残している。徳川家康がこの地の金鉱から採掘された金を用いて「慶長小判」を鋳造したことは著名である。また、17世紀初頭に遡るといわれる「新田神楽」（静岡市指定無形民俗文化財）の典雅な舞を今に伝える一方、「梅ケ島温泉」として古くから湯治客を集めてきた地でもある。

　現在シカ猟が行われている地域は安倍川の源流部を囲繞する主稜線の内側である。この主稜線には、東から順に大光山（標高1,661m）・安倍峠（1,416m）・八絋嶺（1,918m）・大谷嶺（1,999m）・山伏（2,013m）などが連なり、その一画には「日本三大崩」のひとつとして知られる大谷崩が巨大な崩壊地となって食い込んでいる。また、山梨県との県境をなす安倍峠の東側にはフォッサマグナ西縁の糸魚川・静岡構造線が南北に走っている。山域は複雑な地質構造をなし、谷頭侵食による崩壊地形が多く見られる。主要な河川としては、本流である安倍川のほかに支流のサカサ川・日影沢・大谷川・西日影沢などがあり、主稜線から延びる尾根に急峻な谷を刻んでいる。植生は人工林を除きブナ・ミズナラ・カエデ類などの温帯性落葉広葉樹を主とする天然林であり、林床にはスズタケ・クマイザサなどのササ類が伴う。

　冬期の積雪はそれほど多くはない。このため、シカは通年生息し、一部の多雪地帯に見られるように寡雪地域との間を季節的に移動するということはない。ただ、1月下旬から春先にかけて山頂付近の積雪量が増えると、雪を避けて山裾に下って来る場合がある。

　安倍川と大谷川の合流点に立地する新田集落（標高740m）を基準にすれば、シカ猟が行われている山域は最大で標高差1,200mを測る範囲にある。現在、シカの生息はこの山域に広く認められる。そのほか、哺乳動物としてはイノシシ・クマ・カモシカ・ノウサギ・キツネ・タヌキ・サルなどが生息する。このうち、イノシシは一部の狩猟者によって主に罠で捕獲されている。

　当地におけるシカ猟の歴史は少なくとも江戸時代の末に遡る。それは、天保5年（1834）に脱稿した『駿河国新風土記』の「入島・梅ケ島」の項に「…この小泉勧解由左衛門尉、鉄砲の達人にして此山中に鉄砲の術を伝へしは此人にて、此郡の猟人の鉄砲は小泉流なり」という記載があるほか、「熊、鹿、猪、狐の貢此地に合り」と、その産物が紹介されていることから確認できる。

2. 狩猟者のプロフィール

　梅ケ島でシカ猟を行っているのは新田集落に在住する葉山理一さん（昭和12年生、シカ猟

Ⅲ部　民俗と考古学

写真1　シカを待ち伏せする葉山さん（2008年2月22日撮影）

歴50年）のもとに集まるグループである。筆者は2006年10月31日に葉山さんをはじめて訪ね，シカ猟の全般について伺った。その概要を次に記す。

葉山さん（写真1）（註1）は20～21歳の頃に猟をはじめた。父親がシカ猟をやっていたことから，その後について猟の方法を習った。以前はイヌを飼っていたので1人でもシカ猟に行った。今はイヌを飼うのをやめたため，イヌを持っている近在の狩猟者などとともに共同の猟を行っている。周囲の山にシカが多く生息していることから，おのずとシカ猟が主体になる。猟には普通2～3頭のイヌを使う。イヌはシカ猟に馴れているため，イノシシの足跡を見つけたとしても追わないものである。イヌは1歳になる前から山を歩かせる。1歳で猟に連れて行くと，次の年からは自然にシカを追うようになる。猟に使える期間はおおよそ10年程度である。

猟をはじめた昭和30年代は，山の奥まで登ってもシカの数は少なかった。20年ほど前から著しく増え，現在では集落のすぐ裏山にまで現れるなど，広範囲に生息するようになった。シカの捕獲数は1猟期40頭前後である。

共同の猟は3～4人から7～8人で行う。5人くらいで組むのがもっともやりやすい。猟の方法は，勢子が山の中腹までイヌとともに登ってシカを探し，イヌに発見されて逃げ出して来たとろを，河原で待ち伏せていて仕留めるというものである。勢子が歩くコースは山ごとにおおよそ決まっている。また，シカが逃げる経路も地形によってほぼ決まっていて，イヌに追われるとどのシカもほとんど同じ場所に出て来る（註2）。

単独猟の方法は，山に登ってイヌを放した後，シカを追うイヌの鳴き声が移動する方向をてがかりにしてその逃走経路を判断し，逃げて来る地点に先回りして待ち伏せるというものである。単独猟は山の地理をよく知っていなければできるものではない。どこの尾根でシカを追い出せば，どこの「ケモノ道」に逃げて来るといった知識を持つことが，単独猟を行うための必須の前提条件である。

弾は散弾を使う。射撃はシカに対して10～20mの距離から行うのがよい。発射された散弾がもっとも効果的に打撃を与える形に広がる距離だからである。狙う場所は前脚の付け根の心臓付近である。

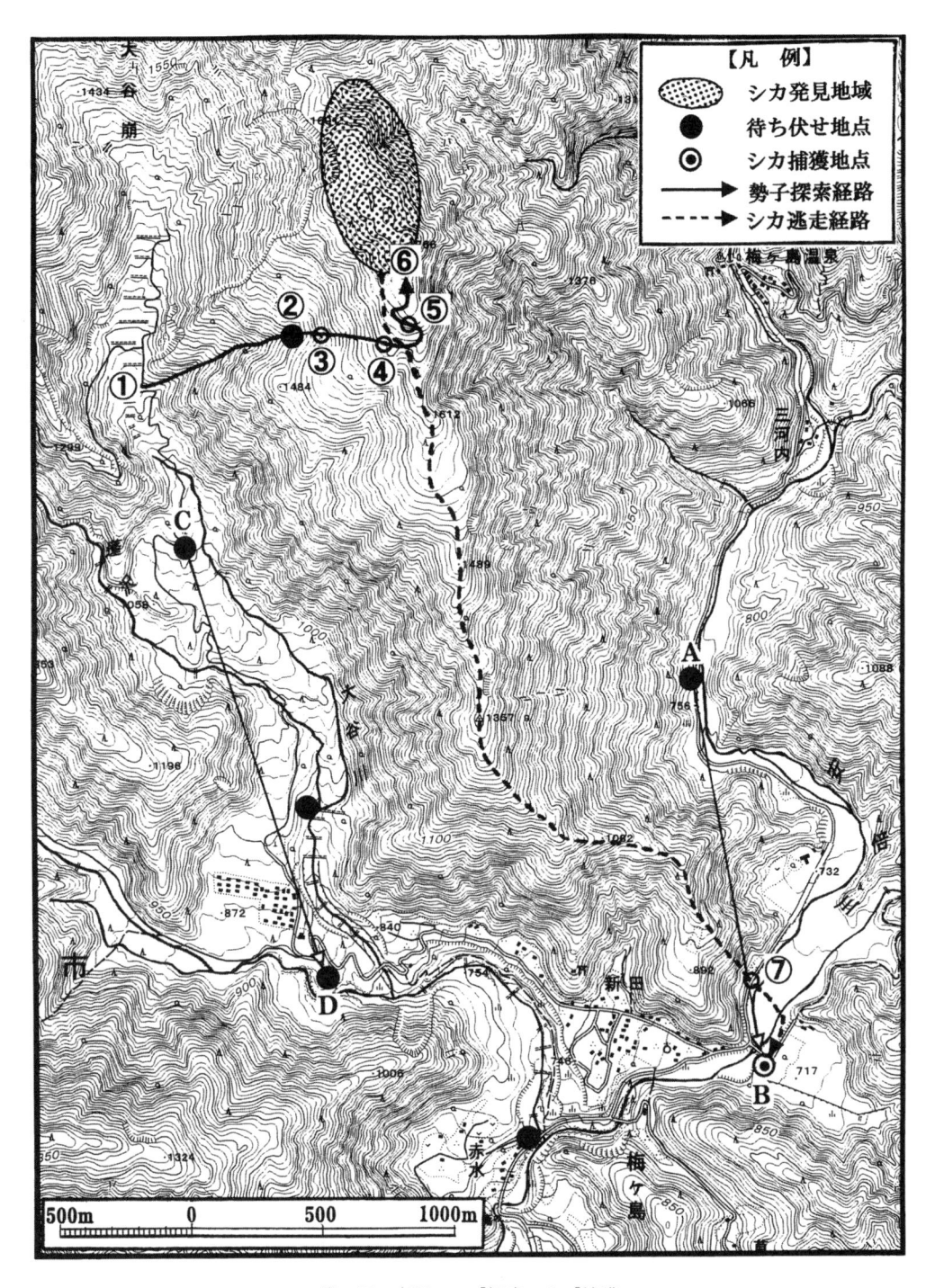

第2図　事例1の「探索」と「捕獲」

Ⅲ部　民俗と考古学

3．シカ猟の事例

　現在，シカの生息は梅ケ島の周辺のほとんど全域に及ぶと認識されている。シカ猟を行う場所は，「河原に新しい足跡があった」・「前回の猟で取り逃がした群れがまだ残っている」・「しばらく猟を行っていない」などの理由から，猟の当日に選定されることが多い。出猟したもののシカを発見することができず不猟に終わるという事例は少なく，多くの場合イヌがシカを発見して追跡するところまでは到達する（註3）。

写真2　シカ猟を行った尾根　中央に見える谷を登って「探索」した（2008年4月5日撮影）

　シカ猟のプロセスは，勢子がイヌを使ってシカの所在を探し出す「探索」と，追い出したシカを待ち伏せて仕留める「捕獲」という2つの局面からなる。ただし，猟の展開によっては勢子が仕留める事例もある（註4）。

（1）事例1

　猟は大谷嶺から南東方向に派生する尾根で行われた（第1図，第2図）。この尾根は「七人作りの峰」と呼ばれ，安倍川とその支流の大谷川とを分ける支稜線をなしている。地形は概して険しい。崩壊地が所々にあり，立ち入ることが危険な場所も少なくない（写真2）。

　シカはこの尾根の稜線付近でイヌに発見された。そして，イヌに追われながら長大な尾根を

写真3　「カマバ」付近の景観　　　写真4　勢子のところに戻って来たイヌ

300

逃げ下った後，安倍川の河原に出て来たところで捕獲された。この猟は7人で行われた。筆者は勢子に同行し，イヌがシカを発見するまでの「探索」を体験した。

【探索】勢子を担当したのは鈴木英元さん（昭和43年生，シカ猟歴5年）である。9時34分，治山道路の脇（①，標高1,175m）に車を止め，稜線を目指して尾根の西斜面を登り始めた。尾根の中腹の待ち伏せ地点に向かう田端博史さん（昭和22年生，シカ猟歴30年）が一緒に登った。使うイヌは3頭であった。このうち1頭は紐から解き，他の2頭は紐に繋いで連れて行った。紐に繋いだ2頭はカモシカの足跡を見つけるとそれを追ってしまう癖があるため，はじめから自由に行動させることはできないのだという。紐から解かれた方のイヌは前後しながら勢子と一緒に斜面を登って行った。斜面には数日前の降雪が薄く残り，随所にノウサギの足跡が印されていた。しかし，イヌはノウサギの足跡にはまったく反応しなかった。

10時19分，「カマバ」と呼ぶ炭焼窯の跡地（②，標高1,450m）を通過した。田端さんが待ち伏せをする地点である。落葉樹の潅木林が広がる浅い谷の中であるため見通しがよい（写真3）。この地点で，それまで紐に繋いで連れて来た2頭のイヌが放たれた。イヌはすぐに斜面を駆け上がって行き，樹林の中に姿を消した。

「カマバ」に田端さんを残して，鈴木さんとともに浅い谷筋の急斜面をさらに登って行く。積雪は深くない。斜面上部の稜線奥の方向から，イヌの鳴き声が近づいたり遠ざかったりしながら断続的に聞こえて来る。鈴木さんによれば，イヌはシカの足跡などに残るニオイを察して鳴いているだけであり，シカを発見したわけではないらしい。鈴木さんが状況を無線機で連絡する。

10時27分，イヌが1頭戻って来た（③，写真4）。イヌはシカを発見できないと勢子のところに一旦戻って来る習性を持っているという。このイヌは，勢子の存在を確認した後，再び斜面を登って行った。標高が上がるにつれてササが密生するようになり，藪漕ぎを強いられる。斜面を横切る「ケモノ道」を何度か通過したが，シカの新しい足跡は確認できない。ノウサギの足跡が目立った。

11時16分，主稜線（④，標高1,650m）に到達した。稜線上に出るとようやく雪面にシカの足跡が見られるようになった。付近にイヌの姿はない。谷を隔てた大谷川右岸の尾根はガスに隠れ，粉雪が舞っている。日差しはない。鈴木さんは状況を無線機で連絡した。そして，指示に従ってシカの足跡を辿りながら稜線を登って行った。11時37分，シカが寝た跡を見る（⑤，

写真5 シカが寝た跡

Ⅲ部　民俗と考古学

写真6 シカが逃走して行った付近の景観

真5）。ササの根元の一画に，雪が溶けた後に再び凍結した様子が観察された。昨夜かその前夜に利用したものらしいという。

11時56分，西側斜面を見渡せる地点に立った（⑥，標高1,720m）。休憩を兼ねて様子を見ていると，尾根の奥の方向で突然イヌが吠え始めた。鳴き声は次第に下手に移動し，かつ激しくなった。イヌは3頭が一緒に行動している模様である。鈴木さんは，イヌの鳴き方から判断してシカを追跡しているのに違いないと説明した。その直後，一瞬だが約50～70m下方のササの斜面を逃げるシカの尻斑を鈴木さんが目撃した。12時5分のことであった（写真6）。

その後，イヌの鳴き声は次第に稜線上を下方に遠ざかって行った。鈴木さんは，この様子を無線機で連絡した。鈴木さんによれば，尾根上部の稜線の周囲でイヌが鳴きながらシカの群れを追い回していたところを，先に一旦戻って来た別動のイヌが追いついて吠え始めたため，そのうちの1頭のシカが斜面を下って逃げて来たという経過を辿ったらしい。一方，「カマバ」で待ち伏せていた田端さんには追跡するイヌの鳴き声は聞こえなかったという。このことから，シカは斜面をそのまま下ったのではなく，主稜線に沿って逃走して行ったものと推定された。

イヌがシカを発見し，追跡して行ったことで，勢子としての鈴木さんの役割は一応終了したことになる。

写真7 シカが安倍川の河原に出てきた地点（〇内）河原を横切って下流（手前）に逃走して来たところを捕獲された（2008年2月17日撮影）

【捕獲】6人が待ち伏せを担当した。待ち伏せ地点（●）は，大谷川と安倍川に沿って配されたほか，すでに記したように1箇所のみ尾根の中腹が選定された。これらは，追われたシカが逃げ出して来る場所として経験的に認識されている地点である。

シカが捕獲されたのは12時35分のことであった。仕留めたのは葉山さんである。葉山さんによれば，捕獲の状況は次のようであったという。

イヌがシカを追い始めたとの連絡を

無線機で受けた時，葉山さんはやや上流の河原（A）で待ち伏せしていた。しかし，尾根沿いに逃走したという状況から，シカは尾根の末端付近に出て来ると予測した。そこで，待ち伏せする地点を変更し，安倍川本流にかかる橋の下（B）へと車で移動した。待ち伏せていると，イヌの鳴き声が聞こえ，尾根の末端よりもやや上流寄りの茶畑付近（⑦，写真7）からシカが飛び出して来るのが見えた。距離は約300 mであった。姿を現したシカは，安倍川をまっすぐに渡った後，左岸の堤防に沿って河原を下流に下り，葉山さんが待ち伏せている橋の方向に逃走して来た。そして，約30 m手前で進路を転換し，堤防の斜面を駆け登って行こうとした。葉山さんはその一瞬を捉えて1発射撃した。使用した弾は6粒の散弾である。弾は胸元に命中し，肺に達したのが致命傷となったらしい。それでも，シカはそのまま堤防の上を約50 m逃走した後，ようやく倒れた。「三の又」と呼ばれる四尖の角を持つ体重約80 kgのオスであった。追跡のイヌは，3頭のうち1頭のみが最後まで詰めて来ていた。

なお，大谷川の上流（C）で待ち伏せていた寺田明夫さん（昭和27年生，シカ猟歴20年）も，シカが逃走をはじめたとの連絡を受け，尾根の末端方向に逃げて来ると判断して急いで下流の待ち伏せ地点（D）に移動していた。

イヌがシカを追い出した尾根（標高1,720 m）と，葉山さんが捕獲した安倍川の河原（標高710 m）とを比較すると，捕獲されたシカは標高差1,000 m，推定距離3.5 kmを約30分かけて逃走して来たことになる。その平均速度は時速に換算して約7 kmであったと計算された。

(2008年1月20日調査)

（2）事例2

猟は赤水集落の背後の尾根で行われた（第1図，第3図）。この尾根は大井川との分水嶺となる主稜線の一角（標高1,785 m）から東に向かって派生した支稜線である。尾根の北斜面に西日影沢が流れている。

シカは稜線の末端部が三方に分岐したうちの北尾根の斜面でイヌに発見された。そして，イヌに追われて大谷川の河原に出て来たところを捕獲された。この猟は5人で行われた。筆者は勢子に同行した。

【探索】勢子を担当したのは寺田さん（前出）である。イヌは4頭使った。このうち1頭は寺田さんが飼うイヌである。8時55分，尾根を横切る林道の突端（①，標高730 m）から登り始めた。イヌは紐に繋がず，最初から自由に行動させた。8時59分，先行して登って行ったイヌが，北側の谷の方向で鳴き始めた。9時00分，イヌが2頭戻って来た。そして再び姿を消した。寺田さんによれば，イヌが鳴いたのはカモシカを追ったものらしいという。この後，イヌの鳴き声が断続的に聞こえて来た。イヌは尾根の北斜面の下手で行動しているらしい。9時18分，谷を越えた北の尾根でイヌが連続して鳴いた。鳴き声が谷に木霊する。今度はシカを発見し，追跡している模様である。寺田さんは，イヌの行動に注意しながら尾根をさらに登って行った。

Ⅲ部　民俗と考古学

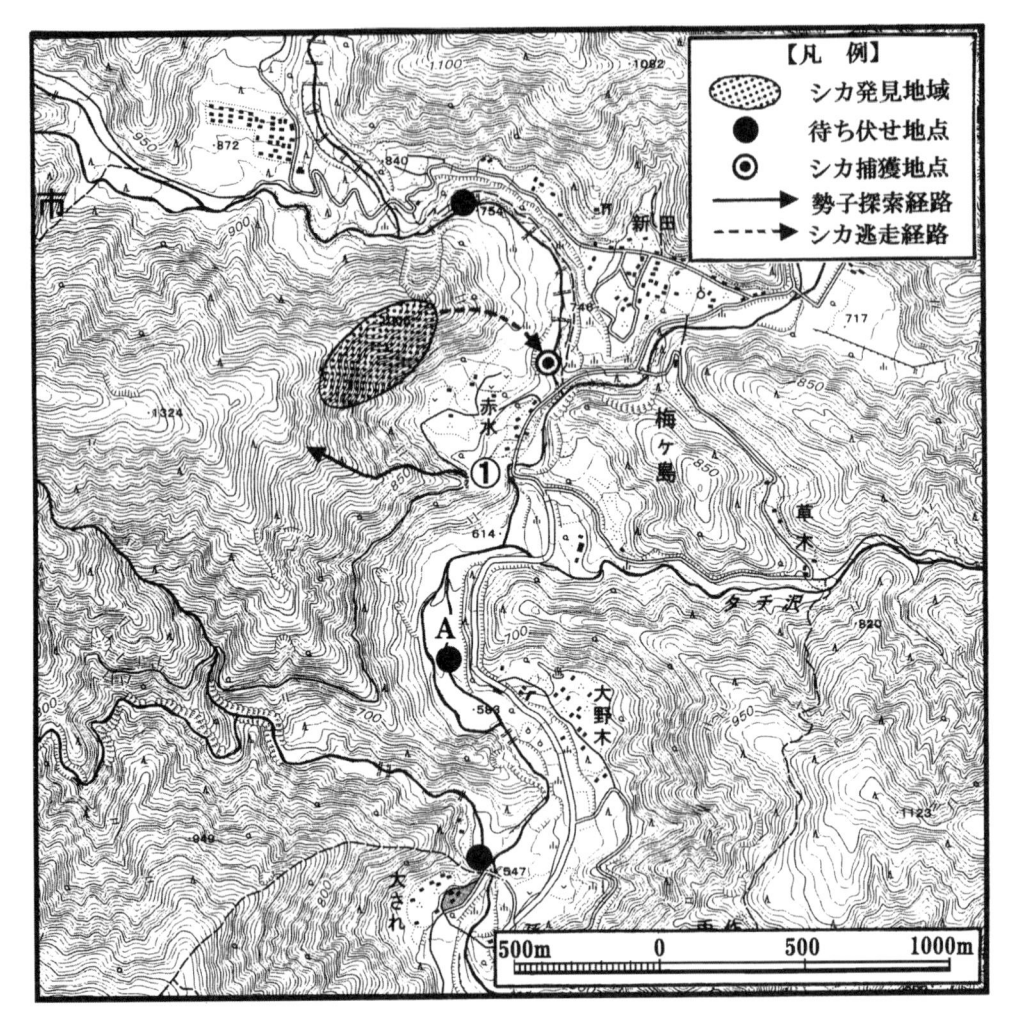

第3図　事例2の「探索」と「捕獲」

【捕獲】9時35分，北尾根の方向で銃声が3回鳴った。その後，シカを捕獲したという連絡が無線機に入った。仕留めたのは秋山宥之さん（昭和14年生，シカ猟歴50年）である。場所は大谷川と安倍川との合流点近くの河原であった（標高690 m）。秋山さんによれば，捕獲の状況は次のようであったという。

待ち伏せ地点に向かうため，秋山さんは大谷川の流れを左岸から右岸に渡ろうとしていた。その途中で何気なく前方を見ると，気付かないうちに1頭のシカが大谷川の流れの中に立っていた。イヌは追っていなかった。シカとの距離は約20 mであった。慌てた秋山さんは，鉄砲を咄嗟に構えて2発連射した。シカは2発目で倒れたが，次いで3発目を撃って止めを刺した。角が生える前の若いオスであった。使用した弾は9粒の散弾である。

これとは別に，鈴木一夫さん（昭和24年生，シカ猟歴10年）が待ち伏せしていた安倍川本

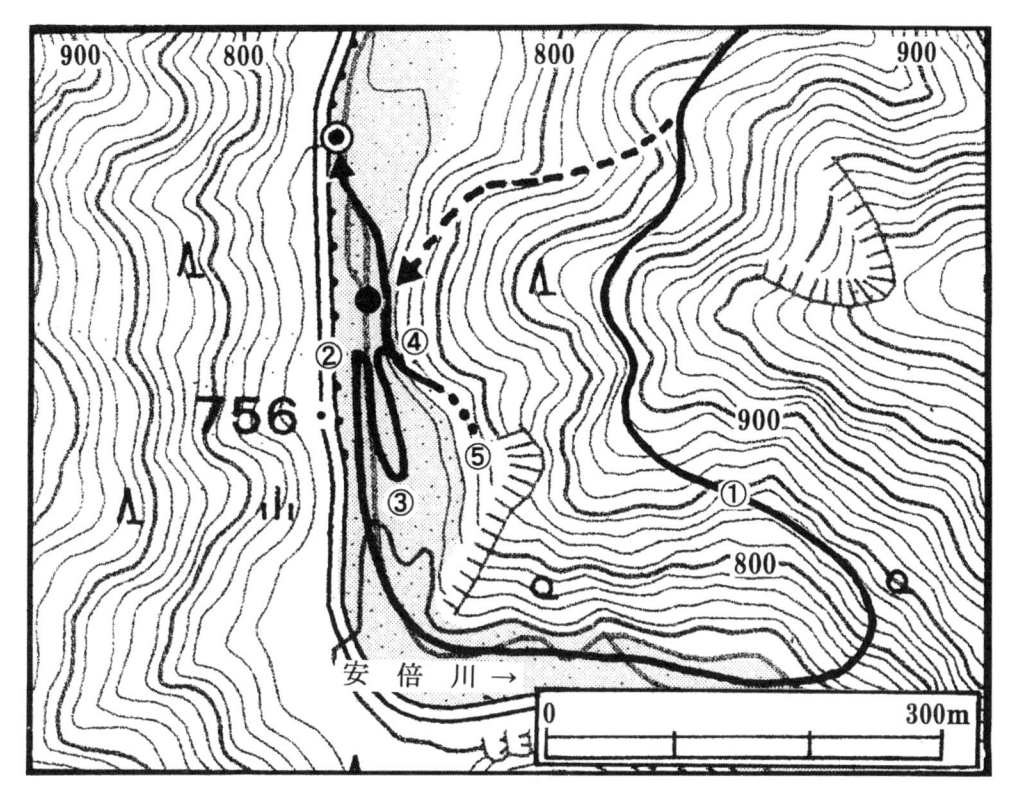

第4図 事例3の「捕獲」

流の河原（A）にも1頭のシカが現れた。しかし，距離は約50mと遠かったため，射撃したが命中しなかった。シカは右岸の川辺林の中に逃げ込んだ。その後をイヌが追跡した。しかし，このシカを追い出すことはできなかった。川辺林の中にはシカの新しい足跡が縦横に残されていたため，追跡して行ったイヌが混乱し，結局のところ見失ってしまったものらしい。なお，鈴木さんが撃った弾は9粒の散弾であった。　　　　　　　　　　　　　　（2007年12月22日調査）

(3) 事例3

　三河内の奥でイヌに発見されたシカが安倍川の河原に逃げて来たところを，待ち伏せていた射手によって捕獲されたという事例である。筆者はシカが逃げて来た待ち伏せ地点にいて，捕獲までの経過の一部を至近距離で観察した。猟は6人で行われた。イヌは4頭使った。この事例は「捕獲」の局面のみを記載する（第1図，第4図）。

【捕獲】待ち伏せ地点は安倍川の河原の中（●）であった。この場所は，上流の左岸側の尾根からシカが逃げ出して来るため，右岸にある崩壊地の特徴にちなみ「シラックズレ」と呼んで認識されていた。河原には流木などを用いて身を隠す簡単な施設を設けてあった。数日前に降った雪がまだ一面に残っていた。待ち伏せを担当したのは海野十作さん（昭和5年生，シカ猟歴10年）である。

III部　民俗と考古学

写真8　シカが安倍川の河原に現れた地点（〇内）

　12時17分頃，三河内の奥でイヌがシカを追っているとの連絡が無線機に入った。その後，シカは尾根を越えて下流側（①）に逃げているため，河原に沿って上流方向に戻って来る可能性もあると，勢子の寺田さん（前出）が伝えて来た。

　待ち伏せの海野さんは，遮蔽物を背にして座り，下流方向を注視した。筆者は，上流側も気になったため，海野さんの背後にいて両方向を交互に見た。そして，何度目かに下流側を見返した時，河道（写真8）に「三の又」のシカが立ってこちらを警戒しているのが目に飛び込んで来た（②）。気付くと，海野さんはシカが現れたことをすでに視認し，銃を構えて射撃のタイミングを計っていた。イヌは追っていない。次の瞬間，シカは身をひるがえして下流方向に駆け出した。白い尻斑を広げているのが見えた。同時に，海野さんが立ち上がって1発射撃した。距離は約40mであった。しかし，シカはそのまま河道を下流に逃走した。そして左岸の川辺林の中に姿を消した。弾が当たったかどうか，筆者には分からなかった。時刻は12時55分であった。

　海野さんは歩行がやや不自由なため，代わって筆者が逃げたシカを追跡した。シカが立っていた地点に行くと，鮮血が雪面の狭い範囲を染めていた。そして，雪の上に残された足跡が下流に向かって続いているのが見えた。筆者はこのことを海野さん伝え，足跡を辿った。足跡は，落葉樹の幼木がまばらに生えた川辺林の中に続いていた（写真9）。そして，その先の枯れ草の上（③）に，うずくまって筆者を注視しているシカが見えた。撃たれた地点からは下流に約100m離れていた。筆者が近づこうとすると，シカは慌てて身を起こし，川辺林を抜けて上流方向に逃走した。筆者は大声で叫んで，海野さんの方向にシカが逃げて行ったことを伝えた。シカが隠れていた地点に行ってみると，血が狭い範囲に落ちていた。

　やや間をおいて，銃声が2発鳴った。その直後，シカが左岸の斜面を駆け上って潅木林の中に逃げ込んで行くのが見えた（④）。筆者は海野さんのところへ急いで戻った。海野さんは，3発目を発射しようとした

写真9　逃走したシカの足跡

が銃の故障で撃てなかったと慌てていた。この時点で，捕獲に失敗したと判断した筆者は，さきの川辺林に戻り，シカの足跡などを撮影した。そこにイヌが2頭，河原の下流方向から前後して追跡して来た。そして，筆者とすれ違い，上流方向に走って行った。シカが最初に現れた時点からは10分程度遅れて来たことになる。

　海野さんによれば，シカへの2発の射撃は約15mの距離から行ったという。シカは倒れることなく，進路を変えて尾根の斜面に逃走して行った(⑤)。しかし，その後しばらくして，シカは河原の同じ地点(④)に下りて来た。そして，銃を撃てないでいる海野さんの近くを抜け，川を渡って対岸の河原を上流の方向に逃走して行った。海野さんがその後を遅れて追い，待ち伏せ地点から約120m上流の，河原から道路に上がる

写真10　捕獲されたシカ

土手の斜面(◉)で，シカが倒れているのを発見した(写真10)。海野さんより先に追いついたイヌが尻に噛み付いていたという。13時10分頃のことであった。

　1度目の射撃は，首筋に当たったもので軽傷だったらしい。致命傷は2度目に射撃した2発であった。撃たれた後，シカは斜面を駆け登って逃走を図ったものの，恐らくは遠くまで走ることができず座り込んでしばらく隠れた後，再び河原に出て上流方向へ逃げ延びようとする途中で絶命したものと考えられた。体重約60kgの「三の又」であった。解体したところ，肋骨が折れていたとのことであった。使用した弾は6粒の散弾である。

　「シラックズレ」の待ち伏せ地点は，三河内の奥で追われたシカが逃げ出して来る場所のひとつとして認識されている。破線で示したのがその逃走経路であり，シカは通常この破線に沿って河原に出て来ると想定されていた。今回，予想に反して下流方向に尾根を越えたのは，この逃走経路付近の人工林が伐採されて見通しがよくなったため，シカがこれを避けたのだと考えられた。大雨に伴う斜面崩壊や人工林の伐採などを原因とする景観の変化によって「ケモノ道」が移動することは，しばしば見られる現象であるという。　　　　　(2008年2月11日調査)

4．若干の考察

　前節で記載した諸事例は，標高2,000mの山稜に至る起伏に富んだ山域に生息するシカを狙ったものである。この点で，列島の各地で現在行われているシカ猟に対比しうる普遍性を，今回の調査地の猟法が持っているという保証はない。また，縄文時代のシカ猟を念頭に置いた場合でも，一般的に山麓・丘陵・台地などに想定される往時のシカ猟の猟場と今回の調査地と

Ⅲ部　民俗と考古学

は，その地理的環境に明らかな落差が見られる。猟法の検討にあたっては，そうした条件差をも考慮する必要がある。

（1）シカ猟の手順

　すでに記したように，シカ猟は「探索」及び「捕獲」の2局面で構成される。「探索」のルートと「捕獲」の待ち伏せ地点は，シカ猟を行う尾根が選択された時点で，それまでの経験にもとづいておのずと決まることが多い。また，勢子が尾根をどこまで登って行けばイヌがシカを追い出す筈だという予測も，同時に立てられる。

　「探索」はイヌの能力に依存するところが大きい。調査地で飼養されているイヌは，その習性として，狩猟者が伴わなければシカを探す行動をとらない。このため，勢子がイヌに同行することがどうしても必要になる。イヌは，シカを探しながらも，勢子の所在を確認するために時々戻って来る。勢子は，そうしたイヌの行動や，シカの新しい足跡の有無などを手掛かりにして「探索」の経路を修正しながらイヌを導いて行き，シカの発見を待つのである。イヌがシカを発見したことはその鳴き方で分かるものであり，イヌの鳴き声が継続し，かつその方向が次第に移動して行く状況を確認できれば，シカの逃走をイヌが追跡しているとほぼ判断できる。

　一方，「捕獲」は河原の待ち伏せ地点で行われる事例が多い。これは，イヌに追われたシカはやがて尾根を下って河原に出て来るという習性に対応するものである。待ち伏せ地点は「点」として配置されているにすぎない。それにもかかわらずかなりの確率で捕獲に成功しているのは，シカが河原に逃げ出して来ると予測できる地点が限定されているためである。その主な理由は，逃げる際に「ケモノ道」に乗るというシカの習性にある。そして，付随的な理由としては，調査地の地形が急峻であり，かつ随所に崩壊地が見られるため，シカが「ケモノ道」として選択できる地点が相対的に少ないことが考えられる。

　シカが河原に現れた時点では，イヌの追跡がかなり遅れていることも少なくなく，シカが逃走して来たことをイヌの鳴き声で察知できるとは限らない。このため，待ち伏せでは文字通りただひたすらに待つことが求められる。現れたシカに対する射撃は20～30mの距離で行う事例が多い。その理由は，遮蔽物が少ない河原では逃走して来るシカを視認できるため，射撃の間合いを測ることができる点にあると思われる。とはいえ，シカがイヌに追われて疾走して来る場合などは十分に狙いを定められないこともあり，射撃の状況は多様である。

　シカ猟の手順は「イヌが山から追い出したシカを河原で待ち伏せて仕留める」と簡潔に要約される。第1図に記した捕獲地点の多くが安倍川とその支流の河原に集中することに端的に示されるように，猟の手順は画一的であり，猟法の変動幅は少ない。その理由は，イヌに発見されると一方的に逃走し，最後には河原に逃げ出して来るというシカの習性に対応して猟法が組み立てられていることにあると解される。シカのこの習性は，イヌと格闘する場合もあるイノシシとはかなり異なるといってよい（長谷川2007）。

　ただし，猟の手順が画一的な様相を示す理由には，調査地における現在のシカの分布が山域

の広範囲に及び，どこにでも生息すると認識されていることが，影響を与えていると考えられる。すでに記したように，調査地では，猟を行う尾根をおおまかに決めて勢子がイヌとともに登って行けばやがてシカの発見に至ると認識されているのであり，「探索」を独立した「技術」としてそれほど重視しなくてもよいことが，猟法を単純化させる一要因になっているとみなされるのである。これと表裏して，シカ猟に関する技術伝承の内容は，筆者が見る限り，どこの尾根のどこでシカを追い出した場合には，どこを通って，最後にはどこの河原に出て来るものだという逃走経路に関する情報を主体とするものであった。前節の事例で記した「カマバ」・「シラックズレ」のように，待ち伏せ地点に固有の名称をつけてメルクマールとするほか，さらにその一部では事前に遮蔽物を構築して待ち伏せに

写真11 河原に設けられた待ち伏せ地点（2007年11月18日撮影）

備えていることは（写真11），シカが逃げ出して来る地点が固定的であり，かつそれが捕獲地点として重視されていることを端的に示している。調査地においては，どこにシカがいるのかという「探索」よりも，どこに逃げ出して来るのかという「捕獲」への対応に比重が置かれているのであり，これが猟の手順を画一化させる理由のひとつになっていると解されるのである。

とはいえ，「探索」はシカ猟を構成する重要な局面であり，勢子がイヌを導いて尾根を登って行くという行動を省略してはシカ猟が成立しないこともまた事実である。イヌを使役して行う「探索」を前提としてはじめて，待ち伏せ地点での「捕獲」が可能となるのである。

（2）シカの習性

　調査地におけるシカ猟の特徴は，標高2,000 mに達する亜高山帯を含む山岳域で行われていることにある。このことを端的に示すのは「事例1」である。この事例で，勢子は標高1,720 mを測る主稜線まで，急峻な尾根を2時間近くかけて登ってシカの探索にあたった。また，イヌに発見されたシカは稜線上を約3.5 km逃走し，標高差約1,000 mを下って河原に出て来たのであった。先に記したように，このシカの逃走時の平均時速は7 kmと計算された。この速度は人間でいえば小走り程度であり，シカが疾走する際のスピードとは明らかに落差がある。逆算すれば，このシカは，走ったり立ち止まって追跡のイヌの様子をしばらく窺ったりしながら，段階的に尾根を下って来たことが推定されるのである。しかし，いずれにしても，このシカは長い稜線上を逃走した後に，結局のところ予測されていた待ち伏せ地点のうちのひとつに姿を現したのであり，その習性の一端をよく示していると思われる。

　一方，「事例2」・「事例3」は人里に比較的近い尾根でイヌに発見されたシカを捕獲した事

例である。このうち，「事例2」は赤水集落のすぐ背後の尾根から逃げて来たシカを捕獲したものであり，逃走距離1km未満，標高差は約300mと推定され，発見から捕獲までの経過時間は17分，平均時速約3kmと計算された。「事例3」については，標高差約200mの尾根を段階的に下って来たと考えられた。この2事例は，逃走の標高差も少なく，山岳的な様相が相対的に薄い山域におけるシカ猟の様子を示すといってよい。しかし，これらの事例においても，待ち伏せ地点は河原に設定され，シカは予測した待ち伏せ地点付近で捕獲されているのであり，その猟法は亜高山帯を含む急峻な尾根で行われた「事例1」と基本的に同一であるとみなされる。

以上のことから，どのシカもイヌに追われると「ケモノ道」に乗って河原に出て来るという，調査地の狩猟者が共通に認識しているシカの習性は，地形条件の相対的な変動を越えて観察される事象であり，むしろシカに固有の生態的特徴に由来する傾向として認識してよいと考えられる（註5）。

（3）猟法の変動要因

縄文時代のシカ猟と対比した時，調査地において無線機と車が使用されていることは明らかに変動要因である。無線機は勢子から待ち伏せ地点へのシカの動静に関する連絡などに頻繁に使用される。一方，猟をする山への移動のほか，待ち伏せ地点の変更や捕獲したシカの運搬などに，車の使用は不可欠である。

「事例1」はこのことをよく示している。まず，猟を行う尾根への移動は車を使って行われた。また，シカが発見されて逃走をはじめた段階で，待ち伏せている地点にシカが逃げて来ないと判断した射手は，逃走が予測される別の待ち伏せ地点に車で急行したのであった。そして，この判断が無線機を使った連絡にもとづいて行われたことはいうまでもない。無線機による連絡がなく，車という移動手段がないと仮定すれば，「事例1」ではシカを取り逃がした可能性が高いと考えられる。「事例3」も同様であり，シカの逃走経路が変わったことの連絡を無線機で受けていなければ，下流方向からやって来たシカに気付かなかった可能性が高いと思われる。

しかしながら，無線機や車の使用は，シカの習性を所与として，これに機動的に対応するための手段として組み込まれたものであるにすぎないと解される。換言すれば，これらはシカ猟の効率化・迅速化という側面において効果を発揮するものであり，その導入によって，猟法そのものを従前とは異なるものに改変する要因になることはなかったと考えられるのである。

次に，イヌについて記載する。調査地のシカ猟はイヌの能力に依存するところがきわめて大きい。猟の手順はイヌの働きを前提にして組み立てられているといっても過言ではない。シカの所在をつきとめるのはイヌの嗅覚であり，逃走するシカを追跡するのはイヌの脚力である。イヌを使役して行う「探索」を前提としてはじめて，待ち伏せ地点での「捕獲」が可能になるのである。ただし，縄文時代に飼養されたイヌがこれと同等の能力・習性を自明に持っていたという保証はなく，狩猟のプロセスに関与するイヌの習性は，猟法の変動要因として認識する

必要があると考えられる。イヌの使役に関して注目されるのは，シカ猟を専門に行うイヌは，追われるとただ一方的に逃げるシカの習性に適応するようになるため，格闘能力を必要とするイノシシ猟には対応できなくなり，同様にノウサギなどの小動物にも関心を向けなくなる傾向があるということである。これは，飼養しているイヌをただ漫然と山に連れて行けば自然と動物を追うようになるというものではなく，捕獲対象動物の特性に対応した目的的な訓練・経験の蓄積が必要であることを示唆するものであり，縄文時代におけるイヌの飼養を考える上でも考慮されるべき点であると思われる。

　最後に，猟銃について検討する。縄文時代の主な狩猟具が弓矢であったことと対比すれば，現在の狩猟で鉄砲が用いられていることは重要な変動要因である。調査地の狩猟者が使っている猟銃は3連発の散弾銃が主流であった。いうまでもなく，連射の機能と，複数の弾丸を同時に飛翔させる散弾の機能は，シカに対する命中の確率を高めるものであり，単射とならざるをえない矢とは大きく異なる。また，有効射程距離や弾速なども猟銃と弓矢では性能の差が大きい。これらの機能条件の差は捕獲確率を決定的に左右する可能性が高いと考えられる。とりわけ，調査地の諸事例のように開けた河原を待ち伏せ地点とする場合などでは，逃走して来るシカに察知されることなく至近距離まで引き寄せることは必ずしも容易ではないと考えられる。筆者が体験した事例と同一条件下において，鉄砲を弓矢に置換して使用したと仮定した場合，感覚的な印象ではあるが，その捕獲確率にはかなりの落差が生じるであろうと感じられた。

　ただ，逆に考えれば，調査地における待ち伏せ地点は鉄砲の性能を前提として緩やかな条件下で選択されているともいいうるのであり，相対的に至近距離に射撃範囲を限定させるように待ち伏せ地点を設定することは不可能ではないと思われる。「事例2」で，河原に現れたシカへの射撃が約50mとやや遠距離であったために命中しなかっ

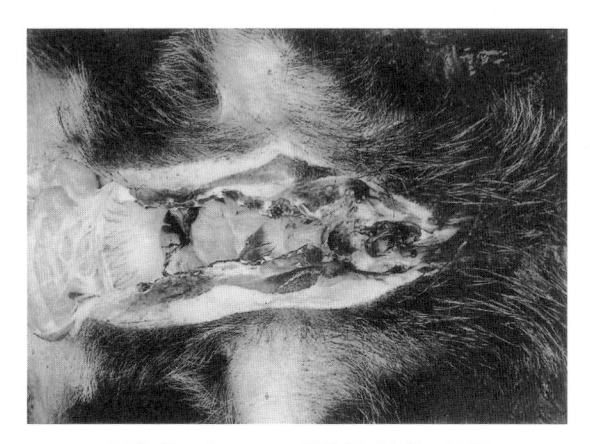

写真12　イノシシの脂肪層（白色の部分）
（静岡県伊豆市土肥で捕獲，2006年12月17日撮影）

写真13　シカの皮を素手で剝ぐ
（安倍峠付近で捕獲，2006年12月2日撮影）

たという事象は，鉄砲の性能も弓矢と同様に相対的であることを示していると思われる。シカの習性を所与とすれば，猟銃と弓矢は狩猟具として置換可能であり，両者を用いる猟法に決定的なヒアタスが生じることはないと考えられるのである。

なお，「事例3」は受傷に対するシカの脆弱性を示す事例として重視される。最初の射撃は，落とした血の量や色から判断して致命的な深手を与えるものだったとは考えられない。それにもかかわらず，逃走を続けることなく付近の疎林に隠れるという行動をシカがとったことは，狩猟者が「矢に弱い」と表現するシカの体質の一端をよく示していると思われる。イノシシが毛皮の下に厚い脂肪層を形成している（写真12）のに対して，シカは特に冬，皮下にほとんど脂肪の蓄積を見ない。このため，シカの解体において毛皮を剥ぐ際にも，猟刀で切り込みを入れた後，素手で引き剥がすようにして文字通り皮を「剥く」場面も少なからず見られた（写真13）。銃弾が当たった際の貫通力に対するシカの抵抗力は，緩衝材としての脂肪層をほとんど持たない分だけイノシシに比べて弱く，これが「矢に弱い」ことの一因になっているとも考えられるのである。被弾の部位やその程度にも関係するが，この「矢に弱い」という傾向は，鉄砲を使用する以前の，弓矢によるシカ猟を考える上でも重視されてよい特質であると思われる。

（4）縄文時代のシカ猟

追われると一方的に逃走し，やがて谷を下って河原に出て逃げ延びようとすることが「種」としてのシカに固有の習性であるとするならば，この習性を前提として組み立てられた猟法は地形条件や狩猟具の相対的な差を越えて普遍性を持つと解しうるであろう。

縄文時代におけるシカ猟の方法を示す証拠はまだほとんど知られていないのであるが，次の2事例はその一端を示すものとして今回の調査地における事例と対比できる可能性がある。

第1は，シカの遺存骨に石鏃が貫入した状態で検出されている事例である。該当資料を集成した熊谷賢氏の指摘で注目されるのは「貫入した部位は，…頭部及び胸部の部位が多く，ニホンジカの左肩甲骨3例からも推察できるように急所である心臓を狙った意図が窺える」という点である（熊谷2001）。これらの資料は，縄文時代のシカ猟の一部において調査地の猟法と同様な意図に準拠して弓矢が使用されていたことを具体的に示すものであろう。なお，集成された資料の帰属時期は，現状では後・晩期にほぼ限られている。

第2は，シカ猟にイヌを使役していた可能性を示す事例である。縄文時代人によるイヌ飼養の目的が主として猟犬として使役することにあったと考えることに誤りはないであろう。しかし，シカという特定の捕獲対象動物とイヌとの関係を示す証拠はこれまで必ずしも明らかではなかった。これに対して，近年石川県七尾市三引遺跡（小嶋，他2004）においてシカを主体とする動物遺存体の構成にイヌが伴うという事例が調査されたことは，この欠を補うものとして注目される。この遺跡は早期末から前期初頭に形成された貝塚であり，多量の動物遺存体が残されていた。整理が終了した分についてみると，シカとイノシシの構成は最小個体数でシカ

26，イノシシ 3 となり，シカの存在が卓越する様相を示していた。この遺跡でとりわけ重視されるのは，出土したイヌの歯に損傷や生前脱落が少ないという所見が，報告者によって示されていることである（茂原，他 2004）。このことは，イノシシが少ないという特徴と整合するものであり，報告者も指摘するように，イノシシ猟の場合とは異なって，シカ猟の過程で歯牙に損傷を受けるような激しい格闘をイヌが経験しなかったことを反映するものであると解される。この事例は縄文時代においてイヌがシカ猟に使役されていたことを間接的にではあるが示していると考えられるのである。

今回の調査地における狩猟者が共通に認識しているシカの習性が縄文時代においても所与であり，これに対応して上記のようにイヌを使い，弓矢で心臓部を狙う猟法がとられていたとするならば，これらの要素を統一的に整理することで類推される縄文時代の猟法は，調査地で行われているものと大枠で近似すると考えられる。銃の使用，車・無線機の導入といった変動条件は，猟法そのものを根本的に改変させるものではなく，猟の効率化・迅速化，そして捕獲確率の改善という側面において作用していると解されるのである。

検討した事例の数が少なく，考古学的資料も限られた中にあっては，過大な類推は慎まなければならないが，今回の調査地で行われているシカ猟の基本的形態は少なくとも縄文時代にまで辿ることができると考えるのが，本稿における筆者の見解である。

むすび

本稿では，現行のシカ猟への参与観察という視点から縄文時代の猟法を類推する試みの一端を記載した。今後の課題は，条件が異なる他地域の事例を幅広く収集し，類推に資する検討を一層深めることである。とりわけ，地形条件とシカの習性との関係，イヌの使役方法，「探索」と「捕獲」の手順については，さらに密な比較検討が必要である。引き続き一層の研鑽に励みたい。先学・同学のご叱正を賜れば幸甚である。

なお，本稿の作成にあたっては葉山理一さんをはじめとする狩猟者の皆様から懇切なご教示を種々いただいた。末筆ながら記して深く感謝の意をあらわす次第である。

献辞

杉山博久先生の古希の慶賀にこの拙い愚考を献呈し，今後の益々のご活躍とご健勝を衷心より祈念いたします。

学生の時，渡辺誠先生のご紹介で「馬場遺跡の縄文時代配石遺構」（1969 年刊）を恵送いただいて以来，杉山先生からは多くの学恩を賜ってきました。ここに改めて感謝申し上げます。

Ⅲ部　民俗と考古学

註

(1) 写真の撮影日付は基本的には調査の当日である。撮影日が異なる場合は，キャプションにその日付を付した。

(2) 昭和30年代のシカが少なかった頃の猟法は，現在とは異なって，河原に逃げ出す前のシカを山の峰などで待ち伏せして捕獲するというものであったという。イヌに追跡されて逃げて来たところを仕留めるという手順をとることでは，河原での待ち伏せと同じ範疇に属するとみなされる。その詳細は今後の聞き取り調査によって検討する予定である。

(3) 筆者は，これまで2年の猟期に計8回シカ猟に参加した。そのうちシカを発見できなかったのは2回のみであった。

(4) 地図に示したシカ捕獲地点などの位置は，ハンディGPS（eTrex Venture : GARMIN社製）を用いて計測したデータを地図ソフト（カシミール）に落として記録した。ただし，シカの逃走経路は，狩猟者がこれまでの経験などにもとづいて推定したものである。

(5) イヌに追われたシカが決まった場所に出て来ることは長野県伊那谷の事例でも指摘されている（松山義雄1977『続　狩りの語り部』，法政大学出版局）。また，室町時代の成立ともいわれる『狩言葉』に，シカ猟で「落かゝりてくる物とハ，山より谷へはせくたるものゝ事也」，「まきめの鹿と云ハ，いまだまきおとさず，山ノ嶺なとにセコの中にましりて有ヲ，まきめの鹿といふ也，まきめの鹿ヲ嶺より，せきおとしてなどと語也」とあるのは，シカの同様な習性を指すものとして注目される（毛利総七朗，他1977『仙台マタギ鹿狩りの話』，慶友社）。

引用・参考文献

熊谷　賢　2001「狩猟具の貫入した動物遺存体」『考古学ジャーナル』No. 468　ニューサイエンス社　pp. 9-12

小嶋芳孝，他　2004『田鶴浜町三引遺跡Ⅲ（下層編）』石川県教育委員会

茂原信生，他　2004「三引遺跡出土のイヌならびに他の中・小型哺乳類」『田鶴浜町三引遺跡Ⅲ（下層編）』石川県教育委員会　pp. 305-332

長谷川　豊　1995「縄文時代におけるシカ猟の技術的基盤についての研究－静岡県・大井川流域の民俗事例調査から－」『静岡県考古学研究』No. 27　静岡県考古学会　pp. 1-12

長谷川　豊　1996「縄文時代におけるイノシシ猟の技術的基盤についての研究－静岡県・大井川上流地域の民俗事例調査から－」『動物考古学』第6号　動物考古学研究会　pp. 51-71

長谷川　豊　2007「考古学研究者が体験したイノシシ猟－静岡県伊豆市における事例－」『列島の考古学Ⅱ－渡辺誠先生古希記念論文集－』渡辺誠先生古希記念論文集刊行会　pp. 557-568

Ⅳ部

思い出

小田原と八王子

椚　　　國　男

1. 下大槻遺跡での出会い

　私が初めて杉山博久さんにお目にかかったのは秦野市下大槻遺跡の発掘現場であり，1970年の夏だったので38年前になる。——おもえば長い年月が過ぎ去ったものである。

　私はこの発掘に5，6人の考古学部員たちと参加したが，桜井清彦先生から応援を頼まれたのと，同じ高校教師で互いに親しみをおぼえたのが，一度の出会いで友人になった原因であろう。——酒好きなことも一因であったかもしれないが。

　下大槻遺跡では忘れがたいことが二つある。一つは，いくら注意して掘っても竪穴住居の平面形をつかめなかったことである。黒い粒状の火山灰が一面に堆積していたためであり，なんのために手伝いにきたのかわからず，やりきれなかった。私が部員たちと毎年掘りつづけてきた八王子市の川口川下流域遺跡群では表土を20数cm掘り下げると竪穴住居の平面形がきれいに現れ，その上，耕作などによる撹乱を受けていない場所が多かった。私が古墳時代と弥生時代の竪穴住居の設計研究に取り組めたのはそのためであり，前者の研究は2年後に前方後円墳の設計研究につながり，42年経った今もつづけている。

　もう一つは，台地の東端部にあって保存された二子塚古墳（46ｍ）の墳形検討を頼まれ，3年後報告書『秦野下大槻』に書いたことである。私が『信濃』に前方後円墳の初論文を書いた4年後で，3種類の設計型があることと墳丘長の8分の1をモジュール（基準単位）とした方眼設計であることはすでにわかっていたが，まだヨチヨチ歩きの時期であった。

　私は30代の中頃，勤務校の生徒たちから執拗に考古学部の結成と担当教師を頼まれ，別の分野から考古学に入ったが，杉山さんは早稲田大学で古代史を専攻したあと考古学に進み，私より一回り近く若かったがすでに一家をなし，小田原考古学研究会を主宰していた。そのため，私は北の埼玉県の友人金井塚良一さんが主宰する『台地研究』に「竪穴住居の柱穴位置」を書かせてもらったように，南の神奈川県の友人杉山博久さんの『小田原考古学研究会会報』第4号に「鬼高住居のカマドの設計」，第8号（直良信夫先生喜寿記念号）に「前方後円墳の濠形変化」を書かせてもらった。

　二人の結びつきをつよめた原因に直良信夫先生の存在がある。杉山さんは直良先生を心から師として仰いでおり，私にとっての直良先生は私の恩師甲野勇先生の友人で，住居跡などから

Ⅳ部　思い出

炭化食糧が出るたびに先生にみていただくため江古田のお宅を訪ねていたからである。先生のご葬儀にも参列しており，『古代』の追悼号にも書かせていただいた。

2．小田原と八王子をつないだ人

　杉山さんが生まれ育った小田原市と私の出身地八王子市とは，地図上の直線距離で約50kmある。小田原城と八王子城の位置で測ったが，当時は相模湾沿いに平塚辺りまで東進して北上したとおもわれるので70km前後あったであろう。八王子市は多摩川を北限とする内陸山麓都市であるが，戦国期には小田原北条氏の関東制覇を目指す前線基地であり，副都心でもあった。城主は北条氏康の次男氏照で，延喜16年（916）に深沢山に祀られたという八王子権現を城の守護神にしたので八王子城と呼ばれ，その後地名にもなった。

　北条氏照は一門の軍司令官として活躍し，外交にも当たったが，小田原合戦在陣中の天正18（1590）年6月23日に八王子城が豊臣方の前田利家・上杉景勝らの大軍の猛攻を受け，凄惨をきわめた4，5時間の戦闘のあと1,300人近い死者を出して落城した。その衝撃が本城に与えた影響は大きく，7月5日に降伏し，秀吉の天下統一が実現した。氏照は兄氏政とともに切腹を命じられたが，この悲劇の戦国武将が小田原と八王子をつないだ人びとの代表である。

　私はこの城跡が好きでこれまで800回以上訪れており，甲野先生のご遺志を継いで保存運動をつづけてきたが，一昨年の2月に「日本100名城」に選ばれた喜びも束の間，昨年6月23日に圏央道八王子城跡トンネルが開通し，第2の落城を許してしまった。

　八王子市は明治初年から26年（1893）の東京府編入まで神奈川県に属していた。武相の民権家の往来が激しかった時代であり，小田原出身の詩人北村透谷も八王子を訪れている。南多摩郡川口村森下に住む秋山国三郎に会うためであり，透谷はこの山あいの細長い村を愛して，「わが希望の故郷」と呼び，「幻境」とも呼んだ。現在の上川町にあり，私の家の南側を流れる川口川を約5kmさかのぼったところである。――この頃，小田原と八王子は横浜もふくめて同じ神奈川県下にあってつながっていたのである。

3．地域研究会の大切さ

　歴史学でも考古学でも地方や地域に研究会という組織と発表の場があって研究が進むものである。誰でも知っていることであるが，ここ10年間身をもって痛感した。私のように脇から考古学研究に入った者でも50代ぐらいまではかなり発表の場があったが，70代になるとなくなってしまうのである。世代交代による自然現象であろうが，研究者にとっては致命的である。幸い，私には1960年に甲野勇先生と井上郷太郎氏を中心に結成された多摩考古学研究会があって発表をつづけられ，このほど42年間の研究を一書にまとめることもできたが。

　それだけに，杉山博久さんが30代になったばかりの若さで小田原考古学研究会を結成し，地域の考古学研究を発展させた業績はきわめて大きいとおもう。杉山さんと出会った頃，「平

沢同明」という遺跡名を何回も何回も聞いて研究熱心な人だとおもい，八王子には弥生時代後期の新しいものしかないので古い条痕文土器がうらやましかった。小田原城跡の調査でも重要な役割を果たされ，さらに江見水蔭などの学史研究へ。心から敬意を表し，一層のご発展を祈ります。

杉山博久先生と学んだ地域の歴史

柳　川　清　彦

　私が中学2年のとき，新任の3名の先生が赴任され何故か卒業後も印象が強く残りました。考古学でご指導を得るようになってからわかったことですが，杉山先生はその時の先生で，野球部の顧問となり，私の同級生を引き連れ県大会で準優勝した記憶があります。私は，部活も授業も教わることなく現在のようになる予兆もなく卒業しました。

　この一文を書くに当たり，杉山先生に考古学のご指導を得るようになったのは，何時からかどのような経緯でお知り合いとなったのか記憶が乏しく，なんとはなく，先生に記憶をよみがえらせるヒントを遠まわしにお尋ねしましたが，ヒントを得ることができず。仕方なく考古学に係る自分史をふり返りながら先生とのことを思い出してみました。

　私は，昭和41年に大学に入学してから考古学を学び始めました。そこには，考古ボーイといわれる方々がおり，土器や石器を探して歩く表面採集をおそわり，近郊の久野や南足柄を日曜日になると歩いておりました。表面採集をした遺跡は，近年発掘された縄文中期の五反畑遺跡や塚田遺跡では，何時行っても多くの土器や石器が採集されましたが，先生はその資料には興味をあまり示しませんでしたが,現在足柄高校がある上原遺跡（私は大字の怒田としていた）で採集しました条痕文土器には大変な関心を示され，後年神沢先生と発掘調査をされております。この年(昭和41年)10月から相模国分寺の発掘調査が始まることを新聞で知り曽根君を誘って作業員でいいから手伝わせてほしいと申し込み，お願いできることになりました。そこでその後に，ご指導を得る岡田先生・田村先生・町田先生や小川さんを知ることとなりますが，この時点では先生を存じ上げませんので，その後どなたかに先生をご紹介いただいたのではないかと思っています。

　私が，表面採集を熱心に行ったのは，大学の1年の終わり頃から，県の巡回調査員をしていた大学2・3年のころで，大学2年の夏には先生の平沢同明遺跡の発掘調査にも参加しておりますので，1年の終わり頃から2年の初めごろにお知り合いになったのではないかとおもっております。その頃は，先生の休みの土・日にはお宅にお邪魔して先生が新たに入手した報告書をお見せいただいたり，お話をきかせていただき，奥様の手料理の夕食も頂いて帰る日が多くありました。その後は，港南台遺跡・下大槻遺跡・本郷遺跡の発掘調査に参加しましたので，たまにご自宅にお邪魔する程度となってしまいました。更に，昭和47年に県に就職してからは，

お宅へのご訪問も少なくなりましたが，何かと県西部の調査のみならず行政に係ることでご相談やご指導をおねがいしました。先生とは小田原生まれの小田原育ちということで現在までご指導をしていただけたことと思っています。先生との思い出を記すに当たって自分史と重なってしまいました。今後も重なっていくことを願っております。

杉山博久先生と平沢同明遺跡の調査

設 楽 博 己

　杉山博久先生にお世話になったのは，1981年，神奈川県秦野市平沢同明遺跡の発掘調査でした。松浦宥一郎さんから，オーバードクターでぶらぶらしていた私にご下問があり，杉山先生が団長，松浦さんが副団長で，現場を任されたのです。後輩の中島博司君と三宅裕君と駅のそばの宿に泊り込み，関根孝夫先生を通じて東海大学の学生さんの手助けを借りながら，3ヶ月ほど発掘しました。

　平沢同明遺跡は杉山先生をはじめとした早稲田大学の方々が代々調査をしてきた遺跡で，遠賀川式土器が見つかって有名になった遺跡です。1980年の調査は，台地から谷に落ちる箇所にマンションを建てるための予備調査でした。縄文晩期から弥生時代の水田跡を掘り当てようと意気込んで調査しました。それは発見できませんでしたが，縄文晩期の遺物が多量に出てきました。

　15年ほどすぎたころ，本調査をせずににマンションが建ってしまったことを風の便りに聞き，ちゃんと報告を出して重要性をアピールしておくのだったと，私の怠慢を悔いた次第です。

　杉山先生とはその後，賀状をやりとりするくらいでしたが，ご子息の浩平君にお会いするたびに先生の近況をおうかがいして安心しておりました。浩平君は，私が勤める以前に駒澤大学を卒業して東京大学の助手になりました。青柳さんのポンペイの発掘でイタリアに行ったり，三宅島ココマノコシ遺跡を発掘して大成果をあげるなど活躍していますし，駒澤大学の講師もお願いして，学生を厳しく指導していただいています。先生は『画龍点睛』にご子息の心配をしておられましたが，弥生時代の石器の研究で立派な論文を書き，博士号も取得され，すこやかに考古学の道を歩んでいます。

　平沢同明の調査のとき，台地の縁で石囲炉にあたりました。別の箇所で調査していた私に，三宅君が困った顔をしてやってきました。石囲炉のところに行ってみると，4～5歳の坊ちゃんが，自分の体の半分くらいある石を引っこ抜いて抱えて笑っていました。最近まで，てっきりそれが浩平君かと思っていたのですが，私の思い違いだったようです。

　先生は，横穴の研究とともに，学史に大変情熱を傾けられ，いろいろな業績があります。私が日本考古学の通史的学史の書物で，常々学生に紹介しているのは寺田和夫の『日本の人類学』です。そこに登場する研究者をもっと詳しく調べようと思うとき，先生の論文をしばしば利用

させていただいています。これからも，多くの研究者に焦点をあてられ，われわれの学史理解の暗闇を照らしていただければと思うことしきりです。

　私も先生を見習い，沼津市史の関係で江藤千萬樹の業績を調べている最中です。当時の人々の織り成す人間模様を紐解く醍醐味が，先生を学史の深みに引っ張っていくのだなあと，実感いたしました。

　平沢同明の報告を出さず，先生にはお詫びのしようもありません。学史ということを考えても，そろそろ浩平君の手助けをお借りしてまとめなくてはならないと，気ばかりがあせる今日この頃です。先生のご指導，これからもよろしくお願い申し上げます。

杉山博久先生と日本考古学史研究

望 月 幹 夫

　私が杉山博久先生と親しくおつきあいさせて頂くようになったのは，昭和49年（1974）夏の，厚木市子ノ神遺跡の調査であったと記憶している。丸太で組み立てた櫓の上で先生が遺構の写真を撮っている時に，櫓のバランスが崩れて倒れそうになり，危うく転落して大けがをするところだったという事件があったのを思い出す。それ以後，同じ現場でいっしょに調査する機会はなかったものの，何かにつけてご指導を仰ぎつつ今日に至っている。

　杉山先生といえば，『日本横穴地名表』などの著作や論文から，横穴墓の研究というイメージがあるかもしれないが，私にとっては日本考古学史の先生という印象の方が強い。先生が平成11年（1999）に出版された，『魔道に魅入られた男たち－揺籃期の考古学界－』は，私にとって大変魅力的な本であった。この本で取り上げられた，江見水蔭，上羽貞幸，野中完一といった人々に関わる遺物が東京国立博物館に収蔵されているからである。

　私の勤める東京国立博物館は，ご承知の通り，日本で一番古い博物館であり，今年で137年の歴史を数える。明治5年（1872），文部省博物局が湯島聖堂大成殿で開催した博覧会がその出発点である。考古遺物の収集も当初から行っており，日本最大のコレクションを誇っている。例えば，明治7年（1874）には熊本県江田船山古墳出土品（国宝），明治8年には奈良県興福寺金堂鎮壇具（国宝），明治11年には奈良県文祢麻呂墓出土品（国宝），明治13年には埼玉県熊谷市上中条出土の埴輪馬（重要文化財）など，著名な文化財がすでに収蔵されている。これらを始めとして，分野に偏りはあるものの，旧石器時代から歴史時代まで，様々な遺物を収集してきた。

　130年を超える長い時間の間には組織の変更が何回もあり，関東大震災や戦中戦後の混乱を経て現在に至っている。収蔵品がどのような経緯で館に入ったのか，どんな素性のものであったのか，寄贈・購入というような区別はわかっても，具体的なことを知ろうとするとわからないことが多い。古い収蔵品であればあるほどわからないことはふえていく。当時の事務書類がすべて残っていることはほとんど期待できないのである。そうなると，当時の雑誌や図書を調べて何か情報がないか調べるしかないのである。『考古学雑誌』や『人類学雑誌』などに記載があればまだ助かるが，地方の雑誌などに掲載されていたりしたら，見ることも難しいことが

多い。雑誌などに掲載された写真は，口絵ならともかく，本文中の挿図として使われたりすると，小さかったり，ぼんやりしてはっきりしない場合が多く，実物との照合がむずかしい。また，図にしても実測図ではなく，スケッチが多いので，やはり照合がむずかしい。戦前の収蔵資料について詳しく調べようとすると，多くの場合，情報が足りないのが現状である。

こうした状況の中で，杉山先生の調査研究は，東京国立博物館の収蔵品を理解する上で貴重な情報を提供してくださっている。先生に提供して頂いた情報を元に，収蔵品の理解を深め，紹介していくことで，先生の苦労に少しでも報いることができればと思うのである。

また，これは一例であるが，昭和2年（1927）の徳川頼貞寄贈資料の中には，二条基弘の創設した銅駝坊陳列館の所蔵品も含まれているが，銅駝坊で所蔵品を収納していた遺物箱に収められたままの状態で現在まで伝えられているものがある。箱には「銅駝坊」のラベルが入っており，こうした遺物保管箱も，日本考古学の歴史の中で貴重な資料であろう。

現代の考古学研究者は，現場に追われ，目の前の遺跡・遺構・遺物について調べることに時間を取られてしまっており，研究史を勉強する余裕など無いのが現状であろう。かといって，学史を無視していいということにはならない。現代の考古学がどのように形成されてきたのかを知ることは，自らの足下を見つめ，未来への展望を得るためには必要なことであると思う。

杉山先生は『魔道に魅入られた男たち』を上梓された後も，魔道に魅入られた人たちを世に出すために，精力的に調査研究を続けておられる。その手始めが，若林勝邦について述べた「探求に熱心なる人－若林勝邦小伝－」である。若林は東京国立博物館にも関係が深いので，『考古学雑誌』で取り上げてもらえないだろうかということで，原稿をお預かりした。驚いたのは，400字詰原稿用紙約250枚という，1冊の単行本ができるその原稿量である。幸いにも編集委員会の了承が得られ，『考古学雑誌』87巻1号（2002.01）から88巻2号（2003.03）まで，6回に分けて掲載されることになった。

この連載が終わるのを待っていたかのように次の原稿が届けられた。それが「「石狂」の先生－羽柴雄輔小伝－」である。こちらは『考古学雑誌』91巻1～4号（2007）に掲載された。

こうなってくると，さて，次は誰について書いてくださるのだろうと，楽しみになってくるのである。

日本考古学の発展の陰には，中央で活躍していた研究者以外に，今では忘れられてしまったが，各地で活動していた好事家や研究者がいたことであろう。それらの人々に光をあてることは，意義のあることだと思う。ただ，その作業はたいへんな苦労を伴うであろう。文献は原典にあたらなければいけないというのは鉄則であるが，古くなるほど手に入れるのは難しくなるであろうし，捜す手間も時間もかかるであろう。手に入れるためのお金もかかるであろう。先生が原稿を書き上げる裏で大変な苦労をしているのが察せられる。

杉山先生の仕事は地味ではあるが，その意義は大きいと言えよう。先生には，これからも健

Ⅳ部　思い出

康に留意されて，魔道に魅入られた人たちについて我々に教えて頂きたいと，魔道に足を踏み入れてしまった1人として切に願うものである。できれば私も先生にならって，1人くらい，埋もれた人について書いてみたいものではあるが。

杉山博久先生の思い出

小 安 和 順

はじめに

　杉山先生に初めてお目にかかったのは，大学1年の昭和51年(1976)12月であった。当時小生はＵＦＯ（高校生の時に実見あり），オーパーツ，考古学等に興味があり，大学入学時に興味本位で考古学研究会に入会した。この研究会の中に杉山先生の下で発掘調査等をされていた故山本守男先輩がおり，山本先輩にお願いして調査に参加出来るようにしていただいた。

　秦野駅前の水無川を渡り左折し，坂道を上がり右折すると旅館「秦野館」が見えて来た。ここが杉山先生傘下の学生達の拠点であった。また学生も明治大学，東海大学，国学院大学，中央大学，青山学院大学，城西大学，大正大学等の学生達が参加していた。

　杉山先生は当時小田原城内高等学校に勤務されていたため，夜に時々お見えになった。この時初めてお目にかかり，自己紹介的なことを言いながら拝顔したら思わず「ハッ！」とした。先生のあのすっきりと澄み切った目を見ているうち「何もかも見透かされている」という畏怖と尊敬の念が沸き上がった。今でも鮮明に蘇えって来る。

1．発掘調査に参加して

　発掘調査の組織は調査団形式であった。最初に参加した遺跡は，平塚市に所在する横穴墓で，翌年の12月にも同遺跡の調査を行った。厳しいながらも楽しい現場であった。この現場は陽があまり当たらず心底ともに冷えた。ある日の帰りに，あまりに寒かったので身体から温めようということになり，本編集委員の大村先輩達と一杯いただき，その一杯がまた一杯となり，調子が出て秦野館に帰館するまでに泥酔してしまい，夕食も食べられずに寝てしまったこともあった。後日，杉山先生から『おまえらよ～・・。』とあきれ顔で言われたのは当然のことであった。

　ある時，調査団費を借用したことがあった。後日，返済しようとしたら杉山先生から『あのよ～。小安よ。おまえよ～。団費から借用したのはおまえが初めてだぞ。』と言われたが，先生の目は優しく笑っていた。その目に安堵感を覚えた。そして，結局返済しなくて良いことになった。おそらく先生が自腹を切って団に返金されたのではないのかと今でも思っている。

　大磯町での調査は砂地であったため，小生には全く遺構の見当がつかなかった。しかし，杉

Ⅳ部　思い出

山先生には見えていたものと思われた。先生に『ここが遺構の立ち上がりで壁になる。』と言われても全然判別出来なかった。

　この時先生から「注意深く観察し観察眼を養い，微妙な相違を洞見する洞察力を培うこと」を直接肌で御教示していただき感激した。先生に心から感謝申し上げます。

２．卒業論文

　さて，卒業論文（以下，卒論）は一体何を書こうかと迷っていた。結局，南関東の横穴墓で卒論を書くことにしたが，極めて狭い範囲でしか書けなかった。

　当時小生の大学には斎藤　忠教授がおられ，講義中に『自分の足で実際に歩き，確かめる事が重要であり，それが最初の一歩である。』という内容の言をしばしばおっしゃっていらしていたので，まず横穴墓が沢山存在する大磯町から調べ，周辺に拡げて行こうと考え，大磯町教育委員会にいらした鈴木一男氏に相談に乗っていただいた。そして有りがたい事に御自宅を宿がわりにさせていただき，大磯町内の横穴墓を実見等することが出来た。鈴木家でいただいた取れ立ての鯵料理は実に美味しかった。あの味は今でも忘れられない。

　さて，何とか卒論本文の構想は出来たが，研究史である学史が難しく，全然書けずに悩んでいた。そして杉山先生に御相談申し上げた。先生が以前に書かれた学史に加筆等なされた資料を見せていただき，借用を懇願した。

　先生の学史を読んでいるうちに，全然知らない事柄が数多く記述されており，「無知」のショックを受け，一気に落ち込んでしまって，しばらくは卒論に手が付かなかった。「杉山先生は恐ろしい人だ」と，イヤというほど感じた。

　どうにか学史を書き上げ，杉山先生に目を通していただく段になり小田原に持参した。先生曰く『なんだ，おまえよ〜。小安よ〜。全く俺の文章と同じじゃないかよ。』が，開口一番であった。それもそのはず，段々と先生の学史に引き込まれ，ほとんど同じ内容になっていた。

　その後何回も書き直し，やっと先生の御承諾をいただき，何とか卒論を大学に提出した。先生のお陰で学史のみ斎藤教授に褒められた。卒論本文は論文とは名ばかりの作文になっていた。

３．方言の一部が同じ

　小生は群馬県の南西部に位置する甘楽町（かんらまち）出身。ある時，秦野言葉と甘楽言葉が全く同じ言い方で発音も同じであることに気づき，本当にビックリした。例えば同じ方言の一つとして，「○○さんが来（こ）ない」ことを「○○さんが来（き）ねえ」がある。

　早計ではあるが，中世に上州の小幡（おばた）氏と小田原北条氏間で交流等があったため，同じ方言が残ったのではないのかと思う。

　少し小幡氏を概略すると，小幡氏は平安時代末期には甘楽の地を開発し，勢力を築いていた豪族と考えられている。そして，関東管領上杉氏の重鎮として上州八家の一つ，四宿老（長尾・

大石・小幡・白倉(しらくら))の一人として活躍した。

　小幡氏居城の国峯城(くにみねじょう)は甘楽町に所在する。国峯城は中世における大城郭で，山城部・丘城部・平城部と他には見られない特異な形で構成され，東西2km，南北2.5kmの広範囲に展開し，高低差は約244mをはかる。なお，四宿老の一人である白倉氏の居城も甘楽町に所在する。

　天文15年(1546)の河越合戦で関東管領上杉憲政は北条氏康との戦いに大敗し，同21年に越後の長尾景虎を頼って関東から逃れると，小幡氏は甲斐の武田信玄の幕下に加わり，武田軍団の先陣として武勇をはせ「朱備え」着用を許され，「上州の朱武者」として恐れられたといわれ，武田二十四将の一人にも数えられた。この「小幡朱備え」等の武田の朱備えが後の「井伊朱備え」の根本となっている。

　天正10年(1582)に武田氏が滅亡した後は，織田信忠から帰属の勧めを受け入れ織田軍に属した。さらに同年の本能寺の変以後は小田原北条氏の勢力下に入った。天正18年豊臣秀吉の小田原城攻めに際して，城内にいた小幡氏は徳川家康軍と対峙していた。家康は小幡軍の強さ等を知っていたので，再三にわたり「私のもとに来られよ」との書状を小幡氏に送ったが，北条氏のためにと丁重に断ったとの伝聞がある。そして，国峯城も前田利家・上杉景勝の大軍に攻められ落城した。小幡氏は甘楽の地を徳川家康に明け渡し，真田氏を頼って信州へと逃れていった。

　このように小幡氏は，小田原北条氏の勢力下に約8年間いたことにより，同じ言葉使いや言い方が残ったとしても不思議ではないと思う。

おわりに

　3年程前になると思うが，杉山先生御夫妻が信州へ行く途中に甘楽町に立ち寄って下さった。心から嬉しく懐かしかった。そして南足柄市郷土資料館長の時に御執筆等なされた『狼－伝承と科学－』を賜った。一瞬「えっ！」と思った。狼のことまで執筆してしまうとは，研究心があり幅の広い先生だなあと，つくづく感じ入り，改めて懐の広さに驚愕させられた。

　杉山先生から学生時代に御教示いただいた様々な事を教訓として生きて来たつもりである。恐れ多くも常に「杉山先生だったらどのように考え，どうなされただろうか」と，考えながら仕事等をして来たつもりである。が，到底先生の足元にも及ばない事は言うまでもない。

　杉山先生，小生も大正大学卒業後，㈶群馬県埋蔵文化財調査事業団に3年，そして甘楽町に奉職し，甘楽町教育委員会教育課文化財保護係に席を置き，甘楽町歴史民俗資料館長，甘楽古代館長を兼務しています。これからも先生の御教訓を胸にかみしめ，前進して行きます。

　杉山先生，本当にありがとうございました。古希の御祝いを申し上げますとともに，先生のさらなる御清栄を御祈念申し上げます。

　執筆の機会を与えていただいた関係諸氏に感謝申し上げます。

杉山博久先生との思い出

樋 口 誠 司

　大学に入学し，どうしてもやりたかった少林寺拳法への道を諦め，小学校のころから矢尻や土器拾いを通して興味をもった考古学を目指すことにした。考古学研究会に入部し，学内の遺跡から出土した遺物の整理作業をする傍ら，開発を優先する大学当局に対し，遺跡の重要性を知らしめるビラ配布をおこなうなど，今の自分形成に大きな影響を与えてくれた，とても充実した四年間を過すことが出来た。

　こんな大学生活で，発掘現場でのいろはを教えていただいたのが，杉山先生だった。先輩に連れられて現場にいく。挨拶もそこそこに，まるきり初めての作業でおどおどしていると，先生が近づいてきて「自分で考えてやってみろ」そして，しばらくして「それでいいのか」と助言をもらう。随分あっさりいってくれるじゃんとこっちは思うのだが，そうした一言ひとことにはいつも重みがあった。

　決して偉ぶるのではなく，いつでもわれわれの目線に立ち，頭ごなしに批判や否定をしない，考えさせて掘らせるというスタイルをずっと通していた。そんな先生だった。

　秦野市の東田原八幡遺跡発掘でのこと，集石や焼かれてひび割れた磨りうすが墓穴から出土した。どのように石が入っているのか，それをどのように表現したらいいのかみんなで考え，見通しの3次元断面図を提案した。描いてみると思いのほかよくかけていて，われながら感心した。「自分で考えてやってみろ」の到達点ではなかったかと，今になって知ったような気がする。

東田原八幡遺跡の発掘

エンピでの土投げ，レベルの早読み，トランシットの早据え，遊びながらも随分，いろいろと学ばせてもらった。いまさら言うまでもないが，良き先輩，他の大学の学友，そして距離を全く感じさせない，親父のような先生に逢えなかったら，今の自分はなかっただろう。

　こんな充実した学生生活を終え，数年都会暮らしをしたのちに，田舎に戻ることにした。信州の小さな町の博物館に勤務することになり，今日に至っている。そこに「よう，元気か。お前なにやってるんだ」の一言。年に一度は必ず立ち寄ってくれる先生がいる。数えてみると30年。こんな付き合い方ができるのは，この業界くらいではないかと，つくづくと思う。

　そして全国的な傾向であろうか。わが町の博物館にも体験の要望が増えてきた。10年前から，ちょっとしたきっかけで習得した錐揉み式の火起こしをメニューにし，来館者に体験してもらっている。また，年に2回行っている土器作りや矢尻づくり，飾り玉作りなどの教室も人気が高い。その理由はただ一つ，当時と同じ方法や道具で取り組んでいることだろう。ついつい我々は電気製品や機械に頼ってしまう。これでは体験する側にとっては興ざめだろう。だから，山に入り川に行き材料を自ら調達する。買ったものは一切ない。これも先生の言う「嘘はだめだ」という教えにならっている。こんな自分に先生は「お前は本当に縄文人だな」と冷やかしを言ってくる。それが実のところ，うれしい。

　自分だけが歳をとったのではない。先生もまた同じように歳を重ね，今年古稀を迎えられた。それでもなお，研究心は衰えない。来館した際にも，しつこいくらいに情報を引き出して帰っていく。ある意味恐ろしい。

　ある時，秦野市教育委員会に籍を置いて一緒に調査研究していた山本さんが，不治の病に倒れてこの世を去ったとき，あいつにも連絡しろこいつにもと先頭立って文字通り東奔西走して指図し，お前らにできることを考え何かやってやれと必死になって電話をしてきた。はじめて先生らしいなと感じた時であり，有能な先輩を失ったショックで，しばらく落ち込んでしまった。このことの記憶は，今も強く心にのこっている。

　ところで，委員会から先生のお祝いのお誘いがあったとき，すこしばかりの戸惑いを感じた。何か書いてみようかと思ったのだが「神奈川に関わりのあるもの」とあり，既に離れて30年ちかく経過すれば，糸口さえも見つからない。断念せざるを得ませんでした。地域論とか地域史を目指すことは，先生の信念であり，そのことを委員の方がいちばん理解してくれているのだと，感心させられた。

　いっぽう一行が書けずに，最後の最後まで委員会の皆様には，ご迷惑をかけっぱなしでした。

　最後になりましたが，たわいもない思いで話に終始し，論文の一つも献呈できず申し訳ない気持ちです。先生には，これからも健康に留意され，地域のためにご活躍されますことを祈念し，古稀を迎えられたお祝いの言葉とします。

『小田原考古学研究会会報』刊行の頃
—多くの学友に支えられて—

杉 山 博 久

久し振りに,『小田原考古学研究会会報』(以下,『会報』と略称する) 11 冊を取り揃えてみた。始末が悪いものだから,普段は,蔵書の山のなかに紛れ込んで,なかなか全冊が揃うことはない。いま,それらを通覧してみて,改めて,多くの同じ学を志す人びとのお力添えを頂いて刊行していたのだと,感謝の念の湧くこと頻である。

1 号は,1969 年 (昭和 44) 3 月に創刊し,現在のところ終刊となっている 11 号は,1983 年 (昭和 58) 4 月の刊行であるから,14 年間で 11 冊を世に送り出したことになる。1971 年 (昭和 46) と'72 年 (昭和 47) のように,年に 2 冊を発刊した年もあったが,3 年あるいは 3 年半ほどと間を空けてしまったこともあり,かなり不定期な機関誌であったと云うことになる。

それでも,創刊時には,わずか 10 頁ほどの小冊子であったものが,多くの人びとのご寄稿を得て,次第に内容を充実させることが出来たから,10 号や 11 号になると,7,80 頁を数えるまでに成長した。1972 年 4 月の「直良信夫先生古稀・御退職記念号」(5 号) では,特別号と云うこともあったが,110 頁に達し,ご寄稿頂いた人びとは 15 名に及んでいる (先生と私を除外)。全 11 冊のご寄稿者の延べ数は,実に 51 名を数えたのであった。

今回,戸田さんから,これまでの交友録でもまとめてみたらと慫慂して頂いた。が,今回の企画の発端は,『会報』の復刻ないし復刊と云うところにあったように記憶するから,ここでは『会報』刊行をめぐる交友関係を中心に回顧してみたいと思う。

20 代の終わり近くまで,私は文献による日本古代史の勉強を志していたので,学部の同級生で,唯一考古学を学んでいた吉川國男さんなどと較べたら,そのスタートに於いて,10 年ほども遅れていたわけである。院生の時には,同じ研究室に杉山荘平さんがおられたが,お二人と一緒に,考古学のフィールドに出ることはなかった。とくに,学校を離れてからは,独りで,『日本書紀』や『続日本紀』などを読み,『寧楽遺文』や端本で購い続けた『大日本古文書』(編年編) を繙き,細々と,研究とは云えない勉強をしていただけであった。そして,奈良の直木孝次郎先生が主宰されていた「続日本紀研究会」の会誌に,「延喜主税式諸国本稲条の補訂—虎尾博士『延喜稲の誤り』に関連して—」(『続日本紀研究』No. 123 1964 年 10 月) ほか,3・4 篇の小論を投稿しては,学問の世界から離れてしまわないようにと,ただもがいていたよう

に思う。

　そんな私が，考古学の世界に紛れ込み，『小田原考古学研究会会報』を刊行するまでに至ったのは，1964年(昭和39)，母校である高等学校に出講するようになったことを契機としている。担当した「日本史」の授業は，原始社会を第1章としたから，当然のように，旧石器文化や縄文文化の説明から展開した。直良信夫先生との関連で，「明石原人」をめぐる問題などは多少時間を費やしたかも知れない。生徒たちの何人かは，縄文文化や弥生文化など，考古学的な世界に興味を持ったらしく，月曜日になると，土器や石器などの採集品を教室に持ち込んで来るようになり，私は彼等の質問に答えなければならない仕儀となった。学生の頃，とくに考古学を勉強していたわけではない私には，荷の重いことでもあったが，彼等の熱意に負けて，いろいろと勉強する羽目に陥ってしまった。幸い，古代史の勉強の参考にと買い求めていた考古学書を多少所持していたので，それらを読んでの俄勉強であった。

　4，50年も前では，現在稀覯本となり，目にすることが無くなってしまったような書籍でも，まだ，比較的安価で入手することが出来たから，神田や東大前の古書肆に出掛けては，古代史関係の書籍のほかに，考古学書も1冊，2冊と買い求めていたのであった。『大和唐古彌生式遺跡の研究』や『登呂遺跡』，『平　出』などは古代農業技術の参考のために，かなり無理をして入手していたし，『尖石』は学史に遺る大遺跡と云う認識で書架に備えていた。古島敏雄『日本農業技術史』に触発されて熟読した一冊に，森本六爾の『日本農耕文化の起源』があった。また，大野延太郎（雲外）の『先史考古図譜』や『考古学大観』，浜田耕作の『博物館』などは，書肆の棚に無雑作に置かれていたし，ジェラード　グロート・篠遠喜彦の『姥山貝塚』に至っては，いわゆるゾッキ本扱いではなかったかと記憶している。直良先生の『日本古代農業発達史』が座右の書であったことは云うまでもない。縄文式土器については，『歴史評論』に連載されていた江坂輝彌先生の解説を貪るように読んだ記憶がある。

　生徒たちの関心は，地表に散布している遺物の採集から，地下に埋蔵されている遺物や遺構の探索へと拡大し，自分の家の畑から土器や石器が出土するから，其処を発掘しようと計画するまでになった。そこで，直良先生と，当時，県立博物館の開設準備に奔走されていた神沢勇一さんにご指導をお願いして，夏期休暇を利用したごく小規模な発掘調査を試みることとなった。直良先生は，私が「古代に於ける灌漑用水の問題」を卒論のテーマとしていたことから，親しくご指導を頂き，院生時代にも，何度かお話しをしたことがあったが，神沢さんとは面識がなかったわけで，どのようにしてコンタクトをとったのか，すっかり忘れてしまった。ただ，その後も，南足柄市の馬場遺跡などのご指導をお願いし，資料の採訪にもご一緒したことがあるので，神沢さんは，川口徳次郎さんと私を，'お弟子さん'と呼ばれることもあった。

　しばらくして，生徒たちは進学し，考古学を専攻したり，あるいは考古学研究会に入会するなど，専門的に考古学を学ぶようになった。湯川悦夫・内田俊秀・杉浦健一等の諸君である。私は，生徒たちが進学したら，再び古代史の勉強に戻る心積もりでいたが，彼等が考古学に関

係したことで，一緒に考古学の勉強を継続することになってしまった。そんななかで，当地では，竪穴住居址など，遺構の確認がきわめて困難であるのに，その「設計」と云うような問題を扱っている梱 國男さんの論考に驚き，さっそく抜き刷りを無心したことであった。1967年（昭和42）のことと記憶する。梱さんからは，直ぐに，分厚い勤務校の『研究紀要』が送られて来て，以来，八王子と小田原，昵懇にお付き合いを頂いている。まだ，コピー機の普及していない頃であった。

　1968年（昭和43）の夏には，直良先生の紹介で，諏訪に藤森榮一さんをお訪ねし，一夜，「やまのや」の真新しい座敷で，藤森さんのお話しを伺う機会があった。直良先生の紹介状にどのようなことが書かれていたのか知らないが，「せっかく考古学を志したのだから，頑張りなさいよ」と云われたことと，廊下に設えたショー・ケースに並べられたたくさんの石器群が記憶に強い。いまも，下諏訪の街を通るとき，あの辺りだったかなと懐かしく想い出している。藤森さんをお訪ねした時も家内と一緒だったが，その秋，キャラバン・シューズにリュックサックと云う出で立ちで，渥美半島に，吉胡貝塚や伊川津貝塚を探訪した。豊橋から，路線バスを乗り継いでの「旅」であったが，暮れるに早い秋の陽に，バスがほんとうに来るのかと不安を感じたものであった。今夏（2008年），40年振りで立ち寄った吉胡貝塚はすっかり整備され，街も様相を一変していた。40年前には，近在の方から，窯跡出土と云う高台付き皿が数枚癒着したものを頂戴し，今も手元に保管している。

　大学生となった生徒たちは，やがて研究会を組織し，積極的に勉強して，その成果を公表することにしようと意欲を沸かせ，1969年（昭和44）3月になって，『会報』を創刊することとなった。が，この『会報』の発刊については，某氏から，『考古学ジャーナル』誌上（No. 45 1970年）で，「三人寄れば考古学会」と揶揄され，地方での雑誌の刊行は，それでなくとも「分散的乱立的傾向」にある考古学界で，「それによって研究上のマイナス面を助長する」結果になりかねないと，名指しで，手厳しい批判を受けることとなってしまった。

　それでも，こうした貧しい『会報』にも，その誕生を祝い，成長を期待して下さる方々も居られた。山内清男先生は，「経営は仲々むずかしいことと拝察します，先づよい内容を毎号盛って下さることを希望いたします」と励ましの言葉を寄せられ（1969年4月11日），「次号に小田原の弥生式に関して思い出を書かせていただきたいと思っています」（1970年6月23日）と云って下さっている。私がいくら厚かましくても，この一代の碩学に，私どもの粗末な『会報』に寄稿をお願いすることなど思いも寄らないことであったが，先生ご自身から寄稿を申し出て下さったわけで，私が欣喜雀躍したことは云うまでもないことであった。残念ながら，先生のご長逝によって，この約束は実現しなかったが，強く私の心に残る想い出である。このことに関しては，既に書いたことがある（「お会いしたかったです。山内先生！」『画竜点睛』 1996年）。また，この時の渡辺 誠さんの同じ学に志す仲間としての篤い友情も忘れられない。渡辺さんは，某氏の批判が誤りであることを鋭く指摘し，原稿が不足する時は必ず送るから，『会報』

『小田原考古学研究会会報』刊行の頃

を絶対に潰すことのないようにとの懇切な手紙を寄せられた。私は，その厚意に甘えて，「カモシカ遺存体出土の縄文時代遺跡」（2号　1970年5月）以下，何編もの原稿（「東海地方における初期貝塚形成期について」3号　1971年4月　ほか）を頂戴して誌面の充実を図ったのであった。渡辺さんとは同窓の高山　純さんにも寄稿して頂いた（「水田中より発見される埴輪の意義」3号）。清水の長谷川　豊さんは，京都で渡辺さんから考古学の手ほどきを受けていたが，その渡辺さんの指示で私の調査の手伝いに来てくれたのであった。

　1967年（昭和42）7月には，平野吾郎さんと早稲田の考古学研究会の協力を得て，秦野の平沢同明遺跡の調査を実施したことから，櫻井清彦先生や玉口時雄さんとフィールドを共にすることになり，見学に来られた関根孝夫さんたちとも以後の好誼を頂くことができた。報告書（『同明遺跡―第4次発掘調査報告書―』）の巻頭を飾っている大形壺形土器の復原には，浜松の向坂鋼二さんの手を煩わせた。今春，沼津の池谷信之君の「尖石文化賞」の受賞記念会を小田原で開いた折り，向坂さんと座を共にすることになり，「20年振りくらいですかね」と，懐かしく話し合ったのであった。この会の雑務を担当してくれた諏訪間　順君も，学生の頃から我が家に出入りしており，鈴虫だったか，愚息に何匹も持って来てくれたものだった。

　私は，1969年（昭和44）4月，日本考古学協会に入会した。実は，前年，直良先生と江坂先生の推薦を頂いていたが，ある委員の反対があり，八幡一郎先生の「一年間，様子を見ましょう」とのお言葉で，「保留」になっていたのであった。その頃，学生であった土肥　孝君等と，長野の遺跡探訪に出掛けたことがあった。『尖石』のほか，『井戸尻』も少し前には出版されていたから，知識としては，八ヶ岳山麓に展開した中期縄文文化の素晴らしさは理解していたはずであったが，尖石の考古館などで，実際に見た土器群には圧倒された。以来，縄文中期の土器に関した論考を，会誌に収載してみたいと考えるようになった。そこで，1971年（昭和46）に入り，戸田哲也さんに寄稿をお願いした。戸田さんは，当時は院生で，下総考古学会などを舞台に活躍されていたように記憶するが，その戸田さんの研究は斬新だと，私なりに考えての依頼であった。戸田さんは，「勝坂式土器編年に関する試論」（4号　1971年11月）と題した学問的に刺激の多い論考を寄せてくれた。貧弱な会報ではあったが，渡辺さん，高山さん，椚さん（「鬼高住居のカマドの設計」4号），戸田さんなどの寄稿を得て，誌面の充実を図っているなかで，『会報』に関心を寄せて下さる方も現れたのであった。会津の中村五郎さんも，そんなお一人であった。何時だったか，冬であったと記憶しているが，小田原の拙宅を訪ねて下さったこともあった。「会津の駅までは長靴ですよ」と話されたのが印象に残っている。そして，「野沢1式土器の類別とその時代」（6号　1972年12月）を寄せてくれた。穴沢咊光さんは，中村さんを介して知り合ったものかと思う。

　会報を創刊して間もない頃，沼津の小野真一さんから，「近くで考古学を勉強しているのだから，緊密に連絡を取り合いましょうよ」とのお誘いを頂いた。調査の折りには，お電話を頂戴し，私も沼津辺まで見学に出掛けたものだった。とくに，富士宮市の千居遺跡の調査には，

IV部　思い出

配石遺構が大規模に検出されていたこともあって，数日を通ったように記憶している。準急「東海」を沼津で乗り替え，身延線を利用しての現場通いであった。1970年（昭和45）8月のことで，その15日に開催された「配石遺構のシンポジウム」には，多くの先学たちが参集された。私は，参考資料にもと思い，2日ほど現場を休み，類例を集成した一覧表を作製し，皆さんにお配りした。これが八幡先生と斎藤　忠先生のお目に留まり，後々，八幡先生からはご蔵書の一部を頂戴し，斎藤先生には『日本横穴地名表』の共著者となって頂くことになった。八幡先生のご長逝の後，松浦宥一郎さんが，毎年，先生を偲ぶ会を主催して下さったが，その松浦さんとは，設楽博己さんも加わって，秦野で調査をしたことがあった。設楽さんには，愚息浩平もすっかりお世話になることになった。八幡先生の居られた富士見の駅前の花屋さんが，谷口肇君の実家である。私が，八幡先生のお宅に伺っていた頃には，まだ，中学生か高校生であったと思うが，気が付かないうちに，弥生式土器の研究者として成長されていた。『南足柄市史』で使用した怒田上原遺跡出土の壺形土器の実則図は彼の採図したものである。

千居遺跡の調査が行われた1970年には，7月から，秦野市の下大槻遺跡で発掘調査が開始された。小出義治・吉田章一郎・久保哲三さんたちが担当し，伊東秀吉さんや椚さんたちも参加しており，この調査で，厚木の曽根博明・茨城の佐藤正則君等と知り合う機会を得た。甲府の萩原三雄君ともこの時に出会ったはずである。萩原君には，『会報』にご寄稿頂くことはなかったが，日常的には大変に昵懇にお付き合い頂いている。

前記したように，1972年4月の会報（5号）は，直良先生の記念号であったから，渡辺さん（「鹿角製根挟みに関する覚き書」）や椚さん（「弥生時代のコンパス図形」）のほかに，江上幹幸（「古墳時代の『天鳥船』についての若干の考察」）・小野真一（「駿豆地方における土師器の編年」）・金井典美（「ひもろぎ祭祀の文化像」）・上川名　昭（「関東に於ける古式古墳」）・杉山荘平（「田村三省の『会津石譜』」）さんに寄稿して頂き，研究会創設の主唱者の一人である湯川君も，加納俊介君と「南関東の東海系土器とその問題」と云う長文の論考を発表した。少し後に，湯川・加納両君は，「古式土師器の研究I　―東日本における様相を中心として―」と題するこれも長文の論考も寄せてくれた（7号　1976年5月）。赤星直忠先生（「直良先生からの絵はがき」）や浅田芳朗さん（「ある夏の直良さん」），芹沢長介さん（「直良先生と旧石器研究」），瀧口　宏先生（「静寂不動の境地」），藤森榮一さん（「直良さん古稀なんていわないで」），洞　富雄先生（直良先生の人柄の一面））など，多くの先学からは直良先生の想い出を，江坂先生には「縄文時代遺跡出土の自然遺物の研究法」の玉稿を頂戴した。

平塚に，同窓の大先輩である日野一郎先生が居られ，発掘を行われていることを知ってはいたが，先生のもとに馳せ参ずることはなかった。ところが，1969年（昭和44）3月であったか，平塚市の「五領ヶ台貝塚を調査しているから」とお電話を頂いた。岡本　勇さんや小川裕久さんが調査されていたかと思う。貝塚の発掘を初めて間近に見たのは，この少し前，確か藤沢の遠藤貝塚であったかと記憶するが，寺田兼方さんのお誘いによってであった。五領ヶ台貝塚の

見学に訪れたことが契機となって，その後も，1971年（昭和46）8月に，相模原市の谷原遺跡の調査中とのご連絡を頂いて，竪穴住居址一基を完掘するまで通い続けた。日野先生の見学のお誘いが，手伝いの要請だと云うことに気がつくのに多少の時間がかかったわけである。この時の相棒は，柳川清彦君であったが，報告書を確認するまで忘れていた。学生の頃の彼は，土曜日や日曜日になるとやって来て，夕食を共にして帰るのが常であった。谷原では，報告書の作製に協力するよう久保哲三さんから電話があったが，他の仕事を抱えていたために断ってしまった。

日野先生の調査では，神尾明正さんともお近づきなったし，まだ，学校を出たばかりであった明石　新・村山　昇両君とも知り合うことが出来た。江藤　昭さんとは，何度か，日野先生の調査を一緒にお手伝いをした。厚木市の愛名鳥山遺跡（1972年）や戸室子ノ神遺跡（1974～1979年）などであった。戸室子ノ神遺跡の調査は，規模が大きく，従って多くの成果も得られたが，この調査には，地元の学生や生徒たちが大挙して応援に駆けつけてくれ，最後には，その学生たちの手で報告書が完成したのであった。望月幹夫さんや井上洋一君などであり，二人とも東京国立博物館に勤務し，特別展の度に招待券を送ってくれる。すっかり出不精になってしまった私も，その折りには上京して上野の空気を愉しんでいる。1975年（昭和50）から'76年（昭和51）にかけては，伊東秀吉さんや寺田さんたちと，秦野市の根丸島遺跡で規模の大きい調査を実施した。4次に分けての調査で，弥生期から平安朝期にかけての250基を超える竪穴住居址を検出することに成功している。

愛名鳥山遺跡で，いわゆる「焼石炉」を検出し，秦野市の尾尻八幡山遺跡や根丸島遺跡で「床下土壙」を調査したことから，私は，これらの遺構に関心を持っていたが，小薬一夫さん（「縄文時代における焼石遺構」）や福田敏一さん（「床下土壙に関する覚え書」）から，関連する論考を寄せてもらうことが出来た（8号　1979年5月）。大磯の鈴木一男君の寄稿（「大磯町石原遺跡出土の考古資料」）もあった。福島の大竹憲治さんとも親しくして頂いているが，多分，鈴木君を介して知り合えたのものと思う。

直良先生は，1902年（明治35）1月のお生まれであったから，1979年（昭和59）には，満年齢でも，「喜寿」を迎えられたわけで，1年ほど遅延してしまったが，1980年（昭和55）4月刊行の9号を「直良信夫先生喜寿記念号」とした。千居遺跡以来の宮坂光昭さん（「方形配列土壙と方形配置土坑」），土肥　孝君（「縄紋時代草創期（前半）考」），渡辺さん（「雪国の縄文家屋」），春成秀爾さん（「縄文晩期の装身原理」），椚さん（「前方後円部の濠形変化」），杉山荘平さん（「明治期における日本考古学界について」）などの寄稿を得て構成した。八幡先生も「ナチュラリスト直良博士」と題して，「明石原人」の発見をめぐる当時の人類学教室の動向なども伝えて下さっている。

1979年（昭和54）の夏には，後々，きわめて貴重な遺跡として注目されることになる平塚の四ノ宮で発掘調査を実施したが，この調査には，井上洋一・大村浩司・子安和順君等が参加

IV部　思い出

してくれた。その頃，横穴墓を卒論のテーマとした子安君が，結婚したばかりの鈴木君の家に1週間ほども泊まり込んで，当地の横穴墓群を探索したことは，今でも，酒が入れば語られる一つばなしである。また，翌年にかけて，秦野市の東田原八幡遺跡で発掘調査を実施した。1月，2月と云う厳寒のなか，池谷君や信藤祐仁君等が従事し，小林義典君も参加していた。その池谷君は，山本守男の示唆によって，山下正博さんの採集した秦野市の山之台遺跡出土の遺物に注目し，「山之台遺跡出土の土器と石器」をまとめられた（10号　1981年4月）。井戸尻の樋口誠司君も，この頃，学校の調査の合間，私どもを手伝ってくれていたのではなかったかと思う。戸田さんは，4号に寄稿して頂いたことで，下総考古学会のなかで，多少の悶着があったように風聞していたから，暫くご寄稿の依頼を遠慮していたが，10年振りにお願いし，「加曽利E式土器後半期の縄文原体」と云う興味深い原稿を寄せて頂いた。山本輝久さんは，馬場遺跡の調査以来，私も関心を寄せ続けていた配石遺構に関連する論考を寄せられた（「縄文時代中期末における配石面の存在について」）。関　俊彦さんも，農耕の開始についてのBryony Ormeの仕事を紹介して下さった（「先史農耕の開始をめぐって」）。『会報』唯一の翻訳である。

　終刊となっている11号は，1983年（昭和58）4月に，渋谷昌彦君の原稿（「神之木台・下吉井式土器の研究―その型式内容と編年的1について―」）を掲載した。渋谷君や茨城の黒沢彰哉君は，山本守男との関係で知り合ったわけであるが，渋谷君の結婚式には，その黒沢君と島田まで出かけたことであった。併載した小田原市の下曽我遺跡の報告は，平塚の上原正人君や掛川の戸塚和美君等が従事した遺跡の報告である。

　以上，『会報』11冊を通覧し，これらを刊行した14年間を回顧してみた。実に，多くの先学や友人たちに支えられていたものと痛感している。また，『会報』にはご寄稿は頂かなかったが，甘粕　健・大塚初重・金子浩昌・小林達雄・坂詰秀一先生などからは，いつも温かい励ましの言葉を頂き，それが私の励みとなっていたことは間違いない。その大塚先生の教え子であった井上裕弘さんも，九州に転居後も，常に報告書を贈ってくださり，遠隔地のニースを伝えてくれた。もう1人，忘れることの出来ないのは，神田の古書肆・慶文堂の店主さんの小野塚　健氏である。余裕もないのに，無闇に貴重書を手にしたがる私に，小野塚氏は，いつも笑顔で手渡してくれた。いま，私の書架を飾っている稀覯本の多くは，同氏のご厚意で備えることが出来たものである。

　現在の私の関心は，明治・大正・昭和初期と云う日本考古学の揺籃期に活躍し，若い研究者からは忘れられかけている先人たちの事績を明らかにすることに向かっている。だから，若かった日に，『日本書紀』や『続日本紀』などを読んだように，先人の遺した著作や論考，報文を読み漁り，図書館などに収蔵されている関係資料を探索することに日々を費やしている。

　私が，先人の業績の回顧に強い関心を寄せるようになったのは，20年ほども前に，直良先生の考古学研究を私なりに回顧・評論した折りに始まる。先生の強い学問的関心事であった銅

鐸の機能や埋納の問題で，1960年（昭和35）から'70年（昭和40）頃に，画期的な業績として持て囃された研究が，その大筋に於いて，四半世紀を超える以前の直良先生の指摘に酷似することを確認したことを契機としている（「直良信夫先生と銅鐸の研究―忘れられたその研究分野―」『古代』82 1986年）。限りなく増大する発掘調査のなかで，真新しい資料が山積し，研究者は遠い過去の業績など回顧する余裕を失ってしまったのかも知れないが，やはり，先学の仕事を正しく検証して，その上で自説を展開することが後学の者の礼儀であると私は考えている。そう云うことから，この10数年来，私は，忘れられているかも知れない先学の仕事を顕彰することに努めてきた。江見水蔭（忠功）・水谷幻花（乙次郎）・高橋唯峰（多米治）・野中完一・上羽貞幸（『魔道に魅入られた男たち―揺籃期の考古学界―』1999年）から始まって，佐藤傳藏（「考古学への寄り道―地質学者佐藤傳藏の青年期―」『新世紀の考古学―大塚初重先生喜寿記念論文集―』2003年），若林勝邦（「探求に熱心なる人―若林勝邦小伝―」『考古学雑誌』87―1～88―2 2003年1月～2004年2月），羽柴雄輔（「『石狂』の先生」『考古学雑誌』91―1～4 2007年1月～3月）に至っている。本誌には，真崎勇助に関する小論（「僻遠の地に独りで―真崎勇助小伝―」）を掲載して頂くつもりである。また，神田孝平（「創設期人類学会の庇護者―神田孝平小伝―」や山崎直方（「童子の時，モースの講演を聴いて―山崎直方小伝―」）については，既に一応は脱稿しているので，近いうちに，『考古学雑誌』に寄稿したいと思っている。さらに，犬塚又兵や上田三平など，顕彰したい先人が何人かいるので，今後もこの仕事を継続してゆきたいと考えている。

　岡村孝之君とは，何時，どのような機会に知り合ったのか，もうすっかり忘れてしまったが，現在の私の関心事である諸先学の事績の研究と云うことでは，ずいぶんと史料の閲覧などに便宜を与えて頂いている。大倉　潤君は，『会報』が刊行されていた頃には，まだ，高校生くらいであったかと思うが，彼も学史に関する史料を積極的に蒐集しており，今後，共に勉強していければと考えている。

杉山博久先生略年譜

1937年（昭和12） 4月　足柄下郡小田原町万年2丁目（現小田原市浜町3丁目）に誕生（戸籍名　幾一）

1944年（昭和19） 4月　小田原市立城内国民学校入学

1947年（昭和22）　市内の古書肆大八洲で，『日本史』（著者失念）を買ってもらう

1948年（昭和23）～　城址で古瓦を採集

1949年（昭和24）　卒業記念の前倒しで，広重の保永堂版東海道53次の小田原を買ってもらう

1950年（昭和25） 4月　小田原市立第1中学校入学
　　　　　　　　　　野球と陸上競技に熱中
　　　　　　　　　　古書肆への出入を憶え，郷土史関係の書籍を購入

1953年（昭和28）　卒業記念に，『国郡建置　本朝往古沿革図説』（文政6年刊）を買ってもらう
　　　　　　　　4月　神奈川県立小田原高校入学
　　　　　　　　　　クラブ活動は歴史部に所属　足柄地方の古社寺・史蹟を探訪
　　　　　　　　　　毎日ライブラリーの『日本史』ほかを熟読

1956年（昭和31）　卒業記念に，奈良絵本『住吉物語』を買ってもらう（東京・神田大屋書房）
　　　　　　　　4月　早稲田大学第1文学部史学科（国史専修）入学
　　　　　　　　　　古代史に関心をもち，神田の古書店街に関連図書を漁る

1959年（昭和34） 5月　洞富雄先生のご紹介で，直良信夫先生のご指導を受ける（卒論「水稲耕作に関する諸問題－主として上代に於ける灌漑用水の問題をめぐって－」）

1960年（昭和35） 4月　早稲田大学大学院文学研究科（日本史学）入学

1962年（昭和37） 3月　同上修士課程修了（修論「古代用水制度史上の諸問題」）
　　　　　　　　4月　小田原市立白鷗中学校に勤務
　　　　　　　　12月　『早稲田大学大学院文学研究科紀要』（8）に，修論の1節「修理池溝料制について」が掲載される

1963年（昭和38） 3月　『続日本紀研究』（10－2・3）に，「『大和国添下郡京北班田図』の『勅旨池』という記載について」が掲載される

1964年（昭和39）	4月	神奈川県立小田原城北工業高校に勤務　県立小田原高校に講師として出講
		この頃より考古学に関心を寄せる
1966年（昭和41）	4月	神奈川県立小田原城内高校に勤務
1968年（昭和43）	3月	結婚
	8月	直良先生のご紹介で，諏訪に藤森栄一を訪ねる
	11月	『考古学ジャーナル』(26)に，「上釈迦堂の五領ヶ台式土器」が掲載される
1969年（昭和44）	3月	『小田原考古学研究会会報』創刊
	4月	日本考古学協会入会
	5月	長女友美誕生
1972年（昭和47）	11月	長男浩平誕生
1977年（昭和52）	10月	平塚市文化財保護委員会委員を委嘱される（4期8年）
1979年（昭和54）	4月	小田原市文化財保護委員会委員を委嘱される（12期24年）
1982年（昭和57）	9月	史蹟小田原城蹟調査・整備委員会委員を委嘱される（11期22年）
1983年（昭和58）	1月	『小田原の原風景－交通編－』刊行
	5月	『古墳文化基礎資料　日本横穴地名表』（斎藤忠先生共著）出版
1985年（昭和60）	1月	専門委員として，『秦野市史』（考古編）を分担執筆
1987年（昭和62）	3月	専門委員として，『南足柄市史』（資料編1）原始編を執筆
1990年（平成2）	3月	専門委員として，『秦野市史』（通史編　原始古代の秦野地方）を分担執筆
	4月	二宮町文化財保護委員会委員を委嘱される（10期20年）
	10月	『直良信夫と考古学研究』出版
	11月	執筆委員として，『二宮町史』（資料編1　原始）を執筆
1993年（平成5）	3月	編纂委員として，『厚木市史』（古代資料編2　考古資料）を分担執筆
1994年（平成6）	3月	執筆委員として，『二宮町史』（通史編1　原始）を執筆
1995年（平成7）	3月	編さん委員として，『小田原市史』（史料編　考古）を執筆
1996年（平成8）	7月	『縄文期貝塚関係文献目録』を出版
	9月	『小田原の原風景－沿岸風景－』出版
1997年（平成9）	3月	編纂委員として，『大井町史』（資料編　原始・古代）を執筆
1998年（平成10）	3月	編さん委員として，『小田原市史』（通史編　原始・古代）を分担執筆
		県立小田原城内高校を定年退職

1999年（平成11）	3月	専門委員として，『南足柄市史』（通史編1　原始古代）を執筆
	7月	『魔道に魅入られた男たち－揺籃期の考古学界－』出版
	11月	「秦野盆地から失われた二つの風景」（『河川レビュー』No. 108）
2001年（平成13）	10月	南足柄市郷土資料館に勤務
		『南足柄市郷土資料館調査報告書』(11)に，「もうひとつの東海道－古東海道と矢倉沢往還－」を執筆
	12月	編集委員として，『大井町史』（通史編　原始古代）を執筆
2004年（平成16）	6月	郷土資料館・NPO法人野外研の共催で，"ニホンオオカミ"のフォーラムを開催　『狼－伝承と科学－』刊行
2005年（平成17）	3月	南足柄市郷土資料館退職
	9月	小田原市南町1丁目に，"ギャラリー箱根口門"を開店　コレクションの浮世絵や文学史料を展示
		この10数年は，考古学史に関心をもち，佐藤傳蔵：「考古学への寄り道」（『新世紀の考古学』2003年），若林勝邦：「探求に熱心なる人」（『考古學雜誌』87－1～88－2, 2003年1月～2004年2月），羽柴雄輔：「『石狂』の先生」（『考古學雜誌』91－1～4　2007年1月～3月）を発表
	10月	『扣之帳』に「足柄を散策する　文学遺跡を尋ねて」を連載する

※　雑誌に発表した著作は，歴史（古代・近世）・考古・文学など，各分野の最初のもののみを掲げた。

執筆者一覧 (50音順)

明石　新（あかし・あらた）
　1950年新潟県生まれ
　國學院大學文学部史学科
　平塚市博物館　館長
　254-0013　神奈川県平塚市田村 2-9-4-506

池谷信之（いけや・のぶゆき）
　1959年静岡県生まれ
　明治大学大学院文学研究科博士前期課程（文学博士）
　沼津市文化財センター
　410-2123　静岡県伊豆の国市四日町 92-1

大倉　潤（おおくら・じゅん）
　1967年岐阜県生まれ
　東海大学文学部史学科
　秦野市教育委員会
　259-1305　神奈川県秦野市堀川 568-2　アベニュー K1-101

大竹憲治（おおたけ・けんじ）
　1952年福島県生まれ
　立正大学大学院文学研究科修士課程史学（考古学）専攻修了
　いわき地方史研究会　会長
　970-8036　福島県いわき市平谷川瀬三十九町 56-5

大村浩司（おおむら・こうじ）
　1954年広島県生まれ
　國學院大學文学部
　茅ヶ崎市教育委員会
　259-0202　神奈川県足柄下郡真鶴町岩 455-28

岡本孝之（おかもと・たかゆき）
　1947年群馬県生まれ
　慶應義塾大学大学院文学研究科修士課程修了
　慶応大学　准教授
　232-0067　神奈川県横浜市南区弘明寺町 201

椚　國男（くぬぎ・くにお）
　1926 年東京都生まれ
　明治大学文学部地歴科
　192-0042　東京都八王子市中野山王 2-17-6

小安和順（こやす・わじゅん）
　1957 年群馬県生まれ
　大正大学文学部史学科
　甘楽町教育委員会
　370-2213　群馬県甘楽郡甘楽町白倉 1459-1

設楽博己（したら・ひろみ）
　1956 年群馬県生まれ
　筑波大学大学院博士課程歴史人類学系文化人類学専攻単位取得退学（文学博士）
　駒澤大学文学部　教授
　285-0858　千葉県佐倉市ユーカリが丘 5-6-7-504

澁谷昌彦（しぶや・まさひこ）
　1953 年長野県生まれ
　大正大学文学部史学科（文学博士）
　大正大学　非常勤講師
　427-0036　静岡県島田市三ツ合町 1337-5

杉山浩平（すぎやま・こうへい）
　1972 年神奈川県生まれ
　駒澤大学大学院博士後期課程修了（史学博士）
　東京大学農学部　研究員
　250-0117　神奈川県南足柄市塚原 2337

杉山博久（すぎやま・ひろひさ）
　略年譜を参照

鈴木一男（すずき・かずお）
　1953 年神奈川県生まれ
　立正大学文学部史学科
　大磯町役場　総務部
　259-0102　神奈川県中郡大磯町生沢 221-14

高山　純（たかやま・じゅん）
　　1938 年神奈川県生まれ
　　慶應義塾大学大学院修士課程修了
　　帝塚山大学　名誉教授
　　259-0123　神奈川県中郡二宮町二宮 910

谷口　肇（たにぐち・はじめ）
　　1963 年東京都生まれ
　　早稲田大学大学院文学研究科考古学専攻修士課程修了
　　神奈川県教育委員会
　　251-0015　神奈川県藤沢市川名 2-4-4　コスミック湘南 201

戸田哲也（とだ・てつや）
　　1947 年北海道生まれ
　　成城大学大学院文学研究科博士課程修了
　　株式会社玉川文化財研究所　代表
　　231-0862　神奈川県横浜市中区山手町 109-308

土肥　孝（どい・たかし）
　　1949 年東京都生まれ
　　成城大学大学院博士課程中退
　　113-0034　東京都文京区湯島 3-18-10-203

中村五郎（なかむら・ごろう）
　　1933 年東京都生まれ
　　明治大学 2 部商学部
　　965-0801　福島県会津若松市宮町 2-20

長谷川豊（はせがわ・ゆたか）
　　1952 年静岡県生まれ
　　同志社大学法学部法律学科
　　静銀ビジネスクリエイト株式会社
　　424-0851　静岡県静岡市清水区堂林 1-2-7

樋口誠司（ひぐち・せいし）
　　1957 年長野県生まれ
　　東海大学文学部

富士見町役場生涯学習課
　　399-0211　長野県諏訪郡富士見町富士見 6408-1

増島　淳（ますじま・じゅん）
　　1946 年静岡県生まれ
　　日本大学文理学部
　　沼津市文化財センター
　　411-0846　静岡県三島市栄町 3-21

望月幹夫（もちづき・みきお）
　　1948 年神奈川県生まれ
　　筑波大学大学院歴史人類学研究科単位修得修了
　　東京国立博物館　特任研究員
　　270-1434　千葉県白井市大山口 2-4-4-101

栁川清彦（やながわ・きよひこ）
　　1947 年神奈川県生まれ
　　立正大学文学部
　　株式会社アーク・フィールドワークシステム　代表取締役
　　259-1212　神奈川県平塚市岡崎 5984-10

山本暉久（やまもと・てるひさ）
　　1947 年新潟県生まれ
　　早稲田大学大学院文学研究科修士課程修了（文学博士）
　　昭和女子大学大学院　教授
　　245-0002　神奈川県横浜市泉区緑園 5-15-6

渡辺　誠（わたなべ・まこと）
　　1938 年福島県生まれ
　　慶應義塾大学文学研究科博士課程（史学博士）
　　名古屋大学　名誉教授
　　464-0019　愛知県名古屋市千種区揚羽町 1-1-1　茶屋ケ坂公園ハイツ A-325

杉山博久先生古稀記念論集刊行会

発起人　戸田哲也　山本暉久　岡本孝之　土肥　孝　萩原三雄
　　　　諏訪間順　池谷信之　鈴木一男　設楽博巳　井上洋一
　　　　望月幹夫　明石　新　大村浩司

地域と学史の考古学

2009年7月1日　初版発行

編　者　杉山博久先生古稀記念論集刊行会

発行者　八木　環一

発行所　株式会社　六一書房
　　　　〒101-0051　東京都千代田区神田神保町2-2-22
　　　　電話 03-5213-6161　FAX 03-5213-6160　振替 00160-7-35346
　　　　http://www.book61.co.jp　　E-mail info@book61.co.jp

印　刷　（有）平電子印刷所

ISBN978-4-94773-76-3　C3021　　　　　　　　　　　　Printed in Japan